Bettine von Arnim

Aus meinem Leben

Ein Lesebuch von
Dieter Kühn

W0405910

Fischer Taschenbuch Verlag

Originalausgabe

Veröffentlicht im Fischer Taschenbuch Verlag,
einem Unternehmen der S. Fischer Verlag GmbH,
Frankfurt am Main, Januar 2009

Für diese Ausgabe:
© S. Fischer Verlag GmbH, Frankfurt am Main 2009
Satz: MedienTeam Berger, Ellwangen
Druck und Bindung: Clausen & Bosse, Leck
Printed in Germany
ISBN 978-3-596-90133-3

Unsere Adressen im Internet:
www.fischerverlage.de
www.fischer-klassik.de

Inhalt

Zu erzählen hab ich genug!

Heut hab ich mir vorgenommen, meine Lebensgeschichte zu schreiben. Gleich hier auf dem Blatt will ich anfangen.

Es war einmal ein Kind das hatte viele Geschwister. – Eine *Lulu* und eine *Meline*, die waren jünger, die andern waren alle viel älter. Das Kind hat alle Geschwister zusammengezählt, da warens dreizehn, und der *Peter* vierzehn und die *Therese* und die *Marie* fünfzehn, sechzehn, und dann noch mehr, die hat es aber nicht gekannt, denn sie waren schon tot; es waren gewiß zwanzig Geschwister, vielleicht waren es gar noch mehr. Der Bruder *Peter* ist gestorben wie das Kind drei Jahr alt war, von dem weiß es aber noch sehr viel. Er hatte schwarze Augen die ein blendend Feuer von sich strahlten, in die hat das Kind oft sich ganz verloren vor tiefem Hineinschauen.

Der Bruder Peter trug das Kind oft auf einen kleinen Turm auf dem Haus, da fütterte der Peter allerlei Gefieder, Tauben und eine Glucke mit jungen Hühnern, da saß das Kind mit ihm, da dichtete er ihm Märchen vor. Das waren Stunden, die glitzern wunderschön aus der frühsten Kindheit herüber. Was fing denn der Peter noch für närrische Dinge mit dem Kind an? –

Er war mißwachsen, und daher sehr klein, er nahm es am Weihnachtstag mit in die Kirche, das sollte keiner sehen, er nahm einen großen Bärenmuff und hielt ihn vor sich und das Kind, daß man nicht Kopf nicht Hand sah, nur die vier Beine trappelten immer vorwärts, die Leute wunderten sich über das kuriose Rauchwerk, das allein über die Straße lief.

Einmal hatte der liebe Bruder heimlich im Garten etwas gebaut, dann führt er das Kind hinein. Da ist ein kleiner

Hügel aufgeworfen, da hebt er einen Stein auf, da springt auf einmal ein Wasserstrahl empor, ein kleines Weilchen, dann hörts wieder auf. Das hast du alles deinem Schwesterchen zu Gefallen getan, o Bruder Peter! Es liebte dich aber auch sehr. Morgens wenn es aufwachte, standest du vor seinem Bettchen, und es lachte mit dir, noch ehe es die Augen öffnete. Es lernte an deiner Hand die Stiegen erklettern, immer führte es sich an dir. –

Da wars einmal schon spät, eben wollte die Sonne untergehen, er stand an der Wendeltreppe mit dem Kind; die letzten Sonnenstrahlen leuchteten ihm ins Gesicht, er ward so totenblaß, das Kind klammerte sich fest ihm an, laß los, sagte er kaum hörbar und fiel die Treppe hinunter, das Kind hatte aber sein Kleid festgehalten und war mit heruntergefallen. Da trug man den Peter ins Bett, das Kind sah den liebenden Bruder nicht wieder. Auf seine Fragen war die Antwort, der Peter sei begraben; es verstand nicht was das sei. Noch manchmal sehnte es sich nach dem Bruder, und noch manchmal wenns in einem Eckchen saß, des Abends wo das Licht nicht bis hin leuchtete, da sah es in der Dämmerung seine dunkeln Augen es anleuchten oder war das Einbildung? –

Der Vater hatte das Kind sehr lieb, vielleicht lieber als die andern Geschwister, seinem Schmeicheln konnte er nicht widerstehen. Wollte die Mutter etwas vom Vater verlangen, da schickte sie das Kind, und es solle bitten daß der Vater *Ja* sage, dann hat er *nie* es abgeschlagen. Nachmittags wenn der Vater schlief, wo keiner Lärm wagte oder Störung zu machen, das Kind aber lief ins Zimmer, warf sich auf den schlummernden Vater, und wälzte sich übermütig hin und her, wickelte sich zu ihm in den weiten Schlafrock, und schlief ermüdet auf seiner Brust ein. Er lehnte es sanft bei Seite und überließ ihm den Platz; er ward nicht müde der Geduld. Viel Lieblichkeiten erwies er ihm, beim Spazierenfahren ließ er halten auf der Blumenwiese, bis der Strauß groß genug war, das Kind wollte gern *alle* Blumen brechen, das nahm kein Ende, die Nacht brach [her]ein, und den Strauß, viel zu groß für seine Händchen, bewahrte ihm der Vater.

Was ging denn noch Schönes vor, und webte allerlei Lustiges ihm in den Lebensteppich. Das belebte Leben auf der Straße! Gegenüber im Haus die offne Halle, in der vom Mai bis in den Herbst die Nachbarn kampierten den ganzen Tag, da spielten die Kinder mit dem Mops, und der Papagei auf der Stange plauderte: Spitzbub! das wollten wir gern den ganzen Tag hören. Wie glücklich war das Kind mit dem Schlüsselblumenstrauß den die Milchfrau mitbrachte morgens früh. Ach das Land! – Die Wege hinaus ins Freie! – [...]

Einmal starb eine vornehme fremde Frau, die in der Stadt krank gelegen hatte an unheilbarem Übel. Sie hatte das Kind oft kommen lassen an ihr Bett und ihm viele Spielsachen gegeben. Ein langgedehnter Grabgesang hallte durch die Straßen, schwarze Männer trugen den Sarg. Da wird die vornehme Frau begraben, hieß es, und man erzählte viel von ihrem schmerzlichen Tod! –

Was ist das, Tod? Begraben! Nicht mehr da! – Das Kind kanns nicht begreifen, daß man nicht mehr da sein könne. Und heute noch kann es nicht glauben ans *Nicht mehr sein*. – Nein! Nur wie der Schmetterling aus seinem Sarg hervorbricht, ins Blumenelement, und nicht sich besinnt, nur taumelt lichttrunken, nur freudig schwärmt, so lösen die Kranken, die Müden sich ab vom Leib, so steigen sie auf ins reinere Freiheitsleben, das ist alles was den Sinnen nicht sichtbar war. Wie die Raupe sich veredelnd umwandelt, so kanns der Mensch auch. – Hätte es doch wieder vergessen können, was das heißt, von der Erde scheiden! –

Der nächste Frühling, vom Tod an der Hand geführt, kommt und geleitet ihm die schönste Mutter ins Grab. Da ist Zerstörung im Haus, die Freunde! – Und viele dankbare Tränen fließen. Der Vater kanns nicht ertragen, wohin er sich wendet muß er die Hände ringen, alles scheuet seinen Schmerz. –

Die Geschwister fliehen vor ihm wo er eintritt, das Kind bleibt, es hält ihn bei der Hand fest, und er läßt sich von ihm führen. Im dunklen Zimmer, von den Straßenlaternen ein wenig erhellt, wo er laut jammert vor dem Bilde der Mutter, da hängt es sich an seinen Hals und hält ihm die Hände vor den Mund, er soll nicht so laut, so jammervoll klagen! – Gesegnetes Haupt, das an seiner seufzenden Brust lag, und von seinen Tränen überströmt ihm Linderung gab. –

Werde doch auch so gut wie Deine Mutter, sagte in gebrochnem Deutsch der italienische Vater. –

* * *

Die Mitternacht, die böse Stunde der Geister, weckt mich; ich leg mich im kalten Winterwind ans Fenster; ganz Frankfurt ist tot, der Docht in den Straßenlaternen ist im Verglimmen, die alten rostigen Wetterfahnen greinen mir was vor, und da denk ich: Ist das die ewige Leier? – Und da fühl ich, daß dies Leben ein Gefängnis ist, wo ein jeder nur eine kümmerliche Aussicht hat in die Freiheit: das ist die eigne Seele. –

Siehst Du, da rast es in mir; ich möchte hinauf über die alten spitzen Giebeldächer, die mir den Himmel abschneiden; ich verlasse das Zimmer, eile über die weiten Gänge unseres Hauses, suche mir einen Weg über die alten Böden, und hinter dem Sparrwerk ahne ich Gespenster, aber ich achte ihrer nicht; da suche ich die Treppe zum kleinen Türmchen, wenn ich endlich oben bin, da seh ich aus der Turmluke den weiten Himmel und friere gar nicht; da ist mirs als müsse ich die gesammelten Tränen abladen, und dann bin ich am andern Tag so heiter und so neugeboren, ich suche mit List nach einem Scherz den ich ausführen möchte.

»Es war einmal ein Kind« – und Bettine wollte über die Kindheit hinaus als Kind gesehen, als Kind bezeichnet werden. Das wurde leicht gemacht durch ihre körperliche Kleinheit. Nirgendwo habe ich gelesen, wie klein sie eigentlich war, in Zentimetern gemessen, ich weiß nur: Zeitgenossen, die sich über sie äußerten, bezeichneten sie als klein, auch als untersetzt. Ihr Bruder Clemens, größer als sie, maß einsfünfundfünfzig. Das erschien aber nicht weiter erwähnenswert; wenn Bettine hingegen ihren Mitmenschen besonders klein erschien, so maß sie möglicherweise nur einsfünfundvierzig oder einsvierzig.

Geboren wurde die kleine, lebenslang überaus agile Frau am 4. April 1785 in Frankfurt. Auf den Namen »Bettine« wurde sie nicht getauft, wurde aber so gerufen in der Familie, im Freundeskreis. Offiziell waren diese vier Namen: Elisabeth Katharina Ludovica Magdalena. Trotz all der wohlklingenden A-Endungen: sie hat ihre Briefe als Bettine unterschrieben. Bettina hingegen, das klingt offiziell, distanziert: Name einer öffentlichen Figur.

Ihr Vater, der nur »gebrochnes Deutsch« sprach, war Peter Anton (Pier Antonio) Brentano. Eine noble Familie mit Sitz in Tremozzo am Comer See. Es war Bettines Großvater, der vom

Comer See an den Main zog, nach Frankfurt; dort gründete er das Handelshaus »Domenico Brentano e figli« (Import, Export). Bettines Vater sodann baute das Familienunternehmen zu einem kleinen Imperium aus: Niederlassungen zwischen Mainz und Köln, zwischen Nürnberg und Mannheim, schließlich sogar zwischen Triest und Wien, zwischen der Schweiz und den Niederlanden. Gehandelt wurde mit allem, was Geld brachte: Gewürze aus vielen Ländern ... Tee, Kaffee, Tabak ... Schinken, Käse, Wein ... Kohlen, Perlen, Edelsteine ...

Peter Anton Brentano war und wurde in der Tat Vater von zwanzig Kindern, da zählte Bettine, das Kind, ganz richtig. Das waren bereits sechs aus erster Ehe – dann starb die Frau, die Mutter. Der 39jährige Witwer heiratete, nach einer Anstandsfrist, die 18jährige Maximiliane von La Roche. Die Hochzeitsfeier war standes- und statusgemäß: die kirchliche Trauung fand statt in der Schloßkapelle der Festung Ehrenbreitstein (dem Wohnsitz des Paares) bei Koblenz. Anwesend, unter anderen, der kurtrierische Staaatsrat und Regierungskanzler Georg Maximilian von la Roche und Frau Gemahlin.

Sie, Sophie von La Roche, hatte (unter anderem) den zweibändigen Roman *Geschichte des Fräuleins von Sternheim* geschrieben – nach englischen Vorbildern weithin als Briefroman. Es folgte, unter anderem, ein Briefbuch »für junge Frauenzimmer, die ihr Herz und ihren Verstand bilden wollen« – und das gleich in drei Bänden!

Weil diese Großmutter eine bedeutende Rolle spielt in Bettines jungen Jahren, ein rascher Blick auf ihren Roman. In einer privaten Sammlung darf ich mir die rare Erstausgabe genauer anschauen. Der Name der Autorin ist nicht genannt auf dem Titelblatt. In Literatenkreisen indes hatte sich bald herumgesprochen, wer den Roman in zwei Bänden verfaßt hatte. Zwei Bände – allerdings, das Format ist klein, und nur wenige, kurze Zeilen im Satzspiegel; so kommt man leicht auf einige hundert Seiten.

Christoph Martin Wieland, einer der frühen Verehrer, ja der Verlobte von Sophie, er zeichnete als Herausgeber. Und sprach im Vorwort eine Warnung aus, Erwartungen dämpfend: Das Buch sei »eine moralische Dichtung, bey welcher es mehr um die Ausführung eines gewissen lehrreichen und interessanten Hauptcharakters, als um Verwicklungen und Entwicklungen zu thun ist, und wobey überhaupt die moralische Nützlichkeit der erste Zweck, die Ergötzung des Lesers hingegen nur eine Nebenabsicht ist.« Und hier gleich eine Textprobe aus dem heute vergessenen Buch:

»Sie kam von allen Grazien begleitet in den Saal; sie trug den Schmuck, welchen der Hofjuwelierer dem Lord gewiesen hatte. Sie war so niederträchtig gefällig, ihr schöne Stimme hören zu lassen und ihn nebst der Gesellschaft zur Freude aufzumuntern. Hätte ich Kräfte gehabt, sie ihrer reizenden Gestalt und aller ihrer Talenten zu berauben, ich würd' es in diesem Augenblick gethan haben. Leichter wär' es mir gewesen, sie elend, häßlich, ja gar todt zu sehen, als ein Zeuge ihrer moralischen Zernichtung zu seyn. Der tiefste Schmerz war in meiner Seele, als ich sie singen hörte, und mit dem Fürsten und mit andern Menuette tanzen sah. Aber als er sie um den Leib faßte, an seine Brust drückte, und den sittenlosen, frechen Wirbeltanz der Deutschen, mit einer, aller Wohlstandsbande zerreißenden Vertraulichkeit an ihrer Seite daher hüpfte – da wurde meine stille Betrübnis in brennenden Zorn verwandelt; ich eilte in meine zwote Maske, näherte mich ihr darinn, und machte ihr bittre und heftige Vorwürfe über ihre Frechheit, sich mit so vieler Lustigkeit in ihrem schändlichen Putz zu zeigen. Ich setzte hinzu: daß alle Welt sie verachte, sie, die man angebethet habe – Meine erste Anrede brachte das vollkommenste Erstaunen in ihr hervor; sie konnte nichts sagen, als ihre Hand gegen die Brust heben, – ich – ich – stotterte sie – mit der andern wollte sie mich haschen. Aber ich Elender entfloh, ohne auf die Wirkung achten zu wollen, die meine Rede machen würde. Nach Hause eilte ich, ließ mir sechs Postpferde vor meine Chaise geben, nahm meinen alten Dik mit, und fuhr sechs Tage ohne zu wissen, wohin; bis ich endlich in einem Dorfe liegen bleiben mußte, wo ich Diken auf das äußerste verbot, jemanden Nachricht von mir zu geben. Mein Gemüthszustand ist nicht zu beschreiben; gefühllos, geistlos war ich, misvergnügt, unruhig.«

Fast ein Jahrzehnt wird Bettine (mit zwei Schwestern) bei dieser Großmutter wohnen, im damals noch recht ländlichen Offenbach. In Großmamas »Grillenhütte« in Pension gegeben, später zu Besuchen zurückkehrend, wird sie eher Nachwirkungen der literarischen Tätigkeit registrieren: interessante, auch kuriose Besucher …

Maximiliane (»die Max«) bringt in neunzehn Ehejahren zwölf Kinder auf die Welt – Bettine als siebtes. Die Söhne, vor allem Clemens, werden nicht gern an die Kindheit zurückdenken, schon gar nicht an den Vater. Der Großkaufmann spielte zwar gelegentlich die Geige, begleitete seine Frau schon mal bei Lieddarbietungen, erwarb Gemälde für eine häusliche Galerie, baute eine Bibliothek aus, aber das war eher standesgemäß, der herrische Mann blieb auf das Geschäft fixiert. »Mit seinen Kindern gab er sich wenig ab, sondern hielt sie nach der Sitte vornehmer Italiener in einer Ehrfurcht gebietenden Entfernung. Erschienen wir vor ihm, so küßten wir seine Hände, und war er dann freundlich, so küßte er unsere Stirn.« Dabei blieb es – nur Bettine, in der fortgesetzten Rolle des Kindes, kam ihm näher.

Als sie acht war, starb die Mutter, entkräftet, verbraucht – sie wurde nur 37. Vier Jahre später starb der Vater – mit 62.

Ich bin in der Karmeliterkirche, in einem verborgnen Winkel hinter einem großen Pfeiler; da geh ich alle Tage her in der Mittagsstunde, da scheint die Herbstsonne durchs Kirchenfenster und malt den Schatten der Weinblätter hier auf die Erde und an die weiße Wand, da seh ich wie der Wind die bewegt und wie eins nach dem andern abfällt; hier ist tiefe Einsamkeit, und die Menschen, die ich hier zur ungewöhnlichen Stunde treffe, die sind gewiß da um an ihre Toten zu denken, die hier begraben sein mögen. Hier am Eingang ist die Gruft wo Vater und Mutter begraben liegen und sieben Geschwister; da steht ein Sarg über dem andern. Ich weiß nicht, was mich in diese große düstre Kirche lockt; für die Toten beten? – Soll ich sagen: »Lieber Gott im Himmel, heb doch diese Verstorbenen zu Dir in den Himmel?« – Wenn ich hier in die Kirche gehe, an der Gruft vorbei die meine Eltern und Geschwister deckt, da falte ich die Hände und das ist mein ganzes Gebet.

Der Vater hat mich zärtlich geliebt, ich hatte eine große Gewalt über ihn; oft schickte mich die Mutter mit einer schriftlichen Bitte an ihn und sagte: Laß den Vater nicht los, bis er Ja sagt, – und da hing ich mich an seinen Hals und umklammerte ihn, und da sagte er: Du bist mein liebstes Kind, ich kann [dir] nichts versagen.

Der Mutter erinnere ich mich auch noch, ihrer großen Schönheit; sie war so fein und doch so erhaben, und glich nicht den gewöhnlichen Gesichtern; Du sagtest von ihr, sie sei für die Engel geschaffen, die sollten mit ihr spielen. Deine Mutter hat mir erzählt, wie Du sie zum letztenmal gesehen, daß Du die Hände zusammenschlugst über ihre Schönheit, das war ein Jahr vor ihrem Tod.

Franz, der Älteste aus erster Ehe, übernahm die Rolle des Familienoberhaupts, zuständig für Finanzen wie für Erziehung. (Der erfolgreiche Kaufmann wird 1806 das Gut Winkel am Rhein in seinen Besitz überführen, wird sich von Schinkel eine repräsentative Villa in Frankfurt erbauen lassen.) Als Vormund schickt er Bettine mit ihrer älteren Schwester Kunigunde (genannt Gunda) und den beiden jüngeren Schwestern Lulu und Meline in das Ursulinen-Kloster in Fritzlar bei Kassel: kleines Internat mit etwa zwanzig Schülerinnen.

In ihrem letzten Buch, veröffentlicht 1852, erzählt Bettine von Arnim aus dieser Zeit, gibt dem Text ausnahmsweise einen Titel: »Die Klosterbeere«. Doch erst ein Vorspiel.

Nun muß ich Dir aus dem Kloster erzählen. Da war eine Nonne, die hieß man Mère Celatrice, die hatte mich an sich gewöhnt, daß ich ihr alle Geschäfte besorgen half. Hatten wir den Wein im Keller gepflegt, so sahen wir nach den Bienen, denn sie war Bienenmutter und das war ein ganz bedeutendes Amt. Im Winter wurden sie von ihr gefüttert, die Bienen saugten aus ihrer Hand süßes Bier; im Sommer hingen sie sich an ihren Schleier, wenn sie im Garten ging, und sie behauptete von ihnen gekannt und geliebt zu sein. Damals hatte ich große Neigung zu diesen Tierchen. Die Mère Celatrice sagte, vor allem müsse man die Furcht überwinden, und wenn eine stechen wolle, so müsse man nicht zucken, dann würden sie nie stark stechen. Das hat mich große Überwindung gekostet; nachdem ich den festen Vorsatz gefaßt hatte, mitten unter den schwärmenden Bienen ruhig zu sein, befiel mich die Furcht, ich lief, und der ganze Schwarm mir nach. Endlich hab ichs doch gelernt, es hat mir tausend Freud gemacht, oft hab ich ihnen einen Besuch gemacht und einen duftenden Strauß hingehalten, auf den sie sich setzten. Den kleinen Bienengarten hab ich gepflegt, und die gewürzigen dunklen Nelken besonders hab ich hineingepflanzt. Die alte Nonne tat mir auch den Gefallen zu behaupten, daß man alle Blumen, die ich gepflanzt hatte, aus dem Honig herausschmecke. So lehrte sie mich auch, daß wenn die Bienen erstarrt waren, sie wieder beleben. Sie rieb sich die Hand mit Nesseln und mit einem duftenden Kräutchen, welches man Katzenstieg nennt, machte den großen Schieber des Bienenhauses auf und steckte die Hand hinein. Da setzten sie sich alle auf die Hand und wärmten sich, das hab ich oft auch mitgemacht; da steckte die kleine Hand und die große Hand im Bienenkorb.

* * *

Hier oben am Berg wachsen wilde Stachelbeeren, bei uns heißen sie Klosterbeeren; als ich noch im Kloster war blieb ich oft bei so einem Strauch an der Kirchmauer stehen und besann mich warum sie Klosterbeeren heißen. Ich konnt in die Frucht hineinsehen, wie sie, von der Sonne durchsichtig gereift, kleine Zellen bildet mit Bogenfensterchen in deren jedem ein Korn sich hält, darunter dacht ich mir Nönnchen die hier im nährenden Element wie in wohnlicher Herberge für ein späteres Leben reiften. Ein Kloster dacht ich mir wie eine Frucht die für die Gottheit reife; – da hatt ich Betrachtungen wie ein Kind hat, die waren zum Lachen. Ich sah mit an wie auf der Glocke Zeichen noch vor Sonnenaufgang die Nönnchen in kirchlichem Beruf zusammenströmten, dann wieder aus einander rannten, jedes in eigener Zelle eigener Betrachtung überlassen, oder in dunkler Nacht im langen Chormantel in Prozession zum Kapitelsaal wallten, Konzilium hielten, psalmierten, Responsalien herlasen, alles auf Latein, wovon sie nichts verstanden, so dumpf sangen, so matt waren; – und ich dacht: Wie sauer ist doch die Klosterbeere und wie unschmackhaft; aus der Frucht wird nichts, sie fällt unreif ab. –

Wenn sie aber in ihren häuslichen und Feldangelegenheiten umherschwirrten, ihre Ernten eintaten, Keller und Speisegewölbe besorgten, da waren sie fix und plauderten emsig, sie teilten ihr Einkommen ein ihre Gehöfte zu vergrößern, bauten Scheunen und Ställe, da wußten sie guten Rat. –

In solchen sonnigen Tagen wo sie die Äpfel und Birnen von den Bäumen schüttelten, die Bienenschwärme einfingen, da war aufgeregt Leben den Laienschwestern beizustehen, wenn in blauer Frühlingsluft die frisch gewaschenen Schleier flatterten; da nahmen wir Zöglinge uns mit den jüngeren Nonnen bei den Händen und schlüpften tanzend zwischen den luftgetragenen nassen Schleiern durch und hatten unsere Lust wenn sie herabflogen in den Sand, dann hielten wir sie gespannt unter den Strahl des Springbrunnens und spülten sie wieder rein und kletterten einander auf die Schulter sie wieder aufzuhängen. Am schönsten wars bei der Hopfenernte, erst die Freude, die bewuchteten Stangen niederzuwerfen und ihre duftenden Ranken loszumachen, die wir aneinander gehängt auf der Schulter aus dem Meiergarten herübertrugen ins Kloster; so kamen wir in langen Zügen von dem Ufer der Eder herüber quer über die Bergstraße gezogen zu Zwanzigen in einem langen Hopfengewinde verflochten; hätte es einer gesehen, ihn hätte der Übermut, das Lachen und Jauchzen mit dem wir unserer Ernte leichte Bürde schleppend diesen einsamen Waldwinkel durchhallten, freudig überrascht; er hätt gedacht, hier sei lebendig Leben, hier in der tiefen Einsamkeit wo die Glocke jedes Ungewohnte im Lebensgang streng abwies. –

Kamen wir im Kloster an, da saßen die Nönnchen in der Vorhalle auf Schemeln umher. Wir zogen unser langes Gewind von Schoß zu Schoß und hockten auf der Erde den Hopfen zu pflücken und zogen die geteilten Ranken durcheinander wie den Aufzug eines künstlichen Gewebes. Da war der Kreuzgang voll Spinnen und Käfer die an den weißen Wänden hinaufliefen und die Raupen krochen langsam hinter die schwarzen Bilderrahmen der Ordensheiligen, dort sich früher einzusargen als wohl im Freien wär geschehen; weils einmal nicht anders sein konnt, ihr Blütenrevier war eingerissen. In freier Luft geboren, waren sie hier mit ihren verwelkten Nahrungszweigen eingesperrt worden. Ich habe sie da hängen sehen in Reihen hinter Bildern, Betaltar und Knieschemel; ich fühlte sie an, sie regten sich in meiner Hand so rasch und kräftig und wollten sich wehren. –

Stör mich nicht bis ich mit unberührtem Flügelschmelz bald in der Luft kann tanzen, so spricht die eingesponnene Raupe in meiner Hand die Milde an; bald wird sie starr und kann nicht mehr ein Lebenszeichen geben, ihre göttliche Vorsehung ist das Ungefähr das sie bewacht, damit sie unberührt bleibe vom Spinnenbesen der Laienschwester. So überwintert sie im enggefügten Sarg den sie im Frühling sprengt, dann klettre ich auf die Leiter zur hohen Fensterluke und öffne ihr den Weg zur Freiheit – da tanzt sie hin beflügelt – an mir vorüber hinaus ins Meer der Lüfte.

Am meisten über die Zeit im Kloster erzählt Bettine ihrem geliebten Bruder Clemens, aber auch dem vergötterten Goethe weiß sie einiges zu erzählen.

In den hängenden Gärten der Semiramis bin ich erzogen, ich glattes braunes feingegliedertes Rehchen, zahm und freundlich zu jedem Liebkosenden, aber unbändig in eigentümlichen Neigungen. Wer konnte mich vom glühenden Fels losreißen in der Mittagssonne? – wer hätte mich gehemmt, die steilsten Höhen zu erklettern und die Gipfel der Bäume? wer hätte mich aus träumender Vergessenheit geweckt mitten unter den Lebenden, oder meine begeisterten Nachtwanderungen gestört, auf nebelerfülltem Pfad! –

Sie ließen mich gewähren, die Parzen und Musen und Grazien, die da alle eingeklemmt waren im engen Tal, das vom Geklapper der Mühlen dreifaches Echo in den umgrenzenden Wald rief, vom Goldsandfluß durchschnitten, dessen Ufer jenseits eine Bande Zigeuner in Pacht hatte, die nachts im Wald lagerten und am Tag das Gold fischten, diesseits aber durch die Bleicher benutzt war und durch die wiehernden Pferde und Esel die zu den Mühlen gehörten. Da waren die Sommernächte mit Gesang der einsamen Wächter und Nachtigallen durchtönt, und der Morgen mit Geschrei der Gänse und Esel begonnen; da machte die Nüchternheit des Tags einen rechten Abschnitt von dem Hymnus der Nacht.

Manche Nächte hab ich da im Freien zugebracht, ich kleines Ding von acht Jahren; meinst Du, das war nichts? – mein Heldentum wars, denn ich war kühn und wußte nichts davon. Die ganze Gegend, so weit ich sie ermessen konnte, war mein Bett; ob ich an Ufersrand von Wellen umspült, oder auf steilem Fels, vom fallenden Tau durchnäßt, schlief, das war mir einerlei. Aber Freund! wenn die Dämmerung wich, und der Morgen seinen Purpur über mir ausbreitete, und mich, nachdem ich dem Gesang der steigenden Lerche schon im Traum gelauscht hatte, unter tausendfachem Jubel aller befiederten Kehlen weckte, was meinst Du wie ich mich fühlte? – nichts geringer als göttliche Natur fühlt' ich mich, und ich sah herab auf die ganze Menschheit. Solcher Nächte zwei erinnere ich mich, die schwül waren, wo ich aus den beklommenen Schlafsälen zwischen den Reihen der Tiefschlafenden mich schlich und hinaus ins Freie eilte, und mich die Gewitter überraschten, und die breite blühende Linde mich unter Dach nahm; die Blitze feuerten durch ihre tiefhängenden Zweige; dies urplötzliche Erleuchten des fernen Waldes und der einzelnen Felszacken erregte mir Schauer, ich fürchtete mich und umklammerte den Baum der kein Herz hatte was dem meinen entgegen schlug. [...]

Damals in der Gewitternacht unter dem Baum da fürchtete ich mich, mein Herz schlug heftig, das schöne Lied: *»Wie ist Natur so hold und gut die mich am Busen hält«* das konnte ich damals noch nicht singen, ich empfand mich so allein mitten im Gebraus der Stürme, doch war mir so wohl, mein Herz ward feurig. –

Da läuteten die Sturmglocken des Klosterturms, die Parzen und Musen eilten im Nachtgewand mit ihren geweihten Kerzen in das gewölbte Chor, ich sah unter meinem sturmzerzausten Baum die eilenden Lichter durch die langen Gänge schwirren; bald tönte ihr Ora pro nobis herüber im Wind, so oft es blitzte zogen sie die geweihte Glocke an: so weit ihr Schall trug, so weit schlug das Gewitter nicht ein.

Ich allein jenseits der Klausur, unter dem Baum in der schreckenvollen Nacht! und jene alle, die Pflegerinnen meiner Kindheit, wie eine verzagte verschüchterte Herde, zusammengerottet in dem innersten feuerfesten Gewölb ihres Tempels, Litaneien singend um Abwendung der Gefahr. Das kam mir so lustig vor unter meinem Laubdach, in dem der Wind raste und der Donner wie ein brüllender Löwe die Litanei samt dem Geläut verschlang; an diesem Ort hätte keins von jenen mit mir ausgehalten, das machte mich stark gegen das einzige Schreckensvolle, gegen die Angst, ich fühlte mich nicht verlassen in der allumfassenden Natur. Der herabströmende Regen verdarb ja nicht die Blumen auf ihrem feinen Stengel, was sollte er mir schaden, ich hätte mich schämen müssen vor dem Vertrauen der kleinen Vögel, hätt ich mich gefürchtet.

So hab ich allmählich Zuversicht gewonnen und war vertraulich mit der Natur, und hab zum Scherz manche Prüfung bestanden, Sturm und Gewitter zog mich hinaus und das machte mich freudig; die heiße Sonne scheute ich nicht, ich legte mich ins Gras unter die schwärmenden Bienen mit Blütenzweigen im Mund und glaubte fest sie würden meine Lippen nicht stechen, weil ich so befreundet war mit der Natur; und so bot ich allem Trotz was andere fürchteten, und in der Nacht in schauerlichen Wegen im finstern Gebüsch, da lockte es mich hin, da wars überall so heimlich und nichts war zu fürchten.

Oben im ersten und höchsten Garten stand die Klosterkirche auf einem Rasenplatz, der am felsigen Boden hinab grünte und mit einem hohen Gang von Trauben umgeben war, er führte zur Türe der Sakristei, vor dieser saß ich oft wenn ich meine Geschäfte in der Kirche versehen hatte, denn ich war Sakristan, ein Amt dem es oblag den Kelch, in dem die geweihten Hostien bewahrt wurden, zu reinigen und die Kelchtücher zu waschen, dies Amt wurde nur dem

Liebling unter den jungfräulichen Kindern [an]vertraut, die Nonnen hatten mich einstimmig dazu erwählt. In dieser Torwölbung saß ich manchen heißen Nachmittag, links in der Ecke des Kreuzbaues das Bienenhaus unter hohen Taxusbäumen, rechts der kleine Bienengarten, bepflanzt mit duftenden Kräutern und Nelken, aus denen die Bienen Honig saugten. Da saß ich und sah die Bienen von ihren Streifzügen heimkehren, ich sah wie sie sich im Blütenstaub wälzten und wie sie weiter und weiter flogen in die ungemessene Ferne, wie sie im blauen sonnedurchglänzten Äther verschwebten, und da ging mir, mitten in diesen Anwandlungen von Melancholie, auch die Ahndung von ungemessenem Glück auf.

Und jetzt noch, in der Erinnerung wie in den Kindertagen, füllt sich meine Seele mit jener Stimmung, die leise mit der Dämmerung hereinbrach und dann wieder nachgab, wenn das Sonnenlicht mit dem Sternenlicht gewechselt hatte und der Abendtau meine Haare losringelte. Die kalte Nachtluft stählte mich, ich buhlte, ich neckte mich mit den tausend Augen der Finsternis, die aus jedem Busch mir entgegen blitzten. Ich kletterte auf die Kastanienbäume und legte mich so schlank und elastisch auf die Äste; wenn dann der Wind durchschwirrte und jedes Blatt mich anflüsterte, da wars als redeten sie meine Sprache. Am hohen Traubengelände, das sich an die Kirchenmauer anlehnte, stieg ich hinauf und hörte die Schwalben in ihrem Nestchen plaudern; halb träumend zwitschern sie zwei- dreisilbige Töne und aus tiefer Ruhe seufzt die kleine Brust einen süßen Wohllaut der Befriedigung. Lauter Liebesglück, lauter Behagen, daß ihr Bettchen von befreundeter Wärme durchströmt ist.

O Weh über mich, daß mir im Herzen so unendlich weh

ist, bloß weil ich dies Leben der Natur mit angeschaut habe in meinen Kindertagen; diese tausendfältigen Liebesseufzer, die die Sommernacht durchstöhnen, und inmitten dieser ein einsames Kind, einsam bis ins innerste Mark, das da lauscht, ihren Seligkeiten, ihrer Inbrunst, das in dem Kelch der Blumen nach ihren Geheimnissen forscht, das ihren Duft in sich saugt wie eine Lehre der Weisheit, das erst über die Traube den Segen spricht ehe sie es genießt.

Aber da war ein hoher Baum mit feinen phantastischen Zweigen, breiten Samtblättern, die sich wie ein Laubdach ausdehnten; oft lag ich in seiner kühlen Umwölbung und sah hinauf wie das Licht durch ihn äugelte, und da lag ich mit freier Brust in tiefem Schlaf; ja mir träumte von süßen Gaben der Liebe, gewiß! sonst hätte ich den Baum nicht verstanden da ich erwachte. Weil eben die reife Frucht sich von seinen Zweigen gelöst hatte und im Fallen auf meine Brust ihr Saft mich netzte, dies schöne dunkle überreife Blut der Maulbeere, ich kannte sie nicht, ich hatte sie nie gesehen, aber mit Zutrauen verzehrten sie meine Lippen wie Liebende den ersten Kuß verzehren. Und es gibt Küsse von denen fühl ich, sie schmecken wie Maulbeeren.

Sag, sind das Abenteuer? – und würdig, daß ich sie Dir erzähle?

* * *

Komm! laß uns noch einmal die hängenden Gärten, in denen meine Kindheit einheimisch war, durchlaufen, laß Dich durch die langen Laubgänge geleiten zu dem Glokkenturm, wo ich mit leichter Mühe das Seil in Schwung brachte, um zu Tisch oder zum Gebet zu rufen; und abends um sieben läutete ich dreimal das Angelus, um die Schutzengel zur Nachtwache bei den Schlafenden zu rufen. O, damals schnitt mir das Abendrot ins Herz, und das schweifende Gold, in das sich die Wolken senkten, o, ich weiß es noch wie heute, daß es mir weh tat, wenn ich so einsam durch das schlafende Blumenfeld ging, und weiter, weiter Himmel um mich, der in beschwingter Eile seine Wolken zusammentrieb wie eine Herde, die er weiterführen wollte, der rotes und blaues und gelbes Gewand entfaltete, und dann wieder andre Farben, bis die Schatten ihn übermannten. Da stand ich und sah die verspäteten Vögel mit rascher Eile nach ihrem Nest fliegen, und dachte: Wenn doch einer in meine Hand flög und ich fühlte sein kleines Herzchen pochen, ich wollte zufrieden sein, ja ich glaubte ein Vögelchen nur, das mir zahm wär, könne mich glücklich machen. Aber es flog kein Vogel in meine Hand, ein jeder hatte schon anders gewählt, und ich war nicht verstanden mit meiner Sehnsucht. […]

Von dem Kirchgarten führte eine hohe Treppe, über die das Wasser schäumend hinabstürzte, zum zweiten Garten, der rund war, mit regelmäßigen Blumenstücken ein groß Bassin umgab, in dem das Wasser sprang; hohe Pyramiden von Taxus umgaben das Bassin, sie waren mit purpurroten Beeren übersät, deren jede ein kristallhelles Harztröpfchen ausschwitzte; ich weiß noch alles, und dies besonders war meine Lieblingsfreude, die ersten Strahlen der Morgensonne in diesen Harzdiamanten sich spiegeln zu sehen.

Das Wasser lief aus dem Bassin unter der Erde bis zum Ende des runden Gartens, und stürzte von da wieder eine hohe Treppe hinab in den dritten Garten, der den runden Garten ganz umzog und grad so tief lag, daß die Wipfel seiner Bäume wie ein Meer den runden Garten umwogten. Es war so schön, wenn sie blühten, oder auch wenn die Äpfel und die Kirschen reiften, und die vollen Äste herüber streckten. Oft lag ich unter den Bäumen in der heißen Mittagssonne, und in der lautlosen Natur wo sich kein Hälmchen regte, fiel die reife Frucht neben mir nieder ins hohe Gras; ich dachte: »Dich wird auch keiner finden!« Da streckte ich die Hand aus nach dem goldnen Apfel und berührte ihn mit meinen Lippen, damit er doch nicht gar umsonst gewesen sein sollte.

* * *

Nicht wahr, die Gärten waren schön! – zauberisch! Da unten sammelte sich das Wasser in einem steinernen Brunnen, der von hohen Tannen umgeben war, dann lief es noch mehrere Terrassen hinab, immer in steinerne Becken gesammelt, wo es denn unter der Erde bis zur Mauer kam, die den tiefsten, alle anderen umgebenden, Garten einschloß, und von da sich ins Tal ergoß, denn auch dieser letzte Garten lag noch auf einer ziemlichen Höhe; da floß es in einem Bach weiter, ich weiß nicht wohin. So sah ich denn von oben hinab seinem Stürzen, seinem Sprudeln, seinem ruhigen Lauf zu, ich sah, wie es sich sammelte und kunstreich emporsprang und in feinen Strahlen umherspielte; es verbarg sich, es kam aber wieder und eilte wieder eine hohe Treppe hinab; ich eilte ihm nach, ich fand es im klaren Brunnen von dunklen Tannen umgeben in denen die Nachtigallen hausten; da war es so traulich, da spielte ich mit bloßen Füßen in dem kühlen Wasser. –

Und dann liefs weiter verborgen, und wie es sich außerhalb der Mauer hinabstürzte, das sah ich mit an und konnte es nicht weiter verfolgen, ich mußt' es halt dahinlaufen lassen. – Ach, es kam ja Welle auf Welle nach, es strömte unaufhaltsam die Treppe hinab, der Wasserstrahl im Springbrunnen spielte Tag und Nacht und versiegte nimmer, aber da wo es mir entlief, da grade sehnte sich mein Herz nach ihm, und da konnte ich nicht mit; und wenn ich nun Freiheit gehabt *hätte* und wäre mitgezogen durch alle Wiesen, durch alle Täler, durch die Wüste, wo der Bach mich am End' hingeführt haben möchte!

* * *

Alle Blumen, die das frühe Jahr uns gönnt, werden abgemäht; Schneeglöckchen, Krokus, Maßlieb und das ganze Feld voll Hyazinthen schmücken den weißen Altar, und dann bring ich die Chorhemdchen und zwölf Kinder mit aufgelösten Haaren werden damit bekleidet; sie stellen die Apostel vor. Nachdem wir mit brennenden blumengeschmückten Kerzen den Altar umwandelt haben, lassen wir uns im Halbkreis nieder, und die alte Äbtissin mit ihrem hohen Stab von Silber, umwallt vom Schleier und langem, schleppendem Chormantel knieet vor uns, um uns die Füße zu waschen. Eine Nonne hält das silberne Becken und gießt das Wasser ein, die andre reicht die Linnen zum Abtrocknen; indessen läutet es mit allen Glocken, die Orgel ertönt, zwei Nonnen spielen die Violine, eine den Baß, zwei blasen die Posaune, eine wirbelt auf den Pauken, alle übrigen stimmen mit hohen Tönen die Litanei an: »Sanct Petrus, wir grüßen dich – du bist der Fels auf den die Kirche baut.« Dann geht es zum Paulus, und so der Reihe durch weden alle Apostel begrüßt, bis alle Füße gewaschen sind. –

Nun siehst Du, das ist ein Tag, auf den wir uns schon ein Vierteljahr lang halb selig gefreut haben. Die ganze Kirche war voll Menschen, sie drängten sich um unsere Prozession und weinten Tränen der Rührung über die lachenden, unschuldigen Apostel.

Von nun an ist der Garten wieder offen, der den Winter über unzugänglich war; jedes läuft an sein Blumengärtchen, da hat der Rosmarin gut überwintert, die Nelkenpflänzchen werden unter dem dürren Laub hervorgescharrt, und so manches junge Keimchen meldet den vergeßnen vorjährigen Blumenflor. Erdbeeren werden verpflanzt, und die blühenden Veilchen sorgfältig herausgehoben und in Scherben versetzt; ich trage sie an mein Bett, und lege den Kopf dicht an sie heran, damit ich ihren Duft die ganze Nacht ein- und ausatme.

* * *

Ein Nönnchen wurde eingekleidet, eine andre haben wir begraben während den drei Jahren, als ich im Kloster war; dem einen habe ich den Cypressenkranz auf den Sarg gelegt, sie war die Gärtnerin und hatte lange Jahre den Rosmarin gepflegt, den man ihr aufs Grab pflanzte; sie war achtzig Jahre alt, und der Tod berührte sie sanft, während sie Absenker von ihren Lieblingsnelken machte, da hockte sie am Boden und hielt die Pflanzen in der Hand, die sie eben einsetzen wollte; ich war die Vollstreckerin ihres Testaments, denn ich nahm die Pflanzen aus der erstarrten Hand und setzte sie in die frisch aufgewühlte Erde, ich begoß sie mit dem letzten Krüglein Wasser, was sie am Madlenenbrünnchen geholt hatte, die gute Schwester Monika! wie schön wuchsen diese Nelken! dunkelrot waren sie und groß. – […]

Aber jene andre Nonne, jung und schön, deren lange goldne Flechten ich auf goldnem Opferteller zum Altar trug: – ich hab nicht geweint, da man die alte Gärtnerin zu Grabe trug, obschon sie meine Freundin gewesen war, und mir manche Gartenkunst gelehrt hatte; aber damals, als ich im Chorhemdchen mit einem Kranz von Rosen auf dem Kopf, mit brennender Kerze als Geleitengel, unter dem Geläute aller Glocken vor der in alle üppige Pracht gekleideten jugendlichen Braut Christi einherschritt, da wir an das Gitter kamen, vor welchem der Bischof stand, der ihr die Gelübde abnahm, und er fragte, ob sie sich Christo vermählen wolle, und man ihr auf ihr Bejahen die mit Perlen und Bändern durchflochtenen Haare abschnitt, welche ich auf einem goldenen Teller empfing, da fielen meine Tränen auf diese Haare, und da ich hin zum Altar trat, um sie dem Bischof zu überreichen, da schluchzte ich laut und alles Volk weinte mit.

Die junge Braut legte sich an die Erde, es wurde ein Leichen-Tuch über sie gebreitet, die Nonnen wallten von allen Seiten herbei, je zu zweien Blumenkörbe tragend. Ich streute die Blumen auf das Leichen-Tuch, während ein Requiem gesungen wurde. Sie wurde als Tote eingesegnet und Gebete über sie gesprochen; das irdische Leben war beendet, ich hob als Auferstehungsengel die Totendecke auf, das himmlische Leben beginnt, die Nonnen umringen sie, in ihrer Mitte wird sie vom weltlichen Staat entkleidet, Ordenskleid, Mantel und Schleier werden ihr angelegt, worauf sie in die Hände des Bischofs die Gelübde des Gehorsams, der Keuschheit und der Armut ablegt. Ach wie war ich beklommen, da der Bischof ihr das Kruzifix reichte, um es als ihren Bräutigam zu küssen.

Ich wich nicht von ihrer Seite; am Abend, da die Nonne allein in ihrer Zelle saß, kniete ich noch vor ihr, mit meinem verwelkten Rosenkranz auf dem Kopf; sie war eine Französin, eine Gräfin d'Antelot.

»Mon enfant«, fragte sie, »mon cher ange gardien, pourquoi as-tu pleuré ce matin l'orsqu'on m'a coupé les cheveux?« [Mein Kind, mein lieber Schutzengel, warum hast du heute morgen so geweint, als man mir die Haare abschnitt?]

Ich schwieg eine Weile still, aber dann fragte ich leise: »Madame, est-ce que Jesus Christ a aussi une barbe noire?« [Madame, stimmt es, daß Jesus Christus auch einen schwarzen Bart hat?]

Diese schöne Frau war mit vielen andern hohen Damen und Rittern, die Ordensbänder und Sterne hatten und aus Frankreich vertrieben waren, in unser Kloster gekommen; die zogen alle weiter, sie allein blieb zurück, sie wandelte viel im Garten, sie hatte einen blitzenden Ring am Finger, den sie küßte wenn sie in der dunklen Allee allein war. Da las sie ihre Briefe mit leiser Stimme und mit einem feinen weißen Tuch trocknete sie die weinenden Augen. Ich belauschte sie, ich liebte sie und weinte heimlich mit.

Einmal trat ein schöner Mann in glänzender Uniform mit ihr in den Garten. Sie sprachen zärtlich miteinander. Der Mann hatte einen schwarzen Bart, er war größer als sie, er hielt sie in seinen Armen und sah auf sie herab, und seine glänzenden Tränen blieben in seinem schwarzen Bart hängen; das sah ich, denn ich saß in der dunkeln Laube an deren Eingang sie standen. Er seufzte tief und laut, er drückte sie ans Herz, und sie küßte die glänzenden Tränen im schwarzen Bart auf.

Noch oft so wandelte die schöne Frau in diesen einsamen Alleen, noch oft sah ich sie, weinend unter dem Baum, wo er Abschied genommen hatte, und endlich nahm sie den Schleier.

* * *

So wollen wir denn das Kloster verlassen, in dem kein Spiegel war, und in dem ich also während vier Jahren vergeblich die Bekanntschaft meiner Gesichtszüge, meiner Gestalt gesucht haben würde, doch ist es mir in dieser ganzen Zeit nie eingefallen daran zu denken wie ich wohl aussehe, es war mir eine große Überraschung, wie ich im dreizehnten Jahr zum erstenmal mit zwei Schwestern, umarmt von der Großmutter, die ganze Gruppe im Spiegel erblickte. Ich erkannte alle, aber die eine nicht, mit feurigen Augen, glühenden Wangen, mit schwarzem, fein gekräuseltem Haar; ich kenne sie nicht, aber mein Herz schlägt ihr entgegen, ein solches Gesicht hab ich schon im Traum geliebt, in diesem Blick liegt etwas, was mich zu Tränen bewegt, diesem Wesen muß ich nachgehen, ich muß ihr Treue und Glauben zusagen; wenn sie weint, will ich still trauern, wenn sie freudig ist, will ich ihr still dienen, ich winke ihr – siehe, sie erhebt sich und kommt mir entgegen, wir lächeln uns an, und ich kanns nicht länger bezweifeln, daß ich mein Bild im Spiegel erblickt.

Krieg und frühe Küsse

»Aus meinem Leben« – wiederholt hat Bettine (einmal auch unter diesem Titel) angesetzt zum Erzählen ihrer Jugendjahre, aber einen zusammenhängenden autobiographischen Text hat sie nie geschrieben. Systematisches blieb ihr fremd; Spontaneität war ihr Lebenselement, Lebenselixier. Nur wenn sie Lust dazu hatte, schrieb sie Episoden aus ihrem Leben nieder. Solche Erzählpassagen finden sich freilich nur in einem Konvolut von Texten, in denen allgemeine Aussagen, allgemeinste Betrachtungen überwiegen.

Doch was kaum noch interessiert, sind diese weitschweifigen, vag-allgemeinen Betrachtungen über Gott und die Welt, ist jenes hymnisch-dithyrambische Philosophieren – hier bieten einige ihrer Zeitgenossen entschieden Relevanteres. Hingegen zeigt sich ihre Individualität sofort in erzählenden Texten, hier ist der Stil ganz unmittelbar die Person.

Wie diese Texte ordnen? Nach Themen? Nach der Reihenfolge ihrer Veröffentlichungen? Ihre Bücher hat sie erst ab 1835 veröffentlicht, da war sie fünfzig. Die Reihenfolge der Buch-Publikationen ist für die Textfolge des Lesebuchs aber nicht wichtig. Das einfachste Ordnungsprinzip: die Lesespur folgt ihrer Lebensspur. Und in überleitende, in verbindende Texte wird eingebracht, was sich aus den vorliegenden Texten nicht erschließt.

Freilich, von ihren autobiographischen Berichten ist biographische Realität nicht immer direkt ablesbar – eine realistische Autorin war sie gewiß nicht, auch wenn sie sich oft dicht an Realität heranerzählte. Immer wieder aber versuchte sie, und oft gelang es ihr auch, ihre Welt in ein Märchen, in eine Legende zu verwandeln. Was besonders leicht ist bei Kindheit und Jugend.

Doch nun: In ihre Klosterweltidylle bricht Krieg herein – die militärische Expansion Frankreichs nach der großen Revolution, der erste und der zweite Koalitionskrieg. Franz, als Familienoberhaupt, holt 1797 die Schwestern aus dem besetzten Fritzlar, bringt sie zu Großmutter La Roches »Grillenhütte« – womit nicht die Insekten gemeint waren, sondern Grillen, denen die alte Dame nachhing; Grillen assoziierte man mit trüben Gedanken, mit Melancholie. So manches stimmte sie herab. Die Verfasserin diverser Bücher besaß kaum noch Präsenz in der Literaturszene, galt als zopfig, als überholt. Zudem war sie verarmt, blieb angewiesen auf das Kostgeld, das Franz für seine Stiefschwestern zahlte. Bettine wird (mit Unterbrechungen) fast ein Jahrzehnt in Offenbach bleiben.

Eine der Lebenserzählungen Bettines setzt an in der Phase der Besetzung Hessens durch die Franzosen: eine märchenhafte Geschichte aus der Realität des ersten der (zahlreich folgenden) Kriegsjahre.

Am Morgen, da wir erwachten, hieß es: »Hinab in den Keller! Die Stadt wird beschossen, die Franzosen haben sich hereingeworfen, die Rotmäntel und die Totenköpfe sprengen von allen Seiten heran, um sie herauszujagen!« Da war ein Zusammenlaufen auf den Straßen, da erzählte man sich von den Rotmänteln, daß die kein Pardon gäben, alles zusammenhauen, daß sie fürchterliche Schnurrbärte haben, rollende Augen, blutrote Mäntel, damit das vergossene Blut nicht so leicht zu bemerken sei. Allmählich wurden die Fensterläden geschlossen, die Straßen leer, die erste Kugel die durch die Straßen flog, [und gleich] eilte alles in den Keller, auch wir, Großmutter, Tante, eine alte Cousine von achtzig Jahren, die Köchin, die Kammerjungfer, ein männlicher Hausgenosse. Da saßen wir, die Zeit wurde uns lang, wir lauschten – eine Bombe flog in unsern Hof, sie platzte. Das war doch eine Diversion, aber nun stand zu erwarten, daß Feuer ausbrechen könne. Allerlei, was meiner Großmutter unendlich wichtig war von Büchern, von Bildern, fiel ihr ein, sie hätte es gern in den Keller gerettet. Der männliche Hausgenosse demonstrierte, wie es eine Unmöglichkeit sei, den heiligen Johannes, ein Bild, was die wunderbare Eigenschaft hatte, die Fabel geltend zu machen, er sei ein Raffael, jetzt aus dem oberen Saal herunterzuschaffen, indem es viel zu schwer sei; ich entfernte mich leise, stieg zum Saal, hob das schwere Bild ab, nahm es an der Schnur über den Rücken, und so kam ich, noch eh die Verhandlung beendigt war, zum Erstaunen aller und zur großen Freude der Großmutter, zur Kellertreppe herabgepoltert, ich meldete noch, wie ich aus dem Saalfenster gesehen und alles still sei; ich bekam die Erlaubnis noch mehr zu retten, ich bekam die Schlüssel zur Bibliothek um Kupferwerke zu holen, mit freudiger Eile sprang ich die Treppe hinauf, in die Bibliothek hätt ich längst gern mich eingestohlen, da war eine Sammlung prachtvoller Muscheln, wunderbarer Steine, getrockneter Pflanzen, da hingen Straußeneier an den Wänden, Kokosnüsse, da lagen alte Waffen, ein Magnetstein, an dem alle Näh- und Stricknadeln hängen blieben, da standen Schachteln voll Briefschaften, Toiletten mit wunderlichem alten Geschirr und Geschmeid, Zitternadeln mit Sternen von bunten Steinen, o ich freute mich, den Schlüssel zu haben, ich holte herunter, was man verlangte, zog den Schlüssel ab, ohne abzuschließen, und dachte mir eine stille, einsame Nacht, in der ich, alles durchsuchend und betrachtend, schwelgen wolle. Das Schießen hatte wieder angefangen, einzelne Reiter hörte man in gestrecktem Galopp die furchtbare Stille der

Straße unterbrechen, die Furcht im Keller stieg, man dachte jedoch nicht daran, daß ich verletzt werden könne, und ich auch nicht; ich sprach nicht aus, daß ich mich nicht fürchte, und fühlte auch nicht, daß ich Gefahr lief, und so überkam ich das schöne Amt, alle zu bedienen, für alle Bedürfnisse zu sorgen. Ich hörte verschiedentlich die Reiter vorübersprengen. »Das mag ein Rotmantel sein!« dachte ich, lief eilig ans Fenster des unteren Geschosses, riß den Laden auf – siehe, da hielt er in der mitten Straße mit gezogenem Säbel, langem fliegendem Schnurrbart, dicken schwarzen geflochtenen Haarzöpfen, die unter der roten Pelzmütze hervorhingen, der rote Mantel schwebte in den Lüften, wie er die Straße hinabflog, – alles wieder totenstill! –

Ein junger Mensch in Hemdärmeln, bloßem Kopf, totenblaß, blutbespritzt, rennt verzweiflungsvoll hin und wieder, rasselt an den Haustüren, klopft an den Läden, keiner tut sich auf, mir klopft das Herz, ich winke – er sieht es nicht. Jetzt eilt er auf mich zu, bittend, – da ertönt der Schall eines Pferdes; er schmiegt sich in die Vertiefung des Hoftors, der Reiter, der ihn suchend verfolgt, sprengt an ihm vorbei, hält einen Augenblick, späht in die Ferne, wendet um und – fort. O, jeder Blick, jede Bewegung des Reiters und des Pferdes haben sich tief in mein Gehirn geprägt, und der arme Angsterfüllte eilt hervor und schwingt sich am schwachen Kinderarm herein in die rettenden Wände, aber kaum – da ist der Reiter schon wieder, er sprengt an mich heran, ich rühr mich nicht vom Fenster, er verlangt Wasser, – ich eile in die Küche es ihm zu holen; nachdem er getrunken und nachdem ich ihn die Straße hinabreiten gesehen erst, mache ich meinen Laden zu, und nun sehe ich mich nach meiner geretteten Beute um. Hätte sich der Rotmantel auf seinem Pferde in die Steigbügel gestellt, so hätte er meinen Geretteten entdeckt, dieser küßte mir zitternd die Hände und sagte mit leiser Stimme: »O mon dieu! mon dieu!« Ich lachte vor Freuden, aber dann brach ich in Tränen aus, denn es rührte mich, der Retter eines Menschen geworden zu sein, so ohne mich zu besinnen, so ohne zu wissen wie. –

»Sauvez-moi! Cachez-moi!« sagte er, »mon père et ma mère prieront pour vous.« [Retten Sie mich! Verstecken Sie mich! Mein Vater und meine Mutter werden für Sie beten.«] Ich faßte ihn bei der Hand und führte ihn schweigend leise über den Hof nach dem Holzstall: dort untersuchte ich seine Wunde, das Blut abwaschen konnte ich nicht, ich hatte kein Wasser, holen mochte ich auch keins, der Nachbar Andrée war mit mehreren Freunden auf sein Observatorium gestiegen um das Kriegswesen zu beobachten, er konnte mich bemerken. Ein einzig Mittel hatte ich erfunden; ich leckte ihm das Blut ab – denn es ihm so mit Speichel abzuwaschen, schien mir zu unbescheiden; er ließ mich gewähren, ich zog leise und sanft die anklebenden Haare zurück, – da flog ein Huhn mit großem Geschrei vom oberen Holz herunter, wir hatten es verscheucht von dem Ort, wo es seine Eier zu legen pflegte, ich kletterte hinauf, um das Ei zu holen, die innere weiße Haut legte ich über die Wunde – es mag wohl geheilt haben, ich wills hoffen! –

Nun eilte ich wieder in den Keller, die eine Schwester schlief, die andere betete vor Angst, die Großmutter schrieb an einem kleinen Tisch bei Licht ihr Testament, die Tante hatte den Tee bereitet, ich bekam die Schlüssel zur Speisekammer, um Wein und kalte Speisen zu holen, da dachte ich auch an den Magen meines armen Gefangenen, und brachte ihm Wein und Brot. So ging der Tag vorüber und die Gefahr, der Keller wurde verlassen, mein Geheimnis fing an mich zu beklemmen; ich beobachtete jeden Schritt der Hausgenossen, der Köchin half ich in der Küche, ich holte ihr Wasser und Holz, unter dem Vorwand, daß es doch noch gefährlich sein könne unter freiem Himmel, sie ließ sichs gefallen; –

Endlich und endlich kam die Nacht, der Nachbar hatte Rapport gebracht, daß nichts zu fürchten sei vorderhand, und so legte man sich zur Ruhe, deren man so sehr bedurfte. Ich hatte meine Schlafstätte im Nebenzimmer der Großmutter, von da konnte ich den Holzstall, der vom Mond beschienen war, beobachten, ich ordnete nun meinen Plan: fürs erste mußten Kleider beschafft werden, die den Soldaten verleugneten. Wie gut, daß ich die Bibliothek offen gelassen! Da oben hing ein Jagdkleid und Mütze – von welchem Schnitt, ob alt- oder neumodisch – wußt ich nicht. Wie ein Geist schlich ich auf bloßen Strümpfen an der Tante Zimmer vorbei, schwebend trug ichs herunter, damit die metallnen Knöpfe nicht rasselten, er zog es an, es saß wie angegossen – Gott hat es ihm angepaßt! und die Jagdmütze dazu! Ich hatte das Geld, was man mir schenkte, immer in das Kissen eines ledernen Sessels gesteckt, weil ich keine Gelegenheit hatte, es zu brauchen. Jetzt durchsuchte ich den Sessel, und es fand sich eine ziemliche Barschaft zusammen, die ich meinem Geretteten als Zehrpfennig einhändigte. Nun führte ich ihn durch den mondbeschienenen, blüteduftenden Garten; wir gingen langsamen Schrittes Hand in Hand bis hinter die Pappelwand, an die Mauer, wo alle Jahr die Nachtigall in der Rosenhecke ihr Nest baute, es war grade die Zeit, was halfs – dies Jahr mußte sie gestört werden. Da wollte er mir danken, da nahm er mich auf seine Arme und hob mich hoch, er warf die Mütze ab und legte den verbundenen Kopf auf meine Brust, was hatte ich zu tun? Ich hatte die Arme frei, ich faltete sie über seinem Kopf zum Gebet; er küßte mich, stieg über die Rosenhecken-Mauer in einen Garten, der zum Main führte, da konnte er sich übersetzen, denn es waren Nachen am Ufer.

Nun will ich auch gleich die Geschichte meines zweiten Kusses erzählen; er folgte beinah unmittelbar auf den ersten.

Es klingelt, hastig springe ich an die Haustür, um zu öffnen; ein Mann in schwarzer Kleidung, ernsten Ansehens, etwas erhitzten Augen, tritt ein, – noch ehe er seinen Namen genannt oder gesagt, was sein Verlangen ist, küßt er mich; noch ehe ich mich besinnen konnte, geb ich ihm eine Ohrfeige, und dann erst seh ich ihm ergrimmt ins Antlitz und erkenne ein freundliches Gesicht, das gar nicht erschreckt und nicht erbittert über mein Verfahren zu sein scheint; um meiner Verlegenheit zu entgehen – denn ich wußte nicht ob ich Recht oder Unrecht getan hatte – öffne ich ihm rasch die Türen zu den Zimmern der Großmutter. Da war nun meine Überraschung bald in Schrecken umgewandelt, da diese mit der höchsten Begeisterung ausrief, einmal über das andre: »Ist es möglich? Herder, mein Herder! daß Euer Weg Euch zu dieser Grillentür führt? – Seid tausendmal umarmt.« Und hier folgten diese tausend Umarmungen, während denen ich mich leise davonschlich und wünschte, es möge in diesem Schwall von Liebkosungen die *eine* untergehen, die ihm mit einer Ohrfeige war beantwortet worden. Allein, dem [war] nicht so, er vergaß weder Kuß noch Ohrfeige, er schielte, an das Herz der Großmutter von ihren umfassenden Armen gefesselt, über ihre Achsel hinaus nach der Enkelin und machte ihr einen bittenden Vorwurf. Ich verstand ihn sogleich, und machte mich ihm auch verständlich, er sollte mich nicht verklagen sonst wolle ich mich rächen, und schlich hinter die Vorzimmer. Allein Herder hatte keine Andacht mehr für die Großmutter, für ihre schönen Erinnerungen aus der Schweiz, für ihre Schmeichelreden und begeisterte[n] Lobsprüche, für ihre Reden von gelehrten Dingen. Er fragte, ob sie ihm nicht ihre Enkelkinder wolle zeigen? So wurden wir ihm denn alle drei feierlich vorgeführt und von der Großmutter zugleich belehrt, wie glücklich wir seien, ihn zu sehen und von ihm gesegnet zu sein. Er war auch gar nicht faul, ging rasch auf mich zu, legte mir die Hand auf den Kopf unter welcher ich ihn drohend ansah, und sagte langsam und feierlich: »Diese da scheint sehr selbständig, wenn Gott ihr diese Gabe als eine Waffe für ihr Glück zugeteilt hat so möge sie sich ihrer ungefährdet bedienen, daß alle sich ihrem kühnen Willen fügen und niemand ihren Sinn zu brechen gedenke.« Ziemlich verwundert war die Großmutter über diesen wunderlichen Segen, noch mehr aber, daß er die Schwestern nicht segnete, die doch ihre Lieblinge waren. Wir wurden entlassen und gingen in den Garten. –

Wir trugen damals breite Schärpen von blau und weiß geflammter Seide, auf dem Rücken waren sie in Schleifen gebunden, die in der vollen Breite, welche wohl eine Elle betrug, ausgebreitet waren, so daß sie gleichsam Schmetterlingsflügel bildeten. Während ich in meinem Blumenbeet arbeitete, haschte mich einer an diesen Flügeln; es war Herder. »Siehst du, kleine Psyche«, sagte er, »mit den Flügeln genießt man wohl die Freiheit, wenn man sie zu rechter Zeit zu brauchen weiß, aber an den Flügeln wird man auch gefangen, und was gibst du, daß ich dich wieder loslasse?« – Er verlangte einen Kuß, ich verneigte mich und küßte ihn, ohne das Geringste einzuwenden.

Der Kuß des geretteten Franzosen war ganz im Einverständnis meiner Empfindung, ich kam ihm auf halbem Weg entgegen, und doch war er unmittelbar darauf vergessen, und jetzt erst, nach sechs Jahren, tauchte er aus meiner Erinnerung auf als eine neue Erscheinung. Herders Kuß war von meiner Seite ganz willenlos oder eher unwillig angenommen, und doch hab ich ihn nicht vergessen; ich konnte in erster Zeit den Eindruck nicht verwinden, er verfolgte mich im Traum; bald war mirs, als habe ich wider meinen Willen etwas weggeschenkt, bald überraschte es mich, daß dieser große bedeutende Mann mich so dringend aufgefordert hatte ihn zu küssen, dies war mir eine rätselhafte Erfahrung. Herder sah mich so feierlich an, nachdem er mich geküßt hatte, daß mich ein Schauer befiel; der rätselhafte Name Psyche, dessen Bedeutung ich nicht verstand, versöhnte mich einigermaßen mit ihm, und wie denn manches Zufällige, was vielen unscheinbar vorüberschweift, *einen* tief rührt und eine währende Bedeutung für ihn gewinnt, so war mir dies unbegriffne Wort Psyche ein Talisman, der mich einer unsichtbaren Welt zuführte, in der ich mich unter diesem Namen begriffen dachte.

Dritter Kuß

Der blinde Herzog von Aremberg, der schöne, dessen Zügen die geheiligte Würde der Legitimität aufgeprägt war, wollte gegen meinen Willen mir diesen Kuß geben, ich aber war wie die schwankende Blume im Winde, die der Schmetterling vergeblich umtanzt. [...]

Er war schön der Herzog! – schön für das großgewölbte

Kinderauge, das noch kein Menschenantlitz erblickt hatte, dessen Züge Geist ausströmten. Wenn er stundenlang bei der Großmutter saß und sich von ihr erzählen ließ stand ich neben ihm und starrte ihn an; ich war in Betrachtung dieser reinen erhabenen Züge versunken, die dem gewöhnlichen Menschen nie geschenkt werden.

Die reine, starke Stirn, deren Mitte eine Feuerstelle hatte für den göttlichen Brand des Zorns, diese Nase, höher, kühner, trotzbietender als sein schauerliches Schicksal, diese feinen feuchten Lippen, die, mehr als alles andre, Befehl und Herrscherwürde aussprachen, die Luft tranken und ausseufzten die tiefste Melancholie, diese feinen Schläfe[n], sich an den Wangen niederschmiegend zum aufgeworfnen Kinn wie der metallne Helm der Minerva! [...]

So war er, der schöne, blinde Herzog, so ist er noch jetzt in dem Zauberspiegel der Erinnerung, der alle Bilder meiner Kindheit gefesselt hält; so war seine Gestalt oft niedergebeugt im Schmerz um die erblindete Jugend, dann stolz erstreckt, sich aufrichtend, heiter verächtlich ironisch lächelnd, wenn er die tiefversunknen Augensterne gegen das Licht wendete. Da stand ich und starrte ihn an, wie der Schäferknabe, tief vergessen seiner Herde und seines Hundes, den an den einsamen Felsen geschmiedeten, von der abgewendeten Welt unbeklagten Prometheus anstarrt; da stand ich und saugte den reinen Tau, den die tragische Muse aus ihrer Urne sprengt, um den Staub der Gemeinheit zu dämpfen, indem ich in tiefer, bewußtloser Betrachtung über ihn versunken war. –

Es war in seinem zwanzigsten Jahr, im tollen, glühenden Übermut der Jugend, im Gefühl seiner überwiegenden Schönheit und im geheimen Bewußtsein alles dessen, was dieser zu Gebot stand, daß er am Tag der Jagd über die gedeckte Tafel sprang, mit seinen Spor[e]n das Tischzeug mit Service und Prachtaufsatz auf die Erde riß und am Boden zerschmetterte, um seinem liebsten Freund an den Hals zu springen, ihn zu umarmen, mit ihm tausend Abenteuer zu besprechen. Sie teilten sich auf der Jagd, und der erste Schuß, den der Freund tat, war in beide Augensterne des Herzogs.

Ich habe den Herzog nie bedauert, ich bin nie zum Bewußtsein über sein Unglück gekommen; so wie ich ihn sah, erschien er mir ganz zu sich und seinem Schicksal sich verhaltend, ohne Mangel; wenn ich andre hörte sagen: »Wie schade, wie traurig, daß der Herzog blind ist!« so fühlte ichs nicht mit, im Gegenteil dachte ich: »Wie schade, daß ihr nicht alle blind seid, um die Gemeinheit eurer Züge nicht mit diesen vergleichen zu dürfen!« [...]

Wenn ich so neben ihm stand und in Gedanken versunken mit ihm seufzte, da fragte er »Qui est là?« –

Bettine! –

»Amie viens que je touche tes traits, pour les apprendre par cœur!« [Freundin, komm, auf daß ich deine Gesichtszüge erspüre, um sie auswendig zu lernen.] Und so nahm er mich auf den Schoß und fuhr mit dem Zeigefinger über meine Stirn, Nase und Lippen, und sagte mir Schönes über meine Züge, über das Feuer meiner Augen, als ob er sie sehen könne.

Einmal fuhr ich mit ihm von Frankfurt nach Offenbach zur Großmutter, ich saß neben ihm, er fragte, ob wir noch in der Stadt seien, ob Häuser da seien und Menschen? –

Ich verneinte es, wir waren auf dem Land, da verwandelte sich plötzlich sein Gesicht, er griff nach mir, er wollte mich ans Herz ziehen, ich erschrak; schnell wie der Blitz hatte ich mich den Schlingen seiner Arme entzogen und duckte nieder in der Ecke des Wagens; er suchte mich, ich lachte heimlich, daß er mich nicht fand, da sagte er: »Ton cœur est-il si méchant pour mépriser, pour se jouer d'un pauvre aveugle?« [Dein Herz, ist es so bös, daß es mich verachtet, sein Spiel zu treiben mit einem armen Blinden?] Da fürchtete ich mich der Sünde meines Mutwillens, ich setzte mich wieder an seine Seite und ließ ihn gewähren, mich an sich zu ziehen, mich heftig an sein Herz zu drücken, nur mit dem Gesicht beugte ich aus und gab ihm die Wange wenn er nach dem Mund suchte. Er fragte, ob ich einen Beichtvater habe? – ob ich diesem erzählen werde, daß er mich geküßt habe. Ich sagte naiv schalkhaft: Wenn er glaube, daß dies dem Beichtvater Vergnügen machen werde, so wolle ichs ihm erzählen.

»Non, mon amie, cela ne lui plaira pas, il n'en faut rien dire, cela ne lui plaira absolument pas, n'en dites rien à personne.« [Nein, meine Liebe, das wird ihm keineswegs gefallen, man muß davon nicht reden, das wird ihm absolut nicht gefallen, sagen Sie keinem was davon.] In Offenbach erzählte ichs der Großmutter, die sah mich an und sagte: »Mein Kind! Ein blinder Mann, ein armer Mann!« –

Im Nachhausefahren fragte er, ob ich der Großmutter gesagt habe, daß er mich geküßt habe; ich sagte: »Ja«.

»Nun, war die Großmutter bös?« –

»Nein.«

»Et bien? Est ce quelle n'a rien dit?« [Ja und? Hat sie gar nichts gesagt?] –

»Oui!« –

»Et quoi?« –

»Ein blinder Mann, ein armer Mann!«

»O oui!« rief er, »elle a bien raison! [Sie hat völlig recht!] Ein blinder Mann, ein armer Mann!« Und so rief er einmal ums andre: »Ein blinder Mann, ein armer Mann!« bis er endlich in einen lauten Schrei der Klage ausbrach, der mir wie ein Schwert durchs Herz drang, aber meine Augen blieben trocken, während *seinen* erstorbenen Tränen entfielen. Dem Herzog ist seitdem ein feierliches Monument in meinem Herzen errichtet.

Bettine, wie elektrisiert

In der Grillenhütte fand auch mal ein physikalisches Experiment statt, wenn auch nicht erfolgreich: es wurde die Vorform einer Batterie installiert, wie sie Alessandro Volta entwickelt hatte. Hier könnten die »Bemerkungen über Volta's Säule« herangezogen werden, die Achim von Arnim in seinen jungen Jahren verfaßte, da er sich noch als Naturwissenschaftler sah – bis er von Clemens, dem Hauptfreund, zur Literatur, zum Dichtertum bekehrt wurde.

Die Voltasche Säule als sensationelle Neuentwicklung, zur Jahrhundertwende der Öffentlichkeit bekannt gemacht: Man staple Kupfer- und Zinkplättchen, lege Papp- oder Lederstückchen dazwischen – und so weiter. Keine Beschreibung hier, die müßte ins Detail gehn, wie es Bettine kaum weiter interessiert haben dürfte, es ging mehr um die Gaudi. Einige hohe Herren unter den Gästen flippten denn auch aus.

Diesmal gingen hexenmäßige, die Großmama in höchster Spannung haltende Dinge vor: eine galvanische Batterie! –

Mit Salzwasser in einer großen erdnen Schüssel wurde ein groß Geplätscher gemacht, runde Filzlappen und Taler und Kupferplatten auf einander gelegt, viele Stimmen und Hände gingen durcheinander bei dem Aufbau der Säule. Der [blinde] Herzog im Hintergrund hielt mich bei der Hand, ich mußte ihm erzählen was vorgehe. Nachdem die Säule unter den Händen der Gelehrten mehr wie einmal umgestürzt war, baute die Vendéerin sie selbst auf und sie blieb stehen; es wurden negative und positive Versuche gemacht, davon kann ich nichts sagen als daß es nicht ganz so ausfiel wie man wollte. Die de Gachet verlangte feingesponnene Glasfäden, die Frau Wrede, uns gegenüber, hat eine Sultansfeder von gesponnen Glas, sie sagte mir, daß sie der Sultan dem Magnetiseur geschenkt habe, der ihn auch zu seinen Versuchen braucht; ich klingelte an seiner Haustür, wie ich den Schall der Glocke hörte mußte ich mich fürchten, aber ich war schon im Haus die Treppe hinauf und stand schon vor ihm und wußte nicht wie ichs ihm sagen solle, er kam mir aber zuvor wie ich von gesponnen Glas anfing und gab mir den Sultan in die Hand, da sah er an meinem Finger den Ring aus dem ledernen Schuh, den Stein nach inwendig mit roter Seide umwickelt und mit Harz verklebt, ich schämte mich, ich wickelte den Faden los und reichte ihm den Ring, er besah ihn und sagte: *Ein Talisman!* – und steckt ihn mir wieder an den Finger. Das war alles was er mit mir sprach, mit dem ich doch manches schon gesprochen hatte über die Gartenwand; ich nahm mir auch vor, gleich den Abend noch auf die Gartenbank zu steigen und mit ihm zu sprechen, ich werde Dir gleich erzählen wie das aber nicht gegangen ist.

Erst wurden mit den Glasfäden Schmelzversuche gemacht die nicht gelungen sind, drum sollte die Säule ein paar Tage unberührt stehen und sich verstärken, die Großmama war in großer Angst es könne daran gestoßen werden, und ließ nachdem die de Gachet fort war, niemand ins Zimmer; die französischen Herren hatten sich im Garten versammelt, es war schon dämmerig, ich kam dazu, sie sprangen wie toll herum, machten große Sätze über die Blumenbeete, rissen die Stäbe von den Pflanzen los und schlugen aufeinander, und rissen vom Spalier die gezählten noch unreifen Äpfel zum Bombardieren. –

Ich war ja wie versteinert. Sie hatten ihre Röcke ausgezogen und auf die Sträucher gehängt, die waren krumm gebogen von der Last, der ganze Garten war verwandelt, ich konnte keinen erwischen so war er gleich hinter einem andern drein, und wollt ich den wieder um Gotteswillen bitten, so hatte er eins zwei drei Äpfel abgerissen und setzte über die Rabatten hinaus um einen zu treffen, sie waren wie toll gewordne Geister, sie flüsterten und kicherten und gaben keinen Laut von sich, in der Verzweiflung rief ich: Grand-Mama vient!, da warfen sie ihre Munition auf gut Glück dem nächsten an den Kopf, und mit ihren Röcken wie der Wind zur Gartentür hinaus. Verwundert, daß diese alten Herren mit ihrem Podagra und Asthma so ungeheure Bocksprünge machen konnten, nahm ich den Rechen und harkte die Wege, ich steckte die weggeworfenen Blumenstäbe wieder in die Sträucher, es war schon dunkel da suchte ich noch die abgerissenen Äpfel zusammen und legte sie an die Erde, als wären sie von selbst abgefallen, vielleicht vom Wind.

Was sie sich vornimmt, das realisiert Bettine auch: das geplante Gespräch mit dem Nachbarn, dem Magnetiseur, es findet statt, über die Gartenmauer hinweg. Ich nehme wieder einen der Briefberichte hinweg, die sie an ihren Bruder Clemens richtet – im nächsten Kapitel wird er angemessen eingeführt. Sie eröffnet den Bericht mit einer Schlagzeile:

Ich habe das Geld verschatzgräbert! – Ja *Clemente*, ich habs in ein klein leinenes Beutelchen gesteckt, worauf ich mit Goldfaden und roter Seide meinen Namen gestickt hab und noch allerlei kabbalistische Zeichen; ich habs zugesiegelt mit einem schwarzen Siegel, einem grünen und einem roten, dann hab ich ein Loch gegraben zwischen den zwei starken Wurzeln der Pappel an der Rosenwand, da hab ichs in einem ledernen Schuh hineingeschoben und einen Topf mit einem Basilikumstrauch drauf gestellt, und allemal wenn ich Geld kriegte wechselte ich davon in Gold um und allemal wenn der Mond schien, ging ich mit dem Spitz hin und legte es dazu und dabei hab ich das Gelübde getan ich wolle es verschweigen, und weil Du mir das Schweigen so sehr anempfiehlst so erzähle ich Dir das einzige Geheimnis was ich hätte verschweigen können, und nun ist alles leer an Geheimnis, und ich kann also nichts mehr verschweigen! – [...]

Ja mit meiner Schatzvergrabung, davon will ich Dir noch forterzählen weil ichs nun doch schon gesagt hab. Ich habe das Geld eilig am Abend ausgegraben und habs über die Gartenmauer geworfen in den Garten vom Magnetiseur nebenan, ich hörte es klingeln wies hinabfiel, und ich rief dazu so laut als ich konnte, ohne daß mans im Haus hätte hören können: »*Da ist Reisegeld!*« Und dann war mir auch, als hörte ich das Geld rappeln beim Aufheben, aber ich lief fort. – Denn die Tante hatte am Tag vorher bei Tisch erzählt, der Magnetiseur möchte gern abreisen aber es fehle ihm am Reisegeld. Aber er ist doch noch da, denn ich seh ihn alle Abend noch im Garten gehen und beobacht ihn vom Hof-Fenster, ich schäme mich so sehr und traue mich gar nicht mehr in den Garten wo wir sonst als [schon mal] über die Wand allerlei Merkwürdiges verhandelten. Aber nun kommt was Schreckliches was da passiert ist, mir ists passiert. –

Denk Dir, der alte Schuh in den ich mein Geld hineingesteckt hatte um den schönen Beutel zu schützen, war eigentlich ein neuer Schuh, sein Compagnon stand ganz vergnügt in dem kleinen Kasten bei den andern Schuhen; ich soll abgeholt werden nach Frankfurt morgen früh, die

Tante fragt: Wo ist denn der andre neue Schuh? Das ist große Schlamperei von Dir einen Schuh zu verlieren, ich muß Dich sehr bitten, strenge Dich an ihn zu finden; ich lief in den Garten ich holte meinen Schuh unter der Pappel hervor, ich wollt ihn ein bißchen reinigen an der Pumpe und versuchte ihm ein Ansehen zu geben, da fällt was heraus das glänzt in der Dämmerung, ein Ring, ich lass den Schuh stehen, ein dunkler Stein, der funkelt so nächtlich schwarz wie der Blitz des Räubers, und inwendig im Schild steht ein schwarzes M.

Erst als Bettine zwölf ist, lernt sie ihren Bruder Clemens näher kennen – die insgesamt 12 Kinder der zweiten Ehe wachsen nur phasenweise im Haus zum Goldenen Kopf auf, dem Frankfurter Firmen- und Wohnhaus der Familie. Um 1800 eröffnet sie den Briefwechsel mit ihm – sie ist zu dieser Zeit fünfzehn.

Clemens ist sieben Jahre älter. Seine Kindheit war belastet; der Vater wirkte auf ihn »rauh und hart«. Clemens sah den Großhändler kritisch: »Unser Vater war ein redlicher, kluger und reicher Mann, doch alles dieses aus kaufmännischen Gesichtspunkten betrachtet. Redlich, ohne doch die sogenannten Handlungsvorteile zu verwerfen, klug in Spekulationen und bürgerlichen Verhältnissen; auch seine Religion war Spekulation auf den Himmel, Verhältnisse mit der Menschheit hatte er wenige.«

Das Verhältnis zur Mutter wiederum war sehr gut; als sie starb, war er fünfzehn. »Meine Mutter starb, ich habe keine Bezeichnung für mein Zurückbleiben, denn meine ganze äußre Welt sank mit ihr. Lange war es mir, als sei ich auch gestorben, alle Tätigkeit verließ mich. Ich saß morgens auf dem Bette und mochte mich nicht ankleiden, denn ich konnte ja nicht zu ihr gehen und sie grüßen. Ich konnte nicht sprechen, nicht lesen, denn sie saß mir nicht mehr gegenüber, sie hörte mich nicht mehr.«

Belastende Erfahrungen nun außer Haus: eine Zeit in Koblenz, bei der anderen Großmutter, in »strenger und unmütterlicher Zucht« … Das Jesuitengymnasium, drei Jahre … Das »kurpfälzische öffentliche Erziehungsinstitut für Zöglinge des männlichen Geschlechts aller drei Religionsparteien« in

Mannheim – Clemens beschwerte sich zu Hause mehrfach über die »üble Behandlung« durch den offenbar permanent cholerischen Direktor; Clemens wurde von der Schule genommen. Mit 16 immatrikulierte er in Bonn, als Student der Bergwissenschaft, brach das Studium noch im gleichen Jahr ab, wurde Lehrling in einem kooperierenden Unternehmen, war aber eher zu Streichen als zur Arbeit aufgelegt. Die Ausbildung wurde versuchsweise in der Familienfirma fortgesetzt. Wachsende Probleme und Spannungen zwischen Vater und Sohn. Die Ausbildung wurde abgebrochen: »Zum Kaufmann taugst du nichts.« Wieder ein Ansatz zum Studium der Bergwissenschaft.

Mit dem Tod des Vaters wurde für Clemens alles »verändert«. Sein Rückblick: »Mein Vater, ich bin offenherzig, war wohl die Hauptursache warum ich den Handel verließ, in Frankfurt seinem Pulte, seinen mürrischen Launen gegenüber, alle seine Murren, sein Schmälen, sein Mißvergnügen ohne Ursache, über meinem Kopf herüber und hinüber, an das Kopierbuch angenagelt zu sein ein charmantes Leben. Unser ganzes Haus war ein traurigerer Aufenthalt für mich als ein Kerker.«

Franz und Georg Brentano wollten ihn nicht in das Geschäft aufnehmen, er begann in Halle mit dem Studium der Kameralistik, der Wirtschafts- und Verwaltungswissenschaft, brach es ebenfalls ab, begann in Jena das Studium der Medizin; erste Kontakte hier mit dem Kreis der frühromantischen Dichter, vor allem mit Ludwig Tieck und Friedrich Schlegel. Er lernte seinen späteren Schwager kennen, Carl Friedrich von Savigny, dann auch die achtundzwanzigjährige Sophie Mereau, Frau eines Juraprofessors; Sophie als »das Bild unserer verstorbenen Mutter«.

Clemens sah sein Leben nun außerhalb der bürgerlichen

Schranken in einer »freien poetischen Existenz«; er begann zu schreiben, veröffentlichte 1800 erste Gedichte, mischte sich ein in literarische Fehden, schlug und stach satirisch zu, mußte Schläge und Stiche verwinden, begann einen Roman zu schreiben, *Godwi*. Und setzte in Halle das Studium der Philosophie fort; die Beziehungen zu Sophie wurden immer intensiver; die Freundschaft mit Achim von Arnim wurde immer enger; Clemens schrieb ein Lustspiel, schrieb Gedichte, arbeitete weiter am Roman.

Für Bettine ist Clemens der betont ältere Bruder. Der versucht mehrfach, auf die in vieler Hinsicht kindhafte Schwester erzieherisch einzuwirken. Ermahnungen wiederholen sich: »Ich meine doch, es wird besser sein, wenn Du nicht am Morgen so früh Dich vom Haus entfernst.« Einsichten, Erkenntnisse, die belehrend vermittelt werden. »Ich will, daß Du so vernünftig werdest, daß alle Welt einst ihre Zuflucht zu Dir nehme und Dich hochstelle, und dann will ich Dirs wieder ablernen. Hast Du Lust dumme Streiche zu machen so warte bis ich komme und mache sie ganz heimlich mir alleine, ich kann mich an Deinem ganzen Leben ergötzen; lese brav, schreibe viel, alles was Du empfindest schreibe nieder, denn das Ausgesprochene ist lebendig wie meine Liebe zu Dir.«

Zu den Leitsätzen kommen Zurechtweisungen. Marburg 1802: »Da ich vermute, daß Dich ein kleiner Ärger weiter nicht ins Grab stürzen wird, so habe ich einige Lust, mit Dir zu schmälen [hadern]. Stelle Dir vor, einiges in Deinem Brief hat mir einen unangenehmen Eindruck gemacht, zum Beispiel das mit dem Rosenstöckelchen; es kam mir immer vor, als sei es recht artig, eine gewisse Rührung bei unschuldigen Dingen zu empfinden, ja zur Not könne man auch sagen, es war mir, als müßte ich es umarmen, aber es wirklich zu umarmen, und noch gar dabei zu beten und zu weinen, das geht etwas in die

Wildnis und ist stark empfindsam, hält auch nicht Stich; stelle Dir vor, an welchem knappen Fädenchen die Geschichte hängt, fällt sie, so fällt sie mit der schönsten Empfindung ins Lächerliche, denn eine gelbe Rübe, eine Kartoffel sind doch ebenso unschuldig als ein Rosenstöckelchen, und dennoch wäre Deine ganze Umarmung verunglückt, wenn das Rosenstöckelchen sich in eine solche Rübe verwandelt hätte; auch hast Du bei näherer Beleuchtung wohl nur einen erdenen Topf umarmt; wenn ich der Rosenstock gewesen wäre so hätte ich gesagt: Oho Mamsell! und dann hättest Du wahrscheinlich gelacht. Ich hoffe, Du gewöhnst Dir täglich mehr solche Explosionen ab, Du weißt, wie oft ich Dir über ähnliche Anfälle gepredigt habe.«

Normgerechtes Verhalten liegt Bettine allerdings gar nicht, konsequentes Lernen und Lesen fällt ihr schwer, sie wird auch nicht der Aufforderung folgen, literarische Texte zu schreiben – alle Schreibimpulse setzen sich um in Briefe. In einem der Schreiben schildert sie, stilisierend, die erste Begegnung der Geschwister.

Der Sommer steht inmitten seiner Glut wo jeder faul sein mag, und ich soll fleißig sein und gewachsen wenn Du kommst, auf den Grasplatz hab ich mich gelegt unter die Leinwand, vielleicht vom Begießen, daß ich wachse; aber ich kann in der Sonnenhitze nur herumschlendern. Ach, Clemente! Wenn ich mich hinsetze zum Zeichnen – weißt Du wie mirs da geht? Es wühlt mir im Kopf, ich muß mir Luft machen mit einem Lied, ich muß ein neues Arpeggio erfinden. Nein das auch nicht, es schwärmen mir Gedanken im Kopf – wie soll ichs Dir sagen? – Schmetterlinge sinds, ich muß ihnen nachjagen, aber dazwischen jagts mich selbst wie einen Schmetterling davon, und die Bohnen in meinem Gartenbeet muß ich erst am Bindfaden hinaufschlängeln. Und will ich mir nicht davonlaufen, dann kribbelts mir im Kopf und in den Füßen, ich kann nicht sitzen bleiben, es fällt mir das dümmste Zeug ein. Meine alte Puppe vor zwei Jahren! Heut hats mich geplagt, ich mußte sie wieder einmal betrachten, mit der ich mich zum letztenmal unterhalten hatte als Du zum erstenmal hierherkamst, Clemente! Du weißt noch wie ich sie geschwind unter den Tisch warf als Du hereintratst, und ich sah Dich an und kannte Dich nicht, und hielt Dich für einen fremden Mann, der mir aber so wohlgefiel mit seiner blendenden Stirne und Dein schwarz Haar so dicht und so weich, und Du setztest Dich auf den Stuhl, und nahmst mich auf einmal in Deine zwei Arme und sagtest: Weißt Du, wer ich bin? Ich bin der Clemens! Und da klammerte ich mich an Dich, aber gleich darauf hattest Du die Puppe unter dem Tisch hervorgeholt und mir in den Arm gelegt, ich wollte aber die nicht mehr, ich wollte nur Dich. Ach das war eine große Wendung in meinem Schicksal, gleich denselben Augenblick wie ich statt der Puppe Dich umhalste. – –

So sieht es aus in mir

Bettine als Kind, als junges Mädchen: koboldhaft, puckähnlich, ein Irrwisch, Treppen hinauf und Treppen hinab, Bäume hinauf und Bäume hinab, Türme hinauf und Türme hinab, und blieb sie auf ebner Erde, so lief, so wirbelte sie umher. Beim Kind wird man die Sprunghaftigkeit, Unruhe, Bewegungslust noch als typisch kindhaft oder kindlich gewertet haben, wenn auch vielleicht als etwas übertrieben. Als Bettine zur jungen Frau wurde, blieb die Spontaneität, die Sprunghaftigkeit, das löste Bewunderung aus für ihr Temperament, für ihre offenbar unermüdliche Vitalität, es stellte sich aber auch Kopfschütteln ein, mehr noch: Ablehnung – sie konnte enervierend wirken. Wilhelm von Humboldt staunte und notierte: »Sie sitzt bald auf der Erde, bald auf dem Ofen.« Kleine, agile, unablässig Aufmerksamkeit auf sich ziehende, an sich reißende Person. Das wird sich so fortsetzen, auch über die dreißig hinaus.

Liebster Clemens wenn Du mir freundlich bist, dann bin ich wo nicht ruhig, [so] doch zufrieden. Ruhig sein heißt bei mir die Händ in den Schoß legen und sich auf den Kindchesbrei freuen den wir heut abend essen. Ruhig sein kann ich nicht, ich freu mich auf alles was grade das Ruhigsein ausschließt, ich muß jauchzen vor Vergnügen über ein unbestimmtes Etwas. Was mag es sein? Das macht mich auch wieder unruhig, ich nehme drei Treppen unter die Füße bis zum Dachgiebel hinauf, ich guck zum Gaubloch hinaus was doch herkommen mag, worauf ich so sehr mich freue, und weiß doch nicht was, und ich sah doch auch gar nichts so weit der Blick trägt; aber nichts! –

Aber meine Seele ist eine leidenschaftliche Tänzerin, sie springt herum nach einer innern Tanzmusik, die nur ich höre und die andern nicht. Alle schreien ich soll ruhig werden, und Du auch, aber vor Tanzlust hört meine Seele nicht auf Euch, und wenn der Tanz aus wär dann wärs aus mit mir. Und was hab ich denn von allen, die sich witzig genug meinen, mich zu lenken und zu zügeln? Sie reden von Dingen die meine Seele nicht achtet, sie reden in den Wind. Das gelob ich vor Dir, daß ich nicht mich will zügeln lassen, ich will auf das Etwas vertrauen was so jubelt in mir, denn am End ists nichts anders als das Gefühl der Eigenmacht [Eigenwille], man nennt das eine schlechte Seite, die Eigenmacht. Es ist ja aber auch Eigenmacht, daß man lebt!

* * *

Denke Dir: während ich an die Türe gelehnt [die unbekannte Frau] ansah, verstummte sie oft mitten in der Rede und sah sich nach mir um, keine Goldfrucht winkt lockender aus dem dunklen Grün als ihr lächelnder Blick nach mir, ich fühlte mich beschämt.

Bei der Heimfahrt nahm der eine ihrer Begleiter den Platz im Whisky [einspänniges, einachsiges Wägelchen] ein, sie schwang sich mit selbstgefälliger Anmut aufs Pferd und grüßte mich als wolle sie mir sagen: Schwing dich auch aufs Roß, aus allem heraus was dich beengt, komm, vertrau mir, ich will dir die Hand reichen. –

Und fort war sie; und ich lief in den Garten und stieg auf die Pappel, wo hätt ich hingesollt, so sehnsüchtig in die Weite? – Auf dem Gaul die Abendlüfte durchsausen im Galopp! – und hätt ich das gekonnt, mein ganz Glück würd ich darin finden und muß Dir alles sagen was ich hierbei denke.

Man muß doch wohl wissen was das Gegenteil ist von aller Verkehrtheit, denn nur in dieses hinüber kann man sich vor ihr flüchten, und doch, wenn sie mich wie Lüge und Gespensterwesen anschauderte und ich glaubte ihr Gegenteil: die Wahrheit zu empfinden, so war keine Gewalt in mir dazu. Die erste Melancholie, die erste Träne die wie eine Frage mir ins Gewissen fiel war der Art. Ich ging einmal in so unklarer Stimmung über den Hühnermarkt in Frankfurt, auf einmal befand ich mich wie im Traum, aus einem Weltenraum in den andern hineingerissen, aus der kalten, mit spazierengehenden Philistern [Spießbürger] besetzten Straße unter die befiederten, also zur Freiheit geschaffnen Tiere. Die Tauben, die man im Abendschein, in Herden die sonnevergoldeten Wetterfahnen der Kirchtürme umschwingen sieht, waren hier in schmutzige Körbe eingesperrt, wo sie ihr reines Gefieder besudelten bei kargem Futter. Und morgen sollten sie von der Hand und für den Magen eben dieser Philister geschlachtet werden, in denen nie ein Naturgefühl den Lebensreiz erhöht hatte. –

Es machte mich traurig, ich fühlte mich hier besser und weniger beschämt als unter den Menschen. Diese Tiere sind ein Liebreiz der Natur, sie haben Mut, sie schwingen den wolkenbringenden Winden sich nach in die Lüfte und alle Lebensgeister sind in ihnen angefacht. So wie ich mich sehnte damals, mit den Tauben unter Gewittern die Türme zu umkreisen, so hätte ich gestern auf dem Gaul im Galopp dem gewohnten Schlendrian mich entreißen mögen. Ich hab es sehr deutlich gefühlt, was diese Frau [mir] voraus hat dadurch daß sie so einem Reiz kann genügen. Freiheit fühlt sie in allen Gliedern auf dem Pferd, das sie zu lenken versteht, und wenn es sich bäumt und steigt und sie läßt so ruhig es gewähren, dann weiß sie, es wird sich gleich fügen, und jetzt, ist sie aufgeregt durch einen Gedanken, so setzt sie dem Gaul die Sporen in die Seite und er fliegt wie ihr Geist mit ihr zugleich dem entgegen, was sie erringen möchte. [...] Auf einem Pferd, da würde ich zu jeder kühnen Tat, auch noch im letzten Augenblick, herangesprengt kommen, denn das würde genievolle Begeisterung in mir anregen.

* * *

Dies Lebensbild schrieb ich auf und sagte der Großmama, so sehe es aus in mir; die weite Welt wollte ich durchlaufen, und bleib liegen unterm Feigenbaum und warte, daß die Feige mir in den Schoß falle, und vergesse aller Zukunftsgedanken. Der Großmama gefiel dies alles, sie sprach von poetischen Gesichten und Geistergegenden und die Seele könne oft in ganz anderen Klimaten gedeihen als der Leib. – Und, sagte sie, wenn man reiset kommt man in Gegenden in denen die Seele zu Haus ist, da kommt man mit ihr zusammen, und lernt erst ihre Persönlichkeit verstehen.

Es ist wahr, *Clemens*, in mir ist ein Tummelplatz von Gesichten, alle Natur weit ausgebreitet, die überschwenglich blüht in vollen Pulsschlägen und das Morgenrot scheint mir in die Seele und beleuchtet alles. Wenn ich die Augen zudrücke mit beiden Daumen und stütze den Kopf auf, recht fest, dann zieht diese große Naturwelt an mir vorüber, was mich ganz trunken macht. Der Himmel dreht sich langsam, mit Sternbildern bedeckt, die vorüberziehen; und Blumenbäume, die den Teppich der Luft mit Farbenstrahlen durchschießen. Gibt es wohl ein Land wo dies alles wirklich ist? und seh ich da hinüber in andere Weltgegenden? – besinn Dich doch darauf. Ich kann Dir doch heut nicht mehr schreiben ich bin zu schläfrig, die Großmama hat mir den ganzen Abend indische Pflanzen gezeigt; und Kolibris, so klein und fein – wie Schönheitspfeile gucken sie mit ihrem spitzen Schnäbelchen aus den Blüten.

* * *

Und dies ist, was mich oft vor mir erschreckt: Daß ich im Lande der Phantasie mir eine große Rolle auserwählt habe die ich zwar ohne Gefahr spiele die aber nicht die Wirklichkeit berührt. – Wie mache ichs daß ich aus dieser Verbannung des Wirklichen erlöst werde? dann wär ich nicht mehr traurig, wenn es mir deutlich würde, was ich will, kann und soll! Dann würde ich mich mit den Plänen meiner eignen Gedanken beschäftigen; die Welt wäre mein, ich brauchte nichts von anderen und meine Liebe würde gar nicht ein sehnendes Verlangen sondern eine wirkende Macht sein. *Clemens*, ich bin dumm daß ich solche Gewaltsgedanken habe, und sage mir oft: »Das ist Dichtung, Du willst aber nicht bloß aus feuriger Einbildungskraft Dich selbst erdenken wie Du sein möchtest sondern Du willst selbst *sein*.« Prüfungen und Gefahren bestehen, die aus der Tätigkeit hervorgehen, das ist Tugend üben, daraus geht das wirkliche Sein erst hervor. Tugend ist also das Werden, das Sein aber ist Allmacht. – Clemens! Welche Sehnsucht habe ich zu diesem Sein! – Aus sich selbst handeln, fühlen daß man das Schicksal beherrsche, weil alle Keime zu allem, was mir widerfahren kann, durch mein Tun lebendig werden und zum Blühen kommen und zu Früchten werden müssen.

Es könnte der Eindruck entstehen, mit dem Herauslösen, dem Isolieren von Texten würden Zusammenhänge gekappt, Beziehungsfelder aufgelöst, aber – diese Auswahl ist nicht ›sprunghafter‹ oder ›zerrissener‹ als Bettines Brieffolgen. Sie war in jeder Hinsicht sprunghaft: in ihren Körperbewegungen wie in ihren Liedkompositionen – hier fallen Tonsprünge auf. Auch von ihren Texten läßt sich ablesen, daß sie flink war, wieselschnell – Atemlosigkeit von Sätzen, atemberaubender Bewegungsdrang.

Schon für dieses Mädchen war der Brief das ideale Textmedium: keine weiten Erzählbögen, keine Handlungskonstruktionen, ein Ich! und Jetzt! und Jetzt! und Ich! Momente, Augenblicke, Situationen – oft mit Situationskomik. So kann denn auch kaum in Zusammenhang gebracht werden, was in diesem Lesebuch an autobiographischen Texten vorgelegt wird: sprunghaft Bettine! Jetztmoment, Lustmoment, Erzählmoment!

Entdeckung eines Gegenüber

Ich bin so ärgerlich, es hat mich was gekränkt. Das junge Mädchen was uns sticken lehrt ist eine Jüdin, sie heißt *Veilchen*, es ist ein recht liebkosender Name und ich band letzt das erste Sträußchen ihrer Namensvettern zusammen, da ging ich ganz früh zu ihr um sie damit zu überraschen, ich fand sie auf der Treppe mit dem Besen in der Hand, sie war beschämt, ich aber gleich nahm ihr den aus der Hand und sagte: Ach, lassen Sie mich auch ein bißchen kehren. Da kam so früh schon, denn es war noch nicht sieben Uhr, der Hofmeister vom Eduard Bethmann vorbei, der mußte es der Tante gesagt haben, daß er mich vor der Haustür eines Juden auf offner Straße kehrend fand – ich muß jetzt lachen, denn es ist auch recht lächerlich – ich will Dir die derbsten Ausdrücke von der Tante ihrer Mercuriale [Rüge, Verweis] ersparen, sie meinte nur, ich sei verloren für ein besseres Dasein verloren, ich habe mich gänzlich weggeworfen! Vous n'avez point de pudeur, point de respect humain, on vous trouve balayer la rue main en main avec une juive! [Sie kennen nicht das geringste Schamgefühl, keinerlei Rücksicht auf Menschen, man trifft Sie an, wie Sie Hand in Hand mit einer Jüdin die Straße fegen!]Ich mußte lachen! nein ich konnte nicht anders. Du weißt ich fürchte die Tante und mag sie nicht gerne beleidigen oder reizen! Cachez vous devant le monde, qu'on ne lise point sur votre front les deshonorants signes de votre effronterie. [Verstecken Sie sich vor der Welt, damit man nicht die entehrenden Zeichen Ihrer Schamlosigkeit auf der Stirn sieht.] Ach ich mußte noch einmal lachen, die Tante ging hinaus! Ich hätte sie gern wieder gutgemacht, keine Möglichkeit, ich fühlte, daß ich mich nicht ernsthaft stimmen konnte. Die Bahn [der Bann?] war plötzlich gebrochen, ich glaube ich werde nie wieder dazu kommen ihre Anstandsregeln zu respektieren. –

Ach und wenn Du wüßtest wie hübsch es bei dem lieben Veilchen war! – da war alles schon so sauber im Stübchen, ein kleiner Kaminherd, auf dem brannte ein Feuerchen, dabei [darauf] kochte das Frühstück für den Großvater, der saß dabei und strich seinen langen weißen Bart durch die Finger, Veilchen stickt ein Goldmuster sehr schön in einen *rosinfarbenen* Sammet, so nennt sie ein sanftes Braunrot in ihrer Judensprache. Die Arbeit ist bestellt und sie bekommt dann viel Geld wenn es fertig sein wird. Sie ernährt ihren Großvater und zwei seiner Urenkel, die Waisen von dem gestorbnen Bruder, denen ist die Veilchen ganz wie eine Mutter, ich half ihr sticken, es ward recht gut, denn ich hab Augenmaß und mache die Stiche sehr egal [gleichmäßig]. Alles was mit dem Geld angefangen werden soll! – 20 Louisdor! –

Da ist so viel zu bestreiten in der Haushaltung, vom Hemd bis auf die Schuhe und Schüsselchen und Töpfchen, und der Herd, der eingefallen ist, und die Ofenplatte geplatzt; das muß geflickt werden und das Wohnzimmerchen frisch geweißt, wo die Leute eintreten um die Arbeit zu bestellen. Veilchen ist von der Gattung Mädchen, die einen Nelkentopf vor ihrem Fenster pflegen und Absenker machen und endlich einen ganzen Flor daraus ziehen, die auch wohl ein Myrtenbäumchen zur Blüte bringen, aber kein Kränzchen daraus winden. *Es wär auch schade*, meinte sie heut morgen und lächelte. –

Wir waren so vergnügt zusammen beim Sticken, ich fädelte die Flittern und Goldbouillon [Goldlitzen] auf einen langen Faden, da ging die Arbeit viel geschwinder; wenn sie solche Hilfe hätte meinte sie, dann würden die Sorgen ihr nicht so leicht über den Kopf wachsen; ich bat sie, daß sie mich alle Frühmorgen mit soll sticken lassen, dann wirds gewiß acht Tage früher fertig. Früh um vier Uhr geht schon die Sonne auf da kann ich sticken bis acht Uhr, dann muß ich zur Großmama zum Frühstück – jetzt wirds aber die Tante nicht erlauben, denn weil ich die Gass gekehrt hab – und sollt ichs heimlich tun, das wirst Du mir nicht erlauben, und sollt ichs gar unterlassen? das will ich nicht. Mein Wort brechen, einem Mädchen, was seinen Großvater ernährt und seine Geschwisterkinder? –

Sie weiß nichts davon zum Tanze zu gehen oder schön geputzt in Kleidern auf den Freier zu warten. Und ich wollte da ein kleines unschuldiges Fädchen anspinnen ins Gewebe der Welt, ein einzig klein Fädchen, und – nein, ich solls abreißen weil sichs nicht schickt. Ach! wo soll ich in der ereignisvollen Welt meinen Faden anknüpfen wenn das Einfachste gegen den Anstand ist! – Wer hat diese Lügen gemacht? – denn das sind wirkliche Lügen nach denen ich mich niemals richten werde!

Frühe Jahre in Offenbach

Als Kind von 6 Jahren wohnte ich auf einem Landhause an den Ufern des Mains; hinter dem zierlichen Garten führte ein Fußpfad zwischen hohen blühenden Hecken an einem steinernen Kreuz vorüber. Ein großer Stein lag da, auf dem saßen oft Bettler und müde Wanderer; eines Morgens, ganz in der Frühe, begegnete ich da einem Knaben der bettelte; ich gab ihm das Brot, das ich angebissen hatte; da er aber ein unfreundlich Gesicht machte, wollte ich ihn zufriedenstellen und lief ins Haus, um ihm ein größeres Stück Brot zu holen. –

Als ich zurückkam, war der Knabe weg, aber das Brot lag noch da, und das Salz welches darauf gestreut gewesen, war heruntergefallen; ich sammelte diese Salzkörnchen, und unter mitleidigen Tränen daß es verschmäht worden war, aß ich es mitsamt dem Brot auf.

* * *

Es ist schlimm, daß die Großmama sich nicht gut verleugnen kann, weil sie nie aus Garten und Haus kommt! – Diese Häuslichkeit hat einen eignen poetischen Schimmer, alles in der höchsten Reinlichkeit und Heimlichkeit erhalten – zu jeder Stunde, zu jeder Jahreszeit ist nichts vernachlässigt, selbst das aufgeschichtete Brennholz am Gartenspalier ist unter ihrer Aufsicht der Schönheitslehre. –

Wenn es im Winter muß verbraucht werden, so läßt sie es immer so abnehmen, daß die Schneedecke so weit wie möglich unverletzt bleibt, bis Tauwetter einfällt, wo sies abkehren läßt. Im Herbst hat sie ihre Freude dran wie die roten Blätter der wilden Rebe es mit Purpur zudecken. –

Im Frühling regnen die hohen Akazien ihre Blütenblättchen drauf herab und die Großmutter freut sich sehr daran! –

Ach was willst Du? – Es gibt doch keine edlere Frau wie die Großmutter! – Wer den wunderschönen Blitz ihres Auges verkennt, wenn sie manchmal sinnend mitten im Garten steht, und späht nach allen Seiten, und geht dann plötzlich hin, um einem Zweig mehr Freiheit zu geben, um eine Ranke zu stützen! – und dann so befriedigt in der Dämmerung den Garten verläßt, als habe sie mit der Überzeugung alles gesegnet, daß es fruchten werde. –

Nein heute ist nichts weiter vorgefallen, was ich historisch nennen könnte, der Tag ist total vorbei! – und nichts was nur den Hund hätte zum Bellen gebracht. – Nur eine kleine elegische Szene. Die Großmama hat manchmal einen Verdruß an so einem Federvieh; wenn es in ihre Hausordnung sich nicht fügt, so muß es geschlachtet werden, diesmal traf das traurige Los der Hinrichtung ein impertinentes Huhn, was immer mit großer Geschwindigkeit die Weizenkörner, welche sie für alle streut als Dessert zum Haber, für sich allein erschnappte. Dies Huhn war von Meline in Affektion genommen gleich als es auskroch, heißt Männewei, von Mannweibchen, weil es lang unentschieden blieb, ob das Tier ein Hahn oder Huhn sei, da es einen so roten stolzen doppelten Kamm und einen schönen roten Bart hat, kurz ich komme grade an der Küche vorbei, wie die taube Agnes auf dem Schemel sitzt, das Huhn zwischen den Knien, das Messer wetzt. – Ich springe hinzu, zieh den Schemel unter ihr weg, sie fällt auf die Nase, das Huhn, unter dem Messer weg, flattert mit großem Geschrei durchs Küchenfenster; es war die Zeit wo die andern Hühner schon alle im Hühnerstall mit ihrem Hahn der goldnen

Ruhe genießen, kaum hörten sie aber das Notgeschrei der Henne, als alle loslegten mit Gackern! Ich war voll Schreck über meine Kühnheit, die Hinrichtung zu verhindern. Ich jagte das Huhn durch den Garten, ganz am End der Pappelwand fing ichs erst ein; wo sollte ich mit hin, bracht ichs zurück, so wurde es dennoch abgetan, aber mir schauderte eine Suppe von diesem Huhn zu essen. –

Ich marschierte zum Gärtner im Boskett. – Der nimmt es unter seine Obhut bis bessere Zeiten kommen. – Wie kann man auch Tiere, die täglich unter uns herumlaufen, uns trauen, einem nicht aus dem Weg gehen, plötzlich, was sie gar nicht gewärtig sind, über sie herfallen und fressen.

* * *

Heut morgen wach ich auf vom Rufen der Italiener die Parapluies feiltragen, die wahre Lockstimme für mich, – unwiderstehlich, ich denk gleich der Italiener mag Regen wittern, denn sonst gehn sie nicht so früh herum, ich lass die Lisbet den Mann heraufholen und lauf zur Meline – die liegt noch im Bett, – ob wir nicht einen Parapluie wollen kaufen, mitzunehmen nach Marburg? Die Meline kriegt einen Schrecken – sie glaubt ich habs Fieber, daß ich nach einem Parapluie frag, unterdessen war il signor Pagliaruggi vor der Tür, und ein grünseidner Regenschirm gekauft den ich auch gleich probieren wollt, so ging ich vors Tor in die Mess am Main, und so blieb ich bei den Klickerfässern stehen und kauft an dreißig Klicker, einer schöner wie der andre, von Achat und Marmor und Kristall, damit ging ich hinunter am Main wo die Steinergeschirrleut halten, und besuchte die in ihren strohernen Hütten und die Esel die mit herzlichem Geschrei mich begrüßten, und die kleinen Hemdlosen die da herumlaufen und klettern – und teilt ihnen meine Klicker aus, sie hatten keine Taschen weil sie nackend laufen, so mußt ich ihnen meine Handschuh geben, daß sie die Klicker konnten aufheben, die banden sie sich mit Bindfaden um den Leib fest, das war kaum geschehen, so rief mich ein Schiffer an, ob ich nicht wollt überfahren. –

Ich frag: »Es wird wohl regnen?« –

»Nun, was schads, Sie haben ja ein Wetterdach bei sich.«

Wie ich drüben war so denk ich, ich will nach Oberrat gehen, zur Großmama ihrer Milchfrau und da Milch trinken; wie ich an der Milchfrau ihr Haus komm, so sagen die Leut, alleweil ist die Annemarie fort mit der Milch nach der Gerbermühl, wie ich auf die Gerbermühl komm so läuft mir die Annemarie schon fort nach Offenbach mit der Milch, ich sag ich will mit ihr gehen, sie hat ihre zwanzig Gemüskörb auf dem Kopf und ihre Milchkann am Arm und so schlendert der groß Gemüsturm und ich als hintereinander durch die Hecken, sagt die Annemarie: »Es fängt schon an zu trepele, es werd gleich e dichtiger Schitel komme, warte Se, ich will Ihne ans von dene klene Körbercher gebe des könne Se uf den Kop setze do kommt ihne ken Rege an.« –

Nun fällt mir ein, daß ich doch das Wetterdach, den Parapluie mitgenommen hab, wo ist der geblieben? Entweder ich muß ihn haben bei den nackigen Büberchen lassen stehen, oder ich hab ihn im Schiff liegen lassen, beides ist gleich möglich, ich konnt ihn also die Wasserprob nicht halten lassen; so setzt ich der Milchfrau ihr rundes Gemüßekörbchen mit Blumenkohl auf den Kopf, sie sagt: »Sie sehn so schön drunter aus wie die schönst Pariser Madam.« –

Es war recht lustig, es begegneten mir allerlei Leut die

dachten ich wollt balancieren lernen, der Regen hatte bald wieder aufgehört, so war ich ohne dran zu denken bis Offenbach gelaufen, an der Kastanienallee nahm ich den Korb ab. In der Stadt war recht Sonntagswetter, alles voll Sonnenschein und in der Domstraß lag auf jeder Haustrepp vor der Tür ein Jolie mit dem blauseidnen Halsband, alle Jolies kennen mich, sie kamen an mich herangebellt, und da kamen die Spitze auch, und Bommer, und endlich auch dem Anton Andrée seine englische Dogge mit siebzehn Jungen, die schon ziemlich herzhaft bellen. Die Milchfrau blieb ein paarmal stehen um das Springen und Toben der Hunde zu sehen, und auch aus Furcht sie möchten ihr den Gemüsturm aus der Balance bringen. »Ei«, sagte sie, »der türkisch Kaiser kann nicht schöner begrüßt werden.«

* * *

Am Weihnachtsmorgen gingen wir bei früher Zeit in die Kirche; es war noch Nacht, eine Laterne leuchtete voran, um durch den Schnee den Fußpfad zu finden, wir kamen an einer verödeten, verfallnen Klosterkirche vorüber, der Wind pfiff durch die zerbrochnen Fenster und klapperte mit den losen Dachziegeln. »In diesem Gemäuer hausen Geister«, sagte der Laternenträger, »da ist es unsicher!« –

Am Abend, im Zimmer der Großmutter, wo eine ebenso *verödete* und *verfallene* Gesellschaft eine Spielpartie machte, erinnerte ich mich dieser Bemerkung; ich dachte, wie schauerlich es sein müsse, da allein zu sein, und wie ich um alles in der Welt jetzt nicht dort sein möchte. Kaum hatte ich mir dies überlegt, so war die Frage innerlich, ob ichs nicht wagen möchte? –

Ich schüttelte den Gedanken ab, er kam wieder, immer furchtsamer war ich, immer mehr wehrte ich mich gegen diesen unausführbaren Einfall, immer dringender wurde die Aufforderung dazu. Ich wollt ihr entgehen und setzte mich in eine andere Ecke des wohlerleuchteten Zimmers, aber da wars grade der offnen Tür eines dunklen Raumes gegenüber, und nun spielten und zingelten [züngelten?] Winke in der Finsternis, sie webten und schwebten bis an mich heran. Ich wickelte mich in den Fenstervorhang vor diesen Scheinwesen in der dunklen Kammer, ich drückte die Augen zu und träumte in mich hinein, da war ein freundlich Zureden in mir, ich solle an die Klostermauer gehen, wo die Geister spuken. Es war acht Uhr abends, ich überlegte, wie ichs wagen solle, in dieser Stunde einen einsamen weiten Weg zu gehen, den ich nicht genau kannte und den ich selbst bei Tag nicht allein machen würde. –

Es zog mich immer tiefer in einen vertrauten, abgeschlossenen Kreis; die Stimmen der Spielenden vernahm ich wie aus weiter Ferne, wie eine fremde Welt, die außer meinem Kreis sich regte.

Ich öffnete die Augen, und sah die wunderlichen, unauflösbaren Rätselgesichter der Spielenden dort sitzen, vom hellen Kerzenschein beleuchtet; ich hörte die Ausrufungen des L'Hombrespiels wie Bannsprüche und Zauberformeln, diese Menschen mit ihrem wunderlichen Beginnen waren gespensterhaft, ihre Kleidung, ihre Gebärden unverständlich, grausenerregend; der Spuk war mir zu nahe gekommen, ich schlich mich leise hinaus. Auf der Hoftreppe atmete ich wieder frei, da lag der reine Schneeteppich zu meinen Füßen, und deckte sanft anschwellend alle Unebenheiten, da breiteten die bereiften Bäume ihre silbernen Zweige unter dem wandelnden Mondlicht aus. Diese Kälte war so warm und freundlich, hier war nichts unverständlich, nichts zu fürchten, es war, als sei ich den bösen Geistern da drinnen entwischt; hier draußen sprachen die guten um so vernehmlicher zu mir, ich zauderte keinen Augenblick mehr, ihrem Geheiß zu folgen. Wie es auch werden mag, leise und behend kletterte ich über das Hoftor, jenseits werfe ich mein Kleid über den Kopf um mich zu verhüllen, und in flüchtigen Sprüngen setze ich über den Schnee. Manches begegnet mir, dem ich ausbeuge; mit gesteigerter Angst und klopfendem Herzen komme ich an, scheu und furchtsam seh ich mich um, aber ich zaudere nicht, den öden Platz zu betreten; ich bahne mir einen Weg durch das zusammengefallne, überschneite Gestein bis zur Kirchenmauer, an die ich den Kopf anlehne. Ich lausche, ich höre das Klappern der Ziegel im Dach, und wie der Wind in dem losen Sparrwerk rasselt, ich denke: »Ob das die Geister sind?« – sie senken sich herab – ich suche meine Angst zu bekämpfen, sie schweben in geringer Höhe über mir, – die Furcht beschwichtigt sich allmählich. [...]

Während mir vor der Höhe dieser Mauer schwindelte und ich furchtsam ausweichen wollte, hatte ich mich unwillkürlich hinübergeschwungen, und so fand ich im nächtlichen Dunkel kleine Spalten in der Mauer, in die ich Hände und Füße einklemmte, und hervorragende Steine, auf denen ich mir hinabhalf; ohne zu bedenken, ob und wie ich wieder hinaufkommen werde, hatte ich den Boden erreicht; eine Wanne, die wohl im Sommer zum Bleichen gedient hatte und im Herbst war vergessen worden, rollte ich bis zum Ufer [des Mains], stellte sie da auf und setzte mich hinein, und sah dem Eisgang zu; es war mir eine behagliche, befriedigende Empfindung, so als eingerahmtes Bild der erhabenen Winternatur ins Antlitz zu schauen. Es war, als habe ich einer geheimen Anforderung Genüge geleistet. – Im Hinaufklettern fand ich ebenso kleine Lükken und Steine unter Händen und Füßen, wie ich sie brauchte. –

Von nun an konnte kein Wetter, kein Zufall [Zwischenfall] mich abhalten, ich überwand alle Schwierigkeiten; ohne zu wissen wie fand ich mich an meiner Geistermauer, an der ich jeden Abend hinabkletterte und in meiner Wanne sitzend dem Treiben der Eisschollen zusah. Eine stieß ans Ufer, ich sträubte mich nicht mehr gegen die dämonischen Eingebungen, zuversichtlich sprang ich drauf und ließ mich eine Weile forttreiben. Dann sprang ich auf die nächste, bis ich endlich in der Mitte des Stroms dahinsegelte. –

Es war eine wunderbare Nacht! warum? – jeder Naturmoment ist wunderbar, ist ungeheuer, wo er in seiner Freiheit waltet über den Menschengeist, ich habe mich ihm preisgegeben, und so wirkt er als höchstes Ereignis. –

Am fernen Horizont schimmerte ein dunkles Rot, ein trübes Gelb, und milderte die Finsternis zur Dämmerung, das Licht, gefesselt in den Umarmungen der Nacht; dahin schaute ich, dahin trug mich mein eisiger Seelenverkäufer, und der Wind, der sich kaum über die Höhe des Flusses hob, spielte und klatschte zu meinen Füßen mit den Falten meiner Kleider; noch heute empfinde ich den königlichen Stolz in meiner Brust, noch heute hebt mich die Erinnerung der schmeichelnden Winde zu meinen Füßen, noch heute durchglüht mich die Begeistrung jener kühnen nächtlichen Fahrt. Eine gute Strecke hatte ich mich dahintreiben lassen, da war ich ebenso willenlos, als ich den Fluß hinabgeschwommen war, wieder umgekehrt, ich schritt ruhig von einer nachkommenden Eisscholle zur andern, bis ich mich glücklich am Ufer befand.

Briefe an Caroline

Bettine schien prädestiniert für die große Liebe, doch es dauerte lang, ehe sie Ereignis wurde (oder von ihr zum Ereignis gemacht wurde). Die Beziehung zu Achim von Arnim, dem Freund des geliebten Clemens, kam über den Flirt bisher noch nicht hinaus. So blieb emotionaler Überschuß, und der setzte sich vor allem um in den Briefwechsel mit Caroline von Günderrode: ein »Lauffeuer verbundener Gefühle und Gedanken«, ein »Morgenlicht«, ein »Morgenrot«. Altes, hier zutreffendes Wort: Herzensergießungen.

Caroline war fünf Jahre älter als Bettine: geboren im Februar 1780 in Karlsruhe. Siebzehnjährig kam sie in das »v. Cronstett- und Hynspurgische Adelich-Evangelische Damenstift« in Frankfurt; hier lebten adlige Frauen, unverheiratet oder verwitwet, doch allesamt »bedürftig«. Das Reglement war nicht allzu streng: Kanonissin Caroline konnte Besuche empfangen, zumindest aus der Verwandtschaft, konnte auf Feste und ins Theater gehen, konnte Reisen unternehmen, und das tat sie auch. Sie bildete sich weiter in verschiedenen Fächern zwischen Philosophie und Physik. Und begann zu dichten.

Auch Caroline versuchte, auf Bettine erzieherisch einzuwirken: die jüngere Freundin folgte allzusehr ihren Stimmungen, packte nichts mit Entschiedenheit an, führte nichts mit System durch. Hat Caroline selbst mit System studiert?

Ihre Studienkladde ist erhalten; sie wurde geführt vom November 1800 bis zum Sommer 1801, dann wieder zwischen 1804 und 1806. Exzerpte, Übersetzungsversuche, Dichtversuche, Lesefrüchte, Notizen. Wenn sie hier Hegel oder Schleiermacher zitiert, so heißt das freilich nicht, daß sie deren

Werke konsequent gelesen hat. Bettines Schwager, der Jurist Savigny (wird noch vorgestellt), er warf ihr vor, sie »vagiere«. Sie wiederum schrieb Savigny: »Raten Sie mir, oder vielmehr sagen Sie mir, muß ein Brief notwendig mit Ordnung und im Zusammenhang geschrieben sein? Im Fall das wäre müßte ich das Schreiben ganz unterlassen, denn es fehlen meinem Kopf ein paar Organe, und ich habe Ursache zu vermuten, daß es die der Ordnung sind. Ich bitte Sie, tun Sie ein Auge zu über diesen Naturfehler.«

Dennoch ihre Versuche, Bettine zu Ordnung und System zu verpflichten. Für Bettine jedoch blieb Spontaneität das Wesentliche; sie fürchtete, die könnte verlorengehen, könnte sich zumindest abschwächen, sobald sie sich einließ auf Systematik. »Mit dem Lernen wirds nichts, ich kanns nicht brauchen, was soll ich lernen was andere schon wissen, das geht ja doch nicht verloren, aber das was grad nur uns zulieb geschieht, das möcht ich nicht versäumen mit Dir auch zu erleben.«

Im monologischen, ab und zu von einem sanft korrigierenden Kommentar begleiteten Briefstrom hat Bettine ihre Spontaneität glücklicherweise nicht verloren. Alles, was in ihr ist an Erfahrung, Erlebnis, Einsicht, Wunsch, Sehnsucht, es muß sich in den Jahren zwischen 1802 und 1806 umsetzen in Briefe an die Freundin. Manchmal klagt Bettine über Nackenschmerzen – so exzessiv ist ihr Briefeschreiben, es dauert zuweilen bis zum Morgengrauen. »Meine Briefe an Dich sind wie das Bett der Quelle, alles muß durchströmen, was in mir ist.« Oder: »Ich muß Dir alles sagen; alles was mit luftiger Eile sich mir durch den Kopf schwingt.«

Eine der typischen Antworten Carolines beginnt so: »Deine Briefe haben mir viel Freude gemacht, zweifle nicht daran, liebe Bettine, weil ich Dir selbst so sparsam geschrieben habe, aber Du weißt, viel denken und oft schreiben ist mir gar sehr zweierlei; auch hab ich die Zeit schrecklich viel Kopfweh gehabt.« Also fast ein Vorwurf: Bettines unreflektiertes Schreiben. Es läßt sich vorstellen, daß Caroline nicht immer ein allzugroßes Interesse hatte an den noch ›jungmädchenhaft‹ schwärmenden Briefen der Freundin. Bettine gibt in Briefen alles, Caroline hält aus ihren Briefen heraus, was für sie existentiell ist. Das deutet sich freilich nur an in der Enttäuschung, wenn Bettine ihrer Bitte, von Savigny zu erzählen, nicht so recht folgen mag, lieber von sich selbst erzählt.

Ja! Wie's in jener himmlischen zauberhaften Nacht war, auf dem Rhein, wo wir zusammen unter der blühenden Orangerie auf dem Verdeck saßen. – Wie schön wars doch, daß die grade von Köln nach Mainz fuhr, und daß wir beide auf dem Schiff die einzigen waren die in der Nacht da oben blieben, die andern fürchteten die kalte Nachtluft, das war ein rechtes Glück. Wir freuten uns, als der letzte hinabgeflüchtet war und wir waren ganz allein und bloß der Steuermann, und die Ruder und die große Stille, – und meinen Pelz warf ich um Dich und saß zu Deinen Füßen und der deckte mich auch noch, und wie schön war die Mondnacht, es sollte nicht ein Wölkchen am Himmel sein, der unermeßliche Luftozean, in dem allein der Mond schwamm. –

Da warst Du auch so stille und wenn ich ein Wort sagte so verlor sichs gleich im tiefen Schweigen – daß ich auch nicht mehr reden mochte aus Ehrfurcht vor der stillen Versunkenheit der ganzen Natur! – Und wer kanns je vergessen der in so heller Nacht auf dem Rhein schifft, wenn beide Ufer sich im Mondglanz baden; – und dann kam der Wind und rauschte erst leise in den Kronen und dann stärker, und es fielen Blüten auf Dich und mich und da sah ich mich um nach Dir, hinauf zu Dir, da lächeltest Du weil es zu schön war was uns da widerfuhr, aber wir beide schwiegen still um nicht zu stören alles was sich an Schönheit rund um uns ausbreitete, und wir fuhren um die stillen Inseln und kamen näher ans Ufer, daß die Weiden herüberhingen und verwickelten ihre Zweige in unsre Bäume, und schüttelte über Dir die Krone, daß sie all ihre Blüten Dir in den Schoß warf, da warst Du erschrocken aufgewacht, denn Du warst eingeschlafen grade – einen Augenblick. –

Ja ich auch, schlaf gern wo es grad mir am seligsten ist, da ist immer die Ruhe über mir, als wäre Seligkeit nur eine Wiege und schaukelte die Seele und wiegte sie aus einem Traum in den andern hin und her, wo es schön und schöner wär. – Ich dachte da, es war ein köstlich Wohlgefühl in mir und betete es vor Gott, ich wollte nicht glücklicher sein in der ganzen Fülle der Welt als so wie es uns beiden da beschert war, und ich fühlte mich so gestärkt und knüpfte mich getreuer an Dich. –

* * *

Drei Uhr morgens! – Hier bin ich – auf der Terrasse am Main, ich wollt als [schon] immer einmal hergehn in der Früh wenn der Tag noch nicht auf den Beinen ist und Lärm macht, am Tag bin ich zerstreut, was mir immer wie Sünde deucht, daß ich Anteil nehm an was mich nichts angeht. –

Aber in der Früh, da hab ich ein ganz lauter Herz, und schäm mich nicht die Natur zu fragen, und ich versteh sie auch; gestern abend war mir so wohl hier, wie Bernhards Schiff mit der Harmonie [Holzbläsermusik] hin und her fuhr auf dem Main, die meisten Leut waren nachgefahren auf Nachen, wir blieben am Ufer, ich hatt mich ganz in die Ecke gesetzt, da steht ein großer Zitronenbaum, es war

Wetterleuchten, aber die Hitz war doch nicht abgekühlt, und die Blüten vom Baum wetterleuchteten auch, oder sollt ich mich getäuscht haben? – denn ich war eingeschlafen über der Musik, und wie ich aufwachte, da sah ich ganz verwundert wie der Zitronenbaum Flammen hauchte aus den Blüten. – Ich kanns doch nicht geträumt haben? – Denn ich guckte eine ganze Weile zu, bis ein leiser Regen kam, da gingen wir nach Haus. Wer weiß, was doch alles vorgeht in der Natur, was sie uns verbirgt. Der Mensch hat ja auch als Gefühle, die er nimmer wollt belauschen lassen. Daß aber der Baum über mir fortleuchtete, wie ich mich besann und ihm zuschaute, das ist mir so lieb – ich konnt nicht schlafen im Bett, es war mir zu wohl dort gestern wo ich den Herzschlag der Natur fühlte und wo sie mit ihren Blumen mich anflammte. Im Dunkel haucht man die Lieb aus, und schämt sich nicht vor dem Schatz, weils dunkel ist. – Nun bin ich mit Zagen hergeschlichen, heimlich, daß es nicht gewußt sei, wie auch jenes Leuchten nicht gewußt ist. –

Erst greinte die Hoftür, aber heut abend will ich sie salben, wie der Properz [römischer Dichter], wenn er einen Liebesweg vorhat; dann krachte die Gartentür, dann schurrte der Kies unter den Füßen. – Man scheut das Gebüsch zu wecken, so still ist alles mit Ruh zugedeckt. Die verschlafnen Federnelkchen schuckern zusammen im frühen Tau und mich schauert auch das stille Wirken der Natur, hier über der schlafenden Welt, obschon der Wind nicht so scharf ist der den Tag heraufweht. Heut ist doch ganz milde, gestern abend war der Himmel grün und mischte sich mit dem Rot, das vom Untergang heraufzog, unten waren Purpurstreifen und Violett mit Feuer umsäumt, dann kam die Nacht herauf. – Heut früh schlagen die Morgenwolken ihre Feuerflügel um Euern schwarzen Dom, man denkt als, sie wollten ihn in der Glut verzehren; dazu schmettern die Nachtigallen, und das blaue Gebirg drüben, so stolz und kühl! – das alles freut mich besser als Weisheit, – hier unter dem Zitronenbaum, der gestern Flammen und heut Tränen über mich schüttelt.

Und jetzt geh ich, Dir hab ich alles eingeprägt, das ist nicht ausgeplaudert, mich lockts, damit es nicht vergessen sein soll, daß ich Dirs [an]vertraut hab.

* * *

Die Großmama war gesprächig heut, sie wird alle Tage liebevoller zu mir, sie sagt, mir erzähle sie gern, obschon manches in die Erinnerung zu wecken ihr schwer werde; sie sprach viel von der Mama, von ihrer Anmut und feinem Herzen, sie sagte: Alles was ihr Kinder an Schönheit und Geist teilt das hat Eure Mutter in sich vereint; und dann hat sie zu sehr geweint um von ihr weiter zu sprechen, die Tränen erstickten ihre Stimme. – Sie legte die Hand auf meinen Kopf, während sie sprach, und als der Mond hinter den Wolken hervorkam da sagte sie: Wie schön dich der Mond beleuchtet, das wär ein schönes Bild zum Malen. – Und ich hatte in demselben Augenblick auch d[ies]en Gedanken von der Großmama, es war gar wunderlich wie sie unter einem großen Kastanienbaum mir gegenüberstand, am Kanal, in dem der Mond sich spiegelte, mit ihren großen silberweißen Locken ihr ums Gesicht spielend, in dem langen schwarzen Grosdetourkleid mit langer Schleppe, noch nach dem früheren Schnitt der in ihrer Jugendzeit Mode war, lange Taille mit einem breiten Gurt. Ei wie fein ist doch die Großmama, alle Menschen sehen gemein aus ihr gegenüber, die Leute werfen ihr vor sie sei empfindsam, das stört mich nicht, im Gegenteil findet es Anklang in mir, und obschon ich manchmal über gar zu Seltsames hab mit den andern lachen müssen, so fühl ich doch eine Wahrheit meistens in allem. –

Wenn sie im Garten geht, da biegt sie alle Ranken wo sie gerne hinmöchten, sie kann keine Unordnung leiden, kein verdorbenes Blatt, ich muß ihr alle Tage die absterbenden Blumen ausschneiden, gestern war sie lange bei der Geißblattlaube beschäftigt und sprach mit jedem Trieb: »Ei kleins Ästele wo willst du hin«, und da flocht sie alles zart ineinander und bands mit roten Seidenfaden ganz lose zusammen und da darf kein Blatt gedrückt sein, »alles muß fein schnaufen können« sagte sie.

* * *

Bei der Großmama ist ewiger Besuch, heute spazierte man zu siebzehn Fürstlichkeiten im Garten auf und ab, die Großmama zum Bewundern, in Anmut und Würde alle überstrahlend, Isenburg, Reuß, Erbach und etliche Hessische Durchlauchten und nebenbei noch der Herzog von Gotha, der schon längere Zeit täglich Brot ist, im Haus, nämlich alle Mittag um drei Uhr kommt er herausgefahren und läßt sich von mir die Depeschen vorlesen und Journale, dann geht er in den Garten, wo er Bohnen gepflanzt hat, die muß ich ihm begießen helfen. Die Großmama spricht von seinem Genie, mir gefällt, daß er mit mir umgeht wie mit einem Kind, er nennt mich *Du!* fragt mich nie nach was anderm als was ich mit Ja oder Nein beantworten kann, weiter hab ich ihm nichts gesagt bis jetzt. –

Im Garten läßt er mich in der Sonnenhitze den Regenschirm tragen und er trägt die Gießkanne, letzt war er so matt, daß er sie hinstellen mußte, ich sagte er solle den Parapluie tragen, ich wolle die Gießkanne nehmen, er meinte die sei wohl zu schwer für mich, als er aber sah, daß ich sie mit ausgestrecktem Arm weitab durch die Luft trug um mein Kleid nicht naß zu machen, so nennt er mich seitdem die starke Magd. –

Seine roten Haare die einen verzweiflungsvollen Schwung haben, wie ein schweres Ährenfeld das der Hagel verwüstet hat und sein blasses Angesicht geben ihm in der Abenddämmerung das Ansehen von einem Geist; ich hab mich vor ihm gefürchtet, wie er mich abends durchs Boskett begleitete. Die Großmama hatte alle Fürstlichkeiten an der Wagentüre begrüßt und dagegen protestiert, daß sie unter das Dach ihrer Grillenhütte kommen, sie wollten aber absolut in die Grillenhütte herein und so ward diese bald zu eng. – Im Garten machte der Herzog selbst eine Weinkaltschale mit Pfirsich, denn er panscht gern, ich mußte dazu alles herbeiholen in die Geißblattlaube; da er mich nun immer starke Magd nannte, so passierte ich bei der hohen Gesellschaft für ein so seltnes Monstrum; zuletzt sagte er noch: Geh an unsre Bohnenstangen und sorge, daß die breitfüßigen und krummbeinigen Spaziergänger sie nicht umtreten. Ich holte mir die Schawell und setzte mich mitten ins Bohnenfeld, wo ich nicht mehr bemerkt wurde, es war mir eine Labung denn ich war betäubt und müde, alles kann ich ertragen nur nicht das Brausen der Menschenreden, die kein Feuer keinen Zweck haben und immer in der Luft herumgreifen und nichts fragen und nichts anregen; besser wärs schweigen. Bis das Ton wird, was unendlichen Vorteil bringen mag, da kann noch viel Wasser dem Main hinunterfließen. Am Abend ging alles ins Boskett die Musik zu hören; es war mit bunten Lampen erleuchtet, die Orangerie auf der Terrasse am Main jetzt in ihrem schönsten Flor, ach ich war so müde und betäubt – was ich geträumt habe weiß ich nicht mehr, es war schön, denn ich wachte auf, wie trunken von Behagen, aber doch so schwindlig, daß sich die starke Magd an der Hand vom Herzog nach Haus führen ließ, er fuhr in die Stadt, er rief mir noch aus dem Wagen zu: Leg dich zu Bett, starke Magd, du siehst ganz blaß aus. –

* * *

Jetzt will ich Dir auch noch auf Deine Frage antworten von der gemeinen [einfachen] Frau. Das war kurz ehe ich von Frankfurt hier herauskam; da war ich allein von dem Bokkenheimer Tor aus dem Garten wo die Toni wohnt hereingegangen in die Stadt. Da begegnete mir eine Frau der war das Band aufgegangen am Schuh, und sie konnte sich nicht bücken denn sie ging mit einem Kinde und seufzte sehr unter ihrer Last, ich ließ sie ihren Fuß auf mein Knie stellen um das Schuhband ihr zuzubinden, dann aber führte ich sie nach ihrer Wohnung weil sie so sehr jammerte über Schmerzen; es war schon dämmerig, als wir in die Stadt kamen, da begegnete mir eben auch die Frau Euler, welche unser beider böser Dämon zu sein scheint, ich machte ihr eine tiefe Verbeugung zu meinem Plaisir, und schleppte die Frau weiter, die fing aber an mir bang zu machen, denn sie seufzte so schwer und ward so blaß und der Schweiß trat ihr auf die Stirn, da kam der gute Doktor Neville, dem übergab ich die Frau. Und als ich auf den Roßmarkt kam da begegnete mir der Moritz [ein Jude, Familienname Itzig], der sagte: Ach, wie blaß sehen Sie aus, es fehlt Ihnen was. Ich habe so großen Hunger, sagte ich – und es war auch wahr, die Angst mit der Frau hatte mir Hunger gemacht; der Moritz griff in die Tasche die hatte er voll getrockneter

Oliven, die esse ich gern, er leerte seine Tasche in meinen Handschuh aus, den ich ausgezogen hatte um sie hineinzufüllen; da führt der Kuckuck die Lotte vorbei; der Moritz ging, die Lotte kam an mich heran und fragte, wie kannst du nur auf offner Straße mit dem Moritz Hand in Hand stehen. Das ärgerte mich, ich ging ins Stift zu Dir herein wo ich meine Oliven speiste und die Kerne alle in eine Reihe legte aufs Fensterbrett, Du standst neben mir und warst ganz still versunken in die Dämmerung, und endlich sagtest Du: »Warum bist Du heute so schweigsam?«

Ich sagte: »Ich esse meine Oliven, das beschäftigt mich, aber Du bist doch auch stille, warum bist Du still?« –

»Es gibt ein Verstummen der Seele«, sagtest Du, »wo alles tot ist in der Brust.« –

»Ist es so in Dir« fragte ich. –

Du schwiegst eine Weile, dann sagtest Du: »Es ist grade so in mir wie da draußen im Garten, die Dämmerung liegt auf meiner Seele wie auf jenen Büschen, sie ist farblos aber sie erkennt sich, – aber sie ist farblos«, sagtest Du noch einmal, und dies letzte Mal so klanglos auch, daß ich Dich im Nachtschimmer ansah verwundert und verschüchtert, denn ich traute mich nicht mehr zu reden, ich sann auf Worte, wie ich mit Dir anheben sollt; – ich suchte in weiten Kreisen umher, nichts schien mir geeignet diese Stille zu unterbrechen, die immer tiefer und tiefer sich wurzelte und mir wie einen Schlummer durch den Kopf strömte, dem ich nicht mehr widerstand – ich legte mich träumend auf die Fensterbank mit dem Kopf, und so wer weiß wieviel Zeit verging, da kam Licht ins Zimmer, und als ich aufsah da standst Du über mir gebeugt und sahst auf mich, und als ich Dich fragend ansah, da gabst Du zur Antwort: –

»Ja ich fühle oft wie eine Lücke hier in der Brust, die kann ich nicht berühren, sie schmerzt«.

Ich sagte: »Kann ich sie nicht ausfüllen diese Lücke?« –

»Auch das würde schmerzen«, sagtest Du.

Da reicht' ich Dir die Hand und ging, und lang verfolgte mich Dein Blick der so still war und so innerlich und doch nur wie über mir hinstreifte. O ich hatte Dich im Heimgehen so lieb, ich schlang meine Arme um Dich so fest in Gedanken, ich dacht ich wollte Dich tragen auf meinen Armen ans End der Welt und dort Dich an einen schönen moosreichen Platz niedersetzen, da wollt ich Dir dienen und nichts Dich berühren lassen was Dir wehtun könne; ja so wars in meinem kindischen Herzen, mit Gewalt wollt ich Dich fröhlich machen und dachte einen Augenblick es solle mir gelingen, aber ich weiß wohl, daß mir so was nicht gelingen kann, und daß es nur Verwechseln ist von meinen Sinnen, die wie Kinder Fernes und Nahes nicht unterscheiden können, die auch meinen sie können den Mond herablangen mit der Hand und können den Spielkamerad damit trösten, wenn er stumm und traurig ist. –

Vermischtes aus Schlangenbad

Mehrfach, schon in jungen Jahren, war Bettine in Schlangenbad, dem von Waldhügeln umgebenen Kurort am Südrand des Taunus – beliebter Sommeraufenthalt der Familie. Auch andere flohen hierher aus dem sommerheißen Rhein-Main-Becken. »Ihre Königl. Hoheit die Kurprinzessin von Hessen, Prinzessin Caroline, Frau Oberhofmeisterin von Gundlach, Herr Kammerherr von Bardeleben und Suite« trafen am 30. Juli 1803 in Schlangenbad ein; die Abreise erfolgte vierzehn Tage später. In diesem Zeitraum die folgenden Erlebnisse und Ereignisse, als Anekdoten und Episoden der Günderrode der Reihe nach mitgeteilt.

Den ersten Tag als wir ankamen wars so heiß, daß es mehr wie unerträglich war; wir warfen unsere Nanking-Reisejacken aus [ab], und legten uns in den Unterkleidern, in Hemdsärmel[n] auf dem Gang vor unserer Zimmertür ins Fenster, von da kann man versteckt hinter Bäumen auf eine Terrasse sehen, wo sich die Gesellschaft zum Tee bei der Kurprinzessin von Hessen versammelt, die grade unter uns wohnt. Das machte mir Spaß, man konnte manches verstehen, und ein Wort aus der Ferne, wenns auch an sich unbedeutend ist, ist immer anregend wie eine Komödie. Doch hat das Vergnügen dran nicht lang gedauert; ein krebsroter Kammerherr, der mir im Anfang Vergnügen machte zu sehen, wie er hin und wieder lief, und den Frauen allerlei in die Ohren zischelte, und dann ein Herzog von Gotha mit langen Beinen, rotem Haar und sehr melancholischen Gesichtszügen und ein großes weißes Windspiel zwischen den Knieen, der trägt einen leberfarbnen Rock; dann viele

Damen mit überflüssigem Putz, die Hauben aufhatten als wärs die Flotte vom Nelson mit aufgeschwellten Segeln, und dann französische Schiffe, die miteinander parlierten, das war grad als ob einzelne Schiffe handgemein würden, bald brüstete sich das Schiff, dann thronte es wieder, dann streckte es seinen Schnabel in die Höh, und Damen und Herren von besonderer Affektion gegeneinander; bald zerstreuten sie sich auf der Promenade. Und plötzlich stand der rote Kammerherr hinter uns auf dem Gang. Die Toni entsetzte sich und ging ins Zimmer, ich aber war gar nicht erschrocken und fragte, was er wünsche; er war verlegen und sagte, er wünschte der Dame Bekanntschaft zu machen; ich fragte: Warum werden Sie denn so rot? Er ward noch röter und wollte mich bei der Hand nehmen, ich sagte: Nein! und ging ins Zimmer, er drängte sich mir nach, ich rief: Toni, hilf mir den Mann bezwingen, sie aber war so voll Angst, daß sie sich nicht vom Platz regte, denk Dir nur, und ich lehnte mich mit aller Gewalt wider die Tür und der rote Mann dazwischen, der durchwollte; ich rief: Toni, zieh an der Schelle, denn unsre Bedienten waren alle noch am Packwagen beschäftigt, aber die Toni fand den Schellenzug nicht; – der unartige Mann, immer wollte er doch noch herein, wo er doch sah, daß man ihn nicht wollte, ich konnt gar nicht begreifen, was er wollte, ich dachte einen Augenblick er wolle uns umbringen, ich erwischte einen Sonnenschirm, der an der Tür stand, und stach mit dem nach seiner Lunge oder Leber, ich weiß nicht – er zog sich zurück und die Türe fiel ins Schloß, da stand ich wie einer, der über Berg und Tal gejagt war von einem Gespenst, ich konnte eine Viertelstunde keinen Atem kriegen; ich dachte wirklich er sei ein Mörder, ich hatte schon allerlei Anschläge im Kopf, wie ich ihn erwürgen wollte.

Die Toni lachte und sagte: Geh doch, ein Kammerherr und ein Mörder; sie meinte, er sei nur ein boshafter und gemeiner Schelm, wie's deren am Hof die meisten seien. –

Wir haben aber den Bedienten die Nacht vor der Schlafzimmertür schlafen lassen und die Lisette zu uns ins Zimmer genommen, ich konnte aber die ganze Nacht nicht schlafen, mich störte es, daß der Diener vor der Tür lag. Es ist doch zum ersten Mal in meinem Leben, daß ich Angst hatte, aber denk doch nur, am andern Tag meldet uns der Bediente den roten Herrn, er komme von Fr. Kurprinzessin mit einem Auftrag und ließ sehr bitten, ihn anzunehmen, ich rufe: Nein! wir wollen von keiner Kurprinzessin was wissen, die Toni aber sagt: Das geht nicht an, wir müssen ihn annehmen. Ich bewaffnete mich mit dem Sonnenschirm als er eintrat und uns zur Frau Kurprinzessin zum Tee auf die Terrasse einlud, zugleich machte er viele Entschuldigungen, er habe gar nicht geahnt, wer wir seien, weil wir in Hemdsärmel[n] im Fenster gelegen haben; ich war still, aber ich war sehr ergrimmt über den roten Mann.

Als wir bei der Kurprinzessin vorgestellt waren, die mich bei der Hand nahm und ins Gesicht küßte, da saßen wir alle in einem Kreis, und der Rote stellte sich hinter mich, daß ich seinen Atem fühlte, das kränkte mich sehr, ich sagte: Gehen Sie fort hinter mir, Sie garstiger Mann, da lief er weg, aber die Toni sah mich sehr ernsthaft an, und wie wir wieder oben waren, da schmälte sie, daß ich so laut gesprochen habe, das ist mir aber einerlei, ich kann ihn nicht in meiner Nähe leiden, was liegt mir dran, obs die Kurprinzessin merkt, wenn sie fragt, so sag ich, er hat uns ermorden wollen in unserem Zimmer, und dann kann er sich nachher verteidigen, wenns nicht wahr ist, und kann sagen, warum er uns so mörderischer Weise angefallen hat. –

Die Toni will auch nicht, daß ich abends allein spazieren gehe, sie sagt der Kammerherr könnte mir begegnen, so muß ich immer einen hinter mir drein laufen haben. – Es ist nichts schöner als so ein Spaziergang im Nebel, mit dem sich, wenn die Nacht kommt, alle Schluchten füllen und in tausenderlei Gestalten im Tal herumtanzt und an den Felsen hinauf. – Aber einen hinter mir drein laufen zu haben, das ist mir verdrießlich. –

Ich kann nicht dichten wie Du, Günderode, aber ich kann sprechen mit der Natur, wenn ich allein mit ihr bin, aber es darf niemand hinter mir sein, denn grad das Alleinsein macht, daß ich mit ihr bin. Auf der grünen Burg im Graben, im Nachttau, da war es auch schön mit Dir, es sind mir meine liebste Stunden von meinem ganzen Leben, und so wie ich zurückkomm, so wollen wir noch acht Tage zusammen dort wohnen, da stellen wir unsere Betten dicht nebeneinander und plaudern die ganze Nacht zusammen, und dann geht als der Wind, klappert mit dem rappeligen Dach, und dann kommen die Mäuschen und saufen uns das Öl aus der Lampe, und wir beiden Philosophen halten, von diesen Zwischenszenen lieblich unterbrochen, große tiefsinnige Spekulationen, wovon die alte Welt in ihren eingerosteten Angeln kracht, wenn sie sich nicht gar umdreht davon.

* * *

Mit der einen Hand hab ich meinen Brief dem Bot[en] gereicht, mit der andern Deinen genommen, wir kamen eben von unserm Sonnenaufgang zurück, so sah ich den Bot[en] überm Tal am Berg hersteigen, ich wollt mit ihm zusammen ankommen, ich lief, die andern wußten nicht warum, sie riefen mir nach, ich galoppierte als an der Bergwand hin und schlug mit dem Stecken an die Äst, das regnete im heißen Lauf kühlen Tau auf mich, dann schoß ich bergab ins Tal und konnt nicht einhalten, der gut Bot stellte sich gegenüber und fing mich auf; oben stand die ganz Gesellschaft, ein Kopf über dem andern, der Mr. Haise in der Mitt und guckt durchs Perspektiv, ich legt mich ins Gras und schnaufte aus. –

Potztausend, wieviel Hämmerchen pochten in meinem Kopf, lauter Goldschmied, und der große Hammer in meiner Brust das war ein Grobschmied; die andern kamen herbei; wie ich im hohen Gras verschwand glaubten sie, ich sei ohnmächtig oder sonst was, der Voigt schrie, Gott bewahr, solche Einbildungen hat sie nicht; ich guckte aus dem Gras hervor und lachte sie aus, aber da schrie alles: Ich hätt können den Hals abstürzen, ich hätt können Arm und Bein brechen, mich hätt können der Schlag rühren, unvorsichtig, tollkühn, sinnlos! schrieen sie. –

Was Guckuck, ich wollts nicht mehr hören, ich setzt' mich wieder in Galopp, der Badepeter hatte grad die Bäder angelassen, ich rief ihm zu: Sagt nicht, wo ich geblieben bin, und sprang ins Wasser mit Schuh und Strümpf, und allen Kleidern; da unterm Wasser warf ich die Kleider ab, und dacht nicht gleich, daß ich Deinen Brief im Busen stecken hatt, bis er auf dem Wasser schwamm, ich hab ihn gleich auseinander gelegt und an dem Strick festgemacht in der Mitte vom Badegewölb, womit man die Klapp aufzieht wenns zu heiß ist, er flatterte im Luftzug über mir und drehte sich hin und her, ich bin ihm immer nachgeschwommen, links und rechts, und hab ihn buchstabiert, hier ein Teil und dort wieder, wie der Wind das Blatt drehte, das hat mich ergötzt und auch hab ich mich gefreut, wenn ich aus dem Bad käm ihn zu lesen, und dann stimmt' ich an: »O du der Götter Höchster, der über Olympia mächtiglich waltet, laß beim Laufe der Flur günstige Winde in den Schläfe beschattenden Kränzen mir wehen.« –

Da wußten sie auf einmal, wo ich geblieben war, denn alles war in den Bädern und meine Stimme schallte laut am Gewölb, und da hörte ich sie rufen: La voila! – und: Wieder eine Tollheit, so erhitzt ins Wasser zu springen. –

Wollt ich nicht von allen Seiten schreien hören, so mußt ich wieder singen: »Laß o Jupiter mit leichten Füßen mich hingleiten dem schnellfüßigen Tage zuvor, der mich sieggekrönt am Abend begrüße mit der Unsterblichkeit süß hallendem Ruf.« –

Da kam die Lisette als Gesandtschaft von den andern, was war die verwundert, als sie die Kleider unter Wasser sah und die Schuh auf der untersten Treppe, zwei volle Becher. – Ich sah ihr die Bestürzung an, sie glaubte ich sei toll geworden, sie reichte mir verstummt ein Zettelchen, darauf stand:

»Wohlan Füllenbändiger, opfere einen feisten Stier der Rossebezähmerin Pallas Athene und ihren goldgewirkten Zügel wirf schnell um den jungfräulichen Hals.« –

Ich frag, wer ihr den Zettel gab, sie sagt der Badpeter, ich frag den Badpeter, der sagt sein Sohn Lipps, ich frag den Lipps, der sagt am Rohrbrünnchen ein Herr in Schlappschuhen, eine Zigarre im Mund. –

Was hatte er an, wie sah er aus? –

Weißer Mantel, graue Sammetmütze. –

Ich hielt fürs beste zu schweigen und niemand was vom Zettel zu sagen, den Zettel legt ich zu meiner merkwürdigen Naturaliensammlung, worunter ist ein goldglänzendes Horn von einem Weinschröter [Hirschkäfer], das hohl ist und so zierlich, daß es sehr gut als Trinkhorn könnt passen für ein Elfchen, das ein Jäger wär, ich habs deswegen aufgehoben, wenn mir einmal eins begegnet; ferner mehrere durchsichtige Steine, die sehr gut Edelsteine sein könnten, wenn die Sonn nur noch ein bißchen besser durchschien, und eine Puppe, aus der ich selbst den Schmetterling hab auskriechen sehen, die tut sich auf und entläßt den Schmetterling und schließt sich wieder, sie hat inwendig wie kleine Stahlfedern, an die rührt der Schmetterling, wenn er reif ist, und dann öffnet sie sich, außen ist die Puppe ganz hart, daß man sie nicht verletzen kann. – Ich hab mirs express aufgehoben für Dich, ich will Dirs zeigen und über die Unsterblichkeit mit Dir nachdenken dabei. –

* * *

Von der Eselspartie gestern nach Rauhental, sie ist zu Wasser geworden aber erst am End, es kam ein ungeheurer Platzregen wie wir noch eine halbe Stunde von der Heimkehr entfernt waren, das zusammenlaufende Wasser von den Bergen herab ins Tal gab ordentlich Seen, die der Wind wellig kräuselte. – Und wie die Esel mitten durchs Wasser pfatschten mit uns, kam ein ungeheurer Donnerschlag, die meisten schrieen auf, die Esel schrieen nicht, aber sie warfen uns alle mit einemmal herunter in die Pfützen und da konnt keiner sich halten, nur der Engländer wollte es zwingen mit seinen langen Beinen, der Esel warf sich nieder und bäumte sich, und so galoppierten alle Esel fort, daß sie im Nu aus den Augen waren, die Eseltreiber hinterdrein, denen nachgerufen wurde, uns Laternen zu schikken. Der ganze Haufe konsultierte in der Pfütze, setzte sich nach wieder erlangter Besinnung in Bewegung, auf das verwirrte Untereinanderschreien folgte bald Stille, der Weg war zu beschwerlich als daß man auf etwas anders denken konnte als nur, wie man den Fuß mitsamt dem Schuh wieder aus dem Morast heben wolle, dies aber war nicht möglich, die meisten Schuhe blieben stecken; die Laternen kamen uns bald entgegen, die beschwichtigten Esel wurden wieder herangeführt, und so kamen wir zwar beritten an, aber in welchem Zustand? – Alle Strohhüte hatten im Morast gelegen. Die Schuhe fehlten, die Damengewande so naß, als sollten sie zu Statuen Modell stehen, und die Herren nicht minder; man verfügte sich in die Bäder und kam neugeboren und neugestrählt heraus, ein Gesamt-Abendtee, in Pantoffeln und Schlafröcken und Pudermänteln eingenommen, machte den Beschluß, alles beschrie des Unfalls Jammer und lachte sich halb tot drüber. Mr. Haise, dessen natürliche Haarfarbe jetzt zutag kam, war nicht mehr zu erkennen, aber seine Schönheit wurde allgemein bewundert, sein braunrotes Haar stand ihm so viel schöner als der Puder, womit ers hatte verbergen wollen, daß man schrie: Jetzt könne er erst interessieren, was man vorher für unmöglich hielt. Wer war vergnügter wie er, der feierlich dem Puder abschwor und mit himmlischer Selbstzufriedenheit bei den Frauen herumspazierte, sich bewundern zu lassen. –

Ich und die Lisette haben noch bis Mitternacht die Strohhüte renoviert, ich schlug sie alle auf der einen Seite mit einer Kokarde auf, wenn man nun im Schatten sein will, so setzt man die Schippe nach vorn; wo die Sonne nicht scheint dreht man sie herum; die Verwandlung fand allgemeinen Beifall und sieht nach Voigt [Niklas, Historiker] malerisch aus. Heut morgen kamen die Eseltreiber mit den verlornen Schuhen auf ihren Stecken in Prozession angerückt; sie hofften ein Trinkgeld, es mußte auch bezahlt werden, obschon die Schuhe besser wären geblieben wo sie begraben waren; man war ärgerlich, daß sie die beschmutzten Schuhe so öffentlich zur Schau trugen.

Das war die gestrige Geschichte. Voigt hatte schon lange drum gebeten, die ganze Gesellschaft zu Esel in sein Skizzenbuch zeichnen zu dürfen, heut morgen war ein schöner heller Himmel und doch wars abgekühlt vom Gewitter, mir machten uns so malerisch wie möglich, ließen Bänder flattern, Schleier wehen, die Herren steckten Sträucher auf den Hut, gaben sich nachlässige Posituren, schaukelten mit den Beinen, so gings langsam vorwärts, Voigt war voran mit seinem Malkasten, hatte die Palette aufgesetzt, saß auf einem Zeltstuhl vor der Höhe, wo wir herabkamen und beobachtete den Zug mit dem Fernglas, auf einmal rief er Halt, ich war voran mit einer grünseidenen Fahne, die ich mir gemacht hatte, die stemmt ich in die Seite und hielt recht feierlich still, die Gitarre hing auch am Sattel. Voigt malte eifrig auf ein Stück Wachsleinwand, das auf ein Brett genagelt war. Es dauerte ein Weilchen, die Esel hingen die Ohren und waren eingeschlafen, die Sonne brannte, die Mücken stachen, die Schleier und Bänder hingen schlaff, sie glaubten alle, sie könntens nicht länger aushalten, ich hätte doch dem guten Voigt so gern das Plaisier gegönnt, daß seine Skizze fertig wurde; ich nahm meine Gitarre und stimmte den Kosciuszko an [ein Polenlied], Crothwith begleitete mich auf dem Flageolett, mehrere Maultrommeln der Eseltreiberjungen fielen ein, es erhob die Stimme Baß und Diskant [Sopran], andere pfiffen, Haise neben mir an gab einen Ton von sich mit dem er eine Pauke nachmachte, die mit einer Rute und einem Klöppel geschlagen wird, pfitsch pfitsch, bum bum. Die Esel wachten auf und spitzten die Ohren wieder, die Lüftchen regten sich wieder in den flatternden Bändern, alles war begeistert und Voigt malte schneller als eine Windmühle in die der Sturmwind bläst; die Eseljungen hatten sich auch in nachlässigen Stellungen postiert, bald wars so weit, daß mir umwenden konnten, Voigt bestieg seinen Esel und wir zogen vergnügt und singend zurück.

* * *

Wir waren am Nachmittag zum weiten Spaziergang fortgewandert und wußten wohl nicht genau die Zeit, die später war als wir glaubten, und weil überall der Pfad an etwas Neugierigem sich hinzog, bald ein brausend Bächlein zwischen Klippen, bald sonnenhelles Grün und Hügel und Gemäuer und dann ein Wald mit mächtigen Kronen, da kamen noch Scharen von Vögel über uns hin gezogen, denen wir nachsahen, da wars bald gar aus, wir wußten nicht wo wir hergekommen waren und wo wir hinwollten, gern wären wir wieder umgewendet, wenn wir nur ahnen konnten wo der Heimweg war. Wir machten einander Mut durch den Wald auf einem breitern Weg, der quer lief, fortzuwandern; weil frische Spuren da waren, so mußte er dort zu Menschen führen; noch hielten wir den Wind, die allmählich sinkende Helle für vorüberziehende Wolken, aber es war der Abendwind, der das Laub vor uns her wehte, wir sagten es einander nicht, aber merkten es bald, schritten immer fort und sahen bald zwischen den hohen Wipfeln [hin]durch den roten Himmel glänzen, und wie der sich verzog in ein dämmerndes Gold, aber ohne Schein und endlich ein Blau, schweigende Sternchen glitzerten, und der Pfad lief immer fort im Wald und die Sterne sahen hoch herab, und keins wagte die Stille zu unterbrechen, schweigend, ein Tritt nach dem andern raschelte durchs Laub. –

Ach, sagt ich, laß uns einen Augenblick ausruhen, du wirst sehen, dann wird der Wald auf einmal sich auftun.

Ach, sagte die Toni leise, was wird das werden, wo kommen wir hin? –

Statt zu klagen, mußte ich laut lachen; –

»Um Gotteswillen wie kannst Du so schaurig lachen, schweig still, es können böse Leute in der Nähe sein, die uns hören.«

Ich meint aber, wenn wir so sacht redeten und wanderten, das könnt noch viel gefährlicher sein, und die Toni ließ sich überreden, daß ich ein Lied sang. – Das schallte! – Das machte mich so glücklich, und der schweigende Wald, – und dann ich wieder, und dann er wieder. Die Toni hatte sich auf dem Pfad so gesetzt, um die Richtung nicht zu verlieren, der wir schon die ganze Zeit gefolgt waren, ich aber lag rückwärts und sah in die Höh; auf einmal entdeckte ich, daß der Wald links lichter ward, und daß der Himmel ganz frei war; ich sagte, dort müssen wir hin, da sind wir gleich aus dem Wald.

»Um Gotteswillen verlaß den Pfad nicht, denn so im Dickicht herumzustolpern in der Nacht, da können wir in Gruben fallen, laß uns ruhig auf dem Weg fortgehen.«

Ich war aber schon vorwärts geschritten und stolperte wirklich und raffte mich auf und fiel wieder, und kletterte über Stock und Stein, und die Toni rief von Zeit zu Zeit, ich antwortete, und da war ich plötzlich im Freien auf der Höhe, die sich abflachte in eine weite Ebne, die ich nicht ermessen konnt, aber ganz in der Ferne sah ichs glänzen, ich rief: Hier steh ich und seh den Rhein, du mußt aus dem Wald heraus, denn auf dem Waldpfad kannst du noch stundenlang unnütz fortwandern.

Wir kamen uns entgegen mit Rufen durch die Nacht,

doch rückt ich nicht weit herein, aus Furcht, den Weg zu verlieren, endlich reichten wir einander die Hand und nun zog ich sie hinter mir her. Es ist ein dumm klein Abenteuerchen, aber es machte mich doch so froh, so aus dem finstern Wald herausgefunden zu haben. Da standen wir nun und guckten uns um – ob das dort ein Dorf ist; oder dort, ob das ein Licht ist? –

Wir setzten uns am Waldrand hin und lugten, es ließ sich nichts hören, kein Vögelchen, es war gewiß schon spät, vielleicht bald elf Uhr, und da brannte auch kein Licht mehr in den Örtern, drum konnten wir sie in der Ferne nicht sehen; wir ruhten gelassen ein Weilchen, und da war es so groß um uns her, und das tat so wohl, und dann ward es heller, der Mond mußte bald kommen, da wußten wir, daß es um elf Uhr war. –

Jetzt sah die Toni einen Ort für ganz gewiß, sie sah das Kirchdach deutlich glänzen, wir schlenderten, rutschten, kletterten und kamen in die Ebene. Die Toni behielt das Kirchdach im Aug, ich war zu kurzsichtig, aber ich lief voran; denn einen Weg zu bahnen, das kann ich besser. –

Links! – rechts! – rief sie, und so gings über abgemähte Felder, endlich an einen Graben mit Wasser, den wir glücklich übersprangen, dann über Zäune, dann Wiesen, dann Gärten, und der Mond war auf, beleuchtet einen breiten Weg, der nach dem Ort führt, aber ein großes festes Tor schließt diese verwünschte Stadt, die in ihrem Mondschein in Totenstille versunken liegt, daß nicht ein Hund bellt, nicht eine Katze mauzt. Da stehen wir mit unsern Stecken in der Hand und gucken das Tor an, das war mir schon sehr lächerlich, ich sag: Ob ich versuch hinüberzuklettern? – Denn es war oben offen, aber unmöglich, denn es war sehr hoch, von eichnen Bohlen in ein Paar glatte dicke Pfähle die Angeln eingefügt.

Da seh mal, sagt die Toni, da ist zwischen dem Pfahl und der Stadtmauer ein Ritz, – handbreit –

Wenn ich die Oberkleider abwerf und den Atem anhalt, so kann ich durch, und nun geschwind alles, was mich hinderte, an die Erd geworfen und durch war ich, da setzte ich mich aber erst auf den Eckstein am Tor und lachte, und das schallte die Straße hinab und fand ein Echo und schallte wieder herauf. –

»Ach, ich bitte Dich, lach nicht, Du weckst alle Leute auf und die können uns wer weiß was tun«, flehte sie durch den Ritz, – ich nahm mich zusammen, besichtigte das Tor, fand, daß es mit zwei starken eisernen Riegeln zugebummst war, nahm einen Stein und klopfte die Riegel zurück.

»Mach keinen Lärm, poltere nicht so«, aber das half nicht, ich war im heißen Eifer, das Tor mußte weichen, auf einmal gingen beide Flügel auseinander, und da stand sie vor mir und hielt ihren Einzug; jetzt wanderten wir schweigend durch die Straßen und musterten die Häuser, wir klopften an den Türen, an den Läden, kein Laut gab Antwort, endlich öffnete sich ein Giebelfensterchen, ein Männchen guckt heraus mit einem brennenden Kienspan in die Luft leuchtend, bei dessen Flamme wir ein bebartetes Kinn entdecken und also auf ein ungetauftes Mitglied der Menschheit schließen, welches seine Stimme auch nicht leugnet. »Wir sind Kurgäste aus Schlangenbad, die sich verirrt haben, und hätten gern einen Führer.« – Er bedeutet, daß gegenüber der Torwächter wohnt. Wir klopfen an, – eine Weile dauert es, auf einmal tut sich ein Loch am Boden auf, und unter der Erde kommt herauf ein in braunem Pelz eingehüllter Riese mit einem Baum in der Hand, ein Stock wars nicht, dazu wars zu groß, er setzt sich in Trab und treibt uns vor sich her zum Tor hinaus, immerzu, den Pfad am Berg hinauf. –

Bald aber sagte mir die Toni ins Ohr: Wenn der gewaltige Mann da hinter uns mit seinem Kolben einen Schlag gäbe, es ist mir recht bang, –

Nun, wir lassen den Mann vor uns gehen, da sehen wir doch wenn er uns was tun will. So marschierte denn der Goliath vor uns her, ach wie rauschten die Birken neben uns her und malten ihre Schatten uns unter die Füße, wie quoll das Dunkel aus dem Wald dem Mondlicht entgegen, und die kleinen Wässer rauschten von den Bergen nieder und wallten zwischen Weiden fort, und an manchem schlafenden Dorf gings vorüber, und dann auf der Höh, noch einmal mußt ich mich noch umsehen nach dem Silberstreifen des Rheins im Mondglanz, und Berge in der Ferne sanken und stiegen, aber am meisten war doch das Regen in der Luft, was umherschwirrte und flüsterte in den Zweigen, und Träume, kindische, die mir das Herz beben machten, und dunkle Bilder, die aus dem Wald nebenan hervortraten, das hielt mir die Seele wach, und doch wars als schlummre ich sorglos und wandle nur im Traum, und die Himmelssterne erblaßten allmählich – und die einzelnen Hütten im Tal waren noch unbewußt des Tags, der sich ahnen ließ, aber die Wachteln schlugen im Feld und kündeten ihn an, da sahen wir Schlangenbad. Wer war froher wie wir, ich aber über alles, mich freut die herrliche Nacht. Die Schatten am Weg, die unsern beleuchteten Weg still umstanden, und der Abschied der Nacht, wie sie noch einmal die Wipfel schüttelte, das alles ist mir lieb, es ist ein Geschenk von den Göttern, wie so manche andre Stunden, wo's war als wollten sie mich beschenken mit süßem schwärmerischem Gefühl von innerlicher Kraft des Entzückens. –

Das wars, was ich Dir erzählen wollt und was viel schöner ist wie alles Denken und Urteilen: sich dem Leben der Natur nahen und still und stumm ihre Vorbereitungen mit ansehen und wie sie weiht und reinigt in feierlicher Nachtstille.

Sie geht auf einen Ball

Ich war heut morgen draus und hab mir den Aschenkranz zum Ball bestellt. – Ich kam hin zum Gärtner, er stand zwischen der Tür vom Boskett und dem Blumengarten gelehnt, gewiß er hat auf mich gewartet denn ich war schon zwei Tage nicht da gewesen. Aber gestern abend wie ich schlafen ging da hatt ich mir fest vorgenommen ich wollt gewiß keinen Menschen unglücklich machen, aber besser ich wollt gewiß jedem geben an Glück was ich kann. – Und mir solls nicht zu gering sein und was ist ehrender als wenn Du mit einem Blick oder Wort wohltun kannst. –

Nun hör nur mein lieb Gespräch mit dem Gärtner an. – Weil ich kam, so sagt ich: »Ich hätt wohl eine Bitte an den Anton. (Denn ich rede ihn nicht anders an, denn ich mag ihn nicht Er nennen.) Ich geh auf den Ball heut und da möcht ich einen Kranz, und weil ich gar nicht vergnügt bin, daß ich zum Tanz soll gehen, so wollt ich einen traurigen Kranz gern haben von Aschenkraut, und keine Blumen wollt ich gar nicht. Ist wohl so viel Aschenkraut da, daß wir einen Kranz können machen ohne die Büsche zu verderben?« –

Da ging er voran und brach mir eins nach dem andern und ich bands am Draht fest. Er hatte mir doch noch kein Wort gesagt und legte mir die Sprossen nacheinander auf den Schoß, ich saß auf der Blumenbank am Treibhaus, er rückte die Blumen über mir und um mich her zusammen während ich meinen Kranz flocht, und holte noch mehrere aus dem Treibhaus, daß ich wohl merkt ich war ganz eingerahmt, und da war eine große purpurrote Passionsblume, die hing herab an meiner Seite, er schnitt sie ab und legte sie schweigend an das Geflecht, ich band sie auch schweigend mit ein; ich probierte ihn auf, er war weit genug, er nahm ihn mir aus der Hand, streifte sich den Ärmel auf, was am Arm die Länge vom Kranz und band ihn selber fest, schnitt die überflüssigen Stiele und Blätter ab, und gab ihn mir. Das alles war schweigend geschehen. Es ist heut so schönes Wetter, sagte ich – find ich Euch morgen im Garten – wenn ich früh komme? –

»O das werden Sie wohl verschlafen, weil Sie die Nacht durch tanzen.»

O nein, um halber zwölf fahr ich schon wieder zurück, und Ihr könnt mich heimfahren hören an Eurer Wohnung vorbei – ich fahr im Cabriolet, nur mit einem Pferd hier vorbei, da könnt Ihr hören ob ich Euch nicht Wort halt. Da! ich geb Euch meine Hand drauf. –

Er ward rot, der Gärtner, als ich ihm die Hand reichte und's Schnupftuch fallen ließ, das er mit der andern Hand auffing und mir reichte, ich sah es an, nahms ihm aber nicht ab. –

Ich sagte, der Kranz ist unbezahlbar, Ihr habt ihn aus der Mitte von jedem Busch geschnitten – wie werd ichs Euch lohnen, ich werd ihn Euch wiedergeben müssen! –

»Ja«, sagt er plötzlich, – »der Kranz gehört mein.«

Nun, sagt ich, verlaßt Euch drauf, ich bring ihn wieder.

Gestern, um halb acht Uhr fuhr ich mit der Toni auf den Ball, auf dem Weg nach dem Forsthaus waren die Leute vom Moritz mit Fackeln zu Pferd und begleiteten die Wagen, von weitem wars ergötzlich: all die Fackeln galoppierend durch den hochstämmigen Weg im Wald. Das Wäldchen war mit bunten Lampen erleuchtet. Ach, wie schön wars! – Und dazu lächelten die unendlichen Sterne! –

Der Moritz empfing uns. – Ich sagte: Ach, wie schön ists hier! –

»Ja? – gefällt Dirs? – Du bist auch schön!« – Und so ging er wieder. –

Ach ich war so vergnügt – ich mußte lächeln mit mir. – Es weckte mich aus dem Traum als ich tanzen mußte, und der Traum war so schmeichelig selbstvergessen – mitten im Getümmel ein Wonnegrab, da kamen die Grabesschauer mir nachgeflogen und weckten Gedankenseelen, in der Brust begraben, die gaukelten über mir im Blauen, und der Tag heut spiegelt die Nacht, und die Nacht wieder den Tag, die ist so hellеglänzend daß die Sterne erblassen und der Tag so schattig kühl, daß die Sonne nichts vermag. –

Beim Nachtessen kam der Moritz, wir saßen an kleinen Tischen, ich am allerletzten mit der Pauline Chameau und Willig. Der Moritz setzte sich neben mich, er fragte: »Wer hat heut Ihre Toilette besorgt, so einfach, so originell! – Die blaue Schärpe! – Was bedeuten die blauen Bänder? – und der graue Kranz! – Wer hat den aschgrauen Kranz besorgt?« –

Ich sagte: »Der Widerhall.« –

»Gris de cendre, joyeux et tendre, so muß denn der Widerhall freudiger Zärtlichkeit an Ihr Ohr geschlagen haben?« – Er ging. –

So ein Liebesgespräch, mitten an offner Tafel, von keinem verstanden, nur von mir, so leicht – so luftig – wie nimmst Dus? – Ists nicht Blütenstaub, vom lauen Westwind Dir ins Gesicht geweht? –

Als wir alle wegfuhren, die Schwägerinnen im Stadtwagen zuerst, und ich ins hohe luftige Gig [Einspänner] vom George, da ließ der Moritz seinen Mantel holen mir auf die Füße zu werfen weils kühl sei, er fragte, ob ich froh gewesen sei? –

Ja! sagte ich, alles war schön und stimmte ineinander, der

Rasenteppich und die bunten Lichter und die Sterne am Himmel, rauschende Bäume und die Musik der Geigen und Flöten, und auch die der süßen Reden. –

Er drückte mich an sich und sagte: »Du warst die Königin vom Fest, Dir hab ich die Lichter angezündet und die Flöten rufen lassen, es schmeichelt mir unendlich, daß Du Gefallen hattest dran, und schenk mir was zum Lohn und zur Erinnerung der schönen Nacht.« –

»Ich hab nichts, was soll ich Ihnen geben?« –

»Der Kranz steht Dir zu gut, den will ich nicht, gib mir die blaue Schärpe, ich will sie heut nacht um den Hals schlingen.« Ich gab sie ihm, – er hob mich ins Gig, warf mir seinen Mantel über, vier Reiter jagten mit Fackeln voran durch den Wald. Wie war mirs doch? ein Zauber – so schnell die Schatten der Bäume – im Flammenschein verschwindend – und wieder da gleich, im stillen Nachthimmel; ich freute mich – es dauerte so eine Weile, daß die Sterne mit den Fackeln um die Wette mich auffingen, und als wir vor den Wald kamen da war der Mond aufgegangen, da waren die Reiter ebenso schnell wieder in den Wald zurück und jagten wie die Pfeile, ich sah ihnen nach, mein Blick war ganz trunken vom Flammenwind der da durchbrauste. Schreib dirs ins Herz sagt ich mir heimlich, das ist dein Leben. [...]

Ich nahm dem Reitknecht an meiner Seite die Zügel und jagte durch die breite Ebne ganz im Mondlicht schwimmend. – Ach wie lustig! – Allerlei Glücksempfindung! – [...]

So kamen wir nach Offenbach, ich wendete links ab statt in die Domstraße zu fahren, der Reitknecht wollt mir in die Zügel greifen weil ich den Weg verfehle, ich wehrte ihm, und so fuhr ich rasch am Boskett vorüber, wo die Pappeln so anmutig sich neigten so schüchtern rauschten als wollten sie mich grüßen. Ich lenkte in den engen Weg nach des Gärtners Haus, ich hatte gesagt um halb zwölf Uhr, es war drei Uhr in der Nacht, der Tag war im Aufwachen, der Gärtner stand vor seiner Tür und nahm die Mütze ab als er mich kommen hörte. Guten Morgen, sagte ich, heut werd ich nicht in den Garten kommen ich will ausschlafen, da ist Euer Kranz, und lenkte wieder um voll Vergnügen, daß ichs durchgeführt hatt mit dem Kranz, denn ich war unterwegs voll Zweifel ob ichs tun solle oder nicht. –

Trennung und Tod

Vorab einige Anmerkungen zu einer Person, die bereits einigemal genannt wurde, noch des öfteren genannt werden wird: Friedrich Carl von Savigny, Bettines Schwager.

Savigny war sechs Jahre älter sie, hatte Rechtswissenschaften studiert und mit 21 promoviert, hatte mit 24 Jahen seine erste Schrift publiziert: »Das Recht des Besitzes«. Dozent sodann in Marburg und Karlsruhe, später Mitglied des Gründungsausschusses der Berliner Universität, die ihn ins »Lehrcollegium« aufnimmt. Er wird Mitglieder der Familie Brentano beraten bei Erbschaftsfragen, Immobilienfragen, Scheidungsfragen. Als einziges unter zwölf Geschwistern überlebend, wird er zum Erben des Gutes Trages zwischen Hanau und Gelnhausen: zweigeschossiger, in zwei Türmen dreigeschossiger Flügelbau, fast anderthalb Dutzend Fenster breit, in weitläufigem Park. »Im Trages« findet sich gern Familie ein, hier hält sich wiederholt auch Bettine auf.

Damit wieder zu Caroline. Der schrieb Bettine viele muntere Briefe – und Caroline ging es immer schlechter. Bettine, um sich rotierend, merkte erst mal nichts davon oder wollte es nicht wahrhaben. Was für Caroline in diesen Jahren wichtiger war als alles andere, es wird im Briefbuch *Die Günderode* nicht einmal ansatzweise artikuliert. Wußte Bettine nichts von Carolines Liebe zu Savigny, für den sie, Bettine, auch ein wenig schwärmte? Savigny sah aus wie Jesus, von einem Nazarener gemalt. Caroline setzte auf die Liebe dieses Mannes, der nicht primär auf Liebe setzte – Clemens sah in Friedrich Carl eine »Studiermaschine«. Der ehrgeizige, zielstrebige Jurist entschied sich früh schon für Bettines ältere Schwester Gunda. An sie schrieb Caroline Briefe von einer

Offenheit und Intensität, wie man sie im Günderrode-Buch kaum findet.

»Es war mir gestern so traurig, hätte ich Dir geschrieben, Gunda, es hätte einige Seiten voll lauter Jammerns gegeben. Ich fühlte mich so beschränkt im Äußern so verstimmt im Innern. Ich habe so gar keine Zeit für mich, kann nicht sagen, jetzt will ich das tun, dann das; ich muß alle meine Augenblicke erlauschen, sie erwuchern; und wenn sie dann da sind so habe ich keinen Genuß von ihnen; es freut mich nichts, es schmerzt mich nichts bestimmt, ich bin in dem elendesten Zustand, dem des Nichtfühlens, des dumpfen kalten Dahinschleppens. In diesem Zustand hasse ich mich selbst. Es gehört zu dem Leben meiner Seele, daß mich irgend eine Idee begeistre; es ist auch oft der Fall; doch muß es immer etwas Neues sein, denn ich trinke so unmäßig an dem Nektarbecher bis ich ihn in mich geschlürft habe; und wenn er denn leer ist, das ist unerträglich.«

Obwohl sich Savigny, vernunftbetont, für Gunda entschieden hatte, blieb ein Rest schöner Unvernunft, der wollte sich in einer Beziehung mit Caroline verwirklichen, doch Gunda paßte auf. Caroline entwarf ein Beziehungsmuster: als gemeinsame Freundin von Gunda und Friedrich hätte sie gern bei ihnen gewohnt. Das ließ sich, als Konzept, nur in Briefen entwickeln; die Frauen beschwerten sich bei Savigny wechselseitig übereinander. April 1804 heirateten Savigny und Gunda.

Zur Hochzeit war auch Caroline eingeladen. Von Savignys Residenz reiste sie nach Heidelberg, besuchte eine Freundin, lernte auf dem Schloß den neun Jahre älteren Friedrich Creuzer kennen, einen Freund wiederum von Savigny. Creuzer, Altphilologe, war verheiratet mit einer Professorenwitwe, dreizehn Jahre älter – Friedrich hatte sie von einem verstorbenen Hochschullehrer übernommen, mehr aus Mitleid. Was Caroline erhoffte, erfüllte sich nicht: daß Creuzer sich von seiner Frau trennte.

Nur wenige Briefe der Günderrode an ihn sind erhalten geblieben, dagegen mehr als hundert Briefe von Creuzer. Caroline hat Savigny glücklicherweise mehrfach von der Entwicklung berichtet. Schon wenige Monate, nachdem sie Creuzer kennengelernt hatte, war die aussichtslose Konstellation fixiert, die sollte sich bis zu ihrem Selbstmord nicht mehr ändern.

»Ich war die letzten Tage in Heidelberg vertraulicher und freundlicher gegen Creuzer als zuvor; ich weiß nicht wie es kam, aber ich hatte ihm immer etwas zu sagen, das die Andern nicht hören sollten, und ihm ging es ebenso, die Daub aber wollte nie aus der Stube gehn, wenn er zu mir kam, und erschwerte überhaupt meine Gespräche mit ihm auf alle Art, ich glaube, daß dies schuld war, daß ich emsiger suchte ihn allein zu sehn, und daß ich die Augenblicke, wo ich es ungestört konnte, mit einer gewissen Leidenschaftlichkeit benutzte, um ihm etwas Freundliches und Erfreuliches zu sagen. So ging ich weg. Ich schrieb ihm oft, und wie ich es noch fast keinem Menschen getan habe, denn ich sprach ihm mein ganzes Gemüt aus, und ganz rücksichtslos die Empfindung jedes Augenblicks; ich sagte ihm, daß ich ihm mehr angehörte als allen andern Menschen. Er kam hierauf zu mir und beklagte sich über sein Unglück, er versicherte mich sehr leidenschaftlich, daß er wie bisher nicht mehr leben könne, daß er seine Frau bewegen wolle, sich von ihm zu trennen, daß er sich aber alsdenn von mir erwartete, daß ich sein werden würde. Es wurde mir ganz fürchterlich zu Mut, als ich dies hörte, denn außer der klaren Einsicht meines törichten Handelns, das Creuzer auf diese Gedanken gebracht hatte, war es mir unerträglich, daß ich an so vielem Unglück schuld sein sollte; es war mir wohl, als müßte ich mit mir selbst diese Schuld bezahlen, aber Creuzer zu heiraten, dazu fand ich in meinem Gemüt keine Möglichkeit, ich war verwirrt und uneins mit mir selber; als er mir aber schrieb, seine Frau sei von selbst auf den Gedanken gekommen, sich von ihm zu trennen, faßte ich den Entschluß, wenn er Heidelberg verlassen wollte, mit ihm zu gehen, aber heiraten wollte ich ihn nicht. Creuzer vereinigte sich aber sehr bald wieder mit seiner Frau, und noch ehe er etwas von meinem Entschluß erfuhr. Ich bin ihm herzlich gut, ich schreibe ihm oft, und unser Verhältnis ist so, daß es immer bestehn kann, auch er scheint ruhig, und zufrieden mit seinem Schicksal; wie es seiner Frau sein mag, was sie darüber denkt, weiß ich nicht, aber wenn sie wüßte, wie es jetzt steht, könnte auch sie zufrieden sein. – Schreibe mir bald, und bleibe mir gut, und sei nicht böse.«

Das war ein Brief vom 6. November 1804. Am 30. dieses Monats schrieb sie Creuzer: »Ich habe keine Ansprüche an Sie, nehmen Sie also was ich sagen werde für keinen Vorwurf; da dies mein letzter Brief ist, soll er Ihnen nur meine innerste Gesinnung enthüllen, denn heimlich schreiben mag ich Ihnen nicht; da diese Sache zur Sprache kam mußte sie durchgesetzt oder aufgegeben werden. – Meine Briefe waren Ihnen das Liebste u Erfreulichste, Sie geben sie auf, nicht gegen was Großes u Vortreffliches, nein, wie Sie selbst gestehen, ›wegen eitler Besorgnis, wegen der Schwachheit in Gestalt des Weibes‹. Es ist hier nichts Verdammliches, es ist nur schlimm, daß Sie sich für selbständiger halten als Sie sind u daß Sie sich nicht eingestehen wollen, daß Sie eigentlich Ihrer Frau in vielem Sinn angehören; u warum sollte das auch nicht sein, sie ist gut und liebt sie, und tadellos ist niemand. Kehren Sie ganz und mit Bewußtsein zu ihr zurück, dann haben Sie doch etwas für Ihre Opfer, wenn Sie aber ihr zulieb immer das Liebste aufgeben u sie doch dafür nicht besitzen u festhalten mögen, so verarmen Sie unausbleiblich. Sie haben Ihre Frau zu Ihrem Schicksal heranwachsen lassen, aber man soll sich kein Schicksal geben, oder es ehren u nicht dawider murren. Leben Sie wohl, recht wohl u bleiben Sie mir gut. C«

Einige Monate vor ihrem Selbstmord brach sie jede Beziehung zu Bettine ab. Mit ziemlicher Wahrscheinlichkeit läßt sich sagen, daß Creuzer diese Distanzierung, diese Trennung ausgelöst hat. Bettine (und nicht nur ihr) erschien der Altphilologe »häßlich«. Creuzer wiederum hielt nichts von Bettine, bezeichnete sie in einem Brief an Caroline als »egoistisch und kokett und faul und entfremdet von allem, was liebenswürdig heißt«. Hier gab es offensichtlich kein Verständnis, keine Verständigung.

Nach vielen Wörtern unter den Freundinnen nun: Wortkargheit, tödliche Einsilbigkeit. Bettine über den letzten Besuch bei der Günderrode:

»Als ich hereinkam, stand sie vom Tisch auf, an dem sie geschrieben hatte. – Guten Tag! –

Du bist schon lange hier und hast mich noch nicht besucht?

Keine Antwort. –

Du hättest es wohl noch länger anstehn lassen, wenn ich nicht von selbst gekommen wäre? –

Kann sein. –

Du scheinst ja sehr kalt. –

Ich bin Dir bös (aber alles ganz kalt von ihrer Seite). –

So? Du scheinst mir auch nicht wieder gut werden zu wollen? –

Zum wenigsten wäre es mir leid, wenn Du darauf drängtest, denn ich habe mich in Dir getäuscht und Du täuschtest Dich in mir. –

Und so packte ich auf mit Freundschaft und Vertrauen und allen schönen Plänen, alles durcheinander.«

Sie erfuhr von nun an noch weniger über die Günderrode. Sie wußte nicht, daß es zu einem letzten Treffen zwischen Caroline und Creuzer kam – er erlitt danach einen Nervenzusammenbruch, ließ Caroline über Freunde mitteilen, die Beziehung müßte abgebrochen werden. Das löste, unmittelbar, den Selbstmord aus.

Über die Günderode ist mir am Rhein unmöglich zu schreiben, ich bin nicht so empfindlich, aber ich bin hier am Platz nicht weit genug von dem Gegenstand ab, um ihn ganz zu übersehen; – gestern war ich da unten wo sie lag; die Weiden sind so gewachsen, daß sie den Ort ganz zudecken, und wie ich mir so dachte, wie sie voll Verzweiflung hier herlief und so rasch das gewaltige Messer sich in die Brust stieß, und wie das tagelang in ihr gekocht hatte, und ich, die so nah mit ihr stand, jetzt an demselben Ort, gehe hin und her an demselben Ufer, in süßem Überlegen meines Glückes, und alles und das Geringste was mir begegnet, scheint mir mit zu dem Reichtum meiner Seligkeit zu gehören; da bin ich wohl nicht geeignet, jetzt alles zu ordnen, und den einfachen Faden unseres Freundelebens, von dem ich doch nur alles anspinnen könnte, zu verfolgen. –

Nein, es kränkt mich und ich mache ihr Vorwürfe, wie ich ihr damals in Träumen machte, daß sie die schöne Erde verlassen hat; sie hätt noch lernen müssen, daß die Natur Geist und Seele hat und mit dem Menschen verkehrt und sich seiner und seines Geschickes annimmt, und daß Lebensverheißungen in den Lüften uns umwehen; ja, sie hats bös mit mir gemacht, sie ist mir geflüchtet, grade wie ich mit ihr teilen wollte alle Genüsse. Sie war so zaghaft; eine junge Stiftsdame, die sich fürchtete das Tischgebet laut herzusagen; sie sagte mir oft, daß sie sich fürchtete weil die Reihe an ihr war; sie wollte vor den Stiftsdamen das Benedicite nicht laut hersagen; unser Zusammenleben war schön, es war die erste Epoche in der ich mich gewahr ward. –

Sie hatte mich zuerst aufgesucht in Offenbach, sie nahm mich bei der Hand und forderte, ich solle sie in der Stadt besuchen; nachher waren wir alle Tage beisammen, bei ihr lernte ich die ersten Bücher mit Verstand lesen, sie wollte mich Geschichte lehren, sie merkte aber bald, daß ich zu sehr mit der Gegenwart beschäftigt war, als daß mich die Vergangenheit hätte lange fesseln können; – wie gern ging ich zu ihr! Ich konnte sie keinen Tag mehr missen, ich lief alle Nachmittag zu ihr; wenn ich an die Tür des Stifts kam, da sah ich durch das Schlüsselloch bis nach ihrer Tür, bis mir aufgetan ward. –

Ihre kleine Wohnung war ebner Erde nach dem Garten; vor dem Fenster stand eine Silberpappel, auf die kletterte ich während dem Vorlesen; bei jedem Kapitel erstieg ich einen höheren Ast und las von oben herunter; – sie stand am Fenster und hörte zu, und sprach zu mir hinauf, und dann und wann sagte sie: Bettine, fall nicht. Jetzt weiß ich erst wie glücklich ich in der damaligen Zeit war, denn weil alles, auch das Geringste sich als Erinnerung von Genuß in mich geprägt hat; – sie war so sanft und weich in allen Zügen wie eine Blondine. Sie hatte braunes Haar, aber blaue Augen, die waren gedeckt mit langen Augenwimpern; wenn sie lachte so war es nicht laut, es war vielmehr ein sanftes, gedämpftes Girren in dem sich Lust und Heiterkeit sehr vernehmlich aussprach; – sie ging nicht, sie wandelte, wenn man verstehen will, was ich damit auszusprechen meine; – ihr Kleid war ein Gewand, was sie in schmeichelnden Falten umgab, das kam von ihren weichen Bewegungen her; – ihr Wuchs war hoch, ihre Gestalt war zu fließend, als daß man es mit dem Wort *schlank* ausdrücken könnte; sie war schüchtern-freundlich, und viel zu willenlos, als daß sie in der Gesellschaft sich bemerkbar gemacht hätte. Einmal aß sie bei dem Fürst Primas mit allen Stiftsdamen zu Mittag; sie war im schwarzen Ordenskleid mit langer Schleppe und weißem Kragen mit dem Ordenskreuz; da machte jemand die Bemerkung, sie sähe aus wie eine Scheingestalt unter den andern Damen, als ob sie ein Geist sei, der eben in die Luft zerfließen werde. –

Sie las mir ihre Gedichte vor und freute sich meines Beifalls, als wenn ich ein großes Publikum wär; ich war aber auch voll lebendiger Begierde es anzuhören; nicht als ob ich mit dem Verstand das Gehörte gefaßt habe, – es war vielmehr ein mir unbekanntes Element, und die weichen Verse wirkten auf mich wie der Wohllaut einer fremden Sprache die einem schmeichelt, ohne daß man sie übersetzen kann. – Wir lasen zusammen den Werther, und sprachen viel über den Selbstmord; sie sagte: Recht viel lernen, recht viel fassen mit dem Geist, und dann früh sterben; ich mags nicht erleben, daß mich die Jugend verläßt; wir lasen vom Jupiter Olymp des Phidias, daß die Griechen von dem sagten, der Sterbliche sei um das Herrlichste betrogen, der die Erde verlasse, ohne ihn gesehen zu haben. Die Günderode sagte, wir müssen ihn sehen, wir wollen nicht zu den Unseligen gehören, die so die Erde verlassen. Wir machten ein Reiseprojekt, wir erdachten unsre Wege und Abenteuer, wir schrieben alles auf, wir malten alles aus, unsre Einbildung war so geschäftig, daß wirs in der Wirklichkeit nicht besser hätten erleben können; oft lasen wir in dem erfundenen Reisejournal und freuten uns der allerliebsten Abenteuer, die wir drin erlebt hatten, und die Erfindung wurde gleichsam zur Erinnerung, deren Beziehungen sich noch in der Gegenwart fortsetzten. Von dem, was sich in der Wirklichkeit ereignete, machten wir uns keine Mitteilungen; das Reich, in dem wir zusammentrafen, senkte sich herab wie eine Wolke, die sich öffnete um uns in ein verborgenes Paradies aufzunehmen; da war alles neu, überraschend, aber passend für Geist und Herz; und so vergingen die Tage. [...]

Ich schrieb an die Günderode ich weiß nicht was, sie kam heraus nach Offenbach, sah mich zweifelhaft an, tat befremdende Fragen über mein Befinden, ich sah im Spiegel: schwärzer waren die Augen wie je, die Züge hatten sich unendlich verfeinert, die Nase so schmal und fein, der Mund geschwungen, eine äußerst weiße Farbe; ich freute mich, und sah mit Genuß meine Gestalt, die Günderode sagte, ich sollte nicht so lang mehr allein bleiben, und nahm mich mit in die Stadt; da waren wenig Tage verflossen, so hatte ich das Fieber; ich legte mich zu Bett und schlief, und weiß auch nichts, als daß ich nur schlief: endlich erwachte ich und es war am 14ten Tag nachdem ich mich gelegt hatte; indem ich die Augen öffnete, sah ich ihre schwanke Gestalt im Zimmer auf- und abgehen und die Hände ringen. Aber Günderode, sagt ich, warum weinst du? Gott sei ewig gelobt, sagte sie, und kam an mein Bett, bist du endlich wieder wach, bist du endlich wieder ins Bewußtsein gekommen? –

Von der Zeit an wollte sie mich nichts Philosophisches lesen lassen, und auch keine Aufsätze sollte ich mehr machen; sie war fest überzeugt, meine Krankheit sei davon hergekommen; ich hatte großes Wohlgefallen an meiner Gestalt, die Blässe, die von meiner Krankheit zurückgeblieben war, gefiel mir unendlich; meine Züge erschienen mir sehr bedeutend, die großgewordenen Augen herrschten, und die anderen Gesichtsteile verhielten sich geistig leidend; ich fragte die Günderode, ob nicht darin schon die ersten Spuren einer Verklärung sich zeigten.

Hier hab ich abgebrochen, und hab viele Tage nicht geschrieben; es stieg so ernst und schwer herauf, der Schmerz ließ sich nicht vom Denken bemeistern; ich bin noch jung, ich kanns nicht durchsetzen, das Ungeheure. Unterdessen hat man den Herbst eingetan, der Most wurde vom laubbekränzten Winzervolk unter Jubelgesang die Berge herabgefahren und getragen, und sie gingen mit der Schalmei voran und tanzten. [...]

Gestern waren wir in laubbekränztem Nachen den Rhein hinab gefahren, um die hundertfältige Feier des Weinfestes an beiden Bergufern mit anzusehen; auf unserem Schiff waren lustige Leute, sie schrieben weinbegeisterte Lieder und Sprüche, steckten sie in die geleerten Flaschen, und ließen diese unter währendem Schießen den Rhein hinabschwimmen; auf allen Ruinen waren große Tannen aufgepflanzt, die bei einbrechender Dämmerung angezündet wurden; auf dem Mäuseturm, mitten im stolzen Rhein ragten zwei mächtige Tannen empor, ihre flammenden durchbrannten Äste fielen herab in die zischende Flut, von allen Seiten donnerten sie und warfen Raketen, und schöne Sträußer von Leuchtkugeln stiegen jungfräulich in die Lüfte, und auf den Nachen sang man Lieder, und im Vorbeifahren warf man sich Kränze zu und Trauben; da wir nach Hause kamen, so wars spät, aber der Mond leuchtete hell; ich sah zum Fenster hinaus und hörte noch jenseits das Toben und Jauchzen der Heimkehrenden, und diesseits, nach der Seite, wo sie tot am Ufer gelegen hatte, war alles still, ich dacht, da ist keiner mehr der nach ihr fragt, und ich ging hin, nicht ohne Grausen, nein mir war bang, wie ich von weitem die Nebel über den Weidenbüschen wogen sah, da wär ich bald wieder umgekehrt, es war mir als sei sie es selbst, die da schwebte und wogte, und sich ausdehnte; ich ging hin, aber ich betete unterwegs, daß mich Gott doch schützen möge; – schützen? – vor was? vor einem Geist, dessen Herz voll liebendem Willen gewesen war gegen mich im Leben; und nun er des irdischen Leibs entledigt ist, soll ich ihn fürchtend fliehen? – Ach, sie hat vielleicht einen bessren Teil ihres geistigen Vermögens auf mich vererbt seit ihrem Tod. Vererben doch die Voreltern auf ihre Nachkommen, warum nicht die Freunde? –

Ich weiß nicht, wie weh mir ist! – sie, die freundlich Klare hat meinen Geist vielleicht beschenkt. Wie ich von ihrem Grab zurück kam, da fand ich Leute, die nach ihrer Kuh suchten, die sich verlaufen hatte, ich ging mit ihnen; sie ahndeten gleich, daß ich von dort her kam, sie wußten viel von der Günderode zu erzählen, die oft freundlich bei ihnen eingesprochen und ihnen Almosen gegeben hatte; sie sagten, sooft sie dort vorbeigehen, beten sie ein Vaterunser; ich hab auch dort gebetet zu und um ihre Seele, und hab mich vom Mondlicht reinwaschen lassen, und hab es ihr laut gesagt, daß ich mich nach ihr sehne, nach jenen Stunden, in denen wir Gefühl und Gedanken harmlos gegen einander austauschten.

Sie erzählte mir wenig von ihren sonstigen Angelegenheiten, ich wußte nicht, in welchen Verbindungen sie noch außer mir war; sie hatte mir zwar von Daub in Heidelberg gesprochen und auch von Creuzer, aber ich wußte von keinem, ob er ihr lieber sei als der andre; einmal hatte ich von andern davon gehört, ich glaubte es nicht, einmal kam sie mir freudig entgegen und sagte: Gestern hab ich einen Chirurg gesprochen, der hat mir gesagt, daß es sehr leicht ist, sich umzubringen, sie öffnete hastig ihr Kleid und zeigte mir unter der schönen Brust den Fleck; ihre Augen funkelten freudig; ich starrte sie an, es ward mir zum erstenmal unheimlich, ich fragte: Nun! – Und was soll ich denn tun wenn du tot bist? –

O, sagte sie, dann ist dir nichts mehr an mir gelegen, bis dahin sind wir nicht mehr so eng verbunden, ich werd mich erst mit dir entzweien. –

Ich wendete mich nach dem Fenster, um meine Tränen, mein vor Zorn klopfendes Herz zu verbergen, sie hatte sich nach dem andern Fenster gewendet und schwieg; – ich sah sie von der Seite an, ihr Aug war gen Himmel gewendet, aber der Strahl war gebrochen, als ob sich sein ganzes Feuer nach innen gewendet habe; – nachdem ich sie eine Weile beobachtet hatte, konnt ich mich nicht mehr fassen, – ich brach in lautes Schreien aus, ich fiel ihr um den Hals, und riß sie nieder auf den Sitz und setzte mich auf ihre Knie, und weinte viel Tränen und küßte sie zum *erstenmal* an ihren Mund, und riß ihr das Kleid auf und küßte sie an die Stelle, wo sie gelernt hatte das Herz treffen; und ich bat mit schmerzlichen Tränen, daß sie sich meiner erbarme, und fiel ihr wieder um den Hals; und küßte ihre Hände, die waren kalt und zitterten, und ihre Lippen zuckten, und sie war ganz kalt, und starr und totenblaß und konnte die Stimme nicht erheben; sie sagte leise: Bettine, brich mir das Herz nicht; – ach, da wollte ich mich aufreißen und wollte ihr nicht wehtun; ich lächelte und weinte und schluchzte laut, ihr schien immer banger zu werden, sie legte sich aufs

Sofa; da wollt ich scherzen und wollt ihr beweisen, daß ich alles für Scherz nehme; da sprachen wir von ihrem Testament; sie vermachte einem jeden etwas; mir vermachte sie einen kleinen Apoll unter einer Glasglocke, dem sie einen Lorbeerkranz umgehängt hatte; ich schrieb alles auf; im Nachhausegehen machte ich mir Vorwürfe, daß ich so aufgeregt gewesen war; ich fühlte, daß es doch nur Scherz gewesen war, oder auch Phantasie *die in ein Reich gehört, welches nicht in der Wirklichkeit seine Wahrheit behauptet*; ich fühlte, daß *ich* Unrecht gehabt hatte und nicht *sie*, die ja oft auf diese Weise mit mir gesprochen hatte.

Am andern Tag führte ich ihr einen jungen französischen Husarenoffizier zu mit hoher Bärenmütze; es war der Wilhelm von Türkheim, der schönste aller Jünglinge, das wahre Kind voll Anmut und Scherz; er war unvermutet angekommen; ich sagte: Da hab ich dir einen Liebhaber gebracht, der soll dir das Leben wieder lieb machen. Er vertrieb uns allen die Melancholie; wir scherzten und machten Verse, und da der schöne Wilhelm die schönsten gemacht zu haben behauptete, so wollte die Günderode, ich solle ihm den Lorbeerkranz schenken; ich wollte mein Erbteil nicht geschmälert wissen, doch mußt ich ihm endlich die Hälfte des Kranzes lassen; so hab ich denn nur die eine Hälfte. Einmal kam ich zu ihr, da zeigte sie mir einen Dolch mit silbernem Griff, den sie auf der Messe gekauft hatte, sie freute sich über den schönen Stahl und über seine Schärfe; ich nahm das Messer in die Hand und probte es am Finger, da floß gleich Blut, sie erschrak, ich sagte: O Günderode, du bist so zaghaft und kannst kein Blut sehen, und gehest immer mit einer Idee um, die den höchsten Mut voraussetzt, ich hab doch noch das Bewußtsein, daß ich eher vermögend wär, etwas zu wagen, obschon ich mich nie umbringen würde; aber mich und dich in einer Gefahr zu verteidigen, dazu hab ich Mut; und wenn ich jetzt mit dem Messer auf dich eindringe – siehst du, wie du dich fürchtest? –

Sie zog sich ängstlich zurück; der alte Zorn regte sich wieder in mir unter der Decke des glühendsten Mutwills; ich ging immer ernstlicher auf sie ein, sie lief in ihr Schlafzimmer hinter einen ledernen Sessel, um sich zu sichern; ich stach in den Sessel, ich riß ihn mit vielen Stichen in Stücke, das Roßhaar flog hier und dahin in der Stube, sie stand flehend hinter dem Sessel und bat, ihr nichts zu tun. –

Ich sagte: Eh ich dulde, daß du dich umbringst, tu ichs lieber selbst.

Mein armer Stuhl! rief sie.

Ja was, dein Stuhl, der soll den Dolch stumpf machen. Ich gab ihm ohne Barmherzigkeit Stich auf Stich, das ganze Zimmer wurde eine Staubwolke; so warf ich den Dolch weit in die Stube, daß er prasselnd unter das Sofa fuhr; ich nahm sie bei der Hand und führte sie in den Garten in die Weinlaube, ich riß die jungen Weinreben ab, und warf sie ihr vor die Füße; ich trat darauf und sagte: So mißhandelst du unsre Freundschaft. – Ich zeigte ihr die Vögel auf den Zweigen, und daß wir wie jene, spielend aber treu gegen einander bisher zusammen gelebt hätten. Ich sagte: Du kannst sicher auf mich bauen, es ist keine Stunde in der Nacht, die, wenn du mir deinen Willen kund tust, mich nur einen Augenblick besinnen machte; – komm vor mein Fenster und pfeif um Mitternacht, und ich geh ohne Vorbereitung mit dir um die Welt. Und was ich für mich nicht wagte, das wag ich für dich; – aber du! – Was berechtigt dich, mich aufzugeben? – wie kannst du solche Treue verraten; und versprich mir, daß du nicht mehr deine zaghafte Natur hinter so grausenhafte prahlerische Ideen verschanzen willst. –

Ich sah sie an, sie war beschämt und senkte den Kopf, und sah auf die Seite und war blaß; wir waren beide still, lange Zeit. Günderode, sagte ich, wenn es ernst ist, dann gib mir ein Zeichen; – sie nickte. –

Sie reiste ins Rheingau; von dort aus schrieb sie mir ein paarmal, wenig Zeilen; – ich hab sie verloren sonst würde ich sie hier einschalten. Einmal schrieb sie: »Ist man allein am Rhein, so wird man ganz traurig, aber mit mehreren zusammen, da sind grade die schauerlichsten Plätze am lustaufreizendsten, mir aber ist doch lieb, den weiten gedehnten Purpurhimmel am Abend allein zu begrüßen, da dichte ich im Wandeln an einem Märchen, das will ich dir vorlesen; ich bin jeden Abend begierig wie es weiter geht, es wird manchmal recht schaurig und dann taucht es wieder auf.« Da sie wieder zurückkam und ich das Märchen lesen wollte, sagte sie: Es ist so traurig geworden, daß ich's nicht lesen kann; ich darf nichts mehr davon hören, ich kann es nicht mehr weiter schreiben: ich werde krank davon; und sie legte sich zu Bett und blieb liegen mehrere Tage, der Dolch lag an ihrem Bett; ich achtete nicht darauf, die Nachtlampe stand dabei, ich kam herein; Bettine, mir ist vor drei Wochen eine Schwester gestorben; sie war jünger als ich, du hast sie nie gesehen; sie starb an der schnellen Auszehrung. –

Warum sagst du mir dies heute erst, fragte ich. –

Nun, was könnte dich dies interessieren? Du hast sie nicht gekannt, ich muß so was allein tragen, sagte sie mit trocknen Augen. Mir war dies doch etwas sonderbar, mir jungen Natur waren alle Geschwister so lieb, daß ich glaubte, ich würde verzweifeln müssen, wenn einer stürbe, und daß ich mein Leben für jeden gelassen hätte. Sie fuhr fort: Nun denk, vor drei Nächten ist mir diese Schwester erschienen; ich lag im Bett und die Nachtlampe brannte auf jenem Tisch; sie kam herein in weißem Gewand, langsam, und blieb an dem Tisch stehen; sie wendete den Kopf nach mir und senkte ihn und sah mich an; erst war ich erschrokken, aber bald war ich ganz ruhig, ich setzte mich im Bett auf, um mich zu überzeugen, daß ich nicht schlafe. Ich sah sie auch an und es war, als ob sie etwas bejahend nickte; und sie nahm dort den Dolch und hob ihn gen Himmel mit der rechten Hand, als ob sie mir ihn zeigen wolle, und legte ihn wieder sanft und klanglos nieder, und dann nahm sie die Nachtlampe, und hob sie auch in die Höhe, und zeigte sie mir, und als ob sie mir bezeichnen wolle, daß ich sie verstehe, nickte sie sanft, führte die Lampe zu ihren Lippen und hauchte sie aus. Denk nur, sagte sie voll Schauder, ausgeblasen; – und im Dunkel hatte mein Aug noch das Gefühl von ihrer Gestalt; und da hat mich plötzlich eine Angst befallen, die ärger sein muß, als wenn man mit dem Tod ringt; ja, denn ich wär lieber gestorben, als noch länger diese Angst zu tragen.

Ich war gekommen, um Abschied zu nehmen, weil ich mit Savigny nach Marburg reisen wollte, aber nun wollte ich bei ihr bleiben. Reise nur fort, sagte sie, denn ich reise auch übermorgen wieder ins Rheingau. – So ging ich denn weg. – Bettine, rief sie mir in der Tür zu: Behalt diese Geschichte, sie ist doch merkwürdig! Das waren ihre letzten Worte. In Marburg schrieb ich ihr oft ins Rheingau von meinem wunderlichen Leben; – ich wohnte einen ganzen Winter am Berg dicht unter dem alten Schloß, der Garten war mit der Festungsmauer umgeben, aus den Fenstern hatt ich eine weite Aussicht über die Stadt und das reich bebaute Hessenland; überall ragten die gotischen Türme aus den Schneedecken hervor; aus meinem Schlafzimmer ging ich in den Berggarten, ich kletterte über die Festungsmauer, und stieg durch die verödeten Gärten; – wo sich die Pförtchen nicht aufzwingen ließen, da brach ich durch die Hecken, – da saß ich auf der Steintreppe, die Sonne schmolz den Schnee zu meinen Füßen, ich suchte die Moose und trug sie mitsamt der angefrornen Erde nach Haus; – so hatt ich an dreißig bis vierzig Moosarten gesammelt, die alle in meiner kalten Schlafkammer, in irdnen Schüsselchen auf Eis gelegt, mein Bett umblühten; ich schrieb ihr davon, ohne zu sagen, was es sei; ich schrieb in Versen: Mein Bett steht mitten im kalten Land, umgeben von viel Hainen, die blühen in allen Farben, und da sind silberne Haine uralter Stämme, wie der Hain auf der Insel Cypros; die Bäume stehen dicht gereiht und verflechten ihre gewaltigen Äste; der Rasen aus dem sie hervorwachsen, ist rosenrot und blaßgrün; ich trug den ganzen Hain heut auf meiner erstarrten Hand in mein kaltes Eisbettland; – da antwortet' sie wieder in Versen: Das sind Moose ewiger Zeiten, die den Teppich unterbreiten, ob die Herrn zur Jagd drauf reiten, ob die Lämmer drüber weiden, ob der Winterschnee sie decket, oder Frühling Blumen wekket; in dem Haine schallt es wieder, summen Mückchen ihre Lieder; an der Silberbäume Wipfel hängen Tröpfchen Tau am Gipfel; in dem klaren Tröpfchen Taue, spiegelt sich die ganze Aue; du mußt andre Rätsel machen, will dein Witz des meinen lachen!

Nun waren wir ins Rätsel *geben* und *lösen* geraten; alle Augenblick hatt ich ein kleines Abenteuer auf meinen Spazierwegen, was ich ihr verbrämt zu erraten gab; meistens löste sie es auf eine kindlich-lustige Weise auf. Einmal hatte ich ihr ein Häschen, was mir auf wildem, einsamem Waldweg begegnet war, als einen zierlichen Ritter beschrieben, ich nannte es la petite perfection und daß er mir mein Herz eingenommen habe. –

Sie antwortete gleich: Auf einem schönen grünen Rasen, da ließ ein Held zur Mahlzeit blasen, da flüchteten sich alle Hasen; so hoff ich, wird ein Held einst kommen, Dein Herz, von Hasen eingenommen, von diesen Wichten zu befreien und seine Gluten zu erneuen; – dies waren Anspielungen auf kleine Liebesabenteuer. –

So verging ein Teil des Winters; ich war in einer sehr glücklichen Geistesverfassung, andre würden sie Überspannung nennen, aber mir war sie eigen. An der Festungsmauer, die den großen Garten umgab war eine Turmwarte, eine zerbrochne Leiter stand drin; – dicht bei uns war eingebrochen worden, man konnte den Spitzbuben nicht auf die Spur kommen, man glaubte, sie versteckten sich auf jenem Turm; ich hatte ihn bei Tag in Augenschein genommen und erkannt, daß es für einen starken Mann unmöglich war, an dieser morschen beinah stufenlosen himmelhohen Leiter hinaufzuklimmen; ich versuchte es, gleitete aber wieder herunter, nachdem ich eine Strecke hinaufgekommen war; in der Nacht, nachdem ich schon eine Weile im Bett gelegen hatte und Meline schlief, ließ es mir keine Ruhe; ich warf ein Überkleid um, stieg zum Fenster hinaus und ging an dem alten Marburger Schloß vorbei, da guckte der Kurfürst Philipp mit der Elisabeth lachend zum Fenster heraus; ich hatte diese Steingruppe, die beide Arm in Arm sich weit aus dem Fenster lehnen, als wollten sie ihre Lande übersehen, schon oft bei Tage betrachtet, aber jetzt bei Nacht fürchtete ich mich so davor, daß ich in hohen Sprüngen davoneilte in den Turm; dort ergriff ich eine Leiterstange und half mir, Gott weiß wie, daran hinauf; was mir bei Tage nicht möglich war, gelang mir bei Nacht in der schwebenden Angst meines Herzens; wie ich beinah oben war, machte ich Halt; ich überlegte, wie die Spitzbuben wirklich oben sein könnten und da mich überfallen und von der Warte hinunterstürzen; da hing ich und wußte nicht hinunter oder herauf, aber die frische Luft, die ich witterte, lockte mich nach oben; – wie war mir da, wie ich plötzlich durch Schnee und Mondlicht die weit verbreitete Natur überschaute, allein und gesichert, das große Heer der Sterne über mir! – So ist es nach dem Tod, die freiheitstrebende Seele, der der Leib am angstvollsten lastet, im Augenblick da sie ihn abwerfen will; sie siegt endlich, und ist der Angst erledigt [entledigt]; – da hatte ich bloß das Gefühl allein zu sein, da war kein Gegenstand, der mir näher war als meine Einsamkeit, und alles mußte vor dieser Beseligung zusammensinken; – ich schrieb der Günderode, daß wieder einmal mein ganzes Glück von der Laune dieser Grille abhänge; ich schrieb ihr jeden Tag, was ich auf der freien Warte mache und denke, ich setzte mich auf die Brustmauer und hing die Beine hinab. –

Sie wollte immer mehr von diesen Turmbegeistrungen, sie sagte: Es ist mein Labsal, du sprichst wie ein auferstandner Prophet! –

Wie ich ihr aber schrieb, daß ich auf der Mauer, die kaum zwei Fuß breit war, im Kreis herumlaufe und lustig nach den Sternen sähe, und daß mir zwar am Anfang geschwindelt habe, daß ich jetzt aber ganz keck und wie am Boden mich da oben befinde, – da schrieb sie: Um Gotteswillen falle nicht, ich habs noch nicht herauskriegen können ob du das Spiel böser oder guter Dämonen bist. –

Falle nicht, schrieb sie mir wieder, obschon es mir wohltätig war, Deine Stimme von oben herab über den Tod zu vernehmen, so fürchte ich nichts mehr, als daß Du elend und *unwill*kürlich zerschmettert ins Grab stürzest; – ihre Vermahnungen aber erregten mir keine Furcht und keinen Schwindel, im Gegenteil war ich tollkühn; ich wußte Bescheid, ich hatte die triumphierende Überzeugung, daß ich von Geistern geschützt sei. Das Seltsame war, daß ichs oft vergaß und daß es mich oft mitten aus dem Schlaf weckte und ich noch in unbestimmter Nachtzeit hineilte, daß ich auf dem Hinweg immer Angst hatte und auf der Leiter jeden Abend wie den ersten, und daß ich oben allemal die Beseligung einer von schwerem Druck befreiten Brust empfand; – oben, wenn Schnee lag, schrieb ich der Günderode ihren Namen hinein und: Jesus nazarenus, rex judaeorum als schützenden Talisman darüber, und da war mir, als sei sie gesichert gegen böse Eingebungen.

Jetzt kam Creuzer nach Marburg, um Savigny zu besuchen. Häßlich wie er war, war es zugleich unbegreiflich, daß er ein Weib interessieren könne; ich hörte, daß er von der Günderode sprach, in Ausdrücken, als ob er ein Recht an ihre Liebe habe; ich hatte in meinem, von allem äußeren Einfluß abgeschiednen Verhältnis zu ihr, früher nichts davon geahndet, und war im Augenblick aufs heftigste eifersüchtig; er nahm in meiner Gegenwart ein kleines Kind auf den Schoß und sagte: Wie heißt du? – Sophie. Nun, du sollst, solang ich hier bin, Caroline heißen; Caroline, gib mir einen Kuß. Da ward ich zornig, ich riß ihm das Kind vom Schoß und trug es hinaus, fort durch den Garten auf den Turm; da oben stellt' ich es in den Schnee neben ihren Namen, und legte mich mit dem glühenden Gesicht hinein und weinte laut, und das Kind weinte mit, und da ich herunter kam, begegnete mir Creuzer; ich sagte: Weg aus meinem Weg, fort! Der Philolog konnte sich einbilden, daß Ganymed ihm die Schale des Jupiters reichen werde. –

Es war in der Neujahrsnacht; ich saß auf meiner Warte und schaute in die Tiefe; alles war so still – kein Laut bis in die weiteste Ferne, und ich war betrübt um die Günderode, die mir keine Antwort gab; die Stadt lag unter mir, auf einmal schlug es Mitternacht, – da stürmte es herauf, die Trommeln rührten sich, die Posthörner schmetterten, sie lösten ihre Flinten, sie jauchzten, die Studentenlieder tönten von allen Seiten, es stieg der Jubellärm, daß er mich beinah wie ein Meer umbrauste; – das vergesse ich nie, aber sagen kann ich auch nicht, wie mir so wunderlich war da oben auf schwindelnder Höhe, und wie es allmählich wieder still ward, und ich mich ganz allein empfand. Ich ging zurück und schrieb an die Günderode; vielleicht finde ich den Brief noch unter meinen Papieren, dann will ich ihn beilegen; ich weiß, daß ich ihr die heißesten Bitten tat mir zu antworten; ich schrieb ihr von diesen Studentenliedern, wie die gen Himmel geschallt hätten und mir das tiefste Herz aufgeregt; ja, ich legte meinen Kopf auf ihre Füße und bat um Antwort, und wartete mit heißer Sehnsucht acht Tage, aber nie erhielt ich eine Antwort; ich war blind, ich war taub, ich ahndete nichts. Noch zwei Monate gingen vorüber – da war ich wieder in Frankfurt; – ich lief ins Stift, machte die Tür auf: siehe da stand sie und sah mich an; kalt, wie es schien; Günderod', rief ich, darf ich hereinkommen? –

Sie schwieg, und wendete sich ab; Günderod, sag nur ein Wort und ich lieg an deinem Herzen.

Nein, sagte sie, komme nicht näher, kehre wieder um, wir müssen uns doch trennen. –

Was heißt das? –

So viel, daß wir uns in einander geirrt haben und daß wir nicht zusammengehören. –

Ach, ich wendete [mich] um! Ach, erste Verzweiflung, erster grausamer Schlag, so empfindlich für ein junges Herz! Ich, die nichts kannte wie die Unterwerfung, die Hingebung in dieser Liebe, mußte so zurückgewiesen werden. –

Ich lief nach Haus zur Meline, ich bat sie mitzugehen zur Günderode, zu sehen was ihr fehle, sie zu bewegen mir einen Augenblick ihr Angesicht zu gönnen; ich dachte, wenn ich sie nur einmal ins Auge fassen könne dann wolle ich sie zwingen; ich lief über die Straße, vor der Zimmertür blieb ich stehen, ich ließ die Meline allein zu ihr eintreten, ich wartete, ich zitterte und rang die Hände in dem kleinen engen Gang, der mich so oft zu ihr geführt hatte; – die Meline kam heraus mit verweinten Augen, sie zog mich schweigend mit sich fort; – einen Augenblick hatte mich der Schmerz übermannt, aber gleich stand ich wieder auf den Füßen; nun dacht ich, wenn das Schicksal mir nicht schmeicheln will so wollen wir Ball mit ihm spielen; ich war heiter, ich war lustig, ich war überreizt, aber [in] Nächten weinte ich im Schlaf. –

Am zweiten Tag ging ich des Wegs, wo ihre Wohnung war, da sah ich die Wohnung von Goethes Mutter, die ich nicht näher kannte und nie besucht hatte; ich trat ein. Frau Rat, sagte ich, ich will Ihre Bekanntschaft machen, mir ist eine Freundin in der Stiftsdame Günderode verloren gegangen, und die sollen Sie mir ersetzen. –

Wir wollens versuchen, sagte sie, und so kam ich alle Tage und setzte mich auf den Schemel und ließ mir von ihrem Sohn erzählen und schriebs alles auf und schickte es der Günderode. –

Wie sie ins Rheingau ging, sendete sie mir die Papiere zurück; die Magd, die sie mir brachte, sagte, es habe der Stiftsdame heftig das Herz geklopft, da sie ihr die Papiere gegeben, und auf ihre Frage, was sie bestellen solle, habe sie geantwortet: Nichts. –

Es vergingen vierzehn Tage, da kam Fritz Schlosser; er bat mich um ein paar Zeilen an die Günderode, weil er ins Rheingau reisen werde, und wolle gern ihre Bekanntschaft machen. Ich sagte, daß ich mit ihr brouilliert sei, ich bäte ihn aber, von mir zu sprechen und achtzugeben, was es für einen Eindruck auf sie mache. –

Wann gehen Sie hin, sagte ich, morgen? –

Nein, in acht Tagen. –

O gehen Sie morgen, sonst treffen Sie sie nicht mehr; – am Rhein ists so melancholisch, sagte ich scherzend, da könnte sie sich ein Leid's antun. –

Schlosser sah mich ängstlich an. Ja ja, sagt' ich mutwillig, sie stürzt sich ins Wasser oder ersticht sich aus bloßer Laune. –

Freveln Sie nicht, sagte Schlosser, und nun frevelte ich erst recht: Geben Sie acht, Schlosser, Sie finden Sie nicht mehr, wenn Sie nach alter Gewohnheit zögern, und ich sage Ihnen, gehen Sie heute lieber wie morgen und retten Sie [sie] von unzeitiger melancholischer Laune; – und im Scherz beschrieb ich sie, wie sie sich umbringen werde, im roten Kleid, mit aufgelöstem Schnürband, dicht unter der Brust die Wunde; das nannte man tollen Übermut von mir, es war aber bewußtloser Überreiz, in dem ich die Wahrheit vollkommen genau beschrieb. –

Am andern Tag kam Franz und sagte: Mädchen, wir wollen ins Rheingau gehen, da kannst Du die Günderode besuchen. –

Wann? fragte ich. –

Morgen, sagte er. –

Ach, ich packte mit Übereile ein, ich konnte kaum erwarten, daß wir gingen; alles was ich begegnete, schob ich hastig aus dem Weg, aber es vergingen mehrere Tage und es ward die Reise immer verschoben; endlich, da war meine Lust zur Reise in tiefe Trauer verwandelt, und ich wär lieber zurückgeblieben. –

Da wir in Geisenheim ankamen, wo wir übernachteten, lag ich im Fenster und sah ins mondbespiegelte Wasser; meine Schwägerin Toni saß am Fenster; die Magd, die den Tisch deckte, sagte: Gestern hat sich auch eine junge schöne Dame, die schon sechs Wochen hier sich aufhielt, bei Winkel umgebracht; sie ging am Rhein spazieren ganz lang, dann lief sie nach Hause, holte ein Handtuch; am Abend suchte man sie vergebens; am andern Morgen fand man sie am Ufer unter Weidenbüschen, sie hatte das Handtuch voll Steine gesammelt und sich um den Hals gebunden, wahrscheinlich weil sie sich in den Rhein versenken wollte, aber da sie sich ins Herz stach, fiel sie rückwärts, und so fand sie ein Bauer am Rhein liegen unter den Weiden an einem Ort, wo es am tiefsten ist. Er riß ihr den Dolch aus dem Herzen und schleuderte ihn voll Abscheu weit in den Rhein, die Schiffer sahen ihn fliegen, – da kamen sie herbei und trugen sie in die Stadt. –

Ich hatte im Anfang nicht zugehört, aber zuletzt hört ichs mit an und rief: Das ist die Günderode! Man redete mirs aus und sagte, es sei wohl eine andre, da so viel Frankfurter im Rheingau waren. Ich ließ mirs gefallen und dachte: Grade was man prophezeie, sei gewöhnlich nicht wahr. –

In der Nacht träumte mir, sie käme mir auf einem mit

Kränzen geschmückten Nachen entgegen, um sich mit mir zu versöhnen; ich sprang aus dem Bett in des Bruders Zimmer und rief: Es ist alles nicht wahr, eben hat mirs lebhaft geträumt! Ach, sagte der Bruder, baue nicht auf Träume! – Ich träumte noch einmal, ich sei eilig in einem Kahn über den Rhein gefahren, um sie zu suchen; da war das Wasser trüb und schilfig, und die Luft war dunkel und es war sehr kalt; – ich landete an einem sumpfigen Ufer, da war ein Haus mit feuchten Mauern, aus dem schwebte sie hervor und sah mich ängstlich an und deutete mir, daß sie nicht sprechen könne; – ich lief wieder zum Schlafzimmer der Geschwister und rief: Nein, es ist gewiß wahr, denn mir hat geträumt, daß ich sie gesehen habe, und ich hab gefragt: Günderode, warum hast du mir dies getan? Und da hat sie geschwiegen und hat den Kopf gesenkt und hat sich traurig nicht verantworten können. –

Nun überlegte ich im Bett alles und besann mich, daß sie mir früher gesagt hatte, sie wolle sich erst mit mir entzweien eh sie diesen Entschluß ausführen werde; nun war mir unsre Trennung erklärt, auch daß sie mir ein Zeichen geben werde, wenn ihr Entschluß reif sei; – das war also die Geschichte von ihrer toten Schwester, die sie mir ein halb Jahr früher mitteilte; da war der Entschluß schon gefaßt. – O ihr großen Seelen, dieses Lamm in seiner Unschuld, dieses junge zaghafte Herz, welche ungeheure Gewalt hat es bewogen so zu handeln? –

Am andern Morgen fuhren wir bei früher Zeit auf dem Rhein weiter; – Franz hatte befohlen, daß das Schiff jenseits sich halten solle, um zu vermeiden, daß wir dem Platz zu nahe kämen, aber dort stand der Fritz Schlosser am Ufer, und der Bauer, der sie gefunden, zeigte ihm, wo der Kopf gelegen hatte und die Füß und daß das Gras noch niederliege, – und der Schiffer lenkte unwillkürlich dorthin, und Franz bewußtlos sprach im Schiff alles dem Bauern nach, was er in der Ferne verstehen konnte, und da mußt ich denn mit anhören die schauderhaften Bruchstücke der Erzählung vom roten Kleid das aufgeschnürt war, und der Dolch, den ich so gut kannte, und das Tuch mit Steinen um ihren Hals, und die breite Wunde; – aber ich weinte nicht, ich schwieg. –

Da kam der Bruder zu mir und sagte: Sei stark, Mädchen. – Wir landeten in Rüdesheim; überall erzählte man sich die Geschichte; ich lief in Windesschnelle an allen vorüber, den Ostein hinauf eine halbe Stunde bergan, ohne auszuruhen; – oben war mir der Atem vergangen, mein Kopf brannte, ich war den andern weit vorausgeeilt. –

Da lag der herrliche Rhein mit seinem smaragdnen Schmuck der Inseln; da sah ich die Ströme von allen Seiten dem Rhein zufließen, und die reichen friedlichen Städte an beiden Ufern, und die gesegneten Gelände an beiden Seiten; da fragte ich mich, ob mich die Zeit über diesen Verlust beschwichtigen werde, und da war auch der Entschluß gefaßt, kühn mich über den Jammer hinauszuschwingen, denn es schien mir unwürdig, Jammer zu äußern, den ich einstens beherrschen könne.

Die Entdeckung Goethes

Als Caroline die Freundschaft aufgekündigt hatte, nahm Bettine Kontakt auf mit Goethes Mutter. Ende Juni 1806 schrieb sie Caroline: »Ich habe mir statt Deiner die Rätin Goethe zur Freundin gewählt, es ist freilich was ganz anders, aber es liegt was im Hintergrunde dabei, was mich selig macht, die Jugendgeschichte ihres Sohns fließt wie kühlender Tau von ihren mütterlichen Lippen in mein brennend Herz, und hierdurch lern ich die Jugend anschauen, und hierdurch lern ich, daß seine Jugend allein mich erfüllen sollte.«

Auslösend für diese Zuwendung war auch ein glücklicher Fund: Anfang Juni 1806 entdeckte sie im Speicher des »Grillenhauses« ein kleines Konvolut von Briefen, die der junge Goethe an die Großmutter in ihren frühen Jahren geschrieben hatte, zwischen 1772 und 75. »Vor acht Tagen habe ich 43 der schönsten Briefe Goethes abgeschrieben an Frau von La Roche, voll Liebe zu meiner Mutter.«

Von Mutter Max war in den Briefen allerdings weniger die Rede. Der junge Dichter von Anfang zwanzig wendete sich vorwiegend an die etwa vierzigjährige Mutter der Mutter. »Liebe Mama«, wird Bettine denn gelesen haben, »Liebe Mama«, immer wieder: »Liebe Mama«. Und sicherlich auch dies: »Seit den ersten unschätzbaren Augenblicken, die mich zu Ihnen brachten, seit jenen Scenen der innigsten Empfindung, wie oft ist meine ganze Seele bei Ihnen gewesen. Und drauf in der Glorie von häuslicher mütterlicher Glückseligkeit, umbetet von solchen Engeln, Sie zu schauen, [und] was mehr ist[:] mit Ihnen zu leben! Meine Armut an Worten, meine Unfähigkeit mich laut zu freuen, haben mir allein ausdrücken können was ich fühlte, und Sie – Sie wissen am besten was Ihr

Herz für mich spricht. [...] Hundertmal freuen wir uns im Geiste nach über die Augenblicke die wir in Gegenwart der schönsten Natur in dem seligsten Zirkel genossen.« Und er wünscht sich, »Mlle [Mademoiselle] Max würde länger bei Ihren [ihren] köstlichen Nachschriften verweilen.« Der zuweilen mitschreibenden Tochter Maximiliane wird wiederum in liebevollen Nachsätzen gedacht: »Von Ihrer Max kann ich nicht lassen so lang ich lebe und ich werde sie immer lieben dürfen.« Doch im selben Brief vom März 1774 heißt es: »Die Max la Roche ist hierher verheiratet, und das macht einem das Leben noch erträglich, wenn anders dran was erträglich zu machen ist.«

Für Bettine werden die Bezeugungen der Zuneigung zu Maximiliane zum »einzig Erbteil meiner Mutter«. Damals dürfte sich der Wunsch gebildet und festgesetzt haben: Auch sie möchte in Briefen Goethes liebevoll erwähnt, ja möchte letztlich voller Liebe angesprochen werden.

Bettine handelt spontan: nur einen Monat nach dem stimulierenden Fund besucht sie, gemeinsam mit der Schwester Meline, in Frankfurt die Frau Rat Goethe; Stichwort für die Gespräche ist wiederholt der Sohn in Weimar.

Der Bruder Clemens: »Soeben geht Bettine mit ihrem Schreibebuch zum ersten Mal zur alten Goethe, sich erzählen zu lassen und aufzuschreiben. Gestern hat die Alte ihr gesagt: ›Main Sohn hat Ufträg vom Kaunig nach Wiehn kriegt, un sie sahge, er werd außem Karlsbad hihngehn, aber ich weeß besser, er kann nit wohl hihngehn, ich hab em ja Schpahwasser nach Waimar geschickt, un wie kann er dann nach Wiehn, wann des Schpahwasser in Waimar iss!‹«

Wiederum Clemens: »Bettine ist jetzt täglich ein paar Stunden bei der alten Goethe, und läßt sich Anekdoten von dem geliebten Sohn erzählen, die sie sich ganz in den Worten der

Mutter in ein Buch schreibt, um eine geheime [intime?] Biographie dieses Göttlichen zu bilden; was ich bereits von diesen Geschichten gehört habe ist trefflich.«

In der Tat, Bettine ist entschlossen, die Gespräche und schriftlichen Mitteilungen auszuwerten, sie will eine Goethe-Biographie schreiben – in ihrer Art: nicht systematisch, sondern spontan-punktuell, »anekdotisch«.

Beinah täglich geht sie vom Großen Sandgraben zum Großen Hirschgraben. Die beiden eloquenten, quicklebendigen Damen verstehen sich bestens. »Liebe Tochter!« schreibt Frau Rat in einem der wenigen authentisch überlieferten Briefe, »Nenne mich ins künftige mit dem mir so teuren Namen Mutter – und du verdienst ihn so sehr, so ganz und gar – mein Sohn sei dein inniggeliebter Bruder – dein Freund – der dich gewiß liebt und stolz auf deine Freundschaft ist. [...] Auf deine Herkunft freue ich mich gar sehr, da wollen wir eins zusammen schwatzen – denn das ist eigentlich meine Rolle worin ich Meister bin – aber schreiben! so tintenscheu ist nicht leicht jemand.«

Als Vorspiel eines langen Dialogs (»Ein vertraut Gespräch. 1807«) hat Bettine in ihrem späteren Goethe-Briefbuch zweimal den Weg zur Frau Rat beschrieben, jedesmal ein anderes Stadttor durchquerend nach vorbereitendem Spaziergang draußen.

Wenn ich im Sommer zum Eschenheimer Tor hereinkam vom weiten Spaziergang, da lief ich zu ihr hinauf, ich warf Blumen und Kräuter, alles was ich gesammelt hatte, mitten in die Stube, und setzte mich dicht an sie heran und legte den Kopf ermüdet auf ihren Schoß; sie sagte: Hast du die Blumen so weit hergebracht, und jetzt wirfst du sie alle weg! Da mußte ihr die Lieschen ein Gefäß bringen und sie ordnete den Strauß selbst, über jede Blume hielt sie ihre Betrachtung, und sagte vieles was mir so wohltätig war als schmeichle mir eine liebe Hand; sie freute sich daß ich alles mitbrachte, Kornähren und Grassamen und Beeren am Aste, hohe Dolden, schöngeformte Blätter, Käfer, Moose, Samendolden, bunte Steine, sie nannte es eine Musterkarte der Natur, und bewahrte es immer mehrere Tage; manchmal bracht ich ihr auserlesene Früchte und verbot ihr, sie zu essen, weil sie zu schön waren, sie brach gleich einen schönen gestreiften Pfirsich auf und sagte: Man muß allem Ding seinen Willen tun, der Pfirsich läßt mir nun doch keine Ruh bis er verzehrt ist.

Hätt ich die Mutter noch, so wüßt ich wo ich zu Haus wär, ich würde ihren Umgang allem andern vorziehen, sie machte mich sicher im Denken und Handeln, manchmal verbot sie mir etwas, wenn ich aber doch als [mal] meinem Eigensinn gefolgt war, verteidigte sie mich gegen alle, und da holte sie aus in ihrem Enthusiasmus, wie der Schmied, der das glühende Eisen auf dem Amboß hat, sie sagte: Wer der Stimme in seiner Brust folgt, der wird seine Bestimmung nicht verfehlen, […] wer aber dieser Stimme nicht horcht, der ist blind und taub, und muß sich von andern hinführen lassen, wo ihre Vorurteile sie selbst hin verbannen.»

Bettine hat Mutter Goethe selbstverständlich auch geschrieben. In einem der Briefe berichtet sie vom Ferien-Familienleben in Georgs Haus zu Winkel am Rhein.

Ich will Ihr gern den Gefallen tun und einmal einen recht langen deutlichen Brief schreiben, meinen ganzen Lebensaufenthalt in Winkel.

Erst [Es ist?] ein ganzes Haus voll Frauen, nicht einmal ein Bedienter. Alle Läden im Haus sind zu, damit uns die Sonne nicht wie unreife Weinstöcke behandelt und garkocht. Das Stockwerk in dem wir wohnen besteht aus einem großen Saal, an das [an den?] lauter kleine Kabinette stoßen die auf den Rhein sehen, in deren jedem ein Pärchen von unserer Gesellschaft wohnt. Die liebe Marie mit den blonden Haaren ist Hausfrau und läßt für uns backen und sieden. Morgens kommen wir alle aus unseren Gemächern im Saal zusammen. Es ist ein besondres Plaisir zu sehen, wie einer nach dem andern griechisch drapiert hervorkommt. Der Tag geht vorüber in launigem Geschwätz, dazwischen kommen Bruchstücke von Gesang und Arpeggien auf der Gitarre. Am Abend spazieren wir an den Ufern des Rheins entlang, da lagern wir auf dem Zimmerplatz; ich lese den Homer vor, die Bauern kommen alle heran und hören zu; der Mond steigt zwischen den Bergen herauf und leuchtet statt der Sonne. In der Ferne liegt das schwarze Schiff, da brennt ein Feuer, der kleine Spitzhund auf dem Verdeck schlägt von Zeit zu Zeit an. [...] Wenn wir nach Hause kommen, so steigt einer nach dem andern, wenn er müde ist, zu Bette. Ich sitze dann noch am Klavier, und da fallen mir Melodien ein, auf denen ich die Lieder, die mir lieb sind, gen Himmel trage. *Wie ist Natur so hold und gut.* Im Bett richte ich meine Gedanken dahin wo mirs lieb ist, und so schlafe ich ein. Sollte das Leben immer so fortgehen? – gewiß nicht.

Am Samstag waren die Brüder hier, bis zum Montag. Da haben wir die Nächte am Rhein verschwärmt. George mit der Flöte, wir sangen dazu, so gings von Dorf zu Dorf, bis uns der aufgehende Tag nach Hause trieb. –

Fr[au] Mutter, auf dem prächtigen Rheinspiegel in

Mondnächten dahingleiten und singen, wie das Herz eben aufjauchzt, allerlei lustige Abenteuer bestehen in freundlicher Gesellschaft, das ist so eine Lebensperiode, in der ich mitten inne stehe. Warum lasse ich mir das gefallen? – weiß ichs nicht besser? – und ist die Welt nicht groß und mancherlei in ihr, was bloß des Menschengeistes harrt um in ihm lebendig zu werden? – und soll das alles mich unberührt lassen?

Auch der junge Goethe, und das wird heute noch gewürdigt, hatte sich eine Zeitlang in Winkel aufgehalten, (auch) schreibend und Wein trinkend; in seinem Namen wird heute Wein verkauft von der weiterhin existierenden Familie Brentano, derer in Winkel. Ausnahmsweise aber ist in diesem einen Brief von Goethe nicht die Rede.

Sobald Bettine aber wieder in Frankfurt ist, wird Mutter Goethe aufgesucht, wird das Gespräch fortgesetzt mit der Generalperspektive Weimar. Die Besucherin dabei auf ihrem Stammplatz, einer Schawell, einem Fußschemel, auf dem – versteht sich – schon der kleine Wolfgang gesessen hatte.

Fr. Rat. Wo kommst du her Mädchen so erhitzt?

»Ich war vor dem Bockenheimer Tor und hab Birn gestohlen in einem Garten.«

Gestohlen? Die schmecken am besten, da wollen wir gleich eine verzehren, hol ein Messer und schäl die gelbe da. – Was brennst du? Wie bist du gelaufen! Da ess – die kühlt. Die Birn schmeckt prächtig. Das ist eine italienische Art.

»Soll ich Ihr noch mehr schaffen? –«

Was das eine Frag ist? – Wann du noch mehr kriegen kannst, als her mit [also her damit].

»Dann muß sie auch mit mir sprechen was ich will.«

Red ich dann nicht immer was du willst? Du wetterleuchtst eim schon in die Seel was du wissen willst. – Da setz dich auf die Schawell und guck mich an! – Weißt du wie alt die Schawell ist? – Auf der hat der Wolfgang gehockt hinterm Ofen und hat den Homer auswendig gelernt mit seiner Schwester. Er hat auch immer so gern niedrig gesessen, als er noch klein war heißt das; wie er so alt war wie du, da hatte er eine stolze Haltung, da war er frisiert und hat einen Haarbeutel getragen!

»Das will ich nicht wissen vom Haarbeutel!«

Was willst du dann wissen? – Er wird dir zulieb doch nicht ohne Haarbeutel haben gehn sollen? – So gut der dir jetzt nicht gefällt, so gut hat er damals andern Mädercher gefallen.

»Das will ich auch nicht hören.«

Hätt er vielleicht auf dich warten sollen, und keiner andern sollen gefallen wollen bis du kommen wärst! – gelt, jetzt schweigst du! – jetzt bring was vor! – Was hast du getrieben seit gestern?

»Heut hab ich gelernt, daß in der Physik die Stoffe Wirkungen in die Ferne haben; dann hat gewiß auch der Geist Wirkung in die Ferne!«

Sind des die Wissenschaften an denen du dir den Kopf zerbrichst? Du wirst mit einem starken Kostenaufwand von Lebenszeit deinen wissenschaftlichen Unsinn bezahlen müssen. Hoffnung und Erinnerung sind auch zwei spiegelnde Fernen, aus denen webt sich der Mensch seine Lebenstage zusammen. Was aber geschehen ist das kann er nicht wieder herbeizaubern und was geschehen muß kann er nicht umwandeln.

»Daran liegt mir auch nichts. Das Geschehen ist mir einerlei, ich sprech vom Zaubern.«

So! das kommt ja ganz apart heraus!

»Wenn ich nun einen Zauberspruch kann, der zu den Geistern durchdringt?«

Was hilft dein Zauberspruch wenn die Geister keine Ohren für dich haben. Aber laß hören wie du's machen willst, um mit den Geistern zu verkehren? –

»Fürs erste hab ich gedacht und bins auch gewiß, daß eine große Sehnsucht mit einem starken Willen alle Räume durchfliegt, – die Zeiten und die Weiten!«

So! – du meinst von hier aus könntest du so sanft hinüberschweifen ins nächste Jahrhundert um auf der linke Erdseit dein Zauberhandwerk zu treiben weil die recht Seit schon zu verpelzt ist?

»Ja das mein ich! Meine Gedanken wollen nicht bloß ausgebrütet sein, sie wollen auch durchgefühlt und durchgesetzt sein! – Und im nächsten Jahrhundert wird der Schall durchdringen. Sie wird mich in der Zukunft deutlich widerhallen hören, wenn sie aufpaßt!«

Lebensfeuer hast du dazu! laß dich nicht einschmelzen in den Alltagsschlendrian. Nehm dich zuammen, komm angeschossen wie eine Bomb die alles auseinandersprengt, wenn's nicht in diesem Jahrhundert ist, dann im nächsten, was tut ein Jahrhundert zur Unsterblichkeit! – Gelt unsterblich willst du sein, darauf verwendest du deine Zauberkräfte! gestehs.

»Ach was weiß ich! Die Bienen, die so auf den Wiesen herumschwärmen, hängen sich ganz verdurstet an die Blumen, und dann stürmen sie fort ins Blaue. Ich fühl mich auch als matt vom ungewissen Treiben ins Blaue hinein, ich bleib auch an jeder Blüt hängen und sammle Blumenstaub, ich will ihn auch in die Zukunft heimtragen, dem Geist zur Nahrung auf den mein Zauberspruch paßt. Der muß davon seine Unsterblichkeit nähren, ja! mit meim Blumenstaub nähr ich den Geist der Zukunft und mach ihn unsterblich, ich bin nicht zu Geringem da, einmal, eh man sichs versieht, aber so bald noch nicht, werd ich die Welt umgedreht haben.«

Noch sehr viel ausführlicher läßt Bettine Mutter Goethe zu Wort kommen in ihrem Spätwerk *Dies Buch gehört dem König*: hinreißende Suada, großer Monolog. Allerdings spricht da Catharina Elisabeth Goethe nicht so, wie sich das im Detail dokumentieren ließe, Bettine spricht durch die Maske der alten Dame, legt ihr eigene Wörter, Sätze, Satzfolgen in den Mund.

In diesem Monolog fallen schon mal Bemerkungen über den Hof zu Darmstadt, Bemerkungen, die ein Fürstenideal andeuten, vor allem mit dem Stichwort Liberalität, die Bettine sich für Potsdam wünschte wie für Berlin. Mutter »Ajas« Ausführungen lesend, sollte der preußische König die Ohren spitzen, die Brauen heben und sich sagen: Das beziehe ich auf mich, daraus will ich lernen, das will ich in die Tat umsetzen … Ich spare solche Belehrungs- und Erziehungssequenzen im Folgenden freilich aus.

Die Suada (redigierend gerafft, zum durchlaufenden Monolog montiert) gehört durchaus in die Kompilation autobiographischer Texte der Dichterin. Denn hier kommt eine Frau zu Wort, die Bettine in mehrfacher Hinsicht ähnlich war – in ihrer Drastik, ihrer Komik, ihrer Sprunghaftigkeit, ihrer Spontaneität. Hier hatten sich zwei Frauen gefunden, die alte und die junge, die sich in vielem entsprachen – vor allem, natürlich, in ihrer Liebe zu Goethe.

Bettine geht aus von einer Anekdote, die Catharina Elisabeth in einem Brief auch dem großen Sohn übermittelte. »Die große Freude die mir am Sonntag den 19ten Juni zuteil geworden ist, würde ich mich Sünde fürchten Dir zu verschweigen also vernimm was sich zugetragen hat. Der König [Friedrich Wilhelm III.] und die Königin [Luise!] von Preußen waren am Wilhelmsbad – die Königin äußerte daß sie die Rätin Goethe sehen und sprechen müßte – und daß demnach Anstalten getroffen werden möchten mich hinzubringen – die Gräfin von Leiningen ließ mir den Befehl von Ihro Majestät demnach zu wissen tun und kamen um 2 Uhr mittags mich in einem schönen Wagen bespannt mit 4 raschen Pferden abzuholen. 4½ Uhr waren wir in Wilhelmsbad – ich wurde in ein schönes Zimmer geführt da erschien die Königin wie die Sonne unter den Sternen – freute sich herzlich mich zu sehen präsentierte mich an Dero 3 Schwestern […] Da ich so recht zum Jubel bestimmt war *wer kam da dazu?* Unser Herzog von Weimar! – Gott!!! welche Freude für mich – Ich war so aufgespannt daß ich hätte lachen und weinen zu gleicher Zeit mögen – in dieser Stimmung ließ mich die Königin in ein andres Zimmer rufen – da kam auch der König – die Königin ging an einen Schrank und brachte ein kostbares goldenes Halsgeschmeide und nun erstaune!!! Befestigte es um meinen Hals mit Ihren eigenen Händen – bis zu Tränen gerührt – konnte ich nur schlecht danken. […] Alles zu erschöpfen was an diesem für mich so glorreichen Tag geschah ist unmöglich – genug, ich kam abends um 10 Uhr vergnügt und selig im Goldenen Brunnen an.«

Hier spricht Mutter Goethe

Es war an einem recht sommerlichen Tag, ich denk nach, was aus dem lieben Sonnenschein all werden soll, den ich da so mutterselig allein in mich fressen muß: es wird Mittag, die Türmer blasen derweil den Ablaß meiner Sünden vom Katharinenturm herunter. – An so einem melancholischen Feiertag, da verschmäht der Teufel auch eine falsche Trompet nicht, um den Menschen aus seinem geduldigen Seelenheil herauszublasen. Die Langeweil ist ganz apart an einem Sonntag in der Stadt Frankfurt, aber gar an so einem lange staubige Sommertag, wo man sich in die Sonn stellt und denkt wie ein angezündet Licht am hellen Tag: für was bist du da? – alles kann bestehn ohne dich!

An so einem langweiligen Tag also, wie der Türmer wirklich in einer der Musik sehr mißgünstigen Stimmung in die Stadt herunter blies, – ich meint als [meinte schon], wenn mir der jung Wein nur nicht auf dem Faß säuerlich wird: eine rauhe Halsarie wie heut, und die Sonn schien mir auf die Nas, daß ich niesen mußt, und die Lieschen bekomplimentiert mich darüber, da schellts – ich ruf: Guck einmal, wers ist.

»Ei, es ist der Frau Bethmann ihr Bedienter, ob Sie wollte heunt nachmittag mit ins Kirschenwäldchen fahren?« –

Ei was? – Ei freilich! Was werd ich nicht wollen fahren an diesen einzigen Pläsierort vor allen schönen Orten in ganz Deutschland, wo die Kirschen wie die schönste Rubinen im smaragdnen Blätterschmuck an den Bäumen hängen, wo die Frankfurter Sonnenstrahlen ein Goldnetz durchwirken und der Himmel sein blaues Zelt mit silbernen Wolken drüber spannt. – Jetzt sag ich, wir wollen präzis zwölf Uhr essen, dann wird alles zurecht gemacht zum Abend, wann ich heim komm, da wird meine Wasserflasche hingestellt, das Bett zurecht gemacht, damit mir die Zeit vergeht, bis die Füchserchen angetrabt komme, dann setz ich meine Haub auf, bloß die mit den Spitzen.

»Ei, wollen Sie net die mit den Sternblume aufsetzen, die steht schöner!« –

Nein, die will ich nicht aufsetzen, man muß bescheiden sein in der schönen Natur und sie nicht überstrahlen wollen, das gelingt einem doch nicht. Was meint sie denn, daß so ein Kranz von papierne Blumen zu sagen hätt da draußen in der grünen Wies? Ei, ich setz den Fall, ich könnt der Stadtherd begegnen, so könnt mich ja der Brummelochs mit einem einzige Maul voll Dotterblume, die er vom Weidanger mit seiner lange Zung in einem Hui zurammenrafft und wegschnappt, in die größt Beschämung versetze, daß er frißt und verdaut, was die Frau Rat in Papier nachgemacht zum Putz auf dem Kopf trägt. – Jetzt ohne Federlesen die Spitzehaub eweil auf der grünen Bouteille aufgepflanzt, dann die Filethandschuh ohne Daumen, daß ich sie nicht brauch auszuziehn bei Kirschenessen, das Körbchen nehm ich mit, daß ich kann Kirschen mitbringen – und den Sonnenparapluie, denn um die jetzig Sommerzeit kommt häufig so ein klein erquicklich Regenschauerchen mitten durch den Sonnenschein. Da lachts und flennts zu gleicher Zeit am Himmel. – Nun ist alles in Ordnung – so wird der Tisch gedeckt und aufgetragen – denn zwölf Uhr ist schon vorbei – was gibts heut? –

»Brühsupp.«

Fort mit, ich mag keine. –

»Aber Frau Rat, Ihne Ihr Magen!«

Aber ich will keine Supp, sag ich; komm sie mir nicht an

so einem schöne Sommertag mit Ihren Magensorgen an, was gibts noch?

»Stockfisch aufgewärmt von gestern und Kartoffel.«

Den Stockfisch laß mir vor der Nas eweg, der paßt nit zu meiner Stimmung, ich mag mir keinen Stockfischgeruch in den Vorgeschmack eindampfen lassen, den ich von dem Blumenduft draus auf der Wies schon in Gedanken genieß, aber die Kartoffel bring Sie, an denen verunreinigt man die erhabenen Gedanken nicht, die könnt so ein indischer Priester in seiner Verzückung ungestört genieße. – Nun war das Essen noch nicht all, es kam noch eine gebratne Taub. – Ich hatte Appetit, fliegt mir grad eine lebendige Taub vors Fenster und rucksert mir lauter Vorwürf ins Herz. Ich fahr ins Kirschenwäldchen, und das arme Tier mit verschränkte Flügel, mit denen es sich hätt können in alle Weltfreude schwingen, liegt in der Bratpfann. Der Christ jagt die halb Natur durch den Schlund, damit er auf der Erd kann bleibe, um sein Seelenheil zu befördern, und macht ers grad verkehrt. – Nun kurz, der Vorwürf von der Taub am Fenster lastet mir auf dem Herzen, ich kann keinen Bissen essen. – Die Taub wird unberührt wieder in die Speiskammer gestellt, ich zieh mich derweil an, um der Ungeduld etwas weiszumachen, die Spitzehaub wird von der Bouteille heruntergenommen, aufgesetzt, und die Nachtmütz wird draufgestülpt, damit ich sie heut abend, wenn ich nach Haus komm, gleich auswechsle kann; das ist so meine alte Gewohnheit. Nun sitz ich da mit meinem Sonnenschirm in der Hand im besten Humor und lach die Lieschen aus, mit ihrer Angst wegen meinem leeren Magen. – Ich guck auf die Uhr – der Wagen kommt gerappelt, den alten Johann, ein ganz gescheuter Kerl, hör ich schon an seinem gewohnten Gang die Trepp herauf kommen. –

Lieschen, geschwind lauf Sie hinaus auf den Vorplatz an die Tür, eh's schellt. Da schellts schon, die Lieschen macht die Tür auf, da steht ein goldbordierter Herr mit einem dreiekkigen Hut und guckt mir ins Gesicht, und mein alter Johann kommt hinten nach. – Ich sag zu dem fremde Wundertier: Sie sind wohl einen unrechten Weg gangen! – und will mich an ihm vorbei machen, aber weil er sagt: »Ich bin geschickt von Ihro Majestät der Frau Königin von Preußen an die Frau Rätin Goethe!« – so guck ich ihn an, ob er wohl nicht recht gescheit wär. – »Und«, fährt er fort »die königliche Equipage werden um zwei Uhr kommen, um die Frau Rätin nach Darmstadt abzuholen, mit Ihrer Majestät sollen Sie den Tee trinken im Schloßgarten!«

Ich sag: Johann! Jetzt hör Er einmal, was das vor [für] Sachen sind! wenn einem eine Bomeranz aus dem blauen Himmel grad auf die Nase fällt, da soll man gleich sein Verstand bei der Hand haben und sie auffangen, das will viel heißen!

Johann stellt sich gleich an die Seit aus lauter Respekt vor dem unvorhergesehenen Ereignis und guckt mich so feierlich an, daß ich mich gleich besinn, was ich mir und der Einladung schuldig bin; ich guck ihn mit einem Feuerblick an, daß der Kerl in sich geht, denn er war nah dran zu lachen.

Ich sag: Mein Herr Kammerherr, oder was Sie für ein höflicher Beamter sein magen, rennen Sie nur wieder spornstreichs zur Frau Königin und melden, die Frau Rat werde ihrerseits die Ehre haben, die von der Königin ihr zugedachte Auszeichnung anzunehmen. Und machen Sie nur, daß die Kutsch hübsch akkurat kommt, damit ich auch nicht zu spät komm, da das Warten und Wartenlassen meine Sach nicht ist. –

Dabei macht ich so große Augen, daß der preußische Hoflakei gewiß seine Verwunderung wird gehabt haben über den besonderen Schlag Madamen aus der freien Reichsstadt Frankfurt. Man muß seine Zuflucht nehmen zu allerlei Künsten, um seine Würde zu behaupten. Wer kann sonst Religion in die Menschen bringen? Daß so ein Hofschranz Respekt hätte vor einem Bürger, dazu ist er einmal verdorben; da muß man auf Mittel denke, wie er den Kopf ganz verliert und nicht weiß, was er dazu sagen soll. Da fiel mir der Türklopper ein von unserem Aderlaßmännchen, das ist so ein Löwenfratz, den mach ich nach – damit jag ich meinen Herold in die Flucht, er nimmt ein Bein an den Hals und rennt die Trepp herunter. Ich bleib stockstill stehn, die Lieschen bleibt stehn, der Johann rührt sich nicht vom Fleck, bis wir die Haustür zumachen hören.

»Frau Rat«, sagt der Johann, »Sie werden also jetzt unmöglich ins Kirschenwäldchen fahren, und da werd ich dann bestelle, warum Sie nicht mit könne fahren?«

Ja, lieber Johann, und bestell Ers doch gleich im Vorbeigehn beim Perückenmacher Heidenblut, der soll gleich kommen, und erzähl Ers unterwegs alle Leut, so was muß stadtbekannt werden. –

»Ja, das ist gewiß«, sagt der Johann, »und wenn mir nur das Herz nit bersten wird, bis ich herausgeplatzt bin dermit« – und fort ist der Johann. –

Nun guck ich mein Lieschen an, die steht vor mir wie nicht recht gescheit und zittert an alle Glieder. Ei Lieschen, sprech ich voll Verwunderung, wie kommts, daß Ihr die Haub hinderst wie vörderst sitzt, was war doch vorher nicht? – Und ich weiß nicht, wie das möglich war! es ist doch wunderlich, wie bei überraschende Gelegenheiten die Spukgeister sich allerlei Schabernack erlauben mit solche Leut, die der Sach nicht gewachsen sind. Das war nun mein Lieschen wirklich nicht. Sie konnt nichts finden, weder Zwickelstrümpf noch Schuh, noch sonst ein Kleidungsstück, kein Rock konnt sie mir ordentlich über den Kopf werfen. Wenn ich nun auch den Kopf verloren hätt, ich wär nicht fertig geworden. Jetzt sag ich nur: Bring sie mir einmal die gebratne Taub wieder herein, denn ich verspür über die königlich Geschicht ein schreiende Hunger. Und nun schmeiß sie die Nachthaub von der Bouteille herunter – ich werd aber auch noch meiner Seel den ganzen Stockfisch herunter fressen. Nun schenk Sie mir ein Glas Wein ein, ich muß Feuer in den Adern haben. Der Perükkenmacher war gleich herbei, über die unbegreiflich Nachricht hat er in seinem stumme Erstaune mich aufgedonnert, und nun muß er mir die Haub aufsetze mit den Sternblumen. Es war ein Heidenpläsir, fingerdick Schmink hat er mir aufgelegt, »die Frau Rat sehn superb aus«, sagt der Herr Heidenblut. Und die Liesche stand wie eine Gans vor mir, als ob sie mich nicht mehr kennte. –

Nu wir verbringe noch so ein Zeitchen vor dem Spiegel, links die Lieschen mit der verkehrte Haub, denn die hat sie noch nicht Zeit gehabt herum zu kriegen, rechts der Herr Heidenblut mit dem Kamm hinterm Ohr, ganz verzückt in mein Lockenbau, ich in der Front mit einem feuerfarbne Schlepprock mit doppelte Florspitzen, Diamantarmband, echte Perlen um den Hals, ein Schlupp von Diamante vorgesteckt. Nun es war zum Malen, die drei Personagen da aus dem Spiegel herauslachen zu sehen. –

Da kommts aber wie ein Sturm angerennt und hält still vor der Haustür. Rutsch – vier Pferd und zwei Lakaie hinten drauf, noch ohne den Kutscher. – Jetzt kommen sie herbeigestolpert, faßt mich ein jeder unterm Arm und tragen mich schwebend in die Kutsch. Schad, daß die Fahrt nicht mit meine vier Pferd durch die Bockheimergaß geht am Haus vom Herr Bürgermeister vorbei – aber das Glück bescherte mir unser Herrgott noch, denn kaum biege wir im volle Trab um die Eck, stoßen wir auf die Bürgermeisterkutsch, mitsamt dem Herrn Bürgermeister von Holzhausen drin mit seine zwei Lakaien hinten drauf, ich grüß feierlich mit dem Fächer und hab das Pläsier zu sehn, daß mein Herr von Holzhausen im Wagen sitzen, versteinert, und sehn mich nicht mit ihre Glotzaugen; er streckt den Kopf heraus, aber umsonst, wir flogen wie der Wind vorbei.

Sollte ich nun alle Gedanken erzählen, die mir auf meiner Reis bis Darmstadt eingefallen sind, so müßt ich lügen, denn ich war sozusagen auf einer Schaukel, die schlecht in Schwung gebracht war, bald flog ich dort hinaus, bald wieder nach der andren Seit, bald dreht sich alles mit mir im Durmel herum, dann dacht ich wieder, wie ichs alles meinem Sohn schreiben, und da fing mir das Herz an zu klopfen. Ich konnts vor Ungeduld nicht behaglich finden in der Kutsch, ich fing an, die Kastanienbäum zu zählen in der Allee, ich wollt probieren, ob ichs könnt bis hundert bringe, aber ich bracht keine zehn Bäum zusammen, da waren meine Gedanken wieder wo anders. Einmal kam mir ein gescheuter Gedanken, ich dacht, was hab ich dervon? ist mir die Geschicht angenehm? Was war das heunt morgen vor eine Komödie, was ist mir für eine Hitz in den Kopf gestiegen, und nun steck ich in einer zweifelhaftigen Unbequemlichkeit – wo ich da hingeh zu fremde Leut, die gar nicht dran denke, wer da angerumpelt kommt. – Ohne Courage kein Genie, hat mein Sohn immer gesagt, und will ich oder nicht, so muß ich doch einmal die höfliche Schmach auf mich nehmen, mit gesundem Mutterwitz dort in dem Fürstensaal vor einer eingebildeten Welt zu paradieren und bloß für [als] eine Fabelerscheinung mich betrachten zu lassen, ja die Welt steht auf einem Fuß, wo keiner an die Wirklichkeit vom anderen glaubt und sich doch selber vergnügt fühlt, wenn er nur von so einem Scheinheiligen bescheinigt ist.

Nun alleweil kamen wir wie ein Sturmwind angerasselt, ganz erschrocken, daß ich schon da bin, wie ich eben vor Ungeduld mein, es wird nie dazu kommen. Ich steig aus, die Bediente rennen wie ein Lauffeuer vor mir weg. Ei, ich kann da nicht wie eine Lerch mich ihnen nachschwingen, ich seh den Augenblick kommen, wo ich weder Bediente noch Weg mehr finden kann. Ich hatt mich ein bißchen versäumt gehabt, die Krumpeln aus meinem Staatskleid herauszuschütteln, da waren sie unterdessen in einer Allee verschwunden wie ein paar Irrlichter. Ich geh so dem Gehör nach, immer im Kreis ums Hofgezwitscher herum, immer näher, bis ich endlich aus meinem Schattenreich heraus unter den aufgepolsterte Hoftroß trete. Ich hielt mich im Hintergrund mit meinen Beobachtungsgaben, grad wie ein General bei einer Position, die er dem Feind abluchsen will. Denn überraschen laß ich mich nicht, Mut hab ich, womit ich den Leuten, wenn sie den Kopf verlieren, ihn oft wieder zurecht gesetzt hab. –

Also die erst Bemerkung, die ich mach in dem mich umgebenden Hofzirkel, ist die, daß meine amarantfarbne Schleppe nicht grad ein guter Passepartout ist, denn nicht ich mit meinem Vierundzwanzigpfünderblick [schwerstes Kanonenkaliber], nicht meine Person wird mit neugierigen Augen betracht, nein, die wird übergesehn, aber meine Falbelas, meine Taille, meine Frangen, von unter herauf, immer höher und höher werd ich scharf examiniert, bis sie endlich zur Florfontage kommen, wo die Sternblumen drauf gepflanzt waren, da halten sie an und entdecken, daß auch ein Gesicht mit kommen war, da prallen sie wie der Blitz auseinander und melden meine Erscheinung der Frau Königin, die kommt mit einem ehrfurchtsvoll gehaltenen Schritt auf mich los, ich – gleich salutiere mit einem Feuerblick vom erste Kaliber, und nun mache alle Leut Platz, und die Frau Königin wie eine schöne Götternymph führt mich an ihre Hand, und der Wind spielt in dem schneehagelweiße Faltengewand, und ein Lockenpaar, das spielt an auf jeden Tritt, den sie tut, und die blendende Stirn und die wunderschöne blaßrote Farb in ihrem Gesicht und der freundliche Mund, der ganz voll allerlei Geflüster mich anspricht, verstanden hab ichs nicht, ich war durmlich von Vergnügen und konnt auch nichts weiter vorbringen als: Hochgeschätzter Augenblick und liebwerteste Gegenwart und wundernswert vor Götter und Menschen – und wie sie erst die Kett vom Hals sich losmacht und hängt sie mir um, und der ganze Hofkreis trippelt und guckt. Ich hab innerlich den Apoll und den Jupiter angerufen, diese menschenbegreifende Götter sollen mir beistehn, daß ich vernünftig bleib und nicht alles um mich her für wunderliche Tiere halt, denn alle diese vornehmen Hofchargen kamen mir vor wie ein heraldischer Tierkreis. Löwen, Büffel, Pfauen, Paviane, Greife, aber auf ein Gesicht, das menschlich schön zu nennen wär, besinn ich mich nicht. Das mag davon herkommen, weil diese Menschengattung mehr eine Art politischer Schrauben oder Radwerk an der Staatsmaschine und keine rechte Menschen sind. Harthörig, hartherzig, kurzsichtig, stolz und eigensinnig Volk, und es gehört immer der Zufall und ein Verdienst um sie, absonderlich aber ihre eigne Laune dazu und noch gar viel andre Künste, um von ihnen bemerkt und gehört zu werden. Schreien und poltern oder gar recht haben hilft gar nichts bei ihnen, ja besonders das Rechthaben, das kommt der politische Staatsmaschine ihrer hochtragenden Nas immer in die Quer. –

Nun, während ich über den Darmstädter Tierkreis meine Glossen mach, spür ich deutlich, daß ich in dem Verwunderungstrubel dagesessen hatte wie ein Schaf. Ich schämte mich, daß ich sollte mit einem so unscheinbare Antlitz die freie Reichsstadt vertreten, ich such mir eine andere Physiognomie aus, den Frankfurter Adler. No! – wie der Adler, wenn er Donner und Blitz bewacht, so sitz ich da, und die lieb Sonn, ohne Urlaub zu nemme, sitzt sich auf den Reisefuß und ging hinter dene schöne Linde bergab spazieren, und der Mond kam herauf, auf den mit allerlei poetische Spekulatione angespielt wurde, ich mußt lachen über die empfindungsvolle Tonarte, in welche die Gesellschaft da überging. Nun, ich kann nicht alles aus dem Gedächtnis hervorkrame. Ich schwieg in meiner stolze Position still, denn kein Mensch hatte mir ein Wort zu sagen, seit die Parade vorbei war, ich machte daher meine olympische Adlersmiene ohne Unterbrechung fort, und da war auch nicht ein Augenblick, wo ich mir nachgegeben hätt und hätt mein Alltagsgesicht auch nur erlaubt, durchzblinzeln. – Auf einmal! – schlägt mir ein Trompetengeschmetter durchs Ohr, ich fahr aus einem tiefen Schlaf, in dem ich aller Herrlichkeiten, die um mich her vorgingen, vergessen, träume, dem Herrn Heideblut und der Jungfer Lieschen meine erlebte Abenteuer zu erzähle, und ganz vergnügt bin, daß alles überstande ist. –

No! Als ich mit einem Schrecke durch alle Eingeweide aufwach, hat sich die Szen verändert, das Gebüsch wirft keinen Schatten mehr auf dem leeren Platz, weil alles Tageslicht gewichen war, der Trompetenstoß, der mich von meinem tiefe Schlaf auferweckt hatte, war aus einem Tanzsaal erschallt, wo helle Fackeln brenne, wo die ganze Hofnympheschar in einem schwebende Tanz mit dene heraldische Kavaliere herumhüppen; aus den unterirdische Kellerhäls dampft ein köstlicher Speisegeruch, in denen sieht man die Herrn Köche mit weißen Zipfelmützen munter und alert Fett in das Feuer werfe, damit es hell aufflakkert, die Champagnerflasche hört man losknalle, und die Frau Rat, die zu diesem Göttermahl feierlichst eingeholt waren mit vier weiße Schimmel, die sitzen unter einem Vogelkirschbäumche, welche Frucht man bekanntlich nicht esse kann, und spüren Hunger.

Horcht einmal! – Wie still ists eben in der abendlichen Stunde hier in der freien Natur! – Kein Lüftchen geht! – kein Blättchen regt sich! – Seht einmal, auf dem Main kräuselt sich kein Wellchen – so still ists – man hört ein Käferchen summen von weiter Fern, eben kommts daher geschwirrt! – Die Sonn mit majestätischen Schritten geht schon abwärts, man hört ihre Sohlen nicht aufklappen, so einen leichten Tritt hat sie. Es ist bewunderungswürdig! – es rührt mein Herz, daß eine so allgewaltige Stille Macht hat über den ungestümen Weltlärm, der sich gleichsam vernichtigt in ihr, wie die Atome, die sich herumtummeln in dem Sonnenstrahl, der da durch die Zweig zu uns heruntersteigt! – Und das Bienchen, das eben von seiner langen Reis kommt, unterbricht die abendliche Stille mit dem Auftappen seiner Kurierstiefel und seine klirrende Sporen, mit denen es so ritterlich die Blumenknöspercher anführt, die sich nicht gleich auftun wollen. »Holla! Wirtshaus!« Jetzt wirds auch lebendig unter denen Federnelkercher. Horcht! – – wie sie aufplatzen! Und es kommen noch mehr Gäst!

Nun aber will ich zum Beschluß denen Liebhabern von meiner Geschichte auch noch das End von meinem bestandnen Hofabenteuer erzählen. Ich weiß noch genau, wo wir geblieben waren in der fatalen Situation, wo ich hinter der Gesellschaft geblieben war und ein bißchen eingenuppt; unterdessen war alles im Ballsaal und tanzte. Die Nacht war eingebrochen, und ich, unbekannt mit der Hofetikett, und doch mit einem Schicklichkeitsgefühl, was vielleicht grad aus grader herzlicher Aufrichtigkeit den entgegengesetzte Weg hätt eingeschlage von dem, was statuiert wär, ich stand in der Klemm, wie ich mich zu verhalten hätt, aber ich wurde sehr bald herausgerissen. Die gute Frau Königin hatte mich in all dem Trubel nicht vergessen. Wie sie ihren ersten Tanz ausgemacht hat, da sieht sie sich um nach mir, und wie sie mich nicht finden kann, da gibt sie gleich Order. Das konnt ich durch die Fensterscheiben bemerken: – kaum hat sie nach mir gefragt, da laufen die Kammerherren, die Lakaien durch den ganzen Saal im Kringel herum, um mich zu finden. Aber, dacht ich, sucht ihr nur.

Wie sie mich nicht finden können, da fällt ihnen doch ein, daß ich vielleicht könnt im Garten geblieben sein, nun kommen sie heraus und verteilen sich in alle Regionen, ich drück mich dicht bei der Tür an die Wand, denn im Garten wollt ich mich nicht finden lassen, da hätt ich mich zu sehr geschämt. Nun dacht ich, jetzt ist der richtige Moment, da muß ich einen energischen Streich machen, und mich auf gut Glück wieder ins Meer stürzen, unter die Hofwogen, und mich da um die Wett mit denen aufbauschen. Wie also ein Hoflakai wie ein Schuß Pulver von der Tür abblitzt in den Garten hinaus, um mich im Gebüsch zu suchen, so fahr ich an dem blinde Hans vorbei, grad in den Saal hinein, wo mir glücklicherweise alle Leut den Rücken drehten. –

Ach!! Gott sei Dank! – denn das Herzklopfen, was ich nach überstandner Katastrophe empfand – nun – wer sich das denken kann! – bis ich mich so allmählich wieder beruhigte. – Denk sich einer, wenn die Windbeutel, die Kammerherren und Kammerdiener, da die Frau Rat unter dem Vogelkirschbäumchen gefunden hätten, und hätten mit ihre Windlichter mir unter mein schlafend Angesicht geleucht. Nein, ich frag alle gute Freund, ob einer sich das gewünscht hätt? Antwort: Nein! –

Wie ich mich etwas erleichtert fühlte, so rückte ich allmählich hinter den vielen Leuten hervor, die an der Tür standen, und kam so ganz nah an die Frau Königin heran, die winkt mir, und nun kommen die Kammerjäger von ihrer Jagd durchs Buschwerk zurück und wollen eben mein Verschwinden melden, da sehn sie zu ihrer Verwunderung, wie ich eben mit denen Prinzen von Gotha, noch ein paar ganz jungen Bürschercher, Bekanntschaft mach. Die erzählen von meinem Sohn, weil sie ihn sehr gut kenne vom Weimarer Hof, und ich erzähl auch mein Bestes, und das war eine ganz vergnügte halbe Stund, wo ich mich ganz mit meinem Schicksal wieder aussöhnte. Auch hatte sich meine Verlegenheit nach und nach beschwichtigt über meine Toilette, denn ich hatte mir gleich vorgenommen gehabt, nur in keinen von denen großen hellerleuchtete Wandspiegel zu gucken, das war gar nicht so leicht. – Daß, wenn allenfalls was an mir in Unordnung geraten wär, daß ich nicht auch noch den Schreck auf mein gepreßt Herz laden müßt, weil aber die Leut mich all ganz vernünftig ansehn, und keiner eine zum Lachen gestimmte Miene macht, da wag ichs und tu einen Seitenblick, und finde mich nicht nur ganz menschlich, sondern ich gefalle mir auch sehr wohl mit meinem kuraschierten Aug, das da thront über alle verkehrte Eingebildtheiten, mit dem sie mich rund umher zu überschauen meinten.

Die gute Königin sah mirs an, daß es Zeit wär mich zu entlassen, sie nahm da mein Dank recht freundlich auf, und erinnert mich an die Zeiten, wo sie in meinem Haus unter meinem Schutz gewohnt hatte und tausend lustige Spielstunden in meinem Hof sich gemacht. – Da ich nun entlassen war, so kam gleich wieder so ein dienender Geist von morgens früh und frägt mich, ob ich vielleicht den Wagen bestellen wollt lassen? –

Nichts lieber wie das, sag ich, bester Freund, verdienen Sie sich einen Lohn im Himmel, und helfen Sie mir über die königlich Schwell hinüber in mein bürgerlich Dasein.

Wie ich nun wieder im Wagen saß, wer war froher als ich? – Ich hatte vor allen überraschenden Verlegenheiten und Sorgen gar nicht können an meine goldne Kett denken, jetzt beguckt ich sie im Mondschein, und sie machte mir doch großes Pläsier. – Denn alle Auszeichnungen, die mir werden, das weiß ich, die hab ich doch meinem Sohn zu danken, und wie soll das eine Mutter nicht freuen? – Kurz, ich hatte die schönsten Gedanken.

Ja, es war eine plaisierliche Fahrt in der Kastanienallee heimwärts. Alle Baumschatten flogen im Vorbeifahren mir über meine geblendete Augen, die ganz in tiefen Gedanken mit der in den Mondstrahlen blinkenden Kett sich beschäftigten. Es war recht erfreulich und mir besonders erquicklich, daß die doch kein Strick war, der mich an einen Oberherrn gebunden hatte. Ja, es gibt so Augenblicke im Leben, wo eine Auszeichnung vom Schicksal, wie die, in einer so edlen Stadt geboren zu sein, einem wie feuriger Wein durch die Adern glüht, wo man lieber auf alles verzichten wollt, als auf die Stadt, die heilige Ansprüche auf einem hat, weil man in ihren Mauern zum erstenmal das Licht der Welt erblickte, der aber auch, und sollte einem der Schicksalssturm wie weit von ihr verschlagen haben, der Wandrer nie ein Fremdling sein wird. Kommst du durch diese langen engen Tore, wo das Sonnelicht auch am hohen Mittag keinen Eingang hat, hereingezogen, so kannst du gewiß sein, du bist zu Haus! Nun, ich kann euch sagen, als ich in der Nacht vors Tor kam, so freut ich mich über die Maßen: »Sie müssen die Sperr bezahlen!«

»Königliche Equipage!« ruft der Lakai vom Bock herunter; Schildwach ruft: »Heraus!«

Ei was! sag ich, freilich will ich die Sperr bezahlen, stekken Sie Ihnen Ihr Seitengewehr ein, Herr Leutnant, ich bins nur und sonst niemand!

»Ei um so besser, vor Ihne präsentiere mer das Gewehr mit Vergnüge.«

Nun, als wir durch den Orkus durchgerumpelt waren und endlich vor meinem Haus stillstanden, so kommt mir ein ganzer Trupp von Basen und Vettern entgegengestürzt. –

Ich sag, ei was wollt ihr dann? – es ist ja nachtschlafende Zeit! –

»Ach, Gott seis gedankt, daß wir Sie wieder vor unsern Augen sehen, lieb Frau Rat, wir hatten gedacht, Sie wären arretiert! Die Jungfer Lieschen hat uns in große Ängste zusammengetrummelt, es wäre eine Order kommen von ihre königliche Majestät von Preußen, grad wie Sie hätten wollen ins Kirschenwäldchen fahren mit der Frau Bethmann, und kaum daß Sie sich hätten was anziehn können, so wären Sie mit Eskorte von drei Mann in einen zuenen Wagen mit vier Pferd forttransportiert worden. Und so sitzen wir hier schon drei Stund und wissen nicht, was wir sollen anfangen, und eben wollten wirs dem Herrn Bürgermeister melden, und wir wären Ihnen nachgeeilt, aber die Jungfer hatte den Ort vergessen, wo Sie waren hintransportiert worden.« –

Nun um Gotteswillen! was sind das für Sachen! – Das Rätsel will ich euch morgen lösen; heunt will ich euch nur eins sagen, daß die Jungfer Lieschen eine Hahlgans ist, und ich seh wohl ein jetzt, daß ihr die Haub heunt morgen nicht verkehrt auf dem Kopf gesessen hat, daß ihr aber der Kopf verkehrt unter der Haub sitzt, davor will ich euch stehn. Ich bedank mich übrigens für die Teilnahme; und wenn Sie einmal arretiert werden sollten, so werd ich auch mein Bestes tun, Sie wieder einzuholen. Übrigens, wer meine große Abenteuer genauer will erfahren, der muß morgen kommen, heunt sind die Tore gesperrt. –

Nun wie ich die gute Nachbarn los war – so mach ich der Lieschen erst Vorwürf, wie sie so dumm könnt sein, und mir die Leut über den Hals trummelt.

Nun nehm ich meine Sternblumenhaub vom Kopf herunter und stülp sie über die Bouteille. Die hat heunt was mit mir erlebt! – ich eröffne meinen Umhang, die Lieschen erstarrt vor der goldnen Kett! – Sie macht mir Vorwürf, daß ich nicht gleich hab vor den Nachbarn, die um meine Abwesenheit waren in Sorgen gewesen, meinen Mantel aufgemacht.

»Und«, sagt sie, »das war einmal nichts, daß die Frau Rat nicht gleich es gesagt haben, und morgen bei Tag wird das lang so keinen Effekt machen.«

Nun! sag ich, es ist nun emal geschehn, nun wollen wir uns ins Negligee werfen und ins Bett legen und von denen viele Strabatzen uns ausruhen! –

Und Ludwig Tieck?

Der geistert im Hintergrund herum, taucht in Briefen des Brentano-Kreises immer mal wieder auf, war zweiter Brennpunkt der Bewunderung, neben Goethe. Ludwig Tieck, Jahrgang 1773, war, als »König der Romantik«, eine der großen Leitfiguren. Er vor allem etablierte und sanktionierte die Form des Briefbuchs; schon einige Jahre vor der Jahrundertwende legte er, mit Anfang zwanzig, einen Briefroman vor: *William Lovell*.

Auch Bettine wollte ihn kennenlernen; das wurde möglich über Clemens. »Deine Freundschaft mit *Tieck* entzückt mich, – oft, wenn ich in seinen Schriften las, hatte ich eine große Begierde ihn kennenzulernen.«

Und das geschah im September 1806. Tieck kehrte aus Italien zurück, machte Zwischenstation in Frankfurt, war Gast auch im Stammhaus der Familie und der Firma Brentano, wurde dort hofiert, revanchierte sich rezitierend und charmierend.

Clemens in einem Brief an Arnim: »Von hier [Heidelberg] bin ich mit Tieck nach Frft. gereist, wo er nach Dichterart, trotz seiner überfließenden Ernsthaftigkeit, Weib und Kind noch acht Tage vergaß, die er von morgens 7 bis nachts 12 alle rund und rein in den Labyrinthen des goldnen Kopfs zubrachte, er hat sich unendlich bei uns gefallen und mißfallen, alles hat ihn geliebt, er ist von Stube zu Stube herumgezogen, hat 3 Shakespeare-Stücke vorgelesen, wobei Bethmann 3mal eingeschlafen; George, der jetzt an Liebenswürdigkeit und Anmut mit Franz wetteifert, hat ihn besonders liebgewonnen, mit Bettinen ist er auf du und du gekommen, sie hat so wunderbar schön vor ihm gesungen, ihren wilden Seelenschlag, keine Aria brillante, so wie sie früher sang, sie hat auch schön mit ihm gesprochen, ihr Wesen hat ihn tief gerührt, er hat ihr sehr zugeredet zu dichten, sie hat es auch versprochen – ! – ! – Was ihren Gesang betrifft, d.h. den extemporierten, so habe ich ihn Tränen dabei weinen sehen, und er versicherte, er, der Kirchenmusikus, daß er durch sie zuerst seine Ideenreihe über Musik ergänzt fühle, daß er nie etwas Ähnliches gehört habe, und daß er jetzt wisse, wie die Musik entstanden sei; aber sie sang auch, wie wir es nie von ihr gehört haben.«

Und Bettine, 21, verliebte sich in den zwölf Jahre älteren Dichter, Vater eines Töchterchens, dem sie, in erstem Entzükken, »ein Kleidchen machen« wollte. Von Frankfurt reiste er weiter nach Bad Lauchstädt, traf dort Goethe, dann ging es nach Dresden, dort traf er den Maler Runge, und er kehrte endlich heim zu Frau und Kind auf dem Gut eines Freundes: Ziebingen bei Frankfurt an der Oder.

Am 3. Oktober bereits schreibt Bettine, noch in Frankfurt, an Tieck, schon in Ziebingen – Zeilen, die höchst charakteristisch sind für ihre Selbsteinschätzung, für ihre Erwartungen, nein, für ihre Forderungen an das Leben.

Schon lange habe ich geglaubt, über allen Schmerz hinaus zu sein, den mir Entfernung, Vergessenheit von Freunden verursachen könnte, und nun betrübt mich alles, die Karte von Italien, die jetzt an der Wand hängt, überm Sessel, die kommt mir so leer vor, Sie sind nicht mehr da, was brauch ich das Land zu sehen; wahrhaftig, meine Neigungen bringen mir kein Heil, wenn sie so innig ergebend sind, lieben soll ich, aber nicht demütig sondern großmütig. Ich hab an Sie geschrieben vor 14 Tagen, nach Dresden. Sie haben wohl meinen Brief nicht erhalten, er war vielleicht zu kühn, zu freimütig, weil Sie gar nichts darüber sagen; wenn ein andrer verstehen könnte wie mich das all quält, ich kenne die Menschen nicht, ich weiß nicht wie viel sie vertragen von Liebe, ich kann die meinige nicht einteilen, damit sie genießbar wird, entweder alles oder kein Leben, kein Atemzug der das Herz erweitert. [...]

Lieber Tieck, wenn Sie mir gut sind, so verkennen sie all dies nicht, jemand der so lebhaft alles fühlt wie ich, der kann sich nicht weniger lebhaft ausdrücken, es ist keine Frage, daß Gott mir mehr gewähren muß wie andern, er muß mir alles gewähren, (denn er hat mir das Entbehren nicht anerschaffen) mithin auch Ihre Liebe, und deswegen bin ich auch wieder getröstet.

Gestern war ich wieder zum erstenmal auf dem selben Platz im Garten, Sie waren auch da, einen Augenblick, Ihre Füße sah ich deutlich auf der Treppe stehen, ich ging weg, mag auch in meinem Leben nicht wieder hin, ich möchte Sie wohl nie wieder dort finden, das könnte mich schmerzlich beleidigen. Ich bin so glücklich, Gott meint es so gut mit mir, er will mich erhöhen, er will mich bessern durch das Größte auf Erden, durch die Liebe, und ich sollte widerstehen wollen? Nein gewiß nicht, mit allem Leben was in mir ist, will ich mich ihm ergeben, es entstehe daraus was will, mir kann es keinen Schaden bringen, nur dem Zaghaften können irdische Verhältnisse was anhaben, was schadet es denn, daß ich nicht bei Dir bin; ist mein Vertrauen so klein, daß es nicht bis Ziebingen reichen sollte, ich bin recht dumm daß es mich betrübt, was schadet es endlich, wenn Sie selbst dies alle[s] nicht annehmen, es ist als ob der Strom der Lieblichkeit der Gegend nicht annimmt durch die er fließt, die Gegend bleibt doch lieblich durch ihn, trotz ihm, die *Bettine* bleibt doch liebend trotz *ihm, ein*

Strom ist übrigens auch nicht so widernatürlich, unnatürlich.

Der Winter ist nah, es wird sehr kalt werden, lieber Tieck, wenn Sie mir nicht gut sind so erstarre ich, keine Heimat habe ich, wo Feuer mir zum Wärmen brennte, denn ich hab wohl empfunden: wer sich niederläßt im Eigennutz, seinem eigenen Leib aufopfernd die Welt, dem entflieht das Leben, kein freundlich Gespräch, kein Gesang, keine Fantasie und Farbe mehr, alles wird nach und nach stumme verlassne Einsamkeit. […]

Ich sage da viel durcheinander, und wer diesen Brief in Händen hielte und ihn so sinnlich [oberflächlich] läse wie er dasteht, dem würde er keinen Bestand haben, wer aber heimlich lauscht und aufmerkt, und mir gut ist, der wird einen einzigen Ton darin hören, der alle andren Töne zur Melodie verbindet.

Im August des folgenden Jahres (wenige Monate nach dem ersten Besuch im Hause Goethe) wird sie ein Selbstportrait entwerfen, als phantasmagorischen Gemälde-Entwurf (sie malt gelegentlich auch in Öl).

Im Hintergrund der Mond, etwas blaß, entsteigt dem See, beschaut sich gleich emsig in dieser Wiege; Mutter Natur legt spielend ihm die Wolkenhand vor die Augen, zieht sie leise wieder weg, schnell und lächelnd blickt er wieder in den See, die Berge zu beiden Seiten ziehen mit sehnsüchtigen Blicken seinen Glanz auf ihr wellig Haupt, und so gehts weiter – er dringt in manche dunkle Höhle, manch Geheimnis heiliger Natur und – zieht sich zurück als bescheidner Freund. Das ist mein Herz im Bilde – der Hintergrund. –

Nun kommt der Vordergrund: mein Geist, mein Sinn oder besser, mein Leichtsinn: ein Wald von Tannen, Fichten, Birken; lauter Bäume die immer grün sind, bedecken den ganzen Hintergrund, von der Spitze bis zur Wurzel hängen farbige Lämpchen, in symbolischer Ordnung. Außer dem Bild sind die Zuschauer, nämlich das Leben wie es mich anspricht. In der Mitte auf dem besten Platz sitzt Goethe auf einem gepolsterten Lehnstuhl mit einem Schemel unter den Füßen, dem hab ichs commod gemacht, damit er nicht davongeht um anderswo mehr Bequemlichkeit zu suchen. [Da]neben, im Perspektiv, steht Tieck, er kann durchsehen mit einem Blick, kann die stille einsame Nacht hinter dem rauschenden Wald entdecken allein, seine Augenlider sind gesenkt, und ich verzweifle endlich, nach langem Harren, an der Gegenwart. Denke an die Zukunft wenn der Morgentau in tausend goldnen Perlen auf jedem Blättchen die künstliche Illumination beschämen wird. Arnim geht mit gehöriger Lebhaftigkeit hin und her, nimmt alles würdig auf, nur die Stare und Spatzen die in der Luft hin und her schwirren stören ihn, er hat eine Reitpeitsche um sie im Flug zu treffen, und haut manchmal dem Nachbarn ins Gesicht in der Meinung, es sei eine Fledermaus.

Bettine macht sich auf den Weg

Je öfter Mutter und Besucherin über Goethe sprechen, desto entschiedener wird Bettines Wunsch, ihn zu sehen, zu hören, zu spüren, zu fühlen – nicht nur im verpflichtenden »Erbteil« der Familienhistorie. Der Aufbruch wird Gesprächsthema.

Gestern saß ich der Mutter gegenüber auf meinem Schemel, sie sah mich an und sagte: Nun was gibts? – warum siehst du mich nicht an? –

Ich wollte, sie solle mir erzählen; – ich hatte den Kopf in meine Arme verschränkt.

Nein, sagte sie, wenn du mich nicht ansiehst, so erzähl ich nichts. Und da ich meinen Eigensinn nicht brechen konnte, ward sie ganz still. – Ich ging auf und ab durch die drei langen, schmalen Zimmer, und so oft ich an ihr vorüberschritt, sah sie mich an, als wollte sie sagen: Wie lang solls dauern? – Endlich sagte sie: Hör! – Ich dächte du gingst. –

Wohin? fragte ich. –

Nach Weimar zum Wolfgang, und holtest dir wieder Respekt gegen seine Mutter.

Ach Mutter, wenn das möglich wär! sagte ich und fiel ihr um den Hals, und küßte sie und lief im Zimmer auf und ab.

Ei, sagte sie, warum soll es denn nicht möglich sein? Der Weg dahin hängt ja aneinander und ist kein Abgrund dazwischen; ich weiß nicht, was dich abhält, wenn du eine so ungeheure Sehnsucht hast; – eine Meile vierzigmal zu machen ist der ganze Spaß, und dann kommst du wieder und erzählst mir alles. –

Nun hab ich die ganze Nacht von der einen Meile geträumt, die ich vierzigmal machen werde; es ist ja wahr, die Mutter hat recht, nach vierzig durchjagten Stunden läg ich am Herzen des Freundes; es ist auf *dieser* Erde, wo ich ihn finden kann, auf gebahnten Wegen gehet die Straße, alles deutet dorthin, der Stern am Himmel leuchtet bis zu seiner Schwelle, die Kinder am Weg rufen mir zu: Dort wohnt er! – Was hält mich zurück? –

Wenn Bettine sich etwas vorgenommen hat, kann sie nichts zurückhalten. Mai 1807 bricht sie auf, gemeinsam mit der Schwester Lulu. Später erzählt sie der Mitwelt und Nachwelt auf ihre Weise von der Fahrt nach Weimar: ins Märchenhafte stilisiert.

Ich lieg schon eine Weile im Bett und da treibt michs heraus, daß ich Ihr alles schreib von unserer Reise. –

Ich hab Ihr ja geschrieben, daß wir in männlicher Kleidung durch die Armeen passierten. Gleich vorm Tor ließ uns der Schwager aussteigen, er wollte sehen wie die Kleidung uns stehe. Die Lulu sah sehr gut aus, denn sie ist prächtig gewachsen und die Kleidung war sehr passend gemacht; mir war aber alles zu weit und zu lang, als ob ichs auf dem Krempelmarkt erkauft hätte. Der Schwager lachte über mich und sagte, ich sähe aus wie ein Savoyardenbube, ich könnte gute Dienste leisten. Der Kutscher hatte uns vom Weg abgefahren durch einen Wald, und wie ein Kreuzweg kam, da wußt er nicht wo hinaus; obschon es nur der Anfang war von der ganzen vier Wochen langen Reise, so hatt ich doch Angst, wir könnten uns verirren und kämen dann zu spät nach Weimar; ich klettert' auf die höchste Tanne und da sah ich bald, wo die Chaussee lag. Die ganze Reise hab ich auf dem Bock gemacht;

ich hatte eine Mütze auf von Fuchspelz, der Fuchsschwanz hing hinten herunter. Wenn wir auf die Station kamen, schirrte ich die Pferde ab und half auch wieder anspannen. Mit den Postillions sprach ich gebrochen Deutsch als wenn ich ein Franzose wär. Im Anfang war schön Wetter, als wollt es Frühling werden, bald wurd es ganz kalter Winter; wir kamen durch einen Wald von ungeheuren Fichten und Tannen, alles bereift, untadelhaft, nicht eine Menschenseele war des Wegs gefahren, der ganz weiß war; noch obendrein schien der Mond in dieses verödete Silberparadies, eine Totenstille – nur die Räder pfiffen von der Kälte. Ich saß auf dem Kutschersitz, und hatte gar nicht kalt; die Winterkält schlägt Funken aus mir; – wie's nah an die Mitternacht rückte, da hörten wir pfeifen im Walde; mein Schwager reichte mir ein Pistol aus dem Wagen und fragte, ob ich Mut habe loszuschießen, wenn die Spitzbuben kommen, ich sagte: Ja; er sagte: Schießen Sie nur nicht zu früh. Die Lulu hatte große Angst im Wagen, ich aber unter freiem Himmel mit der gespannten Pistole, den Säbel umgeschnallt, unzählige funkelnde Sterne über mir, die blitzenden Bäume, die ihren Riesenschatten auf den breiten mondbeschienenen Weg warfen – das alles machte mich kühn auf meinem erhabenen Sitz. –

Da dacht ich an *ihn*, wenn der mich in seinen Jugendjahren so begegnet hätte, ob das nicht einen poetischen Eindruck auf *ihn* gemacht haben würde, daß er Lieder auf mich gemacht hätte und mich nimmermehr vergessen. Jetzt mag er anders denken – er wird erhaben sein über einen magischen Eindruck; höhere Eigenschaften (wie soll ich die erwerben?) werden ein Recht über ihn behaupten. Wenn nicht Treue – ewige, an seine Schwelle gebannt – mir endlich *ihn* erwirbt! So war ich in jener kalten hellen Winternacht gestimmt, in der ich keine Gelegenheit fand mein Gewehr loszuschießen, erst wie der Tag anbrach, erhielt ich Erlaubnis loszudrücken; der Wagen hielt und ich lief in den Wald und schoß in die dichte Einsamkeit Ihrem Sohn zu Ehren mutig los; indessen war die Achse gebrochen; wir fällten einen Baum mit dem Beil, das wir bei uns hatten, und knebelten ihn mit Stricken fest; da fand denn mein Schwager daß ich sehr anstellig war, und lobte mich. So gings fort bis Magdeburg; präzis 7 Uhr abends wird die Festung gesperrt, wir kamen eine Minute nachher und mußten bis den andern Morgen um sieben halten; es war nicht sehr kalt, die beiden im Wagen schliefen. In der Nacht fings an zu schneien, ich hatte den Mantel über den Kopf genommen und blieb ruhig sitzen auf meinem freien Sitz; am Morgen guckten sie aus dem Wagen, da hatte ich mich in einen Schneemann verwandelt, aber noch eh' sie recht erschrecken konnten, warf ich den Mantel ab, unter dem ich recht warm gesessen habe. [...] –

Wie wir nur noch wenig Meilen von Weimar waren, da sagte mein Schwager, er wünsche nicht den Umweg über Weimar zu machen und lieber eine andre Straße zu fahren. Ich schwieg stille, aber die Lulu litt es nicht; sie sagte: Einmal wär mirs versprochen und er müßte mir Wort halten. –

Ach Mutter! – das Schwert hing an einem Haar über meinem Haupt, aber ich kam glücklich drunter weg.

In Weimar kamen wir um zwölf Uhr an; wir aßen zu Mittag, ich aber nicht. Die beiden legten sich aufs Sofa und schliefen; drei Nächte hatten wir durchwacht. Ich rate Ihnen, sagte mein Schwager, auch auszuruhen; der Goethe wird sich nicht viel draus machen, ob Sie zu ihm kommen oder nicht, und was Besondres wird auch nicht an ihm zu sehen sein. Kann Sie denken, daß mir diese Rede allen Mut benahm? –

Ach ich wußte nicht was ich tun sollte, ich war ganz allein in der fremden Stadt; ich hatte mich anders angekleidet, ich stand am Fenster und sah nach der Turmuhr, eben schlug es halb 3. –

Es war mir auch so, als ob sich Goethe nichts draus machen werde mich zu sehen; es fiel mir ein, daß ihn die Leute stolz nennen; ich drückte mein Herz fest zusammen, daß es nicht begehren solle; – auf einmal schlug es 3 Uhr. Und da wars doch auch grad als hätte er mich gerufen, ich lief hinunter nach dem Lohnbedienten, kein Wagen war da, eine Portechaise? Nein, sagt' ich, das ist eine Equipage fürs Lazarett. Wir gingen zu Fuß. Es war ein wahrer Chokoladenbrei auf der Straße, über den dicksten Morast mußte ich mich tragen lassen, und so kam ich zu Wieland, nicht zu Ihrem Sohn. Den Wieland hatte ich nie gesehen, ich tat als sei ich eine alte Bekanntschaft von ihm, er besann sich hin und her und sagte: Ja, ein lieber bekannter Engel sind Sie gewiß, aber ich kann mich nur nicht besinnen wann und wo ich Sie gesehen habe. Ich scherzte mit ihm und sagte: Jetzt hab ichs herausgekriegt daß Sie von mir träumen, denn anderswo können Sie mich unmöglich gesehen haben. Von ihm ließ ich mir ein Billet an Ihren Sohn geben, ich hab es mir nachher mitgenommen und zum Andenken aufbewahrt; und hier schreib ichs Ihr ab. »*Bettina Brentano, Sophiens Schwester, Maximilianens Tochter, Sophie La Rochens Enkelin* wünscht Dich zu sehen, l[ieber] Br[uder], und gibt vor, sie fürchte sich vor Dir, und ein Zettelchen das ich ihr mitgebe, würde ein Talisman sein, der ihr Mut gäbe. Wiewohl ich ziemlich gewiß bin, daß sie nur ihren Spaß mit mir treibt, so muß ich doch tun, was sie haben will, und es soll mich wundern, wenn Dir's nicht ebenso wie mir geht.

Den 23. April 1807 W.«

Mit diesem Billet ging ich hin, das Haus liegt dem Brunnen gegenüber; wie rauschte mir das Wasser so betäubend – ich kam die einfache Treppe hinauf, in der Mauer stehen Statuen von Gips, sie gebieten Stille. Zum wenigsten *ich* könnte nicht laut werden auf diesem heiligen Hausflur. Alles ist freundlich und doch feierlich. In den Zimmern ist die höchste Einfachheit zu Hause, ach so einladend! Fürchte dich nicht, sagten mir die bescheidnen Wände, er wird kommen und wird sein, und nicht *mehr* sein wollen wie du, – und da ging die Tür auf und da stand er feierlich ernst, und sah mich unverwandten Blickes an; ich streckte die Hände nach ihm, glaub ich, – bald wußt' ich nichts mehr, Goethe fing mich rasch auf an sein Herz. *Armes Kind, hab ich Sie erschreckt*, das waren die ersten Worte, mit denen seine Stimme mir ins Herz drang; er führte mich in sein Zimmer und setzte mich auf den Sofa gegen sich über. Da waren wir beide stumm, endlich unterbrach er das Schweigen: Sie haben wohl in der Zeitung gelesen daß wir einen großen Verlust vor wenig Tagen erlitten haben durch den Tod der Herzogin Amalie.

Ach! sagt' ich, ich lese die Zeitung nicht. –

So! – Ich habe geglaubt, alles interessiere Sie, was in Weimar vorgehe. –

Nein, nichts interessiert mich als nur Sie, und da bin ich viel zu ungeduldig, in der Zeitung zu blättern. –

Sie sind ein freundliches Kind. – Lange Pause – ich auf das fatale Sofa gebannt, so ängstlich. Sie weiß, daß es mir unmöglich ist, so wohlerzogen da zu sitzen. – Ach Mutter! Kann man sich selbst so überspringen? –

Ich sagte plötzlich: Hier auf dem Sofa kann ich nicht bleiben, und sprang auf. –

Nun! sagte er, machen Sie sichs bequem; nun flog ich ihm an den Hals, er zog mich aufs Knie und schloß mich ans Herz. –

Still, ganz still wars, alles verging. Ich hatte so lange nicht geschlafen; Jahre waren vergangen in Sehnsucht nach ihm – ich schlief an seiner Brust ein; und da ich aufgewacht war, begann ein neues Leben.

Sie kommt Goethe näher

Bettines Besuch bei Goethe: reichlich Gesprächsstoff, vor allem in Frankfurt! Mutter Goethe: »Da hat denn doch die kleine Brentano ihren Willen gehabt, und Goethe gesehn – ich glaube im gegengesetzten Fall wäre sie toll geworden – denn sowas ist mir noch nicht vorgekommen – sie wollte als Knabe sich verkleiden, zu Fuß nach Weimar laufen – vorigen Winter hatte ich oft eine rechte Angst über das Mädchen – dem Himmel sei Dank daß sie endlich auf eine musterhafte Art ihren Willen gehabt hat.«

Bettine berichtet auch Clemens vom Empfang in Weimar – einer der Briefe, die für den Empfänger und nicht für eine größere Öffentlichkeit bestimmt waren. Hier wirkt denn auch alles realistischer als in der späten Version für das Lesepublikum. Freilich, die Bedeutung des Augenblicks erschüttert erst einmal die Syntax.

Aber jetzt kommen wir zu Goethe. Ich preise mich glücklich, guter Clemens, nur erst einmal auf die Treppe, die zwei freundliche Marmorbilder die Dir entgegen winken, und so still und würdig ist das Haus – Ich wartete in einem Zimmer das voller kleiner Holzschnitte und Zeichnungen hängt. Indem trat er herein, grüßt mich, führt mich auf sein Zimmer; nachdem ich saß, rückt er sich einen Stuhl herbei. Nun da sind wir ja, jetzt wollen wir schwätzen bis Nacht ist; er sprach mir viel von Arnim, den hat er wirklich lieb, auch über Dich sagte er mir mancherlei Gutes und Schönes, was mir sehr lieb ist, er ist doch sehr gerecht und mild, und auch nachsichtig. [...]

Ich plauderte alles was mir auf die Zunge kam, und er

war damit zufrieden, ich sagte ihm daß ich seine Lebensgeschichte schreiben wollte, dies freut ihn, er eiferte mich ordentlich dazu an. Er war so ehrend in allem was er sprach. Wer ihn einmal gesehen hat wie ich, der ist seinen Anblick nicht wert, und wenn die ganze Welt ihn nicht kennt so will die Bettine Jubel rufen über seine Herrlichkeit. [...]

Als ich weg ging, steckte er mir einen Ring an den Finger, und erinnerte mich nochmals an seine Biographie. Sein Leben will ich nicht schreiben das kann ich nicht, aber den Duft seines Lebens will ich erschwingen und auffassen, und zum ewigen Andenken seiner bewahren.

Clemens wiederum schreibt seinem Freund Arnim: »Er hat ihr erlaubt, sein Leben nach den Aussagen seiner Mutter zu schreiben. Er wolle ihr noch viel dazu sagen, das solle seine Biographie werden, einfältig wie die Haimonskinder. Sie hat ihn gezankt, gestärkt und gebessert und verjüngt in drei Stunden, und alles ist so in ihm, wie wir es uns gedacht. [...] Um den Ring, den Goethe Bettinen gab, haben ihn früher seine besten Freunde gebeten, und er hat ihn versagt. Ihr wunderbares Gespräch mit ihm ist mir ein rührender Beweis, von welcher göttlichen Wirkung auf Erden dies erleuchtete Kind sein würde, wenn sie nicht so viele Worte an die [All]Gemeinheit ausspräche.«

Tatsächlich wird sie dazu ansetzen, die Biographie zu schreiben, dies als Vorlage für Goethe, wie von ihm erbeten. »Ich will Dir nämlich bekennen daß ich im Begriff bin meine Bekenntnisse zu schreiben, daraus mag nun ein Roman oder eine Geschichte werden, das läßt sich nicht voraussehn; aber in jedem Fall bedarf ich Deiner Beihilfe. Meine gute Mutter ist abgeschieden und so manche andre die mir das Vergangne wieder hervorrufen könnten, das ich meistens vergessen habe. Nun hast Du die schöne Zeit mit der teuren Mutter gehabt, hast ihre Märchen und Anekdoten wiederholt vernommen und trägst und hegst alles im frischen belebenden Gedächtnis. Setze Dich also nur gleich hin und schreibe nieder, was sich auf mich und die Meinigen bezieht und Du wirst mich dadurch sehr erfreuen und verbinden.«

In einem der später nicht redigierten Briefe gibt sie sogleich wieder, was sie von der schweren Geburt erfuhr.

»3 Tage bedachtest Du Dich eh Du ans Weltlicht kamst, und machtest der Mutter [»in ihrem 17ten Jahr«] schwere Stunden; aus Zorn, daß Dich die Not aus dem eingebornen Wohnort trieb, und durch die Mißhandlung der Amme kamst Du ganz schwarz und ohne Lebenszeichen. Sie legten Dich in einen sogenannten Fleischarden [Fleischeinbettung] mit Wein und bähten Dir die Herzgrube, ganz an Deinem Leben verzweifelnd. Deine Großmutter stand hinter dem Bett; als Du zuerst die Augen aufschlugst, rief sie hervor: Rätin! Er lebt!«

So viel Realismus erschien ihr später offenbar unangebracht, ihre Intrada im Goethebuch liest sich so:

Von seiner Kindheit: Wie er schon mit neun Wochen ängstliche Träume gehabt, wie Großmutter und Großvater und Mutter und Vater und die Amme um seine Wiege gestanden und lauschten, welch heftige Bewegungen sich in seinen Mienen zeigten, und wenn er erwachte, in ein sehr betrübtes Weinen verfallen, oft auch sehr heftig geschrieen hat, so daß ihm der Atem entging und die Eltern für sein Leben besorgt waren, sie schafften eine Klingel an; wenn sie merkten, daß er im Schlaf unruhig ward, klingelten und rasselten sie heftig, damit er beim Aufwachen gleich den Traum vergessen möge; einmal hatte der Vater ihn auf dem Arm und ließ ihn in den Mond sehen, da fiel er plötzlich, wie von etwas erschüttert, zurück und geriet so außer sich, daß ihm der Vater Luft einblasen mußte, damit er nicht ersticke. –

Diese kleinen Zufälle [Anfälle] würde ich in einem Zeitraum von sechzig Jahren vergessen haben, sagte die Mutter, wenn nicht sein fortwährendes Leben mir dies alles geheiligt hatte; denn soll ich die Vorsehung nicht anbeten, wenn ich bedenke, daß ein Leben damals von einem Lufthauch abhing?

Die biographische Situation, in der Bettine den Dichter in Weimar aufsuchte, ihn zu umwerben begann, muß kurz skizziert werden. Bettine 1807: ein Tiefpunkt. Caroline von Günderrode tot und die Beziehung zu Clemens hatte an Spontaneität und Intensität verloren.

Und die Beziehung zu dessen Freund, zu Achim von Arnim? Zwar gab es gelegentlich, im Familien- und Freundeskreis, ein Wiedersehn, doch die große Liebe, von Bettine generell ersehnt, sie entstand noch nicht: »2 und zwanzig Jahre bin ich bald alt, und das Schicksal hat mich noch keines Blikkes gewürdigt, geseufzt hab ich, gedacht habe ich, keine Spur ist davon zurückgeblieben. Hab ich je empfunden, daß eine liebenswürdige Seele auch Genuß an mir gehabt hätte?«

Bettine hatte sich, mit einem heutigen Wort, noch nicht verwirklicht. Das war private Erfahrung, entsprach zugleich der gesellschaftlichen Rolle der intelligenten, der intellektuellen bürgerlichen Frau jener Zeit: kaum ernsthaftes Studium, kaum Berufe für Frauen, und wenn sie nicht geheiratet wurden, lebten sie vielfach in Stiften und Klöstern. Zwar studierte Bettine Gesang und Komposition, vertonte einige Goethe-Gedichte, aber das blieb eher peripher – zu wenig Konzentration, zu wenig Konsequenz. Bettine reiste viel, im Gefolge von

Familienmitgliedern, hielt sich im Sommer gern auf dem Landgut in Winkel auf oder in Schlangenbad. Was sie brauchte in dieser Zeit (1807 wird auch noch die Frau Rat sterben!): etwas, das sie absorbierte. Und sie setzte sich in den Kopf, dies müßte die große Liebe zu Goethe sein.

Das klingt boshaft überspitzt. Doch ist folgende Äußerung von ihr überliefert: »So außerordentlich war ich gar nicht in Goethe verliebt; ich mußte nur jemand haben, an dem ich meine Gedanken usw. auslassen konnte.«

Zuweilen blitzen im Briefkonvolut weitere Formulierungen auf, die Selbstbezogenheit signalisieren: »So tief bewegt bin ich, daß Du mir Gehör gibst, und so selig bin ich, daß ich so tief bewegt bin.« Oder: »Ich hab Dich übersetzt in mich.« Oder: »Wenn mein Geist durch eigne Explosionen sich zum Spiel zur Lust zur Gunst zum Dank wird.« Primär ist offenbar nicht die Liebe zu einer anderen Person, sondern Verliebtheit in das Gefühl, sie liebe.

Und Goethe? »Mamsell Brentano« notierte er im Tagebuch nach dem ersten Besuch, das war schon alles. Folgt man hingegen ihrem Bericht, so spielte sie von Anfang an die Rolle der Kindgeliebten. Sie nutzte aus, daß sie kindhaft klein war, schlüpfte so unter Konventionsschranken durch; Goethe nahm sie, in ihrer Version, als Kind in die Arme und auf den Schoß, und die sich an ihn kuschelte, war eine junge Frau von 22.

Zufrieden schrieb sie am 13. Juli 1807 an Arnim (auch er hatte Goethe bei einem Besuch seine Reverenz erwiesen): »In Weimar ward mir ein einziger Wunsch erfüllt, die vier Stunden, die ich dort zubrachte, schaute ich in Goethes Antlitz, der mich wieder so freundlich ansah, so freundlich! Kein Wesen in der ganzen Natur war mir so angemessen, gab so, was ich begehrte, als eben das seinige. –

Mit Goethe sprach ich viel von Ihnen, er hat Sie lieb, er kann es sehr gut begreifen, daß ich Sie auch lieb habe. Ich wundre mich, daß ich so ruhig war bei ihm, bei ihm allein, daß ich auf seiner Schulter lag und beinah schlief, so still war die Welt um mich her, und er ließ sichs gefallen und war auch still und war so ehrend in dem wenigen, was er zu mir sprach. Ich trag einen Ring von ihm am Mittelfinger der rechten Hand, es ist eine kleine Figur in einen blauen Stein geschnitten, die ihre Haare löst oder bindet.»

Beruhigende Versicherung: »daß ich Sie auch lieb habe«. Doch Arnim war nicht nur geographisch fern, vorerst. Und Goethe? Er wurde offenbar früh schon mit Interpretationen der Beziehung konfrontiert, die ihm zumindest unbequem waren. Das läßt sich ablesen von einem Brief an seine Frau Christiane, Mai 1807. »Der Mutter Brief hat mich weit mehr erbaut als der Brief von Bettinen. Diese wenigen Zeilen haben ihr mehr bei mir geschadet als Deine und Wielands Afterreden. Wie das zusammenhängt, auszulegen, dazu würde ich viele Worte brauchen.«

Sehr wahrscheinlich: Frau Goethe war von Anfang an eifersüchtig – die kleine, quirlige junge Frau aus einer angesehen Familie, aus einem literarischen Clan, die versuchte sich an ihren Mann heranzuschreiben, und sie war ihm offenbar nicht einmal gleichgültig – auch wenn er betonte, er hätte sich über einen Brief von ihr mehr geärgert als gefreut, der hätte eher die Distanz vergrößert.

Hier muß hervorgehoben werden: Bettine hat ihren Liebesbriefen an Goethe nicht erst nachträglich größere Intensität verliehen. Es sind Originalbriefe der Bettine Brentano an Johann Wolfgang von Goethe erhalten, und da heißt es gleich in einem der ersten Schreiben: »Ich hab Dich einzig lieb«, und dies »lieb« betont durch Wortumkreisung. Im gleichen Brief ist zu lesen von dem »einen Kuß, mit dem ich nicht schied von Dir«. Kurz, es lassen sich wörtliche und fast-wörtliche Entsprechungen zum späteren, literarisch bearbeiteten Briefwechsel nachweisen. Was Bettine hinzuschreiben wird: vorwiegend erzählende Passagen über ihre Reisen, ihre Bekanntschaften, Freunde. Hier entwickelte sie Ambitionen und hier schuf sie Literatur. Die meiste Phantasie, so habe ich den Eindruck, entwickelte sie beim Ausmalen gemeinsamer Stunden mit Goethe. Auch wenn hier manches noch so erfunden wirkt, fast märchenhaft – ich bin sicher, für Bettine besaßen die Szenen Realität. Beispielsweise, wenn Goethe die kleine Frau unter einem Umhang in seine Weimarer Theaterloge schmuggelt, und sie schaut unter dem Umhang hervor wie »ein Mäuschen auf die Bühne« – entweder hat sich der große Mann einen kleinen Spaß erlaubt oder die Szene wurde von Bettines Wunschdenken entwickelt. Doch auch Wunschträume konnten sich in ihr verfestigen zu Erinnerungen, zu subjektiven Realitäten.

Erlebte und ersehnte Intimität als Antrieb, als Stimulans der Briefe, die Bettine schrieb. Ein Brief-Wechsel entstand damit nicht: fast alle Briefe des (späteren) Buchs stammen von ihr. Der Titel *Goethe's Briefwechsel mit einem Kinde* weckt falsche Erwartungen, werbewirksam, denn dies ist kein Briefwechsel, den Goethe mit der kindhaft kleinen, dem Kindesalter jedoch längst entwachsenden Bettine führte, er antwortete nur selten und dann betont, fast beleidigend knapp. Liest man die Briefe, die in der Sophien-Ausgabe veröffentlicht sind, so kann man nur staunen, mit welcher Härte und Kälte Goethe die junge Frau gegen die Wand laufen ließ – eine Wand der Konventionen, des formellen Verhaltens. All ihre Sätze der Zuneigung und Liebe fanden über Jahre hinweg kaum ein Echo. Wenn Goethe ihr schrieb, so bedankte er sich meist nur, auch im Namen seiner Gemahlin, für die üppigen Geschenke, mit denen Bettine das Haus am Frauenplan gleichsam belagerte. Sie aber suggerierte – umschreibend, fortschreibend – diese Dankesbriefe wären Dokumente seiner Zuneigung, wären Liebeserklärungen.

Das charakterisiert sie als Person, ist zugleich aber typisch für jene Zeit. Das Schreiben von Briefen war Kult geworden, Ritual der Geselligkeit. Es war üblich, Briefe unter Familienmitgliedern, Freunden, auch Bekannten vorzulesen – mit Blick darauf gab man sich Mühe beim Schreiben, suchte treffende Formulierungen. Dies vor allem zum Gefühlsleben: Briefergüsse als Selbstfeier der Empfindsamkeit. Es entwickelten sich Brieffreundschaften, Briefliebschaften, Briefleidenschaften, doch dabei wurde vielfach auf spätere Publikation geschielt. Von Liebesbriefen, Leidenschaftsbriefen mußten sich wahre Verhältnisse nicht ablesen lassen, Authentizität von Fakten war nicht so gefragt wie verbalisierte Intensität von Gefühlen. Hier mußte der rechte Ton gefunden werden. Der Brief nicht nur als Medium der Mitteilung, sondern als Kunstform. Was Romantiker jener Zeit forderten: Das Leben zu poetisieren, das erfüllte (auch) Bettine weithin in Briefen. Es wurde nicht erwartet, nicht vorausgesetzt, daß Leser solche Briefsammlungen, Briefromane nach ihrem Wahrheitsgehalt befragten, eher wurde erhofft, ja erwartet, daß man sich mitreißen ließ, abhebend in einer Thermik der Gefühle.

Bettine liegt Goethe in den Ohren

Goethes Briefwechsel mit einem Kinde: was sich in diesem Buch auf mehr als einem halben Tausend heutiger Druckseiten ausbreitet, kann im Lesebuch nicht angemessene Präsenz gewinnen. Präsent werden soll aber eine Erfahrung Bettines: die einer vergeblichen Liebe, die sich als Erfüllung feiert. Goethe steht für sie im Mittelpunkt, sie hingegen bleibt für Goethe eine Randfigur – unter Personen, die ihm näher stehen, unter Themen, die ihn mehr beschäftigen. Diese Grundkonstellation versuche ich auf knappem Raum herauszuarbeiten durch die folgende Collage.

Kurz: sie macht Goethe, der geschickt, der souverän, der weltmännisch Distanz wahrt, zu einem Goethe, der ihre Nähe sucht. So bleiben Goethebriefe, wie sie von Bettine später redigiert, umgeschrieben, bedenkenlos erweitert werden, in der folgenden Collage ausgespart, hier werden ausschließlich authentische Briefzitate eingebracht. Und die kontrastiert mit überschwenglichen Textsequenzen, wie sie Bettine für die Öffentlichkeit bestimmte in ihrem Briefbuch.

* * *

Goethe: Bei dem Verkehr mit Euer Wohlgeboren wirft man immer die Wurst nach der Speckseite, oder, um ein edleres Gleichnis zu brauchen: man vertauscht eherne Waffen gegen goldne. So hat mir Ihre letzte Sendung sehr viel Freude gemacht. Das mumifizierte Haupt zog alle unsre Aufmerksamkeit auf sich, und mein Sohn August, der sich Ihnen bestens empfiehlt, wollte die Absicht des Stricks im Munde darin finden, daß man den Kopf daran aufgehangen, um ihn entweder zu trocknen oder trocken zu halten; welche These ich hiermit zur Beurteilung übergebe.

* * *

Nach meiner Weise bin ich nicht abgeneigt, zu glauben, daß es ebensowohl stationäre als übergehende Larven geben könne. Vielleicht gibt uns künftig die Anatomie dieses Tieres, sowie die nähere Beobachtung seiner Lebensweise hierüber näheren Aufschluß. Was halten Euer Wohlgeboren von der Rana paradoxa? Sollte sie eine Larve oder ein bestehendes Tier sein?

* * *

Auf Ihre Anfrage wegen des Purpurino kann ich nur soviel melden, daß uns davon keine antiken Stücke bekannt sind. Ich besitze den unteren Teil einer runden Dose von diesem Material, von sehr schöner Farbe, und eine polierte Platte, die deswegen merkwürdig ist, weil sie aussieht, als wäre sie aus lauter Sechsecken zusammengesetzt, auf alle Fälle aber zusammengeschmolzen ist. Daß es ein durch Metallkalk gefärbtes Glas oder schlackenhaftes Wesen sei, ist wohl nicht zu leugnen.

Bettine: Gestern abend wars *so*, lieber Goethe: plötzlich riß der Zugwind die Tür auf und löschte mir das Licht, bei dem ich Dir geschrieben habe. – Meine Fenster waren offen, und die Planen waren niedergelassen; der Sturmwind spielte mit ihnen; – es kam ein heftiger Gewitterregen, da ward mein kleiner Kanarienvogel aufgestört – er flog hinaus in den Sturm, er schrie nach mir, und ich lockte ihn die ganze Nacht. Erst wie das Wetter vorüber war, legt' ich mich schlafen; ich war müde und sehr traurig, auch um meinen lieben Vogel.

Nun ist er fort, gewiß hat ihm der Sturm das Leben gekostet; da hab ich gedacht, wenn ich nun hinausflög, um Dich zu suchen, und käm durch Sturm und Unwetter bis zu Deiner Tür, die Du mir nicht öffnen würdest – nein, Du wärst fort; Du hättest nicht auf mich gewartet, wie ich die ganze Nacht auf meinen kleinen Vogel; Du gehst andern Menschen nach, Du bewegst Dich in andern Regionen; bald sinds die Sterne, die mit Dir Rücksprache halten, bald die tiefen abgründigen Felskerne; bald schreitet Dein Blick als Prophet durch Nebel und Luftschichten, und dann nimmst Du der Blumen Farben und vermählst sie dem Licht; Deine Leier findest Du immer gestimmt.

Goethe: Für das Überschickte danke ich recht vielmals, meine liebe Christiane, besonders auch für den schönen Spargel. Ich habe dadurch ein ganz einfaches Kunststück gelernt, daß ich, wenn ich künftig hier etwas haben will, die Botenweiber bestechen muß, welche die Dinge nach Weimar tragen, und daß ich sie ihnen bezahle, wie man sie in Weimar bezahlt. Denn es ist recht eigen, hier in Jena kann man nichts haben. Den Aal bleibe ich Dir auch schuldig; Herr von Hendrich aber will dafür sorgen. Künftigen Montag gehe ich weg und bin wahrscheinlich den Donnerstag in Karlsbad. Hast Du mir noch etwas zu schicken und zu sagen, so sende es mir durch die Botenweiber. Inliegenden Brief schicke sogleich an Hofrat Meyer und laß dir etwa seine Antwort ausbitten.Der Mutter Brief hat mir viel Freude gemacht. Ich sende ihn hierbei zurück. Laß es dir in deinem Garten wohl sein. Herr von Hendrich hat wohlfeile Zelte. Sollte man nicht eins davon nehmen, um es in dem mittelsten Rondell, wo deine Tische und Stühlchen stehen, aufzuschlagen? Schreibe mir deine Gedanken, so mache ich vielleicht bei meiner Rückkehr einen Handel. Gegenwärtig wüßt ich weiter nichts zu sagen, als daß ich dir wohl zu leben wünsche.

Bettine: Freund, ich bin allein; alles schläft, und mich hälts wach, daß es *kaum* ist, wie ich noch mit Dir zusammen war. Vielleicht, Goethe, war dies das höchste Ereignis meines Lebens; vielleicht war es der reichste, der seligste Augenblick; schönere Tage sollen mir nicht kommen, ich würde sie abweisen.

Es war freilich ein letzter Kuß mit dem ich scheiden mußte, da ich glaubte, ich müsse ewig an Deinen Lippen hängen, und wie ich so dahinfuhr durch die Gänge unter den Bäumen, unter denen wir zusammen gegangen waren, da glaubte ich, an jedem Stamme müsse ich mich festhalten – aber sie verschwanden, die grünen wohlbekannten Räume, sie wichen in die Ferne, die geliebten Auen. Und nun hatt ich nichts mehr als mein heiß Verlangen, und meine Tränen flossen diesem Scheiden; ach, da besann ich mich auf alles, wie Du mit mir gewandelt bist in nächtlichen Stunden, und hast mir gelächelt, daß ich Dir die Wolkengebilde auslegte und meine Liebe, meine schönsten Träume, und hast mit mir gelauscht dem Geflüster der Blätter im Nachtwind, der Stille der fernen weit verbreiteten Nacht. – Und hast mich geliebt, das weiß ich; wie Du mich an der Hand führtest durch die Straßen, da hab ichs an Deinem Atem empfunden, am Ton Deiner Stimme, an etwas, wie soll ichs Dir bezeichnen, das mich umwehte, daß Du mich aufnahmst in ein inneres geheimes Leben, und hattest Dich in diesem Augenblick mir allein zugewendet und begehrtest nichts als mit mir zu sein; und dies alles, wer wird mirs rauben? – was ist mir verloren? – Mein Freund, *ich habe alles, was ich je genossen*. Und wo ich auch hingehe – mein Glück ist meine Heimat.

Goethe: Sie haben, lieber teurer Freund, lange nichts von mir gehört. Jetzt will ich im Kurzen zusammenfassen, wie es mir bisher ergangen. Ich kam nach Karlsbad in dem übelsten Befinden, das sich durch einen zwar gewöhnlichen, aber für meine Zustände nicht passenden, schlendrianischen Gebrauch des Wassers anfänglich so vermehrte, daß ich in einen höchst peinlichen Zustand geriet. Durch eine Abänderung der Kur und den Gebrauch einiger Mittel, nach Verordnung des Dr. Krapp von Leipzig, wendete sichs auf einmal ins Bessere; wobei es denn auch schon sechs Wochen anhaltend verharrt, welches ich sehr gern meinen Freunden zu wissen tue. Acht Wochen bin ich nun schon hier und habe mich in verschiedenen Epochen auf verschiedene Weise beschäftigt: erst kleine Geschichten und Märchen, die ich lang im Kopf herumgetragen, diktiert; sodann eine Weile Landschaften gezeichnet und illuminiert; jetzt bin ich beschäftigt, meine geologischen Ansichten der hiesigen Gegend zusammenzustellen. Interessante Menschen von sehr verschiedener Art habe ich kennenlernen, unter welchen der französische Resident Reinhard wohl den ersten Platz einnimmt. Übrigens lebe ich denn doch sehr einsam: denn in der Welt kommen einem nichts als Jeremiaden entgegen, die, ob sie gleich von großen Übeln veranlaßt werden, doch, wie man sie in der Gesellschaft hört, nur als hohle Phrasen erscheinen.

Bettine: Wer kanns deuten und ermessen, was in mir vorgeht? – Ich bin glücklich jetzt im Andenken an die Vergangenheit, was ich kaum damals in der Gegenwart war; mein erregtes Herz, die Überraschung bei Dir zu sein, dies

Kommen und Gehen und Wiederkehren in den paar Tagen, das war alles wie eine eindringende Wolke an meinem Himmel; jetzt in der Ferne wird er mild, hoch und ganz hell.

Ich möchte Deine liebe Hand mit meinen beiden an mein Herz drücken und Dir sagen: wie Friede und Fülle über mich gekommen ist, seitdem ich Dich weiß.

Aber so warst Du, als ich am Abend allein bei Dir war, daß ich Dich gar nicht begreifen konnte; Du hast über mich gelacht, weil ich bewegt war, und laut gelacht, weil ich weinte, aber warum? Und doch war es Dein Lachen, der Ton Deines Lachens, was mich zu Tränen rührte, so wie es meine Tränen waren, die Dich lachen machten.

Ich sag Dirs noch einmal: wer verstehts auf der weiten Erde, was in mir vorgeht, wie ich so ruhig in Dir bin, so still, so ohne Wanken in meinem Gefühl; ich könnte, wie die Berge, Nächte und Tage in die Vergangenheit tragen, ohne nur zu zucken in Deinem Andenken. Und doch, wenn der Wind zuweilen von der ganzen blühenden Welt den Duft und Samen auf der Berge Wipfel trägt, so werden sie auch berauscht, so wie ich gestern; da hab ich die Welt geliebt, da war ich selig wie eine aufsprudelnde Quelle, in die die Sonne zum erstenmal scheint. Leb wohl, Herrlicher, der mich blendet und mich verschüchtert. –

Von diesem steilen Fels, auf den sich meine Liebe mit Lebensgefahr gewagt hat, ist nicht mehr herunterzuklettern, daran ist gar nicht zu denken, da bräch ich auf jeden Fall den Hals.

Goethe: Unter den Badegästen bin ich nun wohl ziemlich Senior. Eine Generation entfernt sich nach der andern, und doch habe immer noch gute Lust, hier länger zu verweilen. Seit zehn Wochen und drüber habe ich in meinem stillen Leben schon mehrere Epochen gehabt. Erst diktierte ich kleine romantische Erählungen; dann ward gezeichnet; dann kam das Stein- und Gebirgsreich an die Reihe, und nun bin ich wieder zur freien Phantasie zurückgekehrt, eine Region, in der wir uns zuletzt noch immer am besten befinden.

* * *

Das Geschenk einer französischen Reisebibliothek, das ich erhielt, hat mich in eine ganz eigene Welt der Lektüre geführt, wo ich sehr viel Vergnügliches und Erfreuliches gefunden habe. Erlauben Sie, verehrte Freundin, daß ich mich mit diesen wenigen Worten wieder einmal melde, und zugleich einige Blätter beilege, die man mir diese Tage kommuniziert hat.

* * *

Personen mancher Art habe ich kennengelernt, besonders viele Wiener, die zu den dringenden schriftlichen Einladungen, die ich erhalten habe, noch soviel mündliche hinzugetan, daß ich meine Entschuldigungsargumente oft genug wiederholen muß. Denn für diesmal werde ich doch den Frauenplan wieder zu suchen haben, wobei ich mich höchlich freue, Sie gesund und froh wieder zu finden. Empfehlen Sie mich Ihrer gnädigsten Fürstin und erhalten Sie mein Andenken in dem Kreise, in den ich bald mit Vergnügen zurückkehren werde.

Bettine: Ich bin ganz sanft geworden durch Dich; am Tage treib ich mich mit Menschen, mit Musik und Büchern herum, und abends, wenn ich müde bin und will schlafen, da rauscht die Flut meiner Liebe mir gewaltsam ins Herz.

Da seh ich Bilder, alles, was die Natur Sinnliches bietet, das umgibt Dich und spricht für Dich; auf Höhen erscheinst Du; zwischen Bergwänden in verschlungenen Wegen ereile ich Dich, und Dein Gesicht malt Rätsel, lieblich zu lösen. –

Den Tag, den ich Abschied nahm von Dir, mit dem einen Kuß, mit dem ich nicht schied, da war ich morgens beinah eine ganze Stunde allein im Zimmer, wo das Klavier steht; da saß ich auf der Erde im Eck und dachte: »Es geht nicht anders, Du mußt noch einmal weinen.« Und Du warst ganz nah und wußtest es nicht; und ich weinte mit lachendem Mund; denn mir schaute das feste grüne Land durch den trübsinnigen Nebel durch. – Du kamst, und ich sagt Dir recht kurz (und schränkte mich recht ein dabei), wie Du mir wert seist.

Goethe: Sie haben sich, liebe Bettine, als ein wahrer kleiner Christgott erwiesen, wissend und mächtig, eines jeden Bedürfnisse kennend und ausfüllend. Ihre Schachtel kam kurz vor Tische, verdeckt trug ich sie dahin, wo Sie auch einmal saßen, und trank zuerst August aus dem schönen Glase zu. Wie verwundert war er, als ich es ihm schenkte! Darauf wurde Riemer mit Kreuz und Beutel beliehen. Niemand erriet, woher. Auch zeigte ich das höchst kunstvolle und zierliche Besteck, da wurde die Hausfrau verdrießlich, daß sie leer ausgehen sollte. Nach einer Pause, um ihre Geduld zu prüfen, zog ich endlich den Gewandstoff hervor, das Rätsel war aufgelöst, und jedermann im Lob und Preis Bettines fröhlich.

Das ausgesucht Zierliche der Gaben war überraschend. Kunstkenner wurden herbeigerufen, die artigen Balgenden zu bewundern, genug, es entstand ein Fest, als wenn Sie eben selbst wiedergekommen wären.

Und nun hoffe ich bald Nachricht, wie Sie die gute Mutter gefunden haben, wie Sie ihrer pflegen und was für Unterhaltungen im Gange sind. Adieu, mein artig Kind! Schreiben Sie bald.

* * *

Sie haben uns, liebe Bardua, erst durch die Geschenke der Diana, dann durch die Gaben der Musen Ihr freundliches Andenken zu erkennen gegeben. Dafür können wir Sie auch versichern, daß zu mancher Stunde, besonders in dem Zirkel von Madame Schopenhauer, Ihrer in allem Guten gedacht und Ihre Gegenwart wahrhaft vermißt worden.

Ihr Bild ist in meiner Frauen Stube aufgehängt und nimmt sich unter manchen guten Sachen daselbst recht gut aus. Wir hatten die Freude, zu sehen, daß Sie wirklich Fortschritte gemacht.

Leben Sie recht wohl, gedenken Sie unser. Vielleicht besucht Sie im Frühjahr jemand aus unsrem Kreise. Viele Grüße von meinem Hause und von der ganzen Gesellschaft.

* * *

Sie haben, liebe kleine Freundin, die sehr grandiose Manier, uns Ihre Gaben immer recht in Masse zu senden. So hat mich Ihr letztes Paket gewissermaßen erschreckt. Denn wenn ich nicht recht haushälterisch mit dem Inhalt umgehe, so erwürgt meine kleine Hauskapelle eher daran, als daß sie Vorteile davon ziehen und uns Freude dadurch machen sollte. Sie sehen also, liebe Bettine, wie man sich durch Großmut selbst dem Vorwurf aussetzen kann. Lassen Sie sich aber nicht irre machen. Zunächst soll Ihre Gesundheit von der ganzen Gesellschaft recht ernstlich getrunken und darauf das Confirma hoc Deus von Jomelli angestimmt werden. Grüßen Sie Arnim vielmals und sagen ihm, er möchte mir doch auch wieder einmal schreiben.

Bettine: Ich glaube nicht, daß, wie viele andere sind, Du auch bist, und Dir durch Geschäfte und andere Wichtigkeiten den Weg zum Herzen versperrst; aber ich muß fürchten, daß meine Briefe Dir zu häufig kommen und muß mich zurückhalten, was mich doch selig machen könnte, wenn es nicht so wär und ich glauben dürfte, daß meine Liebe, die so anspruchslos ist, Dich erfreut. Wie ein Löwe möcht ich für Dich fechten, möcht alles verderben und in die Flucht jagen, was nicht wert ist, Dich zu berühren; muß um Deinetwillen die ganze Welt verachten, muß ihr um Deinetwillen Gnade widerfahren lassen, weil Du sie verherrlichst, und weiß nichts von Dir! Sag nur, ob Du's zufrieden bist, daß ich Dir schreibe? – Sag nur: »Ja, du darfst!« Wenn ich nun in etlichen Wochen, denn da haben wir schon Frühling hier, ins Rheingau gehe, dann schreib ich Dir von jedem Berg aus; bin Dir so immer viel näher, wenn ich außer den Stadtmauern bin, da glaub ich manchmal, mit jedem Atemzug Dich zu fühlen, wie Du im Herzen regierst, wenn es recht schön ist draußen, wenn die Luft schmeichelt, ja wenn die Natur gut und freundlich ist wie Du, da fühl ich Dich so deutlich. – Aber was soll ich mit Dir? – Du selbst hast mir nichts zu sagen: in dem Brief, den Du mir schriebst, den ich zwar so lieb habe wie meinen Augapfel, da nennst Du mich nicht einmal, wie Du gewohnt warst, grad, als ob ich Deiner Vertraulichkeit nicht wert wäre. Ach, es geht ja von Mund zu Herzen bei mir! Ich würde nichts von Schatz und Herz und Kuß veräußern, und wenn ich auch am Hungertuch nagen müßte. In der Karmeliterkirche habe ich im Herbst allerlei geschrieben, Erinnerungen aus der Kindheit, – sie fielen mir immer ein, wenn ich dahin kam, und doch war ich bloß hingekommen, um ungestört an Dich zu denken! Jede Lebenszeit geht mir in Dir auf, ich denke mir die Kinderjahre, als ob ich sie mit Dir verspiele, und wachs empor und wähne mich geborgen in Deinem Schutz und fühle stolz mich in Deinem Vertrauen, und da regt sichs im Herzen vor heißer Liebe, da such ich Dich, wie soll ich Ruhe finden? – An Deiner Brust nur, umschränkt von Deinen Armen. – Außer Dir erscheinen mir alle Menschen wie einer und derselbe, ich unterscheide sie nicht, ich begehr nicht nach dem ungeheuren allseitigen Meer der Ereignisse. Der Lebensstrom trägt Dich, Du mich, in Deinem Atem durchschiff ich ihn, Du trägst mich bis zum Ende, nicht wahr?

Goethe: Ihrem philanthropischen Erziehungswesen wird Überbringer dieses, der schwarzäugige und braunlockige Jüngling, empfohlen. Lassen Sie seine väterliche Stadt auch ihm zur Vaterstadt werden, so daß mein Sohn glaube, sich mitten unter den Seinen zu befinden. Stellen Sie ihn Ihren lieben Geschwistern und Verwandten vor und gedenken Sie mein, wenn Sie ihn freundlich aufnehmen. Da nun von August Abschied genommen ist, so richte ich mich ein, von Haus und der hiesigen Gegend gleichfalls Abschied zu nehmen und baldmöglichst nach den Karlsbader Gebirgen zu wandeln.

Bettine: Wir haben einen naßkalten April, ich merks an Deinem Brief, – der ist wie ein allgemeiner Landregen; der ganze Himmel überzogen von Anfang bis ans Ende; Du besitzest zwar die Kunst, in kleinen Formenzügen und Linien Dein Gefühl ahnen zu lassen, und in dem, was Du unausgesprochen läßt, stiehlt sich die Versicherung ins Herz, daß man Dir nicht gleichgültig ist; ja, ich glaubs ja, daß ich Dir lieb bin, trotz Deinem kalten Brief; aber wenn Deine schöne Mäßigung plötzlich zum Teufel ging und Du bliebst ohne Kunst und ohne feines Taktgefühl, so ganz wie Dich Gott geschaffen hat in Deinem Herzen, ich würde mich nicht vor Dir fürchten, wie jetzt, wenn ein so kühler Brief kommt, wo ich mich besinnen muß, was ich denn getan habe. Heute schreibe ich aber doch mit Zuversicht, weil ich Dir erzählen kann, wie Dein einziger Sohn sich hier wohl und lustig befindet; er gibt mir alle Abend im Theater ein Rendezvous in unserer Loge; frühmorgens spaziert er schon auf den Stadttürmen herum, um die Gegend seiner väterlichen Stadt recht zu beschauen; ein paarmal hab ich ihn hinausgefahren, um ihm die Gemüsegärtnerei zu zeigen, da grade jetzt die ersten wunderbarlichen Vorbereitungen dazu geschehen, wo jeder Staude ihr Standort mit der Richtschnur abgemessen wird, und wo diese fleißigen Gärtner mit so großer Sorgfalt jedem Pflänzchen seinen Lebensunterhalt anweisen; auch ans Stallburgsbrünnchen hab ich ihn geführt, auf die Pfingstwiese, auf den Schneidewall; dann hinter die schlimme Mauer, wo in der Jugend Dein Spieplatz war; dann zum Mainzer Törchen hinaus; auch in Offenbach war er mit mir und Mutter, und sind gegen Abend bei Mondschein zu Wasser wieder in die Stadt gefahren; da hat unterwegs die Mutter recht losgelegt von all Deinen Geschichten und Lustpartien; und da legte ich mich am Abend zu Bett mit trunkner Einbildung, was mir einen Traum eintrug, von dem die Erinnerung mir eine Zeitlang Nahrung sein wird. Es war, als lief ich in Weimar durch den Park, in dem ein starker Regen fiel; es war grade alles im ersten Grün, die Sonne schien durch den Regen. Als ich an Deine Tür kam, hört ich Dich schon von weitem sprechen; ich rief, – Du hörtest nicht, – da sah ich Dich auf derselben Bank sitzen, hinter welcher im vorigen Jahr die schöne breite Malve noch spät gewachsen war, – gegenüber lag auch die Katze wie damals, und als ich zu Dir kam, sagtest Du auch wieder: »Setze Dich nur dort drüben zur Katze, wegen Deinen Augen, die mag ich nicht so nah.« – Hier wachte ich auf, aber weil mir der Traum so lieb war, konnt ich ihn nicht aufgeben; ich träumte fort, trieb allerlei Spiel mit Dir und bedachte dabei Deine Güte, die solche Zutraulichkeit erlaubt.

Goethe: Da sich nun der durchreisende Passagier entfernt hat, so ist es billig, daß der Vater Ihnen den besten Dank sage für all das Freundliche und Gute, was Sie meinem Sohn erzeigt haben. Ich hoffe, er wird Ihnen bis zu Ende wert geblieben sein.

Möchten Sie denn auch, meine liebe kleine Freundin, gelegentlich meinen Dank, meine Verehrung unserm vortrefflichen Fürsten Primas ausdrücken, daß er meinen Sohn so über alle Erwartung geehrt und der braven Großmutter ein so einzigartiges Fest gegeben. Ich sollte wohl selbst dafür danken, aber ich bin überzeugt, liebe Bettine, Sie werden das, was ich zu sagen habe, viel artiger und anmutiger, wenn auch nicht herzlicher vortragen.

Ihrer wird öfters dankbar gedacht, und wenn ich allein bin, wird mir ein Brief von Ihnen in Karlsbad bei den Drei Mohren ein willkommener Besuch sein. Erzählen Sie mir ja recht viel von Ihren Reisen, Landpartien, alten und neuen Beziehungen und erhalten Sie mir ein freundliches Andenken.

* * *

Noch ist es sehr einsam hier. Außer den bekannten Karlsbader Einwohnern habe ich fast niemand gesprochen; dagegen bin ich viele Stunden des Tags unter freiem Himmel, teils mit Riemer, teils allein und lasse mir wohl sein.

Da habe ich denn Zeit, allerlei zu bedenken, liebe Christiane, und da fehlt es nicht, daß ich mich Deiner und aller Liebe und Treue erinnre, die Du an mir tust und mir das Leben so bequem machst, daß ich nach meiner Weise leben kann; dafür ich denn auch im Stillen immerfort für Dich und den guten August sorge, der uns noch viel Freude machen wird.

Lebe recht wohl. Liebe mich und laß uns immer zusammen verharren.

* * *

Der Gedanke, Sie, liebste Silvie, erst Montag zu besuchen, scheint mir noch immer der rechte. Gegenwärtiges begleitet die verlangten Waren. 4 Pfund Zucker, 2 Pfund Schokolade, 1 Schachtel Oblaten.

Tausend Lebewohl und Freuden zur Zusammenkunft. Behalten Sie nur auch etwas Freundlichkeit für mich zurück, daß ich nach all dem Lieben nicht ganz leer ausgehe. Adieu! Meine Beste!

* * *

Was haben Sie gesagt, liebe Marianne, daß ich Ihnen so entsprungen bin! Eigentlich bin ich entführt worden, und werde jetzt gehalten. Neben und neben nassen! Ziehen und ziehen lassen, das sind ja wohl ein paar Hauptmaximen, wovon aber keine recht diplomatisch ist. Sonnabend bitte ich wahrscheinlich um warmes Wasser, erzähle mancherlei. Möge es Ihnen auch wohl gehen. Bitte um freundlichen Empfang.

Wie ich herübergekommen, weiß ich selbst nicht. Die Nacht war herrlich, der Weg so gut er sein kann, die Pferde rüstig, der Kutscher brav. Ich war in Gedanken bei Ihnen geblieben, und merkte nicht, daß es fortging; endlich schlief ich abwechselnd, und das liebe längliche Gesichtchen war mit aller seiner Freundlichkeit und Anmut gegenwärtig. Tausendmal adieu! Liebe, liebe Silvie.

Bettine: Du bist ein koketter, zierlicher Schreiber, aber Du bist ein harter Mann; so freundlich Du bist, so kalt bist Du auch. Wie ich das große Papierformat sah, auf allen vier Seiten beschrieben, da dacht ich, es würde doch hier und da durchblitzen, daß Du mich liebst; es blitzt auch, aber nur von Flittern, nicht von leisem beglückendem Feuer. Das kommt daher, weil ich Dich zu sehr liebe und es Dir auch bekenne, das soll eine so närrische Eigenheit der Männer sein, daß sie dann kalt sind, wenn man sie zu sehr liebt.

Goethe: Ist es dem Freund erlaubt, teure Silvie, beikommenden Fasan morgen Mittag mit Ihnen zu verzehren, so stellt er sich zur rechten Zeit ein. Schickt man ihn nach dem Kaffee nicht fort, so ist er eingerichtet, zu bleiben, morgen, übermorgen und so weiter. Sagen Sie mir ein freundliches Wort!

* * *

In Erwartung unserer verehrten Herzogin, welche heut herüberkommt, schreibe ich Dir, mein geliebtes Weibchen, und freue mich, daß es Dir wohlgeht.

* * *

Der Kaiser von Frankreich hat sich sehr geneigt gegen mich erwiesen, lieber Freund, beide Kaiser haben mich mit Sternen und Bändern beehrt, welches wir denn in aller Bescheidenheit dankbar anerkennen wollen.

* * *

Indem ich Ihnen, geliebteste Silvie, den dritten Kalender sende, so will ich wohl damit sagen, daß, da ich nicht hoffen kann, Sie das nächste Jahr täglich zu sehen, ich jeden Tag, den ich in Ihrer Nähe zubringe, für dreie feiern will.

* * *

Ob wir gleich mit mancherlei Bedeutendem und Erfreulichem umgeben sind, teure Marianne, wie es denn auch an Verdrießlichkeiten und Unlustigem keineswegs mangelt, so ist es doch schwer, im Augenblick den Rahm, die Sahne, den Schmant, den Schmetten, das Obers, und wie man die Blüte der Milche (fior di latte) nennen mag, seiner entfernten Freundin, in Ermangelung silberner Schalen, in einem hübsch geschliffenen Glasschälchen vorzulegen, damit sie das ebenso nehme und schlürfe, wie sie sonst gewohnt ist.

Bettine: Jetzt ist ein Jahr vorbei, daß ich Dich gesehen habe, Du sollst schöner geworden sein. Mir gehts recht hinderlich, ich muß die Zeit so kalt hinstreichen lassen ohne einen Funken zu erhaschen, an dem ich mir eine Flamme anblasen könnte. Doch soll es nicht mehr lange währen, bis ich Dich wiederseh; dann will ich nur einmal Dich immer und ewig in meinen Armen festhalten.Heute sag ich Dir nichts mehr, denn ich sehne mich, daß dieser Brief bald an Dich gelange; schreib mir ein Wort, meine Zufriedenheit beruht darauf.

Goethe: Ich erbiete mich, Euer Exzellenz, die Stelle eines Intendanten und Chefs der Theaterkommission im Allgemeinen zu übernehmen, mich dem Schauspiel insbesondere zu widmen und, nach Serenissimi mir bekannten Intentionen, nicht allein das bisher Übliche fortzusetzen, sondern auch bei hinwegzuräumenden Hindernissen mit neuer Lust und Energie der Zeit und ihren Forderungen gemäß fortzuschreiten.

* * *

Ihr freundlicher Brief, liebe Nichte, liegt schon wieder zu lange bei mir, ohne daß ich ihn beantwortet hätte, aber zwischen uns ist es das Schlimme, daß wir uns nie oder wenigstens so lange nicht gesehen haben.

* * *

Da ich weiß, daß Euer Exzellenz es mit einem eingefrornen und eingeeisten Freunde nicht so genau nehmen und ihm sein Stillschweigen verzeihen, so trete ich um desto zutraulicher an einem äußerlich und innerlich heitren Tage, aufgetaut wieder hervor und erkundige mich nach Ihrem teuern Befinden.

Bettine: Bei der Hand möcht ich Dich nehmen und weit wegführen, daß Du Dich besinnen solltest über mich, daß ich Dir in Deinen Gedanken aufginge als etwas Merkwürdiges, dem Du nachspürtest, wie zum Beispiel einem Intermaxialknochen, über den Du Dein Recht in so eifriger Korrespondenz gegen Soemmering behauptest, sag mir aufrichtig, werde ich Dir nie so wichtig sein als ein solcher toter Knochen? –

Daß Gott alles wohlgefügt habe, wer kann das bezweifeln? Ob Du aber Dein Herz mit meinem verschränkt habest, dagegen erheben sich bei mir zu manchen trüben Stunden Zweifel, von schweren Seufzern begleitet. Am Rhein hab ich Dir viel und liebend geschrieben, ja, ich war ganz in Deiner Gewalt, und was ich dachte und fühlte, war, weil ich im Geiste Dich ansah; nun haben wir eine Pause gemacht beinah vier Monate, Du hast mir noch nicht geantwortet auf zwei Briefe. Es liegt mir an allem nichts, aber daran liegt mir, daß ich um Dich nicht betrogen werde; daß mir kein Wort, kein Blick von Dir gestohlen werde; ich hab Dich so lieb, das ist alles, mehr wird nicht in mich gehen, und anders wird man nichts an mir erkennen. Darum vergeht mir manche Zeit so hart und kalt wie dieser harte Winter, darum blühts wieder und drängt von allen Seiten wieder ins Leben. – Darum behüt ich oft meine Gedanken vor Dir. Diese ganze Zeit konnte ich kein Buch von Dir anrühren. Nein, ich konnte keine Zeile lesen; es war mir zu traurig, daß ich nicht bei Dir sein kann.

Goethe: Schreibe mir doch auch etwas von der Witterung, mein lieber August. Wir haben in der Nacht vom 30. auf den 31. einen gewaltigen Sturm gehabt. Hat sich etwas ähnliches etwa bei euch eingefunden? Leider hat diese himmlische Gewalt auch uns einen Schaden getan, der Dich betrüben wird. Der alte Wacholderbaum im untern Garten ist umgestürzt worden. Wir haben ihn gestern gemessen: er hat die Höhe von 43 Fuß erreicht. Das brauchbare Holz davon will ich ausschneiden lassen, damit wir sein Andenken an irgendeinem Hausrat bewahren. Eine nähere Beschreibung dieses merkwürdigen Baums und wie wir ihn bei seiner Sektion gefunden haben, steht zu Diensten, wenn Du irgendeinen botanischen Freund hast, den sie interessieren kann.

Du bist sehr liebenswürdig, gute Bettine, daß Du dem schweigenden Freunde immer einmal wieder ein lebendig Wort zusprichst, ihm von Deinen Zuständen und von den Lokalitäten, in denen Du umherwandelst, einige Nachricht gibst, ich vernehme sehr gern, wie Dir zu Mute ist, und meine Einbildungskraft folgt Dir mit Vergnügen.

Eine Danksagung meiner Frau wird bei Dir schon eingelaufen sein, Deine unerwartete Sendung hat unglaubliche Freude gemacht und ist jede einzelne Gabe gehörig bewundert und hochgeschätzt worden. Nun muß ich auch schnell für die mehreren Briefe danken, die Du mir geschrieben hast und die mich in meiner Karlsbader Einsamkeit angenehm überraschten und unterhielten. Laß uns von Zeit zu Zeit ein Wort vernehmen, es tut immer seine gute und freundliche Wirkung, wenn auch der Gegenhall nicht zu Dir hinüberdringt. Meine Frau, höre ich, hat Dich eingeladen, das tu ich nicht, und wir haben wohl beide recht. Lebe wohl, grüße freundlich die Freundlichen, und bleib uns Bettine. Adieu!

Bettine: Wenn meine Einbildungskraft geschmeidig genug ist, mich in alle Schlupfwinkel von verfallenem Gemäuer, über Berg und Klüfte zu begleiten, so will ichs auch noch wagen, Dich bei *mir* einzuführen; ich bitte also: Komm, – nur immer höher – drei Stiegen hoch – hier in mein Zimmer, setz Dich auf den blauen Sessel am grünen Tisch, mir gegenüber; – ich will Dich nur ansehen, und – Goethe! – folgt mir Deine Einbildungskraft immer noch? – dann mußt Du die unwandelbarste Liebe in meinen Augen erkennen, mußt jetzt liebreich mich in Deine Arme ziehen, sagen: So ein treues Kind ist mir beschert, zum Lohn, zum Ersatz für manches. Es ist mir wert, dies Kind, ein Schatz ist mirs, ein Kleinod das ich nicht verlieren will. – Siehst du? – und mußt mich küssen; denn das ist, was *meine* Einbildungskraft der Deinigen beschert.

Ich führ Dich noch weiter; – tritt sachte auf in meines Herzens Kammer; – hier sind wir in der Vorhalle; – große Stille! – kein Humboldt – kein Architekt – kein Hund der bellt. – Du bist nicht fremd; geh hin poch an – es wird allein sein und Herein! – Dir rufen. Du wirst's auf kühlem, stillem Lager finden, ein freundlich Licht wird Dir entgegenleuchten, alles wird in Ruhe und Ordnung sein, und Du willkommen. – Was ist das? – Himmel! – Die Flammen über ihm zusammenschlagend! – Woher die Feuersbrunst? – Wer rettet hier? – Armes Herz! Armes notgedrungenes Herz! – Was kann der Verstand hier? – Der weiß alles besser und kann doch nichts helfen, der läßt die Arme sinken.

Kalt und unbedeutend geht das Leben entweder so fort, das nennt man einen gesunden Zustand; oder wenn es wagt auch nur den einzigen Schritt tiefer ins Gefühl, dann greifen Leidenschaften brennend mit Gewalt es an, so verzehrt sichs in sich selber.

Ob Liebe die größte Leidenschaft sei und ob zu überwinden, versteh ich nicht, bei mir ist sie Willen, mächtiger, unüberwindlicher.

Du mußt mirs nicht verargen, wenn ichs nicht deutlicher machen kann, Du weißt alles und verstehst mich und weißt, daß ich recht habe und freust Dich drüber.

Gute Nacht! – Bis morgen, gute Nacht. – Alles ist still, schläft ein jeder im Haus, hängt träumend dem nach, was er wachend begehrt, ich aber bin allein wach mit Dir. Draußen auf der Straße kein Laut mehr – ich möchte wohl versichert sein, daß in diesem Augenblick keine Seele mehr an Dich denkt, kein Herz mehr einen Schlag für Dich tut, und ich allein auf der weiten Welt sitze zu Deinen Füßen, das

Herz in vollen Schlägen geht auf und ab; und während alles schläft, bin ich wach, Dein Knie an meine Brust zu drükken, – und Du? – Die Welt brauchts nicht zu wissen daß Du mir gut bist.

Goethe: Die jetzigen Truppenbewegungen, mein lieber Freund, bringen uns immer fremde und ungebetene Gäste. Indessen ist bei der Unbequemlichkeit manchmal auch Gewinn, wie ich Dir denn zu Deinem jungen Korsen gratuliere.

Ich bin sehr fleißig an der Geschichte der Farbenlehre und stecke im 17. Jahrhundert, das ich mit Gewalt angreifen muß, wenn es durchkommen will, und es gehört einiger Mut dazu, denn für eine solche Arbeit ist wenig Dank einzuernten.

* * *

Eigentlich bin ich diesen Sommer in einer wunderlichen Lage, immer auf dem Sprunge und nimmer auf dem Wege. Schon sollte ich wieder in Jena und bei Ihnen sein, liebe Silvie. Und man will mich nach Wiesbaden schicken, wo ich gar nichts zu tun habe. Es geht eben alles durcheinander. Desto schöner, wenn man sich immer wieder findet.

* * *

Der zweite Teil des Romans hat in dieser Zeit einigen Bestand genommen, teure Freundin, und ich kann noch hoffen, daß er vor Michaelis Ihnen irgendwo begegnen wird. Man findet sich schon glücklich genug, wenn man sich in dieser bewegten Zeit in die Tiefe der stillen Leidenschaften flüchten kann.

Bettine: Du bist mir lieb über alles, in der Erinnerung wie in der Zukunft; der Frühling, den Deine Gegenwart in mir erschaffen hat, dauert; denn schon sind zwei Jahre um, und noch hat kein Sturm ein Blättchen vom Ast gelöst, noch hat der Regen keine Blüte zerstört, alle Abend hauchen sie noch den süßen Duft der Erinnerung aus; ja wahrhaftig, kein Abend ist bis jetzt zum Schlafen gekommen, daß ich Dich nicht bei Namen gerufen und der Zeit gedacht, da Du mich auf meinen Mund geküßt, mich in Deinen Arm genommen, und ich will stets hoffen, daß die Zeit wiederkehre. Da ich Dir nichts in der Welt vorziehe, so glaub ichs auch von Dir.

Hab niemand lieber wie mich; Du, Goethe, wärst sehr ungerecht, wenn Du andre mir vorzögst, da so meisterlich, so herrlich Natur mein Gefühl Dir verwebt hat, daß Du das Salz Deines eignen Geistes in mir schmecken mußt.

Wenn kein Krieg, kein Sturm und vorab keine verwüstende Zeitung die alles bildende Ruhe im Busen störte, dann möchte ein leichter Wind, der durch die Grashalme fährt, der Nebel, wie er sich von der Erde löst, die Mondsichel, wie sie über den Bergen hinzieht, oder sonst einsames Anschauen der Natur einem wohl tiefe Gedanken erregen; jetzt aber in dieser beweglichen Zeit, wo alle Grundfesten ein rechtes Krachen und Gliederreißen haben, da will sie keinem Gedanken Raum gestatten, aber das, woran ein Freund teilgenommen, daß man sich auf seinen Arm gestützt, auf seiner Schulter geruht hat, dies einzige ätzt tief jede Linie der Gegenstände ins Herz; so weiß ich jeden Baum des Parks noch, an dem wir vorübergegangen, und wie Du die Äste der Zuckerplatane niederbogst, und dann die runde, grüne Quelle, an der wir standen, die so ewig über sich sprudelt, bul, bul, und Du sagtest, sie rufe der Nachtigall, und die Laube mit der steinernen Bank, wo eine Kugel an der Wand liegt, da haben wir eine Minute gesessen, und Du sagtest: »Setze dich näher, damit die Kugel nicht in Schatten komme, denn sie ist eine Sonnenuhr«, und ich war einen Augenblick so dumm zu glauben die Sonnenuhr könne aus dem Gange kommen, wenn die Sonne nicht auf sie scheine, und da hab ich gewünscht, nur einen Frühling mit Dir zu sein; hast Du mich ausgelacht; da fragt ich, ob Dir dies zu lang sei, »ei nein«, sagtest Du, »aber dort kommt einer gegangen, der wird gleich dem Spaß ein Ende machen«; das war der Herzog, der grad auf uns zukam, ich wollte mich verstecken, Du warfst Deinen Überrock über mich, ich sah durch den langen Ärmel wie der Herzog immer näher kam, ich sah auf seinem Gesicht daß er was merkte, er blieb an der Laube stehen, was er sagte, verstand ich nicht, so große Angst hatte ich unter Deinem Überrock, so klopfte mir das Herz, Du winktest mit der Hand, das sah ich durch Deinen Rockärmel, der Herzog lachte und blieb stehen; er nahm kleine Sandsteinchen und warf nach mir, und dann ging er weiter. Da haben wir nachher noch lang geplaudert miteinander, was wars doch? – nicht viel Weisheit, denn Du verglichst mich damals mit der weisheitsvollen Griechin, die den Socrates über die Liebe belehrte, und sagtest: »Kein gescheites Wort bringst Du hervor, aber Deine Narrheit belehrt besser wie ihre Weisheit«, – und warum waren wir da beide so tief bewegt? – daß Du von mir verlangtest mit den einfachen Worten: »Lieb mich immer«, und ich sagte: »Ja«. – Und eine ganze Weile drauf, da nahmst Du eine Spinnwebe von dem Gitter der Laube und hingst mirs aufs Gesicht, und sagtest: »Bleib verschleiert vor jedermann und zeige niemand, was Du mir bist.« – Ach! Goethe, ich hab Dir keinen Eid der Treue getan mit den Lippen, die da zuckten vor heftiger Bewegung und keine Worte kannten; ich erinnere mich gar nicht, daß ich mit Selbstbewußtsein Dir die Treue zugesagt hätte, es ist alles mächtiger in mir wie ich, ich kann nicht regieren, ich kann nicht wollen, ich muß alles geschehen lassen. Zwei einzige Stunden waren so voll Ewigkeit; einen einzigen Frühling verlangte ich damals, und jetzt meine ich kaum daß ich diesen bewältigen könne mein ganzes Leben lang, und mir klopft das Herz jetzt ebenso vor Unruh, wie ich mich in die Mitte jenes Frühlings denke. Lebe wohl! So wie die vom Wind getragene Samenflocke auf den Wellen hintanzt, so spielt meine Phantasie auf diesem mächtigen Strom Deines ganzen Wesens und scheut nicht, drin unterzugehen; möchte sie doch! Welch seliger Tod! –

Goethe: Wieviel hätte ich nicht zu sagen, wenn ich auf Ihren vorigen lieben Brief zurückgehen wollte! Gegenwärtig nur soviel von mir, daß ich mich in Jena befinde und vor lauter Verwandtschaften nicht recht weiß, welche ich wählen soll.

Wenn das Büchlein, das man Ihnen angekündigt hat, zu Ihnen kommt, so nehmen Sie es freundlich auf. Ich kann selbst nicht dafür stehen, was es geworden ist. –

Verzeihe mir, liebe Bettine, daß ich Dir durch eine fremde Hand schreibe, sonst komme ich gar nicht dazu. Deine Briefe machen mir viel Freude, fahre fort, an mich zu denken, und mir etwas von Deinem wunderlichen Leben zu sagen. Lebe recht wohl.

* * *

Du könntest mir eine Liebe tun, wenn Du mir Kalbsfüße in Gelee, die nicht gar zu sauer wäre, sonnabend mit den Boten schicktest. Es ist mir gar angenehm, außer der Zeit etwas dieser Art zu genießen, und hier kann man es nicht haben, wie man wünscht.

Daß diese tönenden Instrumente schnecken- oder hornartig gebogen sind, Euer Wohlgeboren, scheint von der Form der Blasinstrumente hergenommen. Daß sie einen Einschnitt haben, der innerlich durchläuft, nähert sie unsern Schellen; daß sie nicht geschlossen sind, unsern Stimmgabeln. Man darf nur einen kleinen Stein hineinwerfen und sie schütteln, so geben sie einen Ton wie unsere Kuhglocken.

* * *

Deine Briefe sind mir sehr erfreulich, liebe Bettine, sie erinnern mich an die Zeit, wo ich vielleicht so närrisch war wie Du, aber gewiß glücklicher und besser als jetzt. Dein hinzugefügtes Bild ward gleich von jedermann erkannt und gebührend begrüßt. Es ist sehr natürlich und kunstreich dabei, ernst und lieblich. Sage dem Künstler etwas Freundliches darüber und zugleich: er möge fortfahren, sich im Radieren nach der Natur zu üben. Daß er seine Kunstmaximen dabei immer im Auge habe, versteht sich von selbst.

Bettine: Ich will Dir beichten, will Dir alle meine Sünden aufrichtig gestehen, erst die, an welchen Du zum Teil schuld hast und die Du auch mitbüßen mußt, dann die, so mich am meisten drücken, und endlich jene, an denen ich sogar Freude habe.

Erstens: sage ich Dir zu oft, daß ich Dich liebe, ja ich weiß gar nichts anders, wenn ichs hin- und herwende, es kommt sonst nichts heraus.

Zweitens: beneide ich all Deine Freunde, die Gespielen Deiner Jugend und die Sonne, die in Dein Zimmer scheint und Deine Diener, vorab Deinen Gärtner, der unter Deinem Kommando Spargelbeete anlegt.

Drittens: gönne ich Dir keine Lust, weil *ich* nicht dabei

bin; wenn einer Dich gesehen hat, von Deiner Heiterkeit und Anmut spricht, das ist mir eben kein besonder Vergnügen; wenn er aber sagt, Du seist ernst, kalt und zurückhaltend etc. gewesen, das ist mir recht lieb.

Viertens: vernachlässige ich alle Menschen um Deinetwillen, es gilt mir keiner etwas, aus ihrer Liebe mache ich mir garnichts; ja, wer mich lobt, der mißfällt mir, das ist Eifersucht auf mich und Dich und eben kein Beweis von einem großen Herzen, und ist eine elende Natur, die auf einer Seite ausdürrt, wenn sie auf der andern blühen will.

Fünftens: hab ich eine große Neigung die Welt zu verachten, besonders in denen, so Dich loben; alles, was Gutes über Dich gesagt wird, kann ich nicht hören, nur wenige einfache Menschen, denen kann ichs erlauben, daß sie über Dich sprechen, und das braucht nicht grade Lob zu sein.

Sechstens: hab ich einen tiefen Unwillen in der Seele, daß Du es nicht bist, mit dem ich unter einem Dach wohne und dieselbe Luft einatme, ich fürchte mich in der Nähe fremder Menschen zu sein, in der Kirche suche ich mir einen Platz auf der Bank der Bettler, weil die am neutralsten sind; je vornehmer die Menschen, je stärker ist mein Widerwillen; angerührt zu werden, macht mich zornig, krank und unglücklich; so kann ichs auch in Gesellschaften auf Bällen nie lange aushalten, tanzen mag ich gern, wenn ich allein tanzen könnte, auf einem freien Platz, wo mich der Atem, der aus fremder Brust kommt, nicht berührte. Was könnte das für einen Einfluß auf die Seele haben, nur neben dem Freund zu leben? – umso schmerzlicher der Kampf gegen das, was geistig und leiblich ewig fremd bleiben muß.

Goethe: Es zeigte sich etwas sehr Bedenkliches, liebe, teilnehmende Freundin, was aber, wie mich däucht, bloß durch eine einsam-krittliche Hypochondrie erzeugt wird. Mir erschienen nämlich nicht allein das Publikum, sondern auch Gönner, Freunde, Freundinnen, selbst die nächsten, immer unter jener Gestalt des Tyrannen, der den Becher so lange in den Strudel wirft, bis der arme Taucher zugleich mit dem Becher ausbleibt.

* * *

Sieht man nun das schöne Hirschskelett an, welches wir Euer Durchlaucht Vorsorge verdanken, so entsteht freilich der Wunsch, das Pferdeskelett ebenso kunstvoll und zierlich, nachdem die Knochen gebleicht worden, mit Drähten zusammengehängt zu sehen.

* * *

Von Dir, liebe Bettine, habe ich sehr lange nichts gehört und kann meine Reise in's Karlsbad unmöglich antreten, ohne Dich nochmal zu begrüßen und Dich zu ersuchen, mir dorthin ein Lebenszeichen zu geben. Deine Briefe wandern mit mir, sie sollen mir dort ein freundliches, liebevolles Bild vergegenwärtigen. Mehr sage ich nicht – denn eigentlich kann man Dir nichts geben, weil Du Dir alles entweder schaffst oder nimmst. Lebe wohl und gedenke mein.

* * *

Ich bekenne gern, daß der Grundriß des Domes zu Köln, wie Sie ihn vorlegen, eins der interessantesten Dinge ist, die mir seit langer Zeit in architektonischer Hinsicht vorgekommen. Der perspektivische Grundriß gibt uns den Begriff der Unausführbarkeit eines so ungeheuren Unternehmens, und man sieht, mit Erstaunen und stiller Betrachtung, das Märchen vom Turm zu Babel an den Ufern des Rheins verwirklicht.

Vor allen Dingen muß ich Dir ein Abenteuer erzählen. Ich war eben in ein neues Quartier gezogen und saß ganz ruhig auf meinem Zimmer. Da geht die Türe auf und ein Frauenzimmer kommt herein. Ich denke, es hat sich jemand von unsern Mitbewohnern verirrt; aber siehe, es ist Bettine, die auf mich zugesprungen kommt und noch völlig ist, wie wir sie gekannt haben. Sie geht mit Savignys nach Berlin und kommt mit diesen auf dem Wege von Prag hier durch. Morgen geht sie wieder weg. Sie hat mir Unendliches erzählt von alten und neuen Abenteuern. Am Ende geht es doch wohl auf eine Heirat mit Arnim hinaus.

* * *

Bettine ist gestern fort. Sie war wirklich hübscher und liebenswürdiger als sonst. Aber gegen andre Menschen sehr unartig. Mit Arnim ist's wohl gewiß. Lebe recht wohl. Schwarze Spitzen bringe ich.

Bettine: Wenn ich mich bereite Dir zu schreiben, und denke so in mich hinein, da fallen mir allemal die einzelnen Momente meines Lebens ein, die so ruhig, so auffaßlich in mich hereingeklungen haben. So gedenke ich jetzt der Abenddämmerung im heißen Monat August, wie Du am Fenster saßest und ich vor Dir stand, und wir Rede wechselten, ich hatte meinen Blick wie ein Pfeil scharf Dir ins Auge gedrückt, und so blieb ich drin haften und bohrte mich immer tiefer und tiefer ein, und wir waren beide stille, und Du zogst meine aufgelösten Haare durch die Finger. Ach Goethe, da fragtest Du, ob ich künftig Deiner gedenken werde beim Licht der Sterne, und ich hab es Dir versprochen und jetzt haben wir Mitte Oktober und schon oft hab ich nach den Sternen gesehen und habe Deiner gedacht, und es überläuft mich kalter Schauer, und Du, der meinen Blick dahin gebannt hat, denke doch wie oft ich noch hinaufblicken werde, so schreib es denn auch täglich neu in die Sterne daß Du mich liebst, damit ich nicht verzweifeln muß, sondern daß mir Trost von den Sternen niederleuchtet, jetzt, wo wir nicht bei einander sind. –

Es ist halt überall ruhig, oder vielmehr öde. Daß die Wahrheit sei, dazu gehört nicht einer; aber daß die Wahrheit sich an ihnen bewähre, dazu gehören alle Menschen. Mann! dessen Fleisch und Bein so von der Schönheit Deiner Seele durchdrungen ist, wie darf ich Leib und Seele so beisammen lieb haben! Oft denk ich bei mir, ich möchte besser und herrlicher sein damit ich doch die Ansprüche an Dich rechtfertigen könnte, aber kann ichs? – Dann muß ich an Dich denken, Dich vor mir sehen, und habe nichts wenn mir die Liebe nicht als Verdienst gelten soll? – solche Liebe ist nicht unfruchtbar. – Und doch darf ich nicht nachdenken, ich könnte mir den Tod dran holen, ist was dran gelegen? –

Ein Kopfkissen möcht ich mit Dir haben, aber ein hartes; sag es niemand daß ich so bei Dir liegen möchte, in tiefster Ruh an Deiner Seite. Es gibt viele Auswege und Durchgänge in der Welt, einsame Wälder und Höhlen die kein End haben, aber keiner ist so zum Schlaf, zum Wohlsein eingerichtet als nur Gottes Schoß; ich denk mirs da breit und behaglich, und daß einer mit dem Kopf auf des andern Brust ruhe, und daß ein warmer Atem am Herz hinstreife, was ich mir so sehr wünsche zu fühlen, Deinen Atem.

Das kann doch nicht wahr sein!

Kannst Du Dir keinen Begriff machen, mit welchem Jubel die Mutter mich aufnahm! sowie ich hereinkam jagte sie alle fort, die bei ihr waren. Nun, Ihr Herren, sagte sie, hier kommt jemand, der mit mir zu sprechen hat, und so mußten alle zum Tempel hinaus. Wie wir allein waren sollte ich erzählen, – da wußt' ich nichts. Aber wie wars, wie Du ankamst? –

Ganz miserabel Wetter. –

Vom Wetter will ich nichts wissen – vom Wolfgang; wie wars, wie du hereinkamst?

Ich kam nicht, *er* kam. –

Nun wohin? –

In den Elephanten, um Mitternacht drei Treppen hoch; alles schlief schon fest, die Lampen auf dem Flur ausgelöscht, das Tor verschlossen, und der Wirt hatte den Schlüssel schon unterm Kopfkissen und schnarchte tüchtig. –

Nun, wie kam er denn da herein? –

Er klingelte zweimal, und wie er zum drittenmal recht lang an der Glocke zog, da machten sie ihm auf. –

Und du? –

Ich in meiner Dachstube merkte nichts davon; Meline lag schon lange und schlief im Alkoven mit vorgezognen Vorhängen; ich lag auf dem Sofa und hatte die Hände überm Kopf gefaltet und sah, wie der Schein der Nachtlampe wie ein großer runder Mond an der Decke spielte; da hört ichs rascheln an der Tür, und mein Herz war gleich auf dem Fleck; es klopfte, während ich lauschte, aber weil es doch ganz unmöglich war, in dieser späten Stunde, und weil es ganz still war, so hört' ich nicht auf mein ahndendes Herz; – und da trat er herein, verhüllt bis ans Kinn im Mantel, und machte leise die Tür hinter sich zu, und sah sich um, wo er mich finden sollte; ich lag in der Ecke des Sofas ganz in Finsternis eingeballt, und schwieg; da nahm er seinen Hut ab, und wie ich die Stirne leuchten sah, den suchenden Blick, und wie der Mund fragte: Nun, wo bist du denn? da tat ich einen leisen Schrei des Entsetzens über meine Seligkeit, und da hat er mich auch gleich gefunden.

Die Mutter meinte, das würde eine schöne Geschichte geworden sein in Weimar. Der Herr Minister um Mitternacht im Elephanten drei Treppen hoch eine Visite gemacht! –

Ja wohl ist die Geschichte schön! Jetzt, wo ich sie hier überlese, bin ich entzückt, überrascht, hingerisssen, daß *mir* dies all begegnet ist, und ich frag Dich: Welche Stunde wird so spät sein in Deinem Leben, daß es nicht Dein Herz noch rühren sollte? – Wie *Du* in der Wiege lagst, da konnte kein Mensch ahnden, was aus Dir werden würde, und wie ich in der Wiege lag, da hat mirs keiner gesungen, daß ich *Dich* einst küssen würde.

Das naheliegende Wort Fälschung klänge allzu unfreundlich. Eher sollte folgendes Zitat aus der Remise geholt werden: Wenn es nicht wahr ist, so ist es doch gut erfunden. Und das läßt sich variieren: Schön erfunden … bezaubernd erfunden … mitreißend erfunden … Die Geschichten, mit denen Bettine von Arnim aufwartet, sie haben ihre eigene Wahrheit. Keiner von uns würde sich heute noch für diese Geschichten interessieren, würden sie nicht immer noch so frisch wirken, Bedenken hinwegzaubernd.

Die Mutter ist listig; wie sie mich zum Erzählen bringt, so sagt sie: Heute ist ein schöner Tag, heut geht der Wolfgang gewiß nach seinem Gartenhaus, es muß noch recht schön da sein, nicht wahr, es liegt im Tal? –

Nein es liegt am Berg, und der Garten geht auch bergauf, hinter dem Haus da sind große Bäume von schönem Wuchs und reich belaubt. –

So! Und da bist Du abends mit ihm hingeschlendert aus dem Römischen Haus? –

Ja, ich habs Ihr ja schon zwanzigmal erzählt. –

So erzähls noch einmal. Hattet ihr denn Licht im Haus?

Nein, wir saßen vor der Tür auf der Bank, und der Mond schien hell. –

Nun! Und da ging ein kalter Wind? –

Nein, es war gar nicht kalt, es war warm, und die Luft ganz still und wir waren auch still. Die reifen Früchte fielen von den Bäumen, er sagte: Da fällt schon wieder ein Apfel und rollt den Berg hinab; da überflog mich ein Frostschauer; – der Wolfgang sagte: Mäuschen du frierst, und schlug mir seinen Mantel um, den zog ich dicht um mich und seine Hand hielt ich fest, und so verging die Zeit – und wir standen beide zugleich auf, und gingen Hand in Hand durch den einsamen Wiesengrund; – jeder Schritt klang mir wieder im Herzen, in der lautlosen Stille, – der Mond kam hinter jedem Busch hervor und beleuchtete uns, – da blieb der Wolfgang stehen und lachte mich an im Mondglanz, und sagte zu mir: Du bist mein süßes Herz, und so führte er mich bis zu seiner Wohnung und das war alles.

Und das waren goldne Minuten, die keiner mit Gold aufwiegen kann, sagte die Mutter.

Und Mignon?

Hartnäckige Frage: Wie war es denn nun wirklich? War es Bettine tatsächlich gelungen, auf Goethes Schoß zu steigen, mit kurzem Anlauf? Auf den Schoß des als zugeknöpft geltenden Herrn in seinen mehr als nur reifen Jahren? Goethe war damals hoch in den Fünfzigern, und so galt man, bei damaliger Lebenserwartung, durchaus als alter Herr. So stilisierte er sich denn auch, wie vielfach bezeugt. Dennoch Bettines Sprung auf seinen Schoß? Reines Wunschdenken, später erst ausformuliert? Oder bleibt das im Rahmen des Vorstellbaren?

Eine Romanszene wurde nachgestellt, als »Lebendes Bild« – sowas war damals beliebt. Eine Szene hier frei nach dem Roman *Wilhelm Meisters Lehrjahre*; Bettine spielte die Mignon.

Angeregt von Clemens hatte sie vor der Reise den Roman gelesen. Ja, sie berichtete der Günderrode: »Ich lese zum zweiten Mal den Wilhelm Meister; als ich ihn zum erstenmal las, hatte mein Leben Mignons Tod noch nicht erreicht, ich liebte mit ihr, wie ihr, waren die andern in der Geschichte des Buchs mir gleichgültig, mich ergriff alles was die Treue ihrer Liebe anging, nur in den Tod konnt ich ihr nicht folgen. – Jetzt fühl ich daß ich weit über diesen Tod hinaus ins Leben gerückt bin, aber auch um vieles unbestimmter bin ich, schon so früh drückt mich mein Alter, wenn ich hier dran denke. – Ich hab mit ihr empfunden, ich bin mit ihr gestorben damals, und jetzt hab ichs überlebt und sehe auf meinen Tod herab.«

Das kleine, geheimnisvolle Mädchen, das »Kind« Mignon wurde früh zum Objekt der Begierde: eine Vorgängerin der Lolita. Wilhelm, Hauptfigur des Romans, »konnte sie nicht genug ansehen. Seine Augen und sein Herz wurden unwiderstehlich von dem geheimnisvollen Zustande dieses Wesens angezogen. Er schätzte sie auf zwölf bis dreizehn Jahre; ihr Körper war gut gebaut, nur daß ihre Glieder einen stärkern Wuchs versprachen oder einen zurückgehaltenen ankündigten. Ihre Bildung war nicht regelmäßig, aber auffallend; ihre Stirne geheimnisvoll, ihre Nase außerordentlich schön, und der Mund, ob er schon für ihr Alter zu sehr geschlossen schien, und die manchmal mit den Lippen nach der Seite zuckte, noch immer treuherzig und reizend genug.«

Konnte sich Bettine hier nicht auch beschrieben sehen? Kleinwüchsig, ein wenig gedrungen, nicht schön im üblichen Sinne, aber als Erscheinung interessant wirkend? Und wurde nicht auch sie wiederholt als Kind bezeichnet? War also nicht vieles angelegt auf Nachfolge?

»Durch die geheimnisvolle Gegenwart des Kindes« gebannt, wächst die Faszination in Wilhelm, geht fast über in Fixierung, und so kommt es zu einer ersten, hochemotionalen Annäherung zwischen »Kind« und jungem Mann.

»Sie sah ihm in die Augen, die von verhaltenen Tränen blinkten, und kniete mit Heftigkeit vor ihm nieder. Er behielt ihre Hände, sie legte ihr Haupt auf seine Kniee und war ganz still. Er spielte mit ihren Haaren und war freundlich. Sie blieb lange ruhig. Endlich fühlte er an ihr eine Art Zucken, das ganz sachte anfing und sich, durch alle Glieder wachsend, verbreitete. – ›Was ist dir, Mignon?‹ rief er aus, ›was ist dir?‹ – Sie richtete ihr Köpfchen auf und sah ihn an, fuhr auf einmal nach dem Herzen, wie mit einer Gebärde, welche Schmerzen verbeißt. Er hob sie auf, und sie fiel auf seinen Schoß; er drückte sie an sich und küßte sie.«

Dieses kleine Mädchen der großen Gefühle, es sang zuweilen auch, sich auf der Zither begleitend. Auch Bettine sang zuweilen, eine ausgebildete Altistin. Mignon wiederum sang, vor Wilhelms Ohren, was gleichsam zu ihrem Erkennungslied wurde:

Kennst du das Land, wo die Zitronen blühn,
Im dunkeln Laub die Goldorangen glühn,
Ein sanfter Wind vom blauen Himmel weht,
Die Myrte still und hoch der Lorbeer steht,
Kennst du es wohl?
Dahin! Dahin
Möcht' ich mit dir, o mein Geliebter ziehn!

Wiederum Bettine, in einem Brief an Caroline: »Ja wir wollen fort Günderode, wir zusammen; – es war ein Schicksalsruf, jene himmlische Nacht unter südlichen Blüten – sie rief uns zu dem Land dort wohin mein Sehnen geht, um das ich schon mit der Mignon meine Nächte verweint habe.«

Diesen Liedtext nun sandte ihr Goethe zu, mit dem Vermerk: »Ich schicke hier mit eigener Hand geschrieben ›Kennst du das Land‹ als eine Erinnerung an die Stunde, wo ich Sie kennen lernte.« Goethe machte das Spiel also mit, schrieb damit Bettines Rolle fest als Mignon, als »Kind«.

Diese Geschichte des Rollenspiels hat Bettine nicht direkt erzählt, also mußte hier davon berichtet werden, sonst ist nicht recht zu verstehen, was sich später entwickelt in ihrem Goethebuch.

Im Rheingau, mit Blick auf Goethe

Hier sind noch tausend herrliche Wege, die alle nach berühmten Gegenden des Rheins führen; jenseits liegt der Johannisberg auf dessen steilen Rücken wir täglich Prozessionen hinaufklettern sehen, die den Weinbergen Segen erflehen, dort überströmt die scheidende Sonne das reiche Land mit ihrem Purpur, und der Abendwind trägt feierlich die Fahnen der Schutzheiligen in den Lüften und bläht die weitfaltigen weißen Chorhemden der Geistlichkeit auf, die sich in der Dämmerung wie ein rätselhaftes Wolkengebilde den Berg hinabschlängeln. Im Näherrücken entwickelt sich der Gesang; die Kinderstimmen klingen am vernehmlichsten; der Baß stößt nur ruckweise die Melodien in die rechten Fugen, damit sie das kleine Schulgewimmel nicht allzu hoch treibe, und dann pausiert er am Fuß des Bergs, wo die Weinlagen aufhören. Nachdem der Herr Kaplan den letzten Rebstock mit dem Wedel aus dem Weihwasserkessel bespritzt hat, fliegt die ganze Prozession wie Spreu auseinander, der Küster nimmt Fahne, Weihkessel und Wedel, Stola und Chorhemd, alles unter dem Arm, und trägts eilends davon, und als ob die Grenze der Weinberge auch die Grenze der Audienz Gottes wär, so fällt das weltliche Leben ein, Schelmenliedchen bemächtigen sich der Kehlen, und ein heiteres Allegro der Ausgelassenheit verdrängt den Bußgesang, alle Unarten gehen los, die Knaben balgen sich und lassen ihre Drachen am Ufer im Mondschein fliegen, die Mädchen spannen ihre Leinwand aus, die auf der Bleiche liegt, und die Bursche[n] bombardieren sie mit wilden Kastanien; da jagt der Stadthirt die Kuhherde durchs Getümmel, den Ochs voran, damit er sich Platz mache; die hübschen Wirtstöchter stehen unter den Weinlauben vor der Tür und klappen mit dem Deckel der Weinkanne, da sprechen die Chorherren ein, und halten Gericht über Jahrgänge und Weinlagen, der Herr Frühmeßner sagte nach gehaltner Prozession zum Herrn Kaplan: Nun haben wirs unserm Herrgott vorgetragen, was unserm Wein nottut: noch acht Tage trocken Wetter, dann morgens früh Regen und mittags tüchtigen Sonnenschein, und das so fort Juli und August! Wenns dann kein gutes Weinjahr gibt, so ists nicht unsre Schuld.

Gestern wanderte ich, der Prozession vorüber, hinauf nach dem Kloster, wo sie herkam. Oft hatte ich im Aufsteigen Halt gemacht um den verhallenden Gesang noch zu hören. Da oben auf der Höhe war große Einsamkeit; nachdem auch das Geheul der Hunde, die das Psalmieren obligat begleitet hatten, verklungen war, spürte ich in die Ferne; da hörte ich dumpf das sinkende Treiben des scheidenden Tags; ich blieb in Gedanken sitzen, – da kam aus dem fernen Waldgeheg von Vollrads her etwas Weißes, es war ein Reiter auf einem Schimmel; das Tier leuchtete wie ein Geist, sein weicher Galopp tönte mir weissagend, die schlanke Figur des Reiters schmiegte sich so nachgebend den Bewegungen des Pferdes, das den Hals sanft und gelenk bog; bald in lässigem Schritt kam er heran, ich hatte mich an den Weg gestellt, er mochte mich im Dunkel für einen Knaben halten; im braunen Tuchmantel und schwarzer Mütze sah ich nicht grade einem Mädchen ähnlich. Er fragte, ob der Weg hier nicht zu steil sei zum Hinabreiten, und ob es noch weit sei bis Rüdesheim. Ich leitete ihn den Berg herab, der Schimmel hauchte mich an, ich klatschte seinen sanften Hals. Des Reiters schwarzes Haar, seine erhabene Stirn und Nase waren bei dem hellen Nachthimmel deutlich zu erkennen. Der Feldwächter ging vorüber und grüßte, ich zog die Mütze ab, mir klopfte das Herz neben meinem zweifelhaften Begleiter, wir gaben einander wechselweise Raum, uns näher zu betrachten; was er von mir zu denken beliebte, schien keinen großen Eindruck auf ihn zu machen, ich aber entdeckte in seinen Zügen, seiner Kleidung und Bewegungen *eine* reizende Eigenheit nach der andern. Nachlässig, bewußtlos, naturlaunig saß er auf seinem Schimmel, der das Regiment mit ihm teilte. – Dorthin flog er im Nebel schwimmend, der ihn nur allzubald mir verbarg; ich aber blieb bei den letzten Reben, wo heute die Prozession in ausgelassnem Übermut auseinandersprengte, allein zurück: ich fühlte mich sehr gedemütigt, ich ahndete nicht nur, ich war überzeugt, dies rasche Leben, das eben gleichgültig an mir vorübergestreift war, begehre mit allen fünf Sinnen, des Köstlichsten und Erhabensten im Dasein sich zu bemächtigen.

* * *

Warst Du schon auf dem Rochusberg? – Er hat in der Ferne was sehr Anlockendes, wie soll ich es Dir beschreiben? – so, als wenn man ihn gern befühlen, streicheln möchte, so glatt und sammetartig. Wenn die Kapelle auf der Höhe von der Abendsonne beleuchtet ist, und man sieht in die reichen, grünen, runden Täler, die sich wieder so fest aneinander schließen, so scheint er, sehnsüchtig an das Ufer des Rheins gelagert, mit seinem sanften Anschmiegen an die Gegend, und mit den geglätteten Furchen die ganze Natur zur Lust erwecken zu wollen. Er ist mir der liebste Platz im Rheingau; er liegt eine Stunde von unserer Wohnung; ich habe ihn schon morgens und abends, im Nebel, Regen und Sonnenschein besucht. Die Kapelle ist erst seit ein paar Jahren zerstört, das halbe Dach ist herunter, nur die Rippen eines Schiffgewölbes stehen noch, in welches Weihen ein großes Nest gebaut haben, die mit ihren Jungen ewig aus und ein fliegen, ein wildes Geschrei halten das sehr an die Wassergegend gemahnt. –

Der Hauptaltar steht noch zur Hälfte, auf demselben ein hohes Kreuz, an welches unten der heruntergestürzte Christusleib festgebunden ist. Ich kletterte an dem Altar hinauf; um den Trümmern noch eine letzte Ehre anzutun, wollte ich einen großen Blumenstrauß, den ich unterwegs gesammelt hatte, zwischen eine Spalte des Kopfes stecken; zu meinem größten Schrecken fiel mir der Kopf vor die Füße, die Weihen und Spatzen und alles was da genistet hatte, flog durch das Gepolter auf, und die stille Einsamkeit des Orts war Minuten lang gestört. Durch die Öffnungen der Türen schauen die entferntesten Gebirge: auf der einen Seite der Altkönig, auf der andern der ganze Hunsrück bis Kreuznach, vom Donnersberg begrenzt; rückwärts kannst Du so viel Land übersehen, als Du Lust hast. Wie ein breites Feiergewand zieht es der Rhein schleppend hinter sich her, den Du vor der Kapelle mit allen grünen Inseln wie mit Smaragden geschmückt liegen siehst: der Rüdesheimer Berg, der Scharlach- und Johannisberg, und wie all das edle Gefels heißt, wo der beste Wein wächst, liegen von verschiednen Seiten, und fangen die heißen Sonnenstrahlen wie blitzende Juwelen auf; man kann da alle Wirkung der Natur in die Kraft des Weines deutlich erkennen, wie sich die Nebel zu Ballen wälzen und sich an den Bergwänden herabsenken, wie das Erdreich sie gierig schluckt, und wie die heißen Winde drüber herstreifen. Es ist nichts schöner, als wenn das Abendbrot über einen solchen benebelten Weinberg fällt; da ist's, als ob der

Herr selbst die alte Schöpfung wieder angefrischt habe, ja als ob der Weinberg vom eignen Geist benebelt sei. –

* * *

Ich bin sehr müde, lieber Freund, und würde Dir nicht schreiben, aber ich seh, daß diese Blätter auf dieser wunderlichen Kreuz- und Querreise sich zu etwas Ganzem bilden, und da will ich doch nicht versäumen, wenn auch nur in wenig Zeilen, das Bild des Tages festzuhalten: Lauter Sturm und Wetter, abwechselnd ein einzelner Sonnenblick. Wir waren bis Mittag in St.Goarshausen geblieben, und haben den Rheinfels erstiegen; meine Hände sind von Dornen geritzt, und meine Kniee zittern noch von der Anstrengung, denn ich war voran und wählte den kürzesten und steilsten Weg. Hier oben sieht es so feierlich und düster aus: eine Reihe nackter Felsen schieben sich gedrängt hintereinander hervor; mit Weingärten, Wäldern und alten Burgtrümmern gekrönt; und so treten sie keck ins Flußbett dem Lauf des Rheins entgegen, der aus dem tiefen stillen See um die verzauberte Lorelei sich herumschwingt, über Felsschichten hinrauschend, schäumt, bullert, schwillt, gegen den Riff anschießt und den überbrausenden Zorn der schäumenden Fluten, wie ein echter Zecher, in sich hineintrinkt.

Da oben sah ich bequem unter der schützenden Mauer des Rheinfels die Nachkommenden mit roten und grünen Parapluies mühsam den schlüpfrigen Pfad hinaufklettern, und da eben der Sonne letzter Hoffnungsstrahl verschwand, und ein tüchtiger Guß dem Gebet um schön Wetter ein End machte, kehrte die naturliebende Gesellschaft, beinah am Ziel, verzagt wieder um, und ich blieb allein unter den gekrönten Häuptern. Wie beschreib ich Dir diese erlebte Stunde mit kurzem Wort, treffend? Kaum konnte ich Atem holen, – so streng und gewaltig. Ach, ich bin glücklich! die ganze Welt ist schön, und ich erleb alles für Dich.

* * *

Mein erster Gang war hier herauf [Rochusberg], wo ich Dir den letzten Brief schrieb, eh' wir reisten. Ich wollte sehen, ob mein Tintenfaß noch da sei und meine kleine Mappe mit Papier. Alles noch an Ort und Stelle. Ach Goethe, ich habe Deine Briefe so lieb, ich habe sie eingehüllt in ein seidnes Tuch, mit bunten Blumen und goldnem Zierat gestickt. Am letzten Tag vor unserer Rheinreise, da wußte ich nicht wohin mit; mitnehmen wollte ich sie nicht, da wir allesamt nur *einen* Mantelsack hatten; in meinem Zimmerchen, das ich nicht verschließen konnte, weil es gebraucht wurde, mochte ich sie auch nicht lassen, ich dachte, der Nachen könnte versinken und *ich* versaufen, und dann würden diese Briefe, deren einer um den andern an meinem Herzen gelegen hat, in fremde Hand kommen. Erst wollte ich sie den Nonnen in Vollrads aufzuheben geben; – es sind Bernhardinerinnen, die, aus dem Kloster vertrieben, jetzt dort wohnen, – nachher hab ichs anders überlegt. Das letztemal habe ich hier auf dem Berg einen Ort gefunden: unter dem Beichtstuhl der Rochuskapelle der noch steht, in dem ich auch immer meine Schreibereien verwahre, hab ich eine kleine Höhle gegraben und hab sie inwendig mit Muscheln vom Rhein und wunderschönen kleinen Kieselsteinchen ausgemauert, die ich auf dem Berge fand; da hab ich sie in ihrer seidnen Umhüllung hineingelegt und eine Distel vor die Stelle gepflanzt, deren Wurzel ich sorgfältig mitsamt der Erde ausgestochen. Unterwegs war mir oft bange; welcher Schlag hätte mich getroffen, hätte ich sie nicht wiedergefunden, mir steht das Herz still. –

Sieben Tag war schlecht Wetter nach unserer Heimkehr; es war nicht möglich hinüberzukommen; der Rhein ist um drei Fuß gestiegen und ganz verödet von Nachen; ach wie hab ichs verwünscht, daß ich sie da oben hingebracht hatte; keinem mocht ichs sagen, aber die Ungeduld hinüberzukommen, ich hatte Fieber aus Angst um meine Briefe, ich konnte mir ja erwarten, der Regen würde irgendwo durchgedrungen sein und sie verderben; ach sie haben auch ein bißchen Wassernot gelitten, aber nur ganz wenig, ich war so froh wie ich von weitem die Distel blühen sah, da hab ich sie denn ausgegraben und in die Sonne gelegt; sie sind gleich trocken und ich nehm sie mit. Die Distel hab ich zum ewigen Andenken wieder festgepflanzt. –

Arnim tritt in Erscheinung

Achim von Arnim, »Herzensbruder« von Clemens, nähert sich Bettine an: ein langsamer Prozeß, der fast ein Jahrzehnt vor der Heirat (1811) einsetzt. So ist im (ungefähr) chronologischen Ablauf des Lesebuchs hier schon mal das Stichwort gegeben für eine Skizze.

Arnim war vier Jahre älter als Bettine. Seine Mutter starb bei der Geburt: »Mutter ermordet um geboren zu werden.« Arnim studierte Rechtswissenschaft, zugleich Chemie, Physik. Für den künftigen Schriftsteller ungewöhnlich das Thema der ersten Publikation, 1799: *Versuch einer Theorie der elektrischen Erscheinungen.* Ab 1800 studierte er Mathematik in Göttingen. Hier lernte er Clemens kennen.

Bettine skizziert das Kontrastbild des Freundespaares: »O Clemente, Deine blaue Halsbinde, Deine wunderschön ledernen Beinkleider!« Hingegen »Arnim so schlampig in seinem weiten Überrock, die Naht am Ärmel aufgetrennt, mit dem Ziegenhainer [Knüttel], die Mütze mit halb abgerissnem Futter; Du so fein und elegant, mit rotem Mützchen über Deinen tausend Locken.«

Freundschaft unter dem Zeichen von Schwärmerei, Verzükkung. In ihren Briefen zahlreiche Formulierungen des Überschwangs. Hier ein Beispiel in Permutationen: »Denke, Lieber, wie ich Deiner denke, mein Mädchen heißt Arnim, denke, lieb Mädchen, wie ich Deiner denke: Mein Freund heißt Arnim, denke Bettine, wie ich Deiner denke: Mein Mädchen und mein Freund heißt Arnim, denket alle wie ich eurer gedenke, ich heiße Clemens.«

Auffällige Formulierung: »Mein Mädchen heißt Arnim« – Homoerotik, Homosexualität? In den überlieferten Briefen finden sich des öfteren Formulierungen, die solche Rückschlüsse scheinbar nahelegen, aus heutiger Sicht. Damals las man das anders: Gefühlsergüsse gehörten fast zum Kodex intensiver Briefwechsel auch unter Freunden. Briefleidenschaft führte jedoch nur zu Umarmungen bei der Begrüßung, zu Tränen beim Abschied. Selbst wenn Clemens und Arnim auf dem Papier gemeinsam ins Bett gingen – auf den Laken setzte sich das nicht um in Akte. Man ließ sich von leidenschaftlichen Formulierungen hinreißen, nicht aber zur Verführung.

So kann Arnim schon im August 1802 dem ›Busenfreund‹ von einer frühen Begegnung mit Bettine berichten, ohne Eifersucht zu wecken: »Sie begleitete mich auf den Fußweg nach Frankfurt, die gebognen Apfelbäume beschatteten uns und die untersinkende Sonne blickte neben den Baumstämmen zu uns hin, wir liefen zwischen den Kornfeldern um die Wette die schwankend mit uns zogen, sie verwickelte sich in ihrem Kleide und fiel, ich war zu sehr im Laufe, um ihren Fall aufzuhalten, das schmerzte mich, ich war im letzten Augenblicke dadurch weniger zurückhaltend als sonst, ich küßte sie zum Abschiede, sie aber schien kalt und sie sagt es in ihrem Briefe.« So wird es noch lange dauern, bis sie zusammenfinden, zusammenkommen, zusammenbleiben.

Arnim wendete sich, stimuliert von Clemens, mehr und mehr der Literatur zu. Clemens schrieb den Briefroman *Godwi,* Arnim den Briefroman *Hollins Liebeleben.*

Mit seinem (älteren) Bruder Carl Otto, genannt Pitt, unternahm Achim von Arnim eine Fußwanderung in die Schweiz und nach Italien – eine der im Adel weithin üblichen »Kavalierstouren«. Seine Route: Vierwaldstätter See ... Einsiedeln ... Chur ... Chiavenna ... Comer See ... Mailand ... Lago Maggiore ... Bellinzona ... Gotthard-Paß ... Bern ... Hier lernte er Frau von Staël kennen. Weiter nach Paris. Dorthin schickte Clemens im Februar 1803 aus Marburg eine hinreißende Briefsuada, die ich unbedingt zitieren muß – Bettine möge mir das nachsehn.

»Kein Mensch kann Briefe schreiben als [wie] Du, kein Mensch kann mich lieben, als Du, nirgends auf Erden ist mir wohlgeworden als bei Dir, lieber Arnim; ich habe heute Nacht lebhaft von Dir geträumt, ich war bei Dir in Paris, Du saßt auf einem Stuhle und hattest lederne Hosen an, die waren Dir zu eng, da machte ich Dir die Knöpfe zu an den Knien, und mir bluteten die Finger, ich hatte kein Geld, wagte Dich nicht zu fragen, wo Du zu Mittag essen würdest, und war so neidisch auf Deinen Bedienten, der hatte zu essen, und war viel mit Dir, doch hieltest Du mich höher, dafür ging ich allein durch einige Straßen in Paris, in denen viel Gras war und setzte mich traurig in das Gras und weinte, zog Deinen Brief heraus und wollte ihn beantworten, aber der Wind blies in die Blätter und ich lief in entsetzlicher Angst nach, am Wege stand die Mereau, sie wollte mich mit offnen Armen aufhalten, aber ich rannte sie über den Haufen, und lief bis an den Rhein, bei Bingen fand ich mich wieder, und Dich auch, Du fuhrst auf einem kleinen Nachen, und ich saß bei Dir, und wir tranken Aßmannshauser, ich sagte Dir: Ach Gott, sieh einmal den Umriss des Felsens, der gleicht der Mereau, und da guckte sie oben am Mäuseturm heraus, ich sprang ins Wasser, um hinüberzuschwimmen, und Du sprangst nach, aber ich muß gewiß ersoffen sein, denn Du standst am Mäuseturm und hattest einen langen Zettel, dessen Ende ins Wasser fiel und ich stand neben Dir und wollte Dich umarmen und konnte nicht, je heftiger ich mich aber bemühte, je emsiger schriebst Du, und da ich mit höchster Gewalt zu Dir strebte, da traten Dir die Tränen in die Augen, und Du schriebst nieder, was ich vergessen habe, aber es war ein langes Lied, wie Deine Lieder. Wie aber das Lied ins Wasser fiel war es mir deutlich und doch stand ich auf dem Lande, es war ein Lied, da stand drin, daß Du mich liebtest und daß ich ertrunken sei, das machte mich so traurig, daß ich sehr weinte, welches mich im Wasser viel Mühe kostete, da wachte ich in der Angst auf und setze mich gleich hin und schreibe Dir es, lieber Achim, es war ein Traum, aber daß mir jetzt das Herz so pocht, daß ich Dich liebe wie den Lieben Gott, daß ich ohne Dich nicht leben werde, das ist kein Traum.«

Nach mehr als einem Jahr kehrte Arnim zurück, die Freunde hatten sich wieder. Gemeinsam begannen sie Volkslieder zu sammeln (und zu bearbeiten!), publizierten 1806 die bald berühmte Sammlung *Des Knaben Wunderhorn.* Es folgten jeweils Publikationen eigener Texte.

Und noch immer kein Friede. Achim verbreitete Kriegslieder gegen Napoleon, dem er in Paris vorgestellt worden war. 1807 berichtet, gesteht er Bettine: »Vom grimmen Haß gegen Napoleon raffte mich sein Anblick fast zu einer Art Gottesfurcht gegen ihn hin, ich kenne Ihr Gefühl und habe es geteilt, es ist etwas Übermächtiges in ihm, was mich besiegt hat, nicht sein Glück oder seine Macht, es ist eine Atmosphäre.«

Amalie Caroline von Arnim vererbte ihm und seinem älteren Bruder die »Herrschaft Bärwalde« – Ländereien mit dem Schlößchen Bärwalde und dem Herrensitz Wiepersdorf. Die beiden kleinen Residenzen und sieben Ortschaften (»Vorwerke«) als preußische Enklave in Kursachsen. Doch der Anschein täuschte: die Brüder waren nun keine ›Großgrundbesitzer‹, keine ›Junker‹, sie bleiben bis auf weiteres Opfer eines vertrackten Testaments, Stichwort: Fideikommiß. Diese Regelung muß hier nicht ausführlich erläutert werden, nur so viel: Auch Achim durfte seinen Anteil am Erbe nur treuhänderisch verwalten; bestimmt war es für seinen künftigen Erstgeborenen. Mit dieser Klausel signalisierte die Großmutter, daß sie Achim und »Pitt« nicht zutraute, mit dem Erbe verantwortungsbewußt genug umzugehen, sie setzte auf deren Nachwuchs.

Weiteres Handicap: Dieser (künftige) Besitz war heruntergewirtschaftet, war hoch verschuldet. Hinzu kamen Folgen auch der napoleonischen Kriege: keine Zerstörungen durch Kampfhandlungen, jedoch die üblichen Einquartierungen durchmaschierender Truppen, und die hinterließen Spuren.

Arnim nahm sich vor, die »Herrschaft Bärwalde« zu sanieren. Er schrieb Bettine: »Du wirst darin die zwingende Klaue des Schicksals sehen, die es mir gar unsanft in den Nacken setzt, nicht auf dem Olymp sondern im Sande mich niederzulassen.« Sie wird später allerdings eher den Eindruck gewinnen, er setze sein Leben in den Sand des flachen Lands bei Jüterbog.

Soweit ein kurzer Vorgriff in die Zukunft. Noch aber sind wir, chronologisch, in den frühen Jahren der Beziehung. Damit: ein Sprung zurück in die Zeit vor dem Tod der umschwärmten Günderrode, Caroline noch im Frankfurter Stift, Bettine (wieder einmal) zu Besuch bei ihr. (Übrigens: Bettine bleibt konsequent bei einer vereinfachten Schreibweise des Namens ihrer Freundin – aber sowas nahm man damals generell noch recht locker.)

Der *Arnim* kam zu uns ins Stift, und fragte ob man bei dem herrlichen Abend nicht wolle hinaus nach der grünen Burg, so wanderten wir bei Abendschein die stillen Feldwege, ich lief immer voraus, wendete um und sah die beiden, vom untergehenden Tag mit einem Nimbus umfangen, schreiten, mehr schweben – optische Wirkung des Lichtes, das seinen Sonnenharnisch abgelegt hatte! – Das Licht, wenn es nicht thront, ist mild, einfach, bescheiden, kindlich, und wohl gar wie ein Kind zum Spielen geneigt. – […]

Der Arnim sieht doch königlich aus! – die *Günderode* auch; der Arnim ist nicht in der Welt zum zweitenmal, die Günderode auch nicht. Die beiden gehen da nebeneinander an diesem schönen heitern Abend! Aber dort kommt ein Gewitter! die Winde kehren vor uns den Weg, mir müssen eilen! wir fangen an zu traben, wir wollen eben in Galopp uns setzen, ergießt das schwarze Gewölk sich über uns, unten blitzt es, die Donner schlagen ihre Wirbel. Wir erreichen einen dichtlaubigen Kastanienbaum, die Regenflut läuft an seinen breiten hängenden Ästen hinab, dicht am Stamm ists trocken. Der Arnim breitet seinen grünen Mantel um uns, die Günderode hat mit dem Kragen den Kopf geschützt, ich konnte es aber nicht drunter aushalten, ich mußte sehen was am Himmel passiert. Da zogen die Regenschichten nacheinander vorüber, es war ein Gewühl. Ganz so stell ich mir das Wetter vor unter der Erde, wenn da ein Postament von Wolken wär, auf dem sie thronte. – […]

Ein Weilchen gefiel mir dies böse Abenteuer. Arnims wunderschöne Jugendnähe elektrisierte mich, ich opponierte dem Gewitter mit allerlei vom Zaun gebrochner Philosophie, die nicht Hand und Füße hatte und nasse Flügel, die ließ sie hängen. –

Wir gingen weiter, jetzt wo der Wind die Wolken ins Gebet nahm, rissen sie aus. Die Günderode wurde ins Bett gesteckt, wir sollten die Nacht dableiben. Wer war froher wie ich. Eine schöne Sommernacht unter einem Dach mit dem Arnim und Günderödchen durchplaudert; – doch haben wir uns gezankt. Wir stiegen die Leiter der Begeistrung hinan in unserm Nachtgespräch, eins überhüpfte das andere, oben zankten wir einander daß wir nicht in ihn verliebt seien, dann zankten wir einander, daß wir kein Vertrauen hätten, und wolltens nicht gestehen daß wir ihn doch liebten, dann rechtfertigten wir uns daß wir es nicht täten, weil jede geglaubt hatte daß die andre ihn liebe, dann versöhnten wir uns, dann wollten wir großmütig einander ihn abtreten, dann zankten wir wieder daß jede aus Großmut so eigensinnig war ihn nicht haben zu wollen. Es schien ernst zu werden, denn ich sprang auf und wollte mein Bett von dem ihrigen wegrücken aus lauter Zorn daß sie den Arnim nicht wollte. Auf einmal hören wir husten und sich tief räuspern. Ach der Arnim war durch eine dünne Wand nur von uns geschieden, er konnte deutlich alles vernehmen, er mußte es gehört haben, ich sprang ins Bett und deckte mich bis über die Ohren zu. Uns klopfte das Herz wohl eine halbe Stunde, keins muckste mehr die ganze Nacht. –

Am andern Morgen früh um sechs Uhr sah ich zum Fenster hinaus den Arnim schon unter den Linden spazierengehen. Jetzt wollten wir doch probieren, ob er uns gehört könne haben. Ich ging ins Nebenzimmer, die Günderode sprach ungefähr dasselbe und ebenso laut wie am Abend. Ich legte mein Ohr an die Wand und hörte teilweis, aber nicht alles; als ich aber sah daß sein Bett grade an der Tür stand und daß das Schlüsselloch mit dem Kopfkissen auf gleicher Höhe stand, und daß man da alles deutlich hören konnte; – wie zwei marode Schiffer die eben gescheitert sind an der Sandbank, die sie so lange ängstlich umschifft hatten, guckten wir uns an. Wir mußten zum Frühstück! –

Wir setzten uns mit dem Rücken gegen die Tür, um ihn nicht gleich sehen zu müssen, was half der eine Augenblick, mir mußten ihm ja doch die Sträußchen abnehmen, die er eben aus dem Feld mitbrachte, Vergißmeinnicht! – Ach nun wars gewiß daß ers gehört hatte. Ach, Clemente, es war recht wunderlich! – Das war gewiß so ein Gefühl was man Verlegenheit nennt! – Ich nahm die Gitarre von Gunda und sang »Das schmerzt mich sehr, das kränket mich, daß ich nicht genug kann lieben Dich«. –

Der Arnim gab mir seinen Handschuh und bat, den zerrissnen Daumen zu flicken. – Ich habs getan, Clemente. Ach aller Anfang ist schwer, der Handschuh duftete so fein, so vornehm. – Ein grauer Handschuh von Gemsleder, ich habe ihn mit Hexenstichen benäht, er zog ihn gleich an, den linken Handschuh aber ließ er liegen und promenierte mit seinem Stock neben uns. Ich warf seinen vergessnen Handschuh unter den Tisch, ich dachte da mag er liegen, wenn er ihn zurückläßt, dann heb ich ihn zum Andenken auf, denn er geht ja morgen fort. »*Wird nicht wiederkommen, wird nicht wiederkommen, das tut mir weh*« – ich hab ihm dieses alte Volkslied vorgesungen, es hat ihm sehr gefallen. –

Der Arnim ist fort! – er hat den Handschuh zurückgelassen. Gestern nahm er Abschied und gestern leuchteten noch die Sterne uns beim Heimgehen, er suchte einen Stern aus, den wir alle drei wollten sehen, wenn wir aus der Ferne aneinander dächten. Ach Gott ich hab den Stern vergessen, er hats so deutlich expliziert, und nun kaum war er fort, wußt ichs nicht mehr, ich fragte die Günderode, denn die ist sternkundig, aber die neckt mich und nimmt dies als einen Beweis daß ich gewiß in ihn verliebt sei!

Ein Ausschnitt dies aus einem der stilisierten, für den Druck bestimmten Briefe. Überliefert sind aber auch in großer Zahl Briefe, die nur für den Empfänger (und dessen engerem

Kreis), nicht jedoch für eine größere Öffentlichkeit bestimmt waren. Folgen drei Sequenzen aus Briefen Bettines an Arnim, die auf die Post und nicht in den Druck gegeben wurden.

März 1808: Arnim kam nach Frankfurt, um Freund Brentano in einer der (fast chronischen) Beziehungskrisen beizustehn; drei Tage später war er wieder fort, reiste nach Heidelberg, Bettine hatte das Nachsehn.

Schon einen ganzen Tag bist Du wieder in Deiner Wohnung, und ich – seh Dich immer noch vor mir, obgleich Deine Erscheinung wie Traum war; jetzt, wo ich dran denke daß Du vor meinen Augen warst, erschreckt es mich bis zum Weinen. Ja, wie im Traum gingst Du vor mir her, ich wollte Dich ergreifen, konnte aber nicht erreichen, wollte mit [Dir] sprechen, Du hörtest nicht, warst mit tausend Dingen beschäftigt, nur ein paar Augenblicke wo ich Dich küßte, und doch schienst Du dabei wie abgehalten, wie abgewendet und nur zur Not in Eil. So hab ich grad zuweilen von Dir geträumt, warst Du's denn auch? hab ich Deine eigne Augen gesehen? hast Du mir die Hand gegeben? Du! an den ich schreib, für den ich voll Liebe bin, um den ich alles gäbe, so viel: nur um in diesem Moment vor Dir zu stehen und Dich anzusehen, ich hab Dich ja tausend und wieder tausend Momente vor Augen gehabt in diesen 3 Tagen und mein Herz war still; warum hab ich Dich denn nicht fortgeführt in Wald, warum hab ich Dir keine Einsiedelei dort gebaut, und Dich vor keines Menschen Antlitz mehr gelassen, Deinem Gott hättest Du dienen müssen, und ich hätte Dir gedient. Ich hab Dir eine Einsiedelei gebaut in meinem Herzen, ich mag dies nicht verlassen weil alles mich an Dich erinnert, ich warte Deiner, und wenn Du kommst will ich Dich bedienen.

An meinem Ofen sitz ich und schreib auf einer großen Bibel, in der ich vorher gelesen hatte. Ach ich mag Deinen Namen nicht schreiben, Du weißt ja wie ich Dich rufe, mein Lieber! Lieber! – aus dem tiefsten Herzen! Gute Nacht!

August 1809 schreibt Bettine, zu Besuch in München, an Arnim, damals zu Besuch in Berlin:

Da sitze ich am Herd und koche mir meine Suppe, linkerhand im Öfchen hab ich mir ein Feuer angemacht, und Sago mit Wasser beigestellt, wann aber das Kienholz ausgebrannt ist und das Stroh, so gehts Feuer immer wieder aus; diese Suppe hab ich mir zum Nachtessen angewöhnt weil sie sehr gesund für die Stimme ist; wenn wir wieder zusammenkommen so koche ich auch für Dich, und dann wollen wir sehen ob nichts aus Deiner Stimme wird. Deine Stimme gefällt mir besser als andre, und zwar aus dem Grunde, weil man Dich immer hört, wenn man sie hört; – wenn ich so allein bin! (»Es ist nicht gut, daß der Mensch allein sei«) – die Katz schläft und die Magd schläft, die Zeit geht trocken, in trägen Pulsschlägen, vorüber, ach! wie wäre ein stilles ruhiges Gespräch besser als dieser Brief wenn ich bei Dir wäre – dann wäre diese einsame Stunde (wo ich nichts Lebendiges habe als meinen ungeheuren Schattenkopf hinter mir, der mit mir seine großen Locken schüttelt darüber daß ich bei Dir sein sollte und es nicht bin) vielleicht recht vergnügt. –

Ruhe in einander suchen, sie in einander finden, die Welt umeinander vergessen, das ist ein einzig Glück; – meine Suppe kocht über und über – hätt ich nur jemand der mitäß, Du bist wohl manchen Abend auch allein; lieber Arnim beherzige mich in solchen Stunden.

Oktober 1809; Bettine hält sich in Landshut auf, bei Savigny, Arnim wiederum ist wieder mal in Berlin. Und es artikuliert sich Wunschdenken.

Die Dämmerung band der Phantasie die Fittiche los, und mein Weg ging nach Weimar und nach Berlin so grad wie ich war, zu Fuß. Ich kam noch die selbe Nacht bei Dir an; ich fand Dich fest eingeschlafen, und der Mond beleuchtete mir deutlich Dein Gesicht; da setzte ich mich auf den Rand Deines Bettes, und legte meine Hand auf Deinen Mund, und fühlte einen reinen Atemzug, Dein Herz schlug allmählich stärker, das war mir ein Zeichen daß Du meine Gegenwart fühlen möchtest.

Lieber Arnim, wenn Du erwachest so sind wir beieinander. »Nur einen Augenblick möchtest Du mich anlachen?« Ach es ist auch etwas Großes, mit einem einzigen lächelnden Blick ein Opfer in des andern Brust entzünden; die Felsen haben harte Steine in sich, sie sind undurchdringlich, aber ein Blick, der aus warmer Liebe entspringt, macht sie durchsichtig, hast Du das noch nicht gefühlt? wenn Du recht geliebt hast, daß alles um Dich sich verklärte. Ich z.B. auf dem Trages, schon vor mehreren Jahren, da lag der Schnee schon etwas tief, ich ging in der Lindenallee, es waren viele Raben auf die Bäume geflogen, ich war so kalt, so kalt! daß ich nicht einmal fror obschon es auf mich schneiete ich war ganz empfindungslos, da ging aber bald darauf die Sonne ganz rot unter, da hab ich durch den Winter durchgesehen in den Frühling, und durch den innersten Busen der Pflanzen wo sich Blätter und Blüten warm einander im Schoß lagen, durch die Erde durch wo die Wurzeln mit gierigem Eifer ihre Kraft einsaugen, wo alles schlürft und genießt, wo der Herr ihr Gott in sichtbarer

Gestalt hinwandelt, und mit dem Blick den Segen erweckt, und war alles im Leben; da fühlte ich ganz deutlich daß alles ewig ist, daß die Liebe ewig ist, aber nicht alt wird.

Kollateralschaden eines Ehekriegs

Die zeitweilig dramatische Ehe des Clemens Brentano mit Sophie Mereau kann hier nur erwähnt werden: Heirat Ende November 1803; zwei Kinder, die sehr früh starben; bei der dritten Geburt, Ende Oktober 1806, verblutete Sophie. Der Witwer geriet 1807 in ein Eheverhältnis mit der 16jährigen Auguste Bußmann, Jahrgang 1791. Ein höchst kapriziöses Mädchen, das – in heutigem Idiom – leicht ausflippte. Was sich aber auch bei Clemens wiederholte! Und Bettine wurde in Mitleidenschaft gezogen.

Kurze Anmerkungen zur Vorgeschichte. Zwei Namen tauchen hier auf: Bußmann & Bethmann. Johann Jakob Bußmann war der Vater des einzigen und einzigartigen Kindes; sein Sozius, der Bankier Simon Moritz Bethmann, zugleich ihr Onkel, wurde Vormund.

Wieder in heutiger Umgangssprache: Auguste warf sich an Clemens heran. Der aber wünschte sich eher Zurückhaltung. So wollte sie ihm eine Szene machen, dies auf großer Bühne – im Treppenhaus des Palais der Fürsten Thurn und Taxis, am 22. Juli 1807. Kaiser Napoleon, von Friedensverhandlungen bei Tilsit nach Paris zurückkehrend, machte in Frankfurt Station, ließ sich von der Bevölkerung feiern, von Fürsten hofieren.

Bettine wurde Zeugin, berichtete Savigny: »Den Tag, da Bonaparte hier durch verschiedne Triumphbögen zog, ging sie [Auguste] mit Claudine, Clemens und mir in den Palast, um ihn bei seiner Abreise in Augenschein zu nehmen; wir standen an einer Nische an der Stiege, hier wurde in Erwartung Bonapartes die erste Liebeserklärung gemacht; Clemens versicherte mich nachher, daß er alle mögliche Mühe gehabt, sie zurückzuhalten, ihm einen Fußfall zu machen.« So hatte Auguste sich das ausgemalt: Vor Clemens niederknien in dem Moment, in dem Napoleon vorbeischreitet – da hätte Clemens den Fußfall kaum verhindern können, ohne unliebsames Aufsehen zu erregen.

Clemens nun berichtet Arnim vom dramatischen Ablauf, sodann von der viel beredeten Entführung – bei der nicht recht klar ist, wer eigentlich wen entführt hat.

»Äußerlich ganz still, sanft und -sinnig, ja tiefsinnig erscheinend, entsetzlich verständig sprechend, entschlossen wie ein Mann, jungfräulich schüchtern wie eine Nonne, wirft sich mir *Auguste* Bußmann mit erschrecklicher Gewalt – nach einigen poetischen Galanterien, die ich ihr, von allen ihren Umständen ununterrichtet, gemacht – an den Hals. Geängstet von ihren so öffentlichen Schritten zur Erlangung ihres vorigen Bräutigams ist sie wie eine Person die in den Tod geht; ich stehe neben ihr im Taxischen Hof auf der Treppe da Napoleon und die andern Fürsten auf- und ablaufen, in einer Nische mit Claudine und Bettine wie eine Bildsäulengruppe vor den Augen aller [Frankfurter]; ihr Betragen ist so toll zärtlich und Aufsehen erregend daß alles auf uns sieht, ich stehe wie am Pranger, mit unaussprechlicher Angst und trauriger Empfindung, war es mir nur eine dunkle Empfindung, daß die Arme, die mich öffentlich umschlangen, mir wirklich ein Halseisen werden könnten; hier kommt [gerät] sie endlich ganz außer sich, sie sagt mir, daß sie versprochen sei, daß die Königin [Luise] darein verwickelt sei, mit Mühe halte ich sie zurück, daß sie nicht dem Bonaparte gar zu Füßen fällt und meine arme Person in die Weltgeschichte hineinflicht, alles ringsum flieht mich mit schrecklicher Trauer, ich bin meiner nicht mehr mächtig, die ganze Stadt redet von mir, und ich liebe eigentlich nicht, [...] ohne zu lieben falle ich in eine Art von Fieber, das mich wie eine feurige Wolke umgibt, tief trauernd besuche ich alle Winkelchen, wo sie mich, bei der höchsten Wachsamkeit der Ihrigen, mit der künstlichsten Hehlerei zu sehen weiß; während sie aus Liebe zu vergehen droht, erfüllt mich Verachtung gegen solche Lausereien. [...]

Auguste dringt nun trotz aller Hindernisse mit Gewalt auf mich ein, sie macht mir Vorwürfe, sie spricht: Man sei auf dem Punkt sie ins Kloster zu sperren, man stößt ihr die größten Schändlichkeiten gegen mich ins Gesicht, und nachdem ich mich stets gewehrt und immer den Weg der Ausdauer vorgeschlagen, läßt sie mich plötzlich durch eine Magd bescheiden (abends um 10 Uhr bei Tisch), auf den Paradeplatz an ihr Haus zu kommen, sie wolle mich nochmals sehen, ich gehe hin, wie ich stehe und gehe, und siehe, das 17jährige Mädchen, mit dem Bündelchen unter dem Arm, läuft mit mir, dem es ganz ordinair dabei zu Mute, [zu] dem [Stadt]Tor hinaus; Christian, der bei mir war, bestellt eine Postchaise, die uns an der Warte einholt, so fliehen wir nach Kassel. Nach vielen Drohungen und leeren Impertinenzen, nachdem die ganze dummstolze Familie mich, der sie so oft durch eine Verachtung geneckt, nun alle Gemeinheit hatte empfinden lassen, geschimpft und gehudelt, ein[en] Lump ein[en] Vagabund genannt, [...] täglich mehr und mit bitterem Kummer entdeckend, daß ich ein ganz anders Geschöpf entführt hatte, oder vielmehr von ihm entführt worden, [...] ein Wesen ohne alle ideale Natur, verwöhnt, plump und heftig, mit einer an Blödsinn grenzenden Entschlossenheit, ohne Reiz des Leibes und der Seele neben mir, so war ich, noch unkopuliert, doch honoris causa dafür erklärt, innerlich aber schon getrennt; endlich ward ich unter der größten Verfluchung der Familie, mit ihren Consenzen versehen und förmlich in Fft. aufgerufen und in Fritzlar, 7 Stunden von hier, wie die Familie begehrte, von einem katholischen Priester, nachdem ich ihm gebeichtet und communiziert, getraut; die ganze Handlung war so läppisch, so elend, die Kirche schien über mir einzustürzen, und eine innre Trauer vernichtete mich, daß ich ohne Würde, ohne Rührung, drei Sakramente empfing, Gott verzeihe mir meine Schuld. Nun bin ich verheiratet, die Familie Bethmann dringt in mich, einen Stand zu ergreifen, sie will mich rekommandieren [empfehlen], aber ich *kann* nicht, und will nicht, das wäre noch die letzte Höhe. [...] Auguste hat mich mit ihrem Wesen bereits mehrmals zur Verzweiflung gebracht, zweimal hat sie mich geschlagen, und mich endlich dahin gebracht, daß ich sie auch einmal gewalkt, das wirkte auf einige Tage wunderbar, sie ward wie ein Engel, dann hat sie mir den Trauring liebreich abgeschwätzt und dann zum Fenster hinaus geschmissen.«

Der Ehekrieg setzt sich fort. Ein knappes Jahr später berichtet Clemens dem Schwager Savigny: »Meine Dame hat trotz aller reuigen Briefe die ganze Zeit ihre niederträchtige wahnsinnige Rolle fortgespielt. Ich bin auch ihres Anspeiens und Tretens satt geworden und habe sie einigemal mit dem besten Gewissen und kaltem Blut tüchtig durchgeprügelt.«

Als Druckmittel des »grundbösen Weibes« auch ein dramatisch inszenierter, allerdings nur vorgetäuschter Selbstmordversuch: sie läßt ihm ein Federmesser und eine Schere mit angetrockneten Blutspuren überreichen. Clemens reagiert zynisch: »Das Neuste, daß die zu Zeiten ganz verrückte Auguste vor drei Tagen mit einem Federmesser und einer Schere aus Langerweile sich zwei Stiche gegeben hat, die ein kolossaler Floh auch hätte vollziehen können.«

Versöhnung, Entzweiung, Versöhnung, Entzweiung. Schließlich ergreift Clemens die Flucht, Auguste verfolgt ihn, Bettine wird in das Geschehen hineingerissen. Ende Februar,

Anfang März 1809 berichtet sie von München nach Landshut:

Auguste hat hier eine ähnliche Geschichte gemacht wie in Landshut mit Vergiften, nur daß es hier in einem Wirtshause war und daher mehr Aufsehen machte; als ich zu ihr kam fragte sie mich nach Clemens; nach Abredung [laut Verabredung] sagte ich ihr, er sei vor zwei Tagen nach Frankfurt; darauf nahm sie eine Strohflasche schüttete mit Bedeuten in ein Glas mit Malaga und setzte es an, in diesem Augenblick übernahm mich Zorn und Angst so, daß ich ihr das Glas aus der Hand schlug (welches ich nicht hätte tun sollen weil es lauter Dreck war), sie nahm die Flasche, wollte trinken mit Gewalt, wir – ich und Friederike – wurden ihr endlich Meister, jedoch hatte es mich so angegriffen, daß ich eine Art Krämpfe davon bekam die mich laut schreien machten und zittern am ganzen Leib, das ganze Haus versammelte sich, ich ließ den Hausarzt kommen und [das] Gift untersuchen, er sagte es sei sehr stark, darauf ging ich zu Stadion [österreichischer Graf und Staatskanzler] bei dem ich den Paß [nach Österreich] für Clemens zu holen hatte, und fragte ihn um Rat; er sagte ich soll ihr einen Arzt holen der sie untersuchen müsse und wenn sie Gift genommen hätte sie zwingen – so oder gerichtlich – Gegenmittel zu nehmen; sie lag in Clemens' Zimmer, welches ich hatte öffnen lassen, Harz ging hin, richtete aber im Guten nichts aus, er nahm das übrige Gift, um es als Corpus delicti zu gebrauchen, er sagt, er habe es auch bei der Polizei angezeigt, Soemmering untersuchte das Gift, fand, daß es nichts war, unterdessen wußte ich nichts davon, sie paradierte daher mit allen möglichen Krankheitszufällen [Anfällen], endlich begehrte sie einen Geistlichen weil sie fühle in einer halben Stunde müsse sie sterben, ich schickte ihr den Hofprediger Schmidt, alle Leute rieten mir, es auf der Geheimen Polizei anzuzeigen, indessen befolgte ich Stadions Rat und sagte, jetzt müsse der Arzt dafür sorgen; dem Soemmering spielte sie Convulsionen vor, er verstand sie recht gut; der Abend kam herbei, keine Wirkung vom Gift zeigte sich, nun hat sie noch gar die ganze Nacht geschlafen wie ein Mehlsack; sie will morgen oder übermorgen nach Landshut um sich Wäsche zu holen und will dann hier bleiben, es ist aber unmöglich weil die ganze Stadt mit Fingern auf sie weisen wird; am End, wenn es durch den Arzt an den König kommt, so wird ihr die Stadt verwiesen denn er kann die Selbstmörder nicht leiden. Graf Stadion meint auch, Clemens könne von der Geheimen Polizei begehren, daß sie unter sicherer Begleitung nach Frankfurt gebracht werde; ich werde von heute [an] mich ganz von ihr abziehen; Soemmering mags übrigens mit ihr ausmachen, mir vernichtet es die Gesundheit; sie hat durch unerträgliches lügenhaftes Geschwätz alle Menschen die sie nicht kannten, gerührt; wenn ich es nun hörte, so hat mich mein Zorn immer so übernommen bis ich matt und krank zusammenfiel, kurz, es war wohl der elendeste Tag meines Lebens, sie begehrte mich zu sehen, so oft ich zu ihr kam überfiel mich ein Schwindel (mal au coeur) pp, sie ekelte mich so daß ich sie nicht hätte anrühren können, wenn ich ihr auch das vermeinte Gift wieder aus dem Leib gejagt hätte. Sie sagte mir, Dir verzeihe ich und besonders der Gundel, in Kurzem werde ich sterben pp.

Es ist die verdrießlichste Geschichte meines Lebens; geht sie von hier nicht weg so werde ich wegmüssen, es wäre doch nicht der Mühe wert um dies Untier, ich bitte Euch, überlegt was Ihr tun wollt. […]

Clemens kann immer nach Salzburg gehen, obschon es ihr auch einfallen könnte, denn dahin kann sie weder zu Fuß noch zu Wagen kommen ohne Paß, und diesen kann sie sich nicht verschaffen. Auf alle Fälle, wenn er noch dort bleibt, nehme er sich in acht weil sie morgen oder übermorgen nach Landshut rutschen will, um sich ihre Kleider zu holen. Adieu, lebt wohl, ich bin jetzt ganz wohl und hoffe daß es keine Folgen hat, aber sie sehen werde ich auf keinen Fall mehr; die Seele dreht sich in mir herum vor Ekel. Sollte sie noch Tentationen oder Schnurren zum Umbringen machen, so wird sie durch die Ärzte von der Polizei eingesperrt. [...]

Bloß das Ansehen von Soemmering und sein Versprechen, für alle Extravaganzen der Auguste [ein]zustehen, haben die Geheime Polizei dahin vermocht, ihr nicht zwei Mann Wache zu geben und bei Wohlsein einzusperren, er hat hierüber Brief und Siegel, wird dies an ihre Familie nach Frankfurt schicken, damit dieselbe Maßregeln nimmt um sie vor aller öffentlichen Beschimpfung zu hüten; und so war dieser letzte, boshafteste aller Streiche (denn Ihr habt keinen Begriff von der greuelhaften Schändlichkeit ihrer Lügen die mich noch jetzt vor Zorn zittern machen, auch muß ich die Erzählung bis auf mündliche Unterredung [auf]sparen, denn es würde mich zu sehr angreifen sie zu schreiben) vielleicht der, welcher uns von ihr erlöst. Savigny, ich würde Dich und Gundel für die schwächsten aller Menschen halten wenn Ihr irgend einen Schritt in Augustens Angelegenheiten tätet als nur *die*: sie loszuwerden und so viel möglich alle Schuld von Clemens abzuwälzen, den sie ohnehin genug verleumden wird. Sie hat ohnehin mit gleißnerischer Sanftheit bei Menschen die sie nicht kannten genug Schuld auf uns zu schieben gewußt, jetzt ist sie munter und alert und tut [so] als ob nichts geschehen wäre.

Clemens indes war untergetaucht in einem Jagdschlößchen (»adliges Gschlößl, das so groß wie eine Laterne ist«) nah bei Landshut, bei einem ehemaligen Benediktinermönch, zugleich einem Insektologen und Mitglied der bayerischen Akademie der Wissenschaften. Clemens hauste »in einem Kabinett voll Blattläusen und Holzböcken«. Dies aber mit Erleichterung: »Auguste kann mir hier nichts tun, denn ich bin ganz umgeben von einigen tausend Holzraupen.« Mit seinem Sinn für pointierende Darstellung schrieb er, vier Wochen lang hätte er dem Ex-Benediktiner bei der Messe gedient. Und, später: »Hier sitze ich bereits seit 6 Wochen und helfe teils ihm seine Kästen voll verschiedener Baumwanzen, Schmalböcke etc sortieren, teils leimen wir die zerbrochenen Käfer und Schmetterlinge aneinander.«

Die Beziehung, die Ehe konnte er allerdings nicht mehr kitten. Zumindest aber klingen die Spannungen ab. Fünf Wochen nach dem Eklat kann Bettine berichten:

Die Auguste ist von Landshut weg, wieder nach Allendorf mit Bewilligung ihrer Familie; diese ist jetzt auf einer ganz herrlichen Meinung, sie will alles dazu beitragen, die Scheidung zu befördern; Savignys sind wohl[auf], die Kinder auch, Christian wird täglich erwartet, mit diesem gehe ich wahrscheinlich auf einige Zeit nach Landshut; mein Gesang verbessert sich mir zusehends, dies macht mich manchmal so froh, recht aus dem tiefsten Herzen; der Umfang der Kunst ist nicht zu übersehen da ich nun täglich mehr erringe: so meine ich, mit der Zeit könne mich wohl mein Gesang in den Lüften tragen, wie die Vögel könnte ich durch die Wolken schießen, mich ins grüne Laub lagern, – (was doch von jeher mein Vergnügen war), und könnte damit hin wo ich wollte. Arnim, wenn noch eine Zeit lang herum ist, dann wollen wir miteinander fort in die Welt, nach Italien und wollen singen und dichten, ach wenn nur Gott Seinen Segen gibt, wenn er meine Mühe nur gedeihen läßt. [...]

Wegen dem Krieg mache Dir durchaus keine Sorgen über uns, Bayern wird allem Anschein nach kein Schauplatz desselben werden, übrigens ist Gundel so furchtsam, daß sie gewiß bei der geringsten Idee von Gefahr aus dem Felde rücken wird; vielleicht nehmen wir Dich dann beim Wort und kommen wie eine Zigeunerherde auf Dein Gut. Höre: betrachte mein Bild zuweilen nicht, legs als [mal] ein paar Tage in die Schublade, damits neu bleibt und ebenso wert wie im ersten Augenblick, und Dich zu *gefährlicher* Zeit zerstreuen möge.

Am Rande: Krieg in Echtzeit

Kein Bericht über begleitende Kriegshandlungen jener Jahre, kein Überblick über politisch-militärisches Geschehen – solch eine Darstellung würde kaum in ein Lesebuch passen. Nur dies: einige perspektiv-erweiternde Zitate aus einem der langen Briefe von Clemens an Achim. Hier zum Kriegsschauplatz Landshut.

»Die Straßen gedrängt voll Truppen [, sie] sangen böhmische und slavonische Schlachtgesänge. Im jenseitigen Teil der Stadt waren die Häuser und Gärten mit bayrischen Tirailleurs [Infanterie] gefüllt. Savigny, Gundel und ich gingen in den Schloßgarten, wo man die abgebrochenen Brücken und das jenseitige Schlachtfeld übersieht. Plötzlich ging der Donner der Kanonen und das Tirailleursgeflacker unter uns an, wir sahen jeden Schuß und das Pfeifen der Kugeln und der Schlachtgesang war schreckhaft. Die Gundel und S. eilten nach Haus. […]

In den Vorstädten brannten einige Häuser. Das ganze grausenhafte Gefecht, der Brand, das ungeheure Kanonieren auf grüner Wiese bei Sonnenschein, nahm sich von oben herab gegen den hohen Himmel äußerst kleinlich aus, wie mir über[haupt] alle Soldaten im freien Feld einen äußerst kleinlichen [wohl: kleinwüchsigen] Eindruck machen. Die folgenden zwei Tage strömten die Österreicher in continuo durch die Stadt, ganz herrliche Reiter. […]

Aber den morgenden Tag kamen viele Blessierte, gegen Abend viele Wagen und mehr und immer mehr, ein unendlicher angstvoller wilder müder eilender Strom, alle Straßen stockten von Wagen. Die Retirade [Rückzug] ging in die Nacht immer dichter, unzählige Wagen blieben jenseits und in der Stadt, man schnitt die Pferde ab und ließ sie [die Wagen] stehen, darunter die 30 Pontons. Die Bürger begannen schon alles Tragbare für sich in die Häuser als Beute zu schleppen. Die ganze Nacht war ein Meer des mannigfaltigsten Geschreis und Gerassels. [...]

Du glaubst nicht, wie unsre Lage hier unruhig und angstvoll war. In Zeit von 6 Tagen passierten mit zweimaliger Bombardierung zwei Armeen, jede von wenigstens 150 000 Mann, hier durch. Zugleich beständige untröstliche prickelnde Angst und bis zu Convulsionen gehende Furcht und Hoffnung von Gundel und große Betrübnis Savignys über diese und die stete Einquartierung. [...]

Es ward förmlich Bresche geschossen und mit Leitern erstiegen. Die Stadt brannte um das Petertor ab, etwa 200 Häuser, und wurde von den Stürmenden geplündert. Von dem schönen Gr. Sternbergischen Gartenhaus steht nichts mehr. [...]

In wenig Stunden stand Napoleon an demselben Fenster, an dem 2 Tage vorher der [österreichische] Erzherzog gestanden, und von den unendlich ermüdeten, schier vorbeilaufenden Truppen erschallte ein stets müdes, mit Schweiß, Staub und lallender Siegstrunkenheit verhülltes *Vive l'empereur*! [...]

Durch das stete Beutemachen der Bürger aus den in großer Menge vor den Toren zurückgelassenen Wagen, die meistens Kartätschen und Patronen enthielten, lag Pulver in allen Straßen und Feldern zerstreut und vor wenigen Tagen saßen noch Bauern an der Isar, streuten das Pulver in den Fluß und steckten die Kugeln ein. Das weite Feld war durch die vielen erbeuteten und zerstreuten Habersäcke mit unzähligen Papieren bedeckt und in diesen letzten Tagen, da es stiller geworden, habe ich ungefähr 200 *Epistolas militares* zusammengelesen, meist Liebesbriefe, Schuldbriefe und Briefe guter, besorgter Eltern.«

Noch einmal Ludwig Tieck

Denn er bleibt, zumindest zeitweilig, der zweite Brennpunkt im Denken und Fühlen der Bettine – wobei sich freilich das Grundgefühl ändert: statt Eros nun eher caritas.

Januar 1809 beschreibt sie in München für Savigny in Landshut ihren Tageslauf, als Gast der befreundeten Marianne de Moy und ihres Herrn Gemahls, des Emigranten Charles Louis Antoine de Moy de Sons.

Alle Morgen um halber 8 auf, frühstücke mit der Moy, dann Clavier gespielt bis 11, vor lauter Hunger und Eifer eine Tasse Ciocolada getrunken; kommt [Peter] Winter, wird gesungen bis halb 1 Uhr. Nach Tisch wird gestickt; um 4 Uhr kommt Herr Bopp, wird Clavier gespielt bis 5, dann zum armen kranken ganz verlassnen Tieck – selbst von seiner Schwester, welche selten aus ihrem Zimmer geht wegen vermeintlicher Krankheiten; bei Tieck wird gewöhnlich vor lauter Langeweile und Hitze eine halbe Stunde geschlafen im Eck des Zimmers, er ist so mißmutig daß einem alle Gedanken vergehen. Abends um halb 8 nach Hause, da wird noch geschrieben an Arnim oder Goethe.

Solch einen Briefbericht an Goethe wird sie einbringen in ihr erstes Buch. Tieck, ein Mann von Mitte dreißig, leidet erheblich unter rheumatischen Schüben: sein »Kniereißen«, die »Gicht«; er muß mit einem Stock gehen, zuweilen sogar mit Krücken, und phasenweise liegt er flach.

Seit mehreren Wochen bin ich in München, treib Musik und singe viel bei dem Kapellmeister Winter, der ein wunderlicher Kauz ist aber grade für mich paßt, denn er sagt: Sängerinnen müssen Launen haben, und so darf ich alle an ihm auslassen. Viel Zeit bringe ich am Krankenlager von Ludwig Tieck zu, er leidet an Gicht, eine Krankheit, die allen bösen Launen und [der] Melancholie Audienz gibt; ich harre ebensowohl aus Geschmack wie aus Menschlichkeit bei ihm aus; ein Krankenzimmer ist an und für sich, schon durch die große Ruhe, ein anziehender Aufenthalt; ein Kranker der mit gelassnem Mut seine Schmerzen bekämpft, macht es zum Heiligtum. Du bist ein großer Dichter, der Tieck ist ein großer Dulder, und für mich ein Phänomen, da ich vorher nicht gewußt habe, daß es solche Leiden gibt; keine Bewegung kann er machen ohne aufzuseufzen, sein Gesicht trieft von Angstschweiß, und sein Blick irrt über die Schmerzensflut oft umher wie eine müde geängstigte Schwalbe die vergeblich einen Ort sucht wo sie ausruhen kann, und ich steh vor ihm verwundert und beschämt, daß ich so gesund bin; dabei dichtet er noch Frühlingslieder, und freut sich über einen Strauß Schneeglöckchen die ich ihm bringe; so oft ich komme fordert er zuerst daß ich dem Strauß frisch Wasser gebe, dann wische ich ihm den Schweiß vom Gesicht ganz gelinde, man kann es kaum ohne ihm wehzutun, und so leiste ich ihm allerlei kleine Dienste, die ihm die Zeit vertreiben; Englisch will er mir auch lehren, allen Zorn und Krankheitsunmut läßt er denn an mir aus, daß ich so dumm bin, so absurd frage und nie die Antwort verstehe; ich bin auch verwundert, denn ich hab mit den Leuten geglaubt ich sei sehr klug, wo nicht gar ein Genie, und stoße ich auf solche Untiefen wo gar kein Grund zu erfassen ist, nämlich der Lerngrund, und ich muß erstaunt bekennen, daß ich in meinem Leben nichts gelernt habe.

Doch so gering denkt sie nur selten von sich; sie hat viel gelernt, wenn auch nicht systematisch. Alles Systematische ist ihr fremd; darin wird sie auch Tieck bestärkt haben, von dem sie schließlich einige »Schriften« gelesen hat. Versteht sie darunter auch Erzählungen (wie *Die Geschichte von den Heymons Kindern*) oder Theaterstücke (wie *Der gestiefelte Kater*)?

Wünschenswert wäre in einem ihrer Briefe ein Hinweis auf die Erzählung *Die sieben Weiber des Blaubart*. Denn hier wurde früh schon eine neue Ästhetik entwickelt im Verzicht auf sinnstiftende Kontinuität: »Ein Buch, das keinen Zusammenhang hat.« Tieck baute in die Erzählung einen Leitsatz ein: »Wenn Ihr es überlegt, daß im ganzen Menschenleben kein Zweck und Zusammenhang zu finden ist, so werdet Ihr es auch gern aufgeben, diese Dinge in meinen Lebenslauf hineinzubringen.«

Und weiter: »Lieber Leser, Du sprichst so viel von der Einheit, vom Zusammenhange in den Büchern, greife einmal in Deinen Busen, und frage Dich selber; am Ende lebst Du ganz so, oder noch schlimmer, als ich schreibe. Bei tausend Menschen, die zugleich christliche und geschmackvolle Leser sind, nehme ich in ihrem Lebenslaufe lauter abgerissene Fragmente wahr.«

Dieses Schreibkonzept der Diskontinuität war gewiß nicht dezidiertes Programm der Bettine von Arnim, doch auch sie folgte in ihren spontanen, jeweils punktuell ansetzenden Lebensskizzen einer Strategie des Verzichts auf das Stiften von Kontinuitäten, von übergreifenden Sinnfiguren.

Ludwig Tieck: nicht nur Objekt der Fürsorge in jener Zeitphase, Tieck auch als Autor, der die schreibende Bettine in ihren Anlagen bestätigt, in ihren Ansätzen bestärkt haben dürfte. Die überaus sprunghafte, stets sprungbereite Bettine kann ihren Texten gleichsam lizensiert auf die Sprünge helfen.

Musenkuß (auch) für Beethoven

Bettine konnte äußerst hartnäckig sein; was sie sich in den Kopf gesetzt hatte, das mußte geschehn. Also auch: ein Überraschungsbesuch bei Ludwig van Beethoven, Auf der Bastei.

Bei einem längeren Zwischenaufenthalt ihrer Reise nach Böhmen, zum Familiengut Bukowan, war sie Gast einer Schwägerin (der Frau von Franz), »im Haus des verstorbenen Birkenstocks, mitten zwischen 20 000 Kupferstichen, 27 000 Handzeichnungen, so viel hundert alten Aschenkrügen und hetrurischen [etruskischen?] Lampen, marmornen Vasen, antiken Händen und sonstigen Gliedern, vielen Bildern, unter andern ein Raffael, Del Sarto, Dürer pp. – 3 bis 4 Wochen war ich da.«

In diesem Juni 1810 ihr Besuch bei Beethoven und dessen Gegenbesuche im Hause Birkenstock.

Bettine, das muß überleitend betont werden, trat nicht bloß als eine der Enthusiastinnen auf – hier muß erneut erwähnt werden, daß sie zeitweilig auch komponiert hat. Es waren ausschließlich Lieder, vorwiegend nach Texten von Goethe; in wachsender Zahl vertonte sie aber auch Gedichte ihres Mannes. Sie hat die Lieder für (gelegentlichen) eigenen Vortrag (als Altistin) in Familie und Freundeskreis komponiert.

Bezeichnend nun, daß sie nicht durch »Schlachtrösser« unter den Klaviersonaten oder Orchesterwerken zum Besuch motiviert wurde, vielmehr: sie hatte »eine Phantasie von ihm« gehört, von einem Pianisten vorgetragen, und zwar »ganz vortrefflich«.

Es kann dies nur die Fantasie H-dur gewesen sein, opus 77. Sie wirkt wie eine Aufzeichnung der legendären Improvisationen Beethovens: tastend, stockend, losstürmend, wieder tastend, stockend, Entschiedenheit gewinnend. Hier kann man gleichsam in Beethovens Werkstatt hineinhören – passende Motivation für einen Besuch in der realen Werkstatt des »Tonsetzers«?

Es gibt Einspielungen der Fantasie, etwa eine frühe von Artur Schnabel, eine spätere von Rudolf Buchbinder, auf Konzertpodien jedoch ist diese rund zehnminütige Komposition kaum je zu hören.

Offenbar hat das kleine Werk große Resonanz gefunden in Bettine. Was ließ, was läßt hier aufhorchen?

In einer zeitgenössischen Besprechung der »Allgemeinen Musikzeitung« wird die Komposition zwar als »Werkchen« bezeichnet, damit ist aber nur der Umfang gemeint; rühmend hervorgehoben wird die Neuheit des Ganzen. Die Phantasie sei »recht eigentlich eine freie«; betont wird die »Kühnheit und Überraschung der Modulation«, erwähnt wird das »Abgebrochene der Schreibart«. Hundert Jahre später ist die Komposition noch nicht vergessen, wird noch ausführlicher besprochen, dabei wird gleichfalls betont: Dem Anschein nach seien die Sequenzen »abgebrochen und unzusammenhängend«, die Fantasie wirke »recht eigentlich als die Geburt des Augenblicks«, vermittle die »Illusion des Improvisierens«.

Diese Interpretationen legen Rückschlüsse nah: hörte Bettine Entsprechungen heraus zu ihrer Schreibweise? »Illusionen des Improvisierens« … das »Abgebrochene der Schreibart«? Offenbar bestehen hier subkutane Verbindungen zu ihrem wie improvisiert, wie extemporiert wirkenden Schreiben.

(Doch was »al fresco« erscheint, ist oft elaboriert – es sind Entwürfe zu Briefen überliefert. Die wurden also nicht immer spontan hingeschrieben, vielmehr wurde der Eindruck von Spontaneität erzeugt. Dies auch, um den Eindruck aufrecht zu erhalten: Ich bin und bleibe jung, das muß man doch spüren, wenn man dies liest …)

Dennoch: Improvisation als Leitwort. Oder, nach Clemens: Extemporieren. Unter Freunden und Bekannten fand Bettine große Resonanz als improvisierende Sängerin – sie war schließlich im Gesang ausgebildet, wenn auch ohne formellen Abschluß; ihr Lehrer, Peter von Winter, ist bereits erwähnt worden.

»Alle Morgen um 6 Uhr besuche ich ihn, da sitzt er in der Laube beim Kaffee und zankt sich mit seiner Frau um die Haut auf der Milch; wenn ich komme muß ich den Streit schlichten, dann gehen wir zusammen auf den Taubenschlag, der Koloß und ich, da sitzt er gar zu gern gebückt, und ich bei ihm oft eine Stunde, eh ich ihn bewegen kann mit mir zum Klavier zu gehen, dann singen wir gewöhnlich bis gegen Mittag Psalmen.« (Es handelt sich um Psalmen-Vertonungen von Benedetto Marcello.)

Nun also: Gedichte, die sie gelesen, die sie stimuliert, inspiriert hatten, zu denen improvisierte sie eine Gesangsmelodie. Aus Landshut berichtet Alois Bihler, der sie, nur wenig älter, »in die Lehre der Harmonie« einführte. »Unwiderstehlich herrschte Bettina auf dem Gebiete des Gesanges. Hier entfaltete sie völlig ihre wunderbare Eigentümlichkeit. Selten wählte sie geschriebene Lieder, singend dichtete sie und dichtend sang sie mit prachtvoller Stimme eine Art Improvisation. […] Gewöhnlich saß Bettina während des Musizierens auf einem Schreibtisch und sang von oben herab wie ein Cherub aus den Wolken.«

Kein Wunder, daß sie (auch) Beethovens Phantasie zum Besuch des Meisters motivierte – das kleine Werk (mit eigener Opuszahl!) muß (auch) auf sie wie die Notation einer Improvisation gewirkt haben. Ihre eigenen Improvisationen hingegen notierte sie nur selten, sie mußte dazu überredet werden. Zwar hatte sie, ansatzweise, auch das Handwerk des Komponierens gelernt, etwa bei Karl Friedrich Zelter, dem Freund Goethes, doch die Ausführung, über den Moment des Improvisierens hinausführend in eine Form, sie fiel ihr schwer, hier war sie weithin auf Beratung angewiesen.

Fazit des Exkurses: Die Frau, die Beethoven aufsuchte, sie war Kennerin der »Materie«. Sie wußte, und dies konkret, welchen Rang der Meister hatte. Sie wird also nicht bloß in Floskeln der Bewunderung mit ihm kommuniziert haben – wobei auch sie wohl Stichworte in eins der Konversationshefte (oder auf ein Blatt) schrieb, monologische Äußerungen des fast völlig tauben Sonderlings stimulierend.

Beethoven habe ich erst in den letzten Tagen meines dortigen Aufenthalts kennen gelernt; beinahe hätte ich ihn gar nicht gesehen, denn niemand wollte mich zu ihm bringen, selbst, die sich seine besten Freunde nannten, nicht, und zwar aus Furcht vor seiner Melancholie, die ihn so befängt, daß er sich um nichts interessiert und den Fremden eher Grobheiten als Höflichkeiten erzeigt. Eine Phantasie von ihm, die ich ganz vortrefflich vortragen hörte, bewegte mir das Herz, und ich hatte von demselben Augenblicke eine Sehnsucht nach ihm, daß ich alles aufbot. Kein Mensch wußte, wo er wohnte, er hält sich oft ganz versteckt. –

Seine Wohnung ist ganz merkwürdig, im ersten Zimmer zwei bis drei Flügel, alle ohne Beine auf der Erde liegend, Koffer, worin seine Sachen, ein Stuhl mit drei Beinen, im zweiten Zimmer sein Bett, welches winters wie sommers aus einem Strohsack und dünner Decke besteht, ein Waschbecken auf einem Tannentisch, die Nachtkleider liegen auf dem Boden; hier warteten wir eine gute halbe

Stunde, denn er rasierte sich gerade. Endlich kam er. Seine Person ist klein (so groß sein Geist und Herz ist), braun, voll Blatternarben, was man nennt: garstig, hat aber eine himmlische Stirn, die von der Harmonie so edel gewölbt ist, daß man sie wie ein herrliches Kunstwerk anstaunen möchte, schwarze Haare, sehr lang, die er zurückschlägt, scheint kaum dreißig Jahre alt, er weiß seine Jahre selbst nicht, glaubt aber doch fünfunddreißig.

Ich hatte nun viel gehört, wie behutsam man mit ihm sein müsse, um ihn nicht scheel zu machen; ich hatte aber sein edles Wesen auf eine ganz andere Art berechnet und nicht geirrt. In einer Viertelstunde war er mit mir so gut geworden, daß er nicht von mir lassen konnte, sondern immer neben mir herging, auch mit uns nach Hause ging und zur größten Verwunderung seiner Bekannten den ganzen Tag da blieb. Dieser Mensch hat einen sogenannten Stolz, daß er weder dem Kaiser noch den Herzögen, die ihm eine Pension umsonst geben, zu Gefallen spielt, und in ganz Wien ist es das Seltenste, ihn zu hören. Auf meine Bitte, daß er doch spielen möchte, antwortete er: »Nun, warum soll ich denn spielen?«

»Weil ich mein Leben gern mit dem Herrlichsten erfüllen will und weil Ihr Spiel eine Epoche für dieses Leben sein wird«, sagte ich.

Er versicherte mich, daß er dieses Lob zu verdienen suchen wolle, setzte sich neben das Clavier auf die Ecke eines Stuhls und spielte leise mit einer Hand, als wollte er suchen, den Widerwillen zu überwinden, sich hören zu lassen. Plötzlich hatte er alle Umgebung vergessen, und seine Seele war ausgedehnt in einem Weltmeere von Harmonien. Ich habe diesen Mann unendlich lieb gewonnen. In allem, was seine Kunst anbelangt, ist er so herrschend und wahrhaft, daß kein Künstler sich ihm zu nähern getraut, in seinem übrigen Leben aber so naiv, daß man aus ihm machen kann, was man will. Er ist durch seine Zerstreuung darüber ordentlich zum Gespött geworden; man benutzt dies auch so, daß er selten so viel Geld hat, um nur das Notdürftigste anzuschaffen. Freunde und Brüder zehren ihn auf; seine Kleider sind zerrissen, sein Ansehen ganz zerlumpt, und doch ist seine Erscheinung bedeutend und herrlich. Dazu kommt noch, daß er sehr harthörig ist und beinahe gar nichts sieht. Wenn er aber gerade componiert hat, so ist er ganz taub und seine Augen sind verwirrt im Blick auf das Äußere; das kommt daher, weil die ganze Harmonie sich in seinem Hirne fortbewegt und er nur auf diese seine Sinne richten kann; das also, was ihn mit der Welt in Verbindung hält (das Gesicht und Gehör), ist ganz abgeschnitten, so daß er in der tiefsten Einsamkeit lebt. Wenn man zuweilen lange mit ihm spricht und auf eine Antwort wartet, so bricht er plötzlich in Töne aus, zieht sein Notenpapier hervor und schreibt. Er macht's nicht wie der Capellmeister Winter, der hinschreibt, was ihm zuerst einfiel; er macht erst großen Plan und richtet seine Musik in eine gewisse Form, nach welcher er nachher arbeitet.

Er kam diese letzten Tage, die ich in Wien zubrachte, alle Abend zu mir, gab mir Lieder von Goethe, die er componiert hatte, und bat mich, ihm zum wenigsten alle Monat einmal zu schreiben, weil er außer mir keinen Freund habe.

Den Bericht gibt es in einer zweiten, ausführlicheren Version, die häufiger zitiert wird: aus einem Brief an den Fürsten Pückler zu Muskau.

Beethoven. – Ich hätte ihn während meinem kurzen Aufenthalt gerne kennen lernen; keiner wollte mich zu ihm führen wegen seinem wunderlichen Humor und weil er menschenscheu wäre; ich mußte ihn allein aufsuchen; er hatte dreierlei Wohnungen in der Stadt Vorstadt und auf dem Land; ich fand ihn im obersten Stock eines hohen Hauses; im Vorzimmer lag ein Fortepiano an der Erde, daneben eine schlechte Bettstelle mit einem Strohsack und wollner Decke; der Bediente sagte: Das ist des Herren Lager; ich trat ein, er saß am Clavier, ich nahte ihm und sagte ihm laut und dicht ans Ohr (denn er war taub): Ich heiße Brentano; er lächelte, reichte mir die Hand ohne aufzustehen und sagte: Ich hab eben ein schönes Lied gemacht für Sie; er sang: »Kennst Du das Land« – nicht schön, nicht weich; hart war die Stimme, über Bildung und Gefälligkeit sich hinausschwingend durch den Schrei der Leidenschaft. Er fragte: Nun, wie gefällt es Ihnen; ich nickte, er sangs noch einmal mit dem Feuer das[s?] durchs Bewußtsein seine Glut mitzuteilen angeschürt wird; dann sah er mich triumphierend an, er sah, daß mir Wangen und Augen glühten, und sagte naiv: Aha! – nun sang er: »Trocknet nicht Tränen der ewigen Liebe! Ach, nur dem halbgetrockneten Auge wie öde wie tot die Welt ihm erscheint«; dann schrieb er den Satz mit Ziffern in eine Schreibtafel, die er in der Tasche trug, und ließ sichs gefallen, daß ich ihm währenddem die verwirrten Haare glattstrich, er küßte mir die Hand; und als ich weggehen wollte ging er mit; unterwegs sagte er: Musik ist das Clima meiner Seele, da blüht sie und schießt nicht bloß ins Kraut wie die Gedanken anderer die sich Componisten nennen, aber wenig verstehen welch ein Thron der Leidenschaft jeglicher einzelne Musiksatz ist – und wenige wissen, daß die Leidenschaft selbst der Thron der Musik ist; und so sprach er, als ob ich sein vertrauter Freund sei von Jahren her.

Man war erstaunt, mich mit dem menschenscheuen Beethoven Hand in Hand eintreten zu sehen in eine Gesellschaft von mehr als 40 Menschen, die bei Tisch saßen; er nahm ohne Umstände Platz, sagte wenig, wohl weil er taub war, zweimal nahm er seine Schreibtafel aus der Tasche und schrieb ein paar Ziffern hinein; nach Tisch stieg die ganze Gesellschaft auf den Turm des Hauses um die Gegend zu übersehen; wie alle wieder hinab waren und er und ich allein, da zog er die Tafel hervor, übersah [überblickte] sie, schrieb und strich aus, dann sagte er: Mein Lied ist fertig; er legte sich ins Fenster und sangs gellend hinaus in die Lüfte, dann sagte er: »Gelt, das schallt; es gehört Ihnen wenns Ihnen gefällt, ich habs für Sie gemacht, Sie haben mich dazu gereizt, ich las es in Ihrem Blick wie geschrieben«.

Solang ich in Wien war kam er alle Tage. Eine Dame aus der Gesellschaft, eine der ersten Klavierspielerinnen, trug eine Sonate von ihm vor; nachdem er eine Weile zugehört hatte, sagte er: Das ist nichts. Er setzte sich selbst ans Clavier und trug dieselbe Sonate als Musik vor, die übermenschlich zu nennen war.

Er gab mir Aufträge an Goethe, wie er ihn allein über alles schätze; in Teplitz im folgenden Jahr lernten sie sich kennen, Goethe war bei ihm, er spielte ihm vor, da er sah, daß Goethe tief gerührt zu sein schien, sagte er: »O Herr, das habe ich von Ihnen nicht erwartet; in Berlin gab ich auch vor mehreren Jahren ein Conzert, ich griff mich an und glaubte was Rechtes zu leisten und hoffte auf einen tüchtigen Beifall, aber siehe da, als ich meine höchste Begeistrung ausgesprochen hatte, kein geringstes Zeichen des

Beifalls ertönte; das war mir doch zu arg; ich begriffs nicht; das Rätsel löste sich jedoch dahin auf, daß das ganze Berliner Publikum fein gebildet war und mir mit nassen Schnupftüchern von Rührung entgegenwankte um mich seines Danks zu versichern. Das war einem groben Enthusiasten wie mir ganz übrig, ich sah, daß ich nur ein romantisches aber kein künstlerisches Auditorium gehabt hatte, aber von Euch, Goethe, lasse ich mir dies nicht gefallen, wenn mir Eure Dichtungen durchs Gehirn gingen so hat es Musik abgesetzt, und ich war stolz genug mich auf die gleiche Höhe schwingen zu wollen wie Ihr, aber ich habe meiner Lebtag nicht geweint, und am wenigsten hätte ichs in Eurer Gegenwart selbst getan, da müßte der Enthusiasmus ganz anders wirken; Ihr müßt doch selber wissen wie wohl es tut, von tüchtigen Händen beklatscht zu sein; wenn Ihr mich nicht anerkennen und als euresgleichen abschätzen wollt, wer soll es dann tun? – Von welchem Bettelpack soll ich mich denn verstehen lassen?« – So trieb er Goethe in die Enge, der im ersten Augenblick gar nicht verstand, wie ers gutmachen solle, denn er fühlte wohl, Beethoven habe recht. –

Die Kaiserin und österreichische Herzöge waren in Teplitz und Goethe genoß viel Aufmerksamkeit von ihnen, und besonders wars seinem Herzen keine geringe Angelegenheit, der Kaiserin seine Devotion zu bezeugen, er deutete dies mit feierlich bescheidenen Ausdrücken dem Beethoven an. »Ei was«, sagte der, »so müßt Ihrs nicht machen, da macht Ihr nichts Gutes, Ihr müßt ihnen tüchtig an den Kopf werfen was sie an Euch haben, sonst werden sies gar nicht gewahr, da ist keine Prinzess, die den Tasso länger anerkennt als der Schuh der Eitelkeit sie drückt; – ich habs ihnen anders gemacht; da ich dem Herzog Rainer Unterricht geben sollte, ließ er mich im Vorzimmer warten, ich habe ihm dafür tüchtig die Finger auseinandergerenkt, wie er mich fragte, warum ich so ungeduldig sei, sagte ich: Er habe meine Zeit im Vorzimmer verloren, ich könne nun mit der Geduld keine mehr verbringen; er ließ mich nachher nicht mehr warten, ja ich hätts ihm auch bewiesen daß dies eine Albernheit ist, die ihre Viehischkeit nur an den Tag legt, ich sagte ihm: Einen Orden könnten Sie einem wohl anhängen aber darum sei man nicht um das Geringste besser; einen Hofrat, einen Geheimerat können Sie wohl machen aber keinen Goethe keinen Beethoven, also das was Sie nicht machen können und was Sie selber noch lange nicht sind, davor muß man sie Respekt haben lehren, das ist Ihnen gesund.« –

Indes kam auf dem Spaziergang ihnen entgegen mit dem ganzen Hofstaat die Kaiserin und Herzöge, nun sagte Beethoven: »Bleibt nur in meinem Arm hängen, *sie* müssen uns Platz machen wir nicht.« – Goethe war nicht der Meinung und ihm wurde die Sache unangenehm er machte sich aus Beethovens Arm los und stellte sich mit abgezognem Hut an die Seite während Beethoven mit untergeschlagenen Armen mitten zwischen den Herzögen durchging und nur den Hut ein wenig rückte, während diese sich von beiden Seiten teilten um ihm Platz zu mahen und ihn alle freundlich grüßten; jenseits blieb er stehen und wartete auf Goethe, der mit tiefen Verbeugungen sie hatte an sich vorbei gelassen. – Nun sagte er: Auf Euch hab ich gewartet weil ich Euch ehre und achte wie Ihr es verdient, aber jenen habt ihr zuviel Ehre angetan. – Nachher kam Beethoven zu uns gelaufen, und erzählte uns alles, und freute sich ganz kindisch, daß er Goethen so geneckt habe –

Die Reden sind alle wörtlich wahr, es ist nichts Wesentliches hinzugesetzt, Beethoven erzählte es mehrmals auf dieselbe Weise; und es war mir in mehr als einer Beziehung ganz wichtig; ich erzählte sie dem Herzog von Weimar, der auch in Teplitz war und ihn gewaltig neckte, ohne ihm zu sagen woher er es habe. –

Ist die Geschichte Dir so recht? – kannst Du sie brauchen? soll ich Dir morgen noch eine schreiben?

Bettine modelte häufig um, was sie erzählte. So ist die Grenze fließend zwischen Fakten und Fiktionen, ja, Fiktion läßt sich nicht immer abgrenzen von Fälschung. 1839, fast drei Jahrzehnte nach dem Besuch in der Höhle des Löwen, veröffentlichte sie einen Brief, den sie Beethoven zuschrieb, der jedoch frei erfunden war. Sie wollte sich präsentieren als Muse auch des Komponisten – nachdem sie sich als Muse eines Goethe dargestellt hatte, ihn zu einigen Gedichten des »Westöstlichen Divan« inspirierend. (»Goethes herrlichste Lieder sind die an die Suleika da kannst Du mein ganz Zusammensein mit ihm drin wiederklingen hören.«) Nun fingierte sie, sie hätte Beethoven von der für Goethe so anregenden Begegnung berichtet, hätte den großen Komponisten damit neidisch gestimmt.

»Gott! hätte ich eine solche Zeit mit Ihnen haben können wie *der*, das glauben Sie mir, ich hätte noch viel, viel mehr Großes hervorgebracht. Ein Musiker ist auch ein Dichter, er kann sich auch durch ein paar Augen plötzlich in eine schönere Welt versetzt fühlen, wo größere Geister sich mit ihm einen Spaß machen, und ihm recht tüchtige Aufgaben machen. Was kam mir nicht alles in den Sinn, wie ich Dich kennenlernte, auf der kleinen Sternwarte, während des herrlichen Mairegens, der war ganz fruchtbar auch für mich, die schönsten Themas schlüpften damals aus Ihren Blicken in mein Herz, die einst die Welt noch entzücken sollen, wenn der *Beethoven* nicht mehr dirigiert.«

Ein Bruder in Böhmen

Von Wien reiste Bettine nach Böhmen, zum Gut Bukowan. Die geschäftsführenden Halbbrüder Franz und Georg hatten, mit Zustimmung der Familie, das Gut erworben als Kapitalanlage; ein repräsentativer, dreigeschossiger Bau mit flankierenden, vierstöckigen Ecktürmen, umgeben von Park und landwirtschaftlichen Nutzflächen. Mit dieser Immobilie sollte wenigstens ein Teil des Familienfundus über die Kriegsjahre hinweg gesichert werden; auch Bettine besaß einen Anteil, auch sie hoffte auf gute Rendite. So begeisternd die landschaftliche Umgebung war, die finanzielle Situation war und blieb es keineswegs. Christian, der Bruder, löste den unfähigen oder korrupten Verwalter ab, doch Hoffnungen, auf ihn gesetzt, erfüllten sich nicht. Er war ein großer Bastler und Tüftler, entwickelte neuartige (in der Landwirtschaft allerdings kaum brauchbare) Maschinen; die Buchführung hingegen überließ er mehr oder weniger sich selbst.

Auch Clemens reiste zu Erholung und Inspektion zum Gut in der Nähe von Prag. Er war geschockt: »Ich darf nicht einmal vor dem Hof eine halbe Stunde spazieren, ohne außer gewöhnlicher Verschließung noch meine Türe mit einem Vorhängeschloß zu versehen. Abgaben und grenzenlos unverschämte, unter einander verschworene Dieberei und Betrügerei vom Beamten bis zum Schinder und dazu aller Untertanen, dabei gar keine Hilfe durch die Gesetze bringen einen zur Verzweiflung; unter einer notwendigen, teuren Dienerschaft von 53 Personen auf der Herrschaft ist kein einziger von dessen Schlechtigkeit wir nicht überzeugt wären, und morgen müßten wir ¾ von ihnen entlassen, ohne kaum zu wissen, wo andere hernehmen. So etwas muß man erlebt haben, um es glauben zu können.«

Den Bruder Christian (der, laut Brudermeinung, »sich und uns dort total ruiniert!«) skizziert Bettine unbefangen liebevoll – und, natürlich, zugleich sich selbst. Dies auch, anschließend, mit der Beschreibung ihrer Naturempfindungen in der Umgebung des Schloßgebäudes.

Heute gingen wir aufs Feld um die Wirkung einer Maschine zu sehen mit der Christian bei großer Dürre die Saaten wässern will, ein sich weit verbreitender Perlenregen spielte in der Sonne und machte uns viel Vergnügen. Mit diesem Bruder geh ich gern spazieren, er schlendert so vor mir her und findet überall was Merkwürdiges; er kennt das Leben der kleinen Insekte[n] und ihre Wohnungen und wie sie sich nähren und mehren; alle Pflanzen nennt er, und kennt ihre Abkunft und Eigenschaften, manchmal bleibt er den ganzen Tag auf einem Fleck liegen und simuliert; wer weiß, was er da alles denkt; in keiner Stadt gäbs so viel zu tun als was seine Erfindsamkeit jeden Augenblick ausheckt; bald hab ich beim Schmied, bald bei einem Zimmermann oder Maurer subtile Geschäfte für ihn, bei dem einen zieh ich den Blasbalg, bei dem andern halte ich Schnur und Richtmaß. Mit der Nähnadel und Schere muß ich auch eingreifen; eine Reisemütze hat er erfunden deren Zipfel sich in einen Sonnenschirm ausbreiten, und einen Reisewagen rund wie eine Pauke, mit Lämmerfell ausgeschlagen, der von selbst fährt; Gedichte macht er auch; ein Lustspiel hat er gemacht zum Lachen für Mund und Herz; auf der Flöte bläst er in die tiefe Nacht hinein selbstgemachte, sehr schöne brillante Variationen, die im ganzen Prager Kreis widerhallen. Er lehrt mich reiten und das Pferd regieren wie ein Mann; er läßt mich ohne Sattel reiten, und wundert sich, daß ich sitzen bleib im Galopp. Der Gaul will mich nicht fallen lassen, er kneipt mich in den Fuß zum Scherz und daß ich Mut haben soll, er ist vielleicht ein verwünschter Prinz, dem ich gefall. Fechten lehrt mich der Christian auch, mit der linken Hand und mit der rechten, und nach dem Ziel schießen nach einer großen Sonnenblum, das lern ich alles mit Eifer, damit mein Leben doch nicht gar zu dumm wird, wenns wieder Krieg gibt; heute abend waren wir auf der Jagd und haben Schmetterlinge geschossen, zwei hab ich getroffen auf einen Schuß.

* * *

Die Berge verheißen mir und der brausende Wald sagt von großen Dingen, und zwischen Wolken durch spiegelt das unendliche Blau Offenbarungen im Wasser. Licht und Schatten wechseln flüchtige Rede im Wind. Aber ich halt Euch im Auge, Naturgeister, und rufe Euch an, Himmelssprachen, und weiß nicht ob ich Euch fasse, denn ich bin auch wie das Laub leicht beweglich, oder wie Schilf am Wasser. […]

Weil ich gestern mit den Ziegen heimlief, war ich recht froh, daß die Geisterschule aus war. Die Ziegen holen mich immer beim Untergang der Sonne, sie muten mir auch das Unmögliche zu wie die Geister, sie springen weg über die Felsen und wollen ich soll nachkommen. Bei jedem Baum bleiben sie stehen, daß ich ihnen Laub abstreifle, dann laufen wir zusammen nach Haus, es sind unserer sieben; erst kommen immer nur zwei, da habens die andern gemerkt. Sie springen von den Felswänden herab wenn sie mich aus der Schlucht heraufsteigen sehn und meckern freudig. –

Von einer Tonart in die andre geh ich über, von den Geistern zu den Ziegen, an einem großen Steintrog vor dem Dorf, wo sich das Wasser sammelt, teilen sie sich und laufen heim, ich laufe auch meiner Wege aufs Schloß zu, das sich von dort aus mit seinen roten Türmen am Horizont zeigt. –

Gestern hab ich noch beim Heimgehen die Sterne gezählt über mir, ich wußte wohl daß nichts dabei herauskomme, ich habs nur getan um die Geister abzuhalten, die, gleich nachdem die Ziegen mich verlassen hatten, mich wieder mit manchen seltsamen Fragen bedrängten, die mir gar zu schwer fielen, drum zählte ich die Sterne. –

Heiße Küsse in Teplitz?

Und wieder zu Goethe! Liest man seine Korrespondenz aus den Jahren 1807 bis 1811, so zeigt sich im Detail das System seiner Schutzvorrichtungen: er ritualisierte sein Verhalten in der Öffentlichkeit, schirmte sich ab mit Statussymbolen und Verpflichtungen, ließ sich von Arbeit absorbieren. Das kriegte auch Bettine zu spüren.

Soweit politische Verhältnisse und die militärische Lage es zuließen, hielt er sich in den Sommermonaten jeweils in Karlsbad auf, ohne Familienanhang. Aufschlußreich, wie seine Briefe aus dem Kurort konkreter und persönlicher wurden, gelöster und ausführlicher. In Karlsbad war es ihm auch recht, wenn Bettine ihm schrieb, er munterte sie sogar dazu auf. Innerfamiliäre Logistik: nun mußte die Ehefrau das Eintreffen von Briefen einer anderen Frau nicht mehr wahrnehmen. Klassische Konstellation.

Ehefrau Christiane indes bleib eifersüchtig wachsam. »Ist denn die Bettine in Karlsbad angekommen und die Eibenberg? Und hier sagt man, die Silvie und Gottern gingen auch hin. Was willst Du denn mit allen Äuglichen anfangen?«

Mit den Äugelchen sind junge Frauen gemeint. Allen vier Frauen, wie von Christiane aufgezählt, schaute Goethe in jenen Sommermonaten in die Augen. Die Hauptgefahr sah Christiane in Bettine, sie wird auch zuerst genannt. Goethe beruhigte: »Von Bettinen habe ich nichts gehört.« Einen Monat später fragte Christiane erneut an: »Ist denn Bettine noch nicht da?« Nein, sie war noch nicht da, aber sie schrieb von Bukowan nach Karlsbad: »Daß ich Dich immer so lieb habe wie in dem Moment, da Dein Blick den langbewahrten Samen in meiner Brust zum Lärmen entzündete; das heißt: daß meine Liebe immerfort bis auf diesen Augenblick gewachsen ist.«

In Karlsbad nahm er den Briefwechsel mit Bettine wieder auf; ihre fortgesetzt schwärmerischen Liebesbekundungen indes ignorierte er weithin, höflich aber kühl. Dennoch, in Karlsbad entwickelten, entfalteten, artikulierten sich wieder Emotionen, jedoch: in der Hinwendung zu verschiedenen Frauen – was für Bettine die schlimmste aller Erklärungen für seine betonte Zurückhaltung gewesen wäre.

Dennoch, was sie sich wünschte, was sie erträumte, das schien sich – für sie – im Jahr der Begegnung mit Beethoven zu erfüllen, in Teplitz. (Gisela von Arnim: »Teplitz ist im Grunde kein Luxusbad, mehr eine naive Landkokette, die sich einen Stadthut gekauft hat.«)

Teplitz: Zwischenstation auf Goethes Rückreise von Karlsbad nach Weimar. Hier überraschte ihn Bettine, ebenfalls auf Durchreise. Was Goethes Tagebuch vermerkt, klingt indes nicht sonderlich aufregend. »Mit Bettinen im Park spazieren. Umständliche Erzählung von ihrem Verhältnis zu Fräulein Günderode. Charakter dieses merkwürdigen Mädchens und Tod. – Savignys. Bettine. Zelter. Geschichte von Auferziehung der Vögel. Abschied.«

Bettine weiß über die Begegnung in Teplitz ganz anderes zu erzählen. Nur: es ist ein Vierteljahrhundert später geschrieben. Sie hatte berechtigte Bedenken, den intimen Report in ihr Goethebuch aufzunehmen. Die Aufzeichnungen wurden erstmals 1964 im *Jahrbuch des Freien Deutschen Hochstifts* publiziert, in einer Edition der Textfassungen 1 bis 4. Hier nun, mit späteren Ergänzungen, die erste Fassung.

Es war in der Abenddämmerung im heißen Augustmonat, in Teplitz, er saß am offenen Fenster, ich stand vor ihm und hielt ihn umhalst und mein Blick, wie ein Pfeil scharf ihm ins Aug gedrückt, blieb drin haften, bohrte sich tiefer und tiefer ein. Vielleicht, weil ers nicht länger ertragen mochte frug er, ob mir nicht heiß sei, und ob ich nicht wolle, daß mich die Kühlung anwehe. Ich nickte, so sagte er: »Mache doch den Busen frei daß ihm die Abendluft zugut komme.« Und da er sah daß ich nichts dagegen sagte, obschon ich rot ward, so öffnete er meine Kleidung; er sah mich an und sagte: »Das Abendrot hat sich auf deine Wangen eingebrannt«, und dann küßte er mich auf die Brust und senkte seine Stirne darauf. »Kein Wunder«, sagte ich, »meine Sonne geht mir ja im eignen Busen unter.« Er sah mich an, lang, und waren beide still. –

Er fragte, »Hat dir noch nie jemand den Busen berührt?«

»Nein«, sagte ich, »mir selbst ist es so fremd, daß du mich anrührst.« –

Da drückte er viele viele und heftige Küße mir auf den Hals, mir war bang, er solle mich loslassen, und er war doch so gewaltig schön, ich mußte lächeln in der Angst und war doch ganz freudig, daß mirs galt, diese zuckenden Lippen und dies heimliche Atemsuchen, und wie der Blitz wars, der mich erschütterte, und meine Haare die von Natur sich krausen, hingen herunter, er wollte Ruhe wieder, ich sah es recht in seinem Gesicht, wie er sich faßte, und sammelte mein zerstreutes Haar in der Hand, und war immer wieder still, wie wenn er hätte sprechen wollen und hatte nicht Atem. – […]

»Wenn du künftig abends dich auskleidest und die Sterne leuchten dir in den Busen wie jetzt, willst du da meiner Küsse gedenken?« –

»Ja!« –

»Und willst denken, daß ich ohne Zahl wie die Sterne

tausendfach das Siegel meiner Liebe dir in den Busen drükken möcht?« –

»Ja!« –

»Und willst denken, daß es Unvergeßliches ist, Unsterbliches, was ich in dir erlebe, willst du das glauben?« –

»Ja!«, sagt' ich, »ich wills glauben!« –

Er ... ja, wie wars doch? – Er seufzte so tief und lehnte den Kopf an mich, und »Verzeih mirs«, sagte er, »daß ich so ganz stark nicht bin«, und er sah zu mir hinauf und drückte mir den Busen, fest. –

Ich reichte über ihm weg nach dem Weinlaub im Fenster, ich riß eine Weinranke ab und schlug ihm auf die Hände: »Wenn künftig die Reben Laub gewinnen und du stehst bei sinkender Nacht bei sternhellem Himmel am Fenster, einsam, willst du da meiner gedenken?« – fragt ich. –

Er sagte auch: »Ja!« –

»Und willst du [ge]denken meiner Wehr gegen dich, kühner Mann, und daß ich keine Macht hab dir zu widerstehen mit so feurigem Blick und mächtigen Worten und so großer Schönheit, die ich nie noch geahnt habe, daß sie das Antlitz durchleuchten könne, und willst dich der Schläge erinnern die ich dir hier gebe für dein unritterlich Betragen, dem unbewaffneten Knappen solche Schmach anzutun?« –

Er lachte laut auf, ließ mich los und rief: »So bändigend und solche Unschuld – solche Gelassenheit und solche Leidenschaft? – Süßes, süßes Weib!«

Nun muß ich Dir sagen, dem ich dies erzähle, wie er diese Worte ausrief, das machte mich taumeln, es schrie in meiner Brust vor Wehtum der Wonne und meine Seufzer wurden zu Lauten, ich umklammerte ihn fest. –

Er war bewegt, wie wenn er die Tränen verhalte und sagte: »Komm, ich will dir den Busen wieder zudecken«; er liebkoste sie aber wieder und fragte: »Warum meinst du, daß es Strafe verdient? – soll man nicht das Schöne umfassen? ist es nicht die Aufgabe meines Lebens? – bin ich darum nicht der Dichter?«

Ich war wieder ruhig, ich war wieder gelassen, ich war wieder listig; ich lächelte ihn an und besann mich auf die Antwort. – [...]

Jetzt streckte er die Arme wieder nach mir und sagte: »Komm!« – und zog mich aufs Knie und drückt' meinen Kopf ans Herz und spielt' mit meinem Ohr und lehnte mit der Stirne an meiner Stirn, und so lange Zeit, wo ihm Schweißtropfen auf mich niederfielen, erst küßt' ich sie auf, dann bekam ich wahrhaftig Durst danach und trank sie mit den Lippen auf, die Augenwimpern badete ich ihm mit meinen Lippen. – Der Schweiß perlte über seinen herrlichen Mund, den er herb geschlossen hielt, er seufzte tief, er ächzte, er legte die Zunge auf die Lippen, ich biß sie ganz leise, ich biß auch in die Lippen, er drückte mich an seine Wangen und meine Tränen liefen ihm über das Antlitz; er sagte wieder: »Weib! Weib! Wenn du wüßtest, wie süß du bist, dann! ja dann erst könntest dus begreifen, wie streng die Fesseln sind die deine Unschuld mir anlegt, daß ichs nicht vermag sie zu zerreißen.«

Oh, wie oft hab ich diese Worte: »Weib! Weib! Wenn du wüßtest, wie süß du bist« vor mich hingesagt, laut träumend bei Tag und bei Nacht. Wie hat der Eindruck dieser Stunde mich durchs Leben begleitet, daß ich, allem abgewendet, auf nichts mehr lauschte als den innern Widerhall dieser Worte. [...]

Aber von jenem Abend will ich noch weiter sagen: Da kam jemand und störte uns, der wollte mit ihm sprechen; im Gespräch ging er bis zu dem Ort, wo das Bett stand, er nahm ein Kissen vom Bett und warf mirs zu aufs Sofa, da legt ich mich drauf und tat, als schlafe ich ein, und der Besuch dauerte wohl eine halbe Stunde und wie wir wieder allein waren da rief er weil ich mich nicht regte: »Nun schläft das Häschen.« Da sprang ich auf und legte das Kissen wieder zurecht auf dem Bett und dann hing ich mich an seinen Hals, und lauschte dem lauten Schlagen in seiner Brust. Da sagt' er: »Ach, lägst du diese Nacht da mit mir!« – [...]

Ich war so freudig, daß ich sagte: Ich will kommen.

»Ja, willst du kommen?« –

»Oh, ich will kommen«, rief ich und küßt' ihn, und lief rasch über die Gänge weg hinauf in mein Zimmer und kniete vor mein Bett und verbarg das Gesicht in den Kissen und kniete so, lange, und dann ging ich zu den andern. Da rief der Savigny: »Aber Bettine, dir dröhnen Pauken und Trompeten aus den Augen, wo kommst du her, was hast du vor«, ich schwieg, ich war so lustig, ich konnt auf der Erde nicht stehen ich kletterte von einem Ort zum anderen über Stühle Tisch und Schränke, immer heimlich wie ein Kätzchen, auf das kein Mensch achtet, die andern saßen bei Tisch, dann endlich ging ich hinauf in mein Schlafzimmer, dort zog ich die Oberkleider ab und in den Pelz gewickelt (ich erinnere mich noch, der Pelz war mit silbergrauem Kragen der mir gar wohlstand), schlich ich die Stiege hinunter in den Hof, um zu sehen ob sein Licht noch brenne. Im Hof war ein kleiner Garten, abgeschlossen mit Planken, mit vielen Beeten voll Blumen, Nelken und Astern, ich legte mich mitten ins Asternfeld und die Blumen nickten alle um mich, und es war mir so wohl, da sah ich nach seinen erleuchteten Fenstern und konnte dem süßen inneren Seligsein nicht widerstehen, ich träumte und träumte, vielleicht schlief ich? – Ja, ich schlief, aber ich fühlte, daß dort über [mir] hinter jenen Fenstern einer heiß an mich dachte, und so dachte ich nicht im Traum der Zeit, die verging, und als ich die Augen wieder öffnete da wars kühl geworden, und die Nacht war nur noch grau und dort am Horizont wie wenn es sich röte. Aber ich war schnell aufgesprungen, und die Blumen die Nelken wollte ich mitnehmen, denn ich dachte die würden ihm so gefallen, und ich nahm mich noch in acht den Tau nicht abzuschütteln, wie ich herüberkletterte und so kam ich leise auf den Fußspitzen bis zu seiner Tür, die war geklefft und lehnt' mich an den Türpfosten, und dachte, gewiß schläft er, und glaubt nicht mehr daß ich noch komme, und wenn er nun im Schlaf nicht so schön wär wie gestern abend, ich stritt lang mit mir ob ich hereingehen solle, und dann endlich ging ich herein, aber rückwärts um ihn nicht anzusehen, und so nahm ich das Kopfkissen was er auf dem Stuhl am Bett hatte liegen lassen, das legte ich auf die Erde am Fußende des Bettes, da legte ich mich drauf, in meinen Pelz eingehüllt, mit meinem großen Blumenstrauß im Arm, so schlief ich wieder ein. Plötzlich da tönte ein Posthorn, ich fuhr auf, es war Tag geworden, das Posthorn war das unsre, wir sollten an jenem Morgen abreisen, ich schlich zur Tür, legte den Strauß auf die Schwelle zum Wahrzeichen daß ich da gewesen war, aber ich sah ihn nicht an. Vor der Tür rief er mich beim Namen, »Bettine« rief er, ich blieb draus stehen und sagte: »Goethe, ich hab heute Nacht bei dir geschlafen.«

»Ich weiß es«, sagte er, »ich hab die ganze Zeit auf dich gesehen. Aber nun komm nicht wieder herein, sonst bist du und ich verloren.«

Bei aller Stilisierung, auch Mythologisierung Goethes durch Bettine: Was sie über diese Begegnung schreibt, ist im Ganzen wohl kaum Fiktion, zumindest nicht im ersten Teil der Aufzeichnungen. Vor allem solch ein Detail wird Bettine kaum erfunden haben bei ihrem literarischen Denkmalbau: Daß Goethe an jenem heißen Augustnachmittag und bei der Umarmung ins Schwitzen kam, und zwar heftig, daß er ächzte, stöhnte, sich nicht »stark genug« fühlte. So etwas erfindet man nicht, wenn man jemanden über die Maßen verehrt, ja ihn zum Götzen macht. (»Goethe komm! erlös mich von allem Übel, Amen.«)

Daß Bettine zu dieser Episode vier Fassungen hinterließ, zeigt, wie schwer es ihr fiel, mit dieser Szene fertig zu werden. In einem Wunschtraum gibt es keine Schweißausbrüche, keine Verlegenheitsfloskeln: Wenn ich könnte, wie ich wollte … Wahrscheinlich trieb Goethe der Gedanke an mögliche Konsequenzen den Schweiß auf die Stirn, die Lebensordnung schien bedroht.

Im zweiten Teil allerdings, der Abend- und Nachtszene, scheint sich Fiktion freizusetzen: manches ist zu schön, um wahr zu sein. Ein Gespräch mit einer fremden Person, dies ausgerechnet im Hotelzimmer, und Neutralität wird vorgetäuscht: zwar ist eine junge Frau im Zimmer, aber die schläft ja auf dem Sofa … Und: sich in einen Pelz hüllen in der heißen Augustnacht, sich mit Pelz und Asternstrauß in Goethes Zimmer schleichen, das Spielchen von Verstecken und Offenbaren – eine hübsche Geschichte, gewiß, aber kaum ein Beitrag zur Lebensgeschichte.

Achim und Bettine heiraten

Noch einmal: Es war keine Liebe auf den ersten Blick. Clemens mußte wiederholt nachhelfen, verkuppelnd. Der Bruderbund mit Achim sollte auch über die Bindung an die Schwester gefestigt werden. Zuvor mußten jedoch einige Fragen geklärt werden. Clemens, kurz vor der Hochzeit, in einem Brief an Achim:

»Ich fuhr mit Bettinen in einer Kutsche; ihr hattet noch nie erklärt, daß ihr euch wolltet, mir schien das Verhältnis drükkend in dem Du als ein Fleisch und Bein mit ihr lebtest, ich fragte sie, ob sie Dich nicht bald heiraten würde, sie äußerte sich auf ihre Art, da denke sie gar nicht eigentlich dran; so sagte ich ihr, [dann] müsse sie auch nicht so handgreiflich zärtlich mit Dir sein, sie fragte mich warum, ich sagte ihr, Du seist doch so ein gesunder und starker Mann, und es wäre mir fatal, daß ich Dich in einer so unbefriedigten Erregtheit sehe, sie sagte, das verstehe sie nicht, worauf ich erwiderte, wenn sie es nicht verstehe, sei sie kein Mensch, hierauf sagte sie mir: sie glaube, du seist gar nicht sinnlich, das kam mir übertrieben vor und darum unwahr, und als sie mich weiter *ausholte*, ob Du je ausschweifend gewesen, sagt ihr ich, daß ich das nicht wüßte, daß ich aber glaube wie ein gesunder und lebendiger und schöner Mann, der sich in edelmännischen Verhältnissen reisend in der Welt herumbewegt hätte, nicht eben eine Jungfer geblieben sein könne, ich sei auch nie ausschweifend gewesen, wenn ich gleich von der Natur manches genossen hätte, was sie mir gegeben. Vielleicht ist es unvernünftig gewesen, daß ich dies zu ihr sagte, aber sie hat mich auch dazu verführt, mit ihrer oft zu besonnenen Naivität.«

Man entschied sich für Verlobung und Heirat. Bettine, Ende

1810: »Am 4ten December war kalt und schauerlich Wetter, es wechselte ab im Schneien, Regnen und [Ver]Eisen; da hielt ich Verlobung mit Arnim unter freiem Himmel um 9 Uhr abends in einem Hof wo hohe Bäume stunden, von denen der Wind den Regen auf uns herabschüttelte.«

Ein Vierteljahr später die Hochzeit. Bei Achims »Ja« spielten durchaus pragmatische Überlegungen mit, die er seiner Braut unverblümt mitteilte: Um seinen Anteil am »Ländchen« nicht nur zu bewirtschaften und treuhänderisch zu verwalten, sondern um endlich frei disponieren zu können (etwa bei Kauf oder Verkauf), brauchte er einen Sohn, einen Erben, der das Interim des Fideikommisses beendete.

Aber das soll er selbst formulieren: Das ererbte Vermögen der Großmutter »hätte mich selbst in dieser Zeit [...] reich gemacht, wenn sie nicht durch eine Fideikommißeinrichtung, die sich erst zum Besten meiner Kinder auflöst, mich und meinen Bruder und Onkel beschränkt hätte. Da ich aber alle Beengungen meines Lebens zu Erweiterungen meiner Natur ausgebildet habe, so war mein Entschluß nach der Eröffnung des Testaments bald gefaßt, das Meinige zu tun, um rechtmäßige Kinder zu haben. Da brauchte es nicht langer Zweifel, ich wußte niemand auf der Welt, von der ich so gern ein Ebenbild besessen hätte, da kein Maler Dich mir ordentlich dargestellt hatte, und auch keine, mit der ich auch ohne diese Verdoppelung so gern mich erfreut, gestritten, gewacht und geschlafen hätte als Dich; und das wollte ich Dir alles in Bukowan vortragen, aber anders und ernster als hier im Briefe. [...] Da wurde ich aber ganz anders von Dir empfangen als ich gemeint und erwartet hatte, es wurde mir zu verstehen gegeben, es hätte sich vieles verändert, es wären Erfahrungen gemacht, ich könne nichts verlangen, was ich mir [denn] einbilde, wie möchte ich Dich Deinem bessern Dasein entreißen um mir eine Güte [etwas Gutes] zu tun und menschlich zu leben wie andre.«

Das klingt erst mal nach herber Abfuhr! Jedenfalls kein optimales Vorzeichen für die Ehe! Eher Kompromiß als Überschwang. Die Hochzeit findet auch fast heimlich statt.

Tochter Maximiliane wird später hinweisen auf einen Brief des Vaters an Wilhelm Grimm, der zum Freundeskreis gehörte (wie sein Bruder Jacob). So folgt hier ihre Wiedergabe des Briefberichts des Vaters:

»Wie er, damals mit Clemens Brentano bei Pistors zusammenwohnte, und unsere Mutter, die bei Savignys wohnte, eines Morgens zu dem alten Prediger Schmid von der Waisenhauskirche gingen und sich auf dessen Studierzimmer von ihm trauen ließen, als einzigen Trauzeugen die alte Frau Pastorin, die die Arnims schon seit drei Generationen kannte und unserer Mutter den fehlenden Myrtenkranz durch den ihrigen von vor fünfzig Jahren ersetzte – wie dann die Mutter, als ob nichts geschehen sei, nach Hause gegangen, und der Vater mit ihrem Bruder, ohne diesem etwas zu offenbaren, bei einem Restaurateur zu Mittag gegessen und erst am Abend, wie gewöhnlich, zu Savignys gegangen ist, wo er sich gegen zehn Uhr verabschiedete und die Treppe so laut, als ob er schwere Hufeisen trüge, hinabtrappte, um sich dann wieder hinaufzuschleichen in Bettinas Zimmer – wie endlich nach fünf Tagen Bettina dem Schwager Savigny und der Gundel das ganze Ereignis erzählt hat, und diese, weil sie es für eine von der Mutter Erdichtungen hielten, ihr Vorwürfe gemacht haben, daß sie ihnen so leichtfertig von etwas vorschwatze, das ihr heilig sein sollte.«

Es wird eine Ehe besonderer Form: meist leben Achim und Bettine getrennt. Denn ein Leben auf dem Lande, dem wahrlich platten Lande, es ist Bettines Sache nicht. Sie braucht die rege Kommunikation im Salon, die kulturellen Angebote der Stadt; in der »Herrschaft Bärwalde« ist sie von all dem abgeschnitten. Dort hält sie es jeweils nur ein paar Wochen aus, dann fährt sie zurück nach Berlin.

Achim wiederum ist kein Mann des gesellschaftlichen Treibens, er braucht nicht die vielfältigen Impulse eines relativ regen Kulturlebens, weilt lieber auf dem Lande. »Ich fühle in Berlin physisch und geistig meinen Untergang, ich bedarf körperlicher Tätigkeit um mich auch geistig tätig zu erhalten. Ein Unwohlsein, das mich in Berlin einen Tag umdüstert, ist mit etwas Graben oder mit einem Ritt über Feld verscheucht.«

Ist er schließlich doch mal in Berlin, wird womöglich eingeladen in einen literarischen Cercle, so stöhnt er: »Es überfiel mich dort einigermaßen die Langeweile und ich dachte mit rechter Sehnsucht an meine Kartoffeln.« Und wieder: »In der Stadtluft war kein Gedeihen für mich.«

Also fuhr er möglichst selten nach Berlin. Ihm lag eher an der Melioration der Böden als an einer Verbesserung der Beziehung. Wenn man sich doch mal sah, wurde Bettine umgehend geschwängert. Bettine, pointierend: Hinterläßt ein paar blaue Flecken und ist wieder weg.

September 1811 reiste Ehepaar Arnim nach Weimar: so etwas wie eine nachgeholte Hochzeitsreise?

In Goethes Tagebuch wurden die Besuche vermerkt. Es klingt offiziell: »Abends Frau von Arnim. Erzählungen von meiner Mutter.« Aber da ist ein Brief, in dem Bettine dem Dichter schrieb: »Dein bin ich; ewig!« Die seit wenigen Monaten verheiratete Frau von 26 weiter an den 62jährigen: »Nimm hin, nimm hin meinen Leib! Nimm hin den heiligsten Reiz der Natur, er drängt sich mit sanfter Gewalt an Deinen Busen, nicht schenke Du, sondern nimm ewig in Dich auf, und eine Welt könntest Du empfangen, einen Gott. – Oh! Ich möchte weinen, ich möchte das schwere Haupt in den Schoß meines stummen Lieblings verbergen, aber wie kann ich? – Ach! Ach! Laß mich seufzen und weinen in Deine Brust.«

Eine prekäre Situation, für Ehemann Achim, für Ehefrau Christiane – sie werden kaum gewußt, aber zumindest geahnt haben, was da gespielt wurde. Es kam zum Krach, zum Weimarer Skandal. Charlotte von Schiller: »Die Frau ist recht geistreich und lebendig, und erzählt vortrefflich. Sie ist viel stiller geworden als sie sonst war, und da kann ich auch mit ihr fortkommen [auskommen]. Sie liebt den Meister auf eine rührende Weise, aber denken Sie nur, daß ihr die dicke Hälfte das Haus verbot, de but en blanc eine Zänkerei in der Ausstellung angefangen, und ihr gesagt hat, sie würde sie nicht mehr sehen, usw. Die Bettine ist eigentlich bloß des Meisters wegen hier, freute sich auf ihn, sehnte sich, ihn zu sehen, und seit diesem Vorfall nimmt auch er keine Notiz von ihr.«

Der Eklat fand statt bei der Vernissage einer Ausstellung mit Gemälden des Hofrats Meyer (»Kunstmeyer«). Achim von

Arnim an Goethes Sekretär Riemer: »Ich kann nicht gut zu Ihnen kommen, weil ich der Frau Geheimrätin nach ihrem abscheulichen Ausschimpfen meiner Frau auf der Gemäldeausstellung nicht ohne Ingrimm begegnen kann.« Und Goethe schrieb er: »Es bedarf keiner Versicherung, wie leid es mir getan, daß die öffentlichen Schimpfreden, welche die Frau Geheimrätin über meine Frau ergossen, und die Folgen derselben auf die Gesundheit meiner Frau und auf das Stadtgespräch eine Trennung des Umgangs in den letzten Tagen notwendig machte.«

Genaueres über den Streit übermittelte Pauline Gotter an Schelling: »Goethen mochte ich nicht nach ihr fragen, er will nichts mehr von ihr hören und sehn, nach einem heftigen und pöbelhaften Streit, der sich zwischen ihr und Frau von Goethe an einem öffentlichen Orte begeben hat. Daß die Gemeinheit nur von Einer Seite obwaltete, hoffe ich zu Bettinens Ehre; wenigstens ist es nur von dieser zum Handgemenge gekommen, wenn man so sagen will, indem sie der unglücklichen Bettine die Brille von der Nase gerissen und auf dem Boden zertrümmert hat.«

Laut Helene von Kügelgen soll Bettine in Weimar verbreitet haben, »es wäre eine Blutwurst toll geworden und hätte sie gebissen. Und wirklich soll die Goethe keinem Ding so ähnlich sehen als einer Blutwurst.« Gesellschaftsgeschwätz; man ergriff in höheren Gesellschaftskreisen gern Partei gegen die schlichte Frau Goethe.

(Blick, von jenem Zeitpunkt aus, in die Zukunft: Bettine versucht in den folgenden Jahren wiederholt, Kontakt mit Goethe aufzunehmen, doch er bleibt abweisend. Auch bei einem gleichzeitigen, allerdings nicht gemeinsamen Aufenthalt des Ehepaares und des Geheimrats 1812 in Teplitz. Goethe an seine Frau, begütigend: »Von Arnims nehme ich nicht die mindeste Notiz, ich bin sehr froh, daß ich die Tollhäusler los bin.«

Der Herr Geheimrat verbietet den Arnims weiterhin das Haus. Bettine schickt dennoch Briefe – meist mit Materialien für das Projekt *Dichtung und Wahrheit*.

Gelegentlich aber versucht Bettine das Liebeswerben fortzusetzen: »So ist Dein Bett in meinem Herzen bereitet, verschmähe es nicht. Meine Adresse ist Georgen Straße Nr. 17.«

Über fast zwei Jahrzehnte hinweg wird Bettine mit ungebrochener Hartnäckigkeit versuchen, Goethe zu erweichen – alles umsonst. Goethe 1826 an Herzog Carl August: »Diese leidige Bremse ist mir als Erbstück von meiner guten Mutter schon viele Jahre sehr unbequem. Sie wiederholt das selbe Spiel das ihr in der Jugend allenfalls kleidete wieder, spricht von Nachtigallen und zwitschert wie ein Zeisig. Befehlen Ew.H. so verbiet ich ihr in allem Ernst onkelhaft jede weitere Behelligung.«

In ihrer Fixierung macht sie 1830 auf einer Reise erneut Station in Weimar, ersucht den hohen Herrn um Audienz, der jedoch notiert im Tagebuch: »Fr. v. Arnims Zudringlichkeit abgewiesen.«)

Hier spricht (auch) Mutter Bettine

In diesem Buch muß auch von Bettines sieben Kindern zu lesen sein – die haben mindestens so viel Aufmerksamkeit, Hinwendung, Präsenz gefordert wie die (spätere) Riege der imaginiert oder souffliert oder suggeriert Liebenden. Bettine hat denn auch viel von den Kindern erzählt, vor allem aus deren frühen Jahren.

Das erste Kind, Jahrgang 1812, wird vom patriotischen Vater »Freimund« genannt. (Eine Namensbildung, die so kurios scheint wie die Namensbildungen für die folgenden Söhne. Hat Arnim sich generell von Tieck anregen lassen? In einem seiner furiosen Stücke tritt ein Wahrmund auf.) Mit dem Namen Friedmund nun signalisierte Arnim den Wunsch nach Freiheit in der Ära napoleonischer Fremdherrschaft. Der Namensträger wird Bedeutungsträger. So sah ihn die Mutter aber nicht.

Es ist ein besonderes Kind, das sagen auch die, die keine Mutteraugen haben. Es hat so schöne blaue Augen, die sind so bedeutend, freundlich, rührend, damit sieht er einen express an; sein Mund hat ein sehr langes Spitzchen wie ein Bogen (sans comparaison); er hat prächtige lange, starke Handfäuste, mit denen er dem Vater den Backenbart ausrupft und die Mutter kratzt und klopft, zum Spaß, aber ordentlich wehtut; er ist sehr groß und schmal, wirklich über die Maßen stark, denn er hat schon mit fünf Monaten Arnims Stock von oben herunter mit einer Hand gefaßt und schwebend gehalten, dabei ist er aber ganz zierlich. Die Musik ist das Liebste was er hat, er läßt sich durch sie in Schlaf bringen und zum Tanzen, wie er grade gestimmt;

wenn er Bilder ansieht, so singt er dazu. Seine Kunstübungen bestehen in einem starken Pusten und Hopa sagen. Er läßt sich nicht füttern wie andre Kinder, daß man ihn lege und das Schlabbertüchlein vorbindet, sondern stehend, immer alert; schlafen tut er sehr wenig, mitten in der Nacht fällt es ihm zuweilen ein, ein Stündchen zu summsen. Den Fliegen widmet er einen großen Teil seiner Zeit, ich hab ihn oft fünf Minuten lang eine Fliege beobachten sehen; wenn er ganz ruhig sitzt, hat er gewiß immer irgend ein Tierchen entdeckt oder ein Körnchen Kümmel, ein bißchen aus der Lichtputze gefunden. Alle Morgen, wenn der Kaffee gemahlen wird, tanzt er mit größtem Eifer dazu, überhaupt das Tanzen ist seine Leidenschaft, ich wüßte beinah keinen Vorfall, aus dem er nicht eine Tanzpartie machte. Meine Erziehungsgrundsätze haben sich während seiner Existenz so entwickelt, daß ich gern alles zugeben mag, was er will; und es ist mir, als sei es bessser einen dummen Streich mit ihm zu machen, als ihm zu verbieten. Deswegen wird er dennoch nicht unartig werden, denn er ist lustig und aufgeräumt, ach, es ist gar ein lieb englisch [engelhaftes] Kind!

Offenbar ein frühes Modell antiautoritärer Erziehung. Das wird zu Auseinandersetzungen mit dem Vater führen. Aber noch haben sich die Probleme nicht ausgewachsen und vor allem: noch haben die sich nicht vermehrt, noch ist die Kinderszene überschaubar. 1815 schreibt Bettine einer Bekannten.

Jetzt will ich auch noch etwas von meinen Kindern erzählen. Der Freimund hat sich schon längst aller Zucht entzogen, man kann weder im Guten noch im Bösen etwas von ihm erlangen was er nicht von selbst gewillt zu tun ist;

keine Schmeichelei, keine Liebkosung kommt ihm recht, die er nicht begehrt, er wird so böse über einen Kuß den man ihm geben will, wie über einen Schlag; Zuckerwerk welches er sehr gern ißt wirft er einem kalt vor die Füße wenn er nicht in der Laune ist es anzunehmen; dann kommt er wohl eine 4tel Stunde nachher und sucht wo er es hingeworfen, findet er es noch, so ist er gewöhnlich sehr freundlich, teilt etwas davon seinen Kameraden mit, sieht man ihn aber nur drauf an, so ist seine vorige Laune verdoppelt. Ein Glück ists daß er gar nicht sehr zu schädlichen Unarten geneigt, er reißt keinem Kind sein Eigentum hinweg, er schlägt nicht und ißt niemals übermäßig; schon in seinem ersten Jahr war er sehr hart, er schreit nie, wenn er fällt, er war oft über und über zerkratzt und geschunden ohne es zu fühlen, aber sonderbar ist daß er selten zu jemand geht den er nicht erst einige Tage lang von fern beobachtet hat, manche Menschen behandelt er aber auch als wenn er schon längst mit ihnen bekannt wäre; das einzige Spielwerk woraus er sich was macht sind Waffen, von morgens früh bis abends spät ist er draußen auf dem Hof unter den Bauernkindern, worunter er sich einen gewählt hat den er nicht verläßt, [d]er ist 11 Jahr alt; wenn er [Freimund] schlafen will so muß dieser ihn in einem kleinen Wagen herumfahren oder einwiegen, wenn er müde ist so hängt er sich ihm auf den Buckel und läßt sich tragen, wenn jener etwas ißt so beißt Freimund allemal erst etwas ab und so muß jener auch etwas von dem Seinigen essen. Oft ruft er ihm mit freudeglänzendem Gesicht nach wenn er ihn auf dem Hof laufen sieht: »Seh mal«. Da rennt er hin, und dann klatscht er in die Hände und lacht. Er ist sehr stark, fest und schön gebaut, von seinem Gesicht kann ich nicht sagen ob es schön, denn es hatt sich schon sehr oft ganz total geändert, jetzt gleicht er dem Arnim etwas, seine blauen Augen sind größer, sein Mund ist sehr schön.

(Noch ein kurzes, späteres Zitat der Maxe, die mit ihren Schwestern schon mal die Mansardenzimmer der Brüder inspizierte: »Bei Freimund fanden wir meist nichts als Bücher; wir trauten uns bei ihm auch gar nicht recht hinein, weil er immer so ernst und gleichmäßig freundlich gegen uns war und wir darum einen gewaltigen Respekt vor ihm hatten.«

Freimund wird später Agrarökonomie studieren und die Verwaltung der arnimschen Besitzungen übernehmen, wird schließlich sogar Mehrheitseigner. Nach dem frühen Tod des Achim von Arnim wird er zum zweiten Vater der Familie, streng, pflichtbewußt, erfolgreich. Er wird von seiner Mutter geschätzt aber nicht sonderlich geliebt – die Distanz zwischen ihnen wird wachsen in den vierziger Jahren, fast wird man sich fremd. Vor allem während der Revolution von 1848 werden sich die Geister scheiden – auch unter den Geschwistern. Er wird seine reaktionäre Haltung mit der Publikation kleiner Schriften dokumentieren. Die von der Mutter gefeierte konstitutionelle Monarchie ist für ihn eine »konstitutionelle Schweinerei«. Mutter Bettine muß konstatieren, daß »die *Rechte* nach dem *Freimund* greift als nach dem goldnen Apfel«.)

* * *

Das zweite Kind, 1813 geboren: Siegmund. Mit diesem Namen wollte Vater Arnim den ersehnten Sieg über die Franzosen verpflichtend markieren. Damit war und blieb er Arnim besonders nah.

Der zweite, Siegmund, ist Arnims Liebling in hohem Grade, er kann keine zwei Stunden ohne ihn sein, er findet ihn über die Maßen schön, keine Gebärde von dem Kind, in die er nicht verliebt ist. Er gleicht mir, wie man sagt, frappant, nur ist er viel feiner, Du würdest Dich verwundern über sein kleines Köpfchen, über seinen sehr langen schlanken Wuchs, über seine zierliche freudige Lebendigkeit, viele sagen er sei zu fein für einen Buben, er ist nun schon 9 Monat alt, kann aber noch kein einzig Kunststückchen, kann auch noch nicht sitzen und nicht kriechen, aber er ist jedoch recht gesund. 8 Monate habe ich ihn gestillt und er aß und trank sonst nichts, die ersten 6 Monat schrie er Tag und Nacht, oft war er 48 Stunden ohne zu schlafen, keine Kinderwärterin bleib länger als 14 Tag bei ihm, endlich wartete ich ihn ganz allein. Jetzt ist er das vergnügteste Kind, schläft fest und gut, vor 4 Wochen war er zwar so krank daß wir jede Minute dachten er würde sterben, jedoch gaben wir ihm keine Medizin, er hat sich prächtig wieder erholt und hat jetzt eine Amme, da ich wegen meinen gesegneten Umständen nicht mehr stillen konnte, ich werde ihn auch nicht eher abgewöhnen, bis er Zähne hat.

Schulsorgen auch im Hause Arnim, genauer: im Haushalt der Mutter. Wiederholt muß sich Arnim den Vorwurf gefallen lassen, er kümmre sich zu wenig um die Kinder, um die Familie, sei allzuviel mit der Verwaltung der Güter, allzu wenig mit dem Dichten beschäftigt. Sie muß ihm berichten:

So viel ist gewiß, daß das Griechische und Latein, weswegen die Kinder so viel gequält werden in den Gymnasien, auf eine so tölpische Art eingetrichtert wird, daß es nur als Ballast den Kopf beschwert und auch alle sonstigen Organe untüchtig macht etwas zu fassen. Als[o] zum Beispiel wurde in voriger Woche in Joachimsthal in Quarta ein Kapitel von Cornel Wort für Wort auswendig zu lernen aufgegeben; Siegmund strengte sich zwei Nachmittage an bis in die Nacht um 11 Uhr, sperrte sich in ein Hinterstübchen allein ein und repetierte fortwährend den höllischen Unsinn.

(Auch hier wieder ein Schwesternblick ins Mansardenzimmer: »Bei Siegmund imponierten uns besonders die feinen, leuchtend gelben Glacéhandschuhe – er begann schon damals sich zum Elegant und künftigen Diplomaten zu entwickeln.«

Bettine, noch später: »Siegmund ist bei der Regierung in Potsdam und läßt sich täglich zwischen dort und hier auf dem Dampfwagen hin und her rutschen.« Also einer der ersten Bahnpendler!)

* * *

Drittes Kind, Jahrgang 1815: Friedmund. Mit diesem Namen signalisierte Arnim seinen Wunsch nach Frieden, der sich in jenem Jahr denn auch erfüllte: Napoleon, bei Waterloo endgültig besiegt, wird auf die Insel St. Helena verbannt.

Ich kann hier nicht alle sieben Kinder vom Textumfang her gleich behandeln – gleiche Behandlung gelang nicht einmal den Eltern, schon gar nicht dem Vater. »Bis jetzt gefällt er mir unter meinen Kindern am wenigsten«, schreibt er 1825; er bezeichnet Friedmund als »sehr gedankenlosen Schwätzer«.

Von der Mutter aber wird er verteidigt, wenn auch nicht ohne Einschränkung – der Sohn scheint etwas begriffsstutzig zu sein. »Friedmund ist der ordentlichste und eifrigste Student, er ist schon um 4 Uhr morgens mit seinen Arbeiten beschäftigt, lernt dabei gar nichts; mit großem Eifer schreibt er ab und kommt nie dazu, das ihm Wesentliche zu lernen, sondern wie einer der in Amt und Posten seine Schuldigkeit verrichtet, unbekümmert, was es zu bedeuten habe.«

In ihrer wachsenden »Schulverzweiflung« wird sie dafür plädieren, daß Friedmund auf eine Gewerbeschule (heute: Berufsschule) geschickt wird, sie sieht in ihm einen »recht tüchtigen Landwirt«.

(Erneut ein späterer Schwesternblick ins Mansardenzimmer: »Ganz anders sah es bei unserem lieben Friedel aus. Was gab es da alles für Wunderdinge! Steine und Eidechsen, ausgestopfte Vögel und kleine Maschinen; und dann die vielen interessanten kleinen Fläschchen. Friedmund war der geborene Naturforscher – das war sein Erbteil vom Vater, der ja auch statt Jura, wie er sollte, Naturwissenschaften studierte, bevor er durch seine Freude am deutschen Volkslied zum Dichter wurde.«

Friedmund wird sich selbständig machen in einem alten Gutshaus in Blankensee, wird zum Sonderling.)

* * *

Als vierter Sohn, Jahrgang 1817: Kühnemund. Arnim wollte ihn wohl generell zum Heldentum verpflichten. Dieses Kind wird zumindest keine Neigung zu Entwicklungs-Schemata zeigen.

Kühnemund ist wie ein Bärenhäuter, es ist als sei der Teufel in ihm los, er wäscht sich in allen 4 Waschbecken, er hat sich Erde in die Stube getragen ans Fenster, selbige mit Kresse besät und tüchtig begossen; wenns die anderen nicht leiden wollen so schlägt er um sich und brüllt schrecklich; es ist possierlich anzusehen welche Curiosa ihm einfallen, wenn ich nicht schon manche Periode hätte so vorübergehen sehen so würde mir bange werden; ob und was er lernt weiß ich nicht. Freimund meint: Unarten, und sonst nichts.

Und wieder Maxe: »Wie uns an Jahren so stand uns Bruder Kühnemund auch unserem Herzen am nächsten. Mit ihm spielten und tollten wir in unseren Kitteln im Garten und wagten sogar den hohen Sprung vom Balkon der ersten Etage hinunter auf den Lohehaufen, der vor dem Eselstall lag.«

Wildwuchs! Dem Vater platzt zuweilen der Kragen: »Die Kinder sind schrecklich faul und unwissend, ich quäle mich jeden Tag und Nacht, wie ich es bessern soll, dabei kann ich sie wegen der Plumpheit ihres Betragens keinem anständigen Besuche vorstellen, ja, nicht einen Bissen wissen sie in gesitteter Weise zum Munde zu bringen und in ihrem Zimmer hausen sie wie die Schweine.«

Zuweilen sieht er das aber auch anders – in einem Brief an Armgart und Maxe entwirft er ein schöneres Familienbild: »Denkt Euch einen Tisch und darauf einen großen Kirschkuchen und umher den Vater mit seinen vier Söhnen, so habt ihr ein Bild aus Wiepersdorf, welches sehr viel wert wäre, wenn es ein berühmter holländischer Maler gemalt hätte. Um aber das Bild in aller Wahrheit vor Euch zu sehen, müßt Ihr den Friedmund Euch viel größer und blasser denken, weil er erst kürzlich vom Fieber genesen, den Kühnemund viel röter, weil er sich täglich beim Fahren mit den Eseln die Haut verbrennt. Siegmund müßt Ihr Euch in sehr gerader Haltung im Streben nach Eleganz vorstellen, den Freimund lächelnd oder schmunzelnd.«

Maxe sah und beschrieb den Jüngsten der Brüder so: »Er war, damals achtzehn Jahre alt, ein herrlicher Mensch geworden, das Urbild eines deutschen Jünglings. Groß und schlank gewachsen, mit schönen, edlen Zügen glich er ganz dem Bild unseres Vaters aus dessen Jugendzeit. Ein Meister im Turnen und Schwimmen, war er zugleich geistig und auch dichterisch hochbegabt. Obwohl er noch Gymnasiast war, holte ihn [der Historiker] Leopold Ranke, der damals schon Professor war, oft zu Spaziergängen ab.

Dieser herrliche, hoffnungsvolle Jüngling wurde uns jäh entrissen. Eines Tages [23. 6. 1835] ging er am Nachmittag zum Baden. Bei einem kühnen Sprung aus großer Höhe ist er mit dem Kopf auf einen Stein gestoßen und hat dadurch, ohne äußere Verletzung, eine Gehirnerschütterung erlitten. Gegen Abend brachten sie uns den Bruder ins Haus. In der Nacht noch einmal zu klarem Bewußtsein erwacht, hat er die Mutter getröstet und ihr Mut zugesprochen, dann ist er am frühen Morgen in ihren Armen verschieden. Am folgenden Abend haben ihn die Brüder nach Wiepersdorf überführt, auf daß er dort an der Kirche neben seinem Vater ruhe.«

* * *

Maximiliane, Jahrgang 1818, die erste im Arnimschen Dreimäderlhaus. Eine ergiebige Quelle zur Charaktersierung vor allem der Töchter scheint zu sein: *Maxe von Arnim*. Untertitel: *Tochter Bettinas / Gräfin von Oriola*. »Ein Lebens- und Zeitbild aus alten Quellen geschöpft von Prof. Dr. Johannes Werner«. Dieses überaus anekdotenreiche Buch (aus dem in der Bettine-Literatur häufig zitiert wird) ist in der Ich-Form gehalten, doch da wird Maximiliane weitaus mehr zugeschrieben als sie selbst in Schriftfform hinterlassen hat. So zitiere ich nur, was im Spielraum der Wahrscheinlichkeit bleibt, was sich mit authentischen Zitaten gleichsam unterfüttern läßt.

Und damit wieder eine Kindheitsanekdote, vermittelt von

Mutter Bettine – eine Dokumentation zugleich der fast permanenten Schwierigkeiten mit dem Personal im Hause.

Max und Armgart sollten weil sie sehr schmutzig waren gestern am Sonnabend statt meiner baden; die lange Gans von Mamsell, die die Pflege der Kinder über sich hat, steht bei den Kindern an der Wanne. Das Hausmädchen hatt das Bad ganz kalt eingetragen, wahrscheinlich aus Ärger denn sie war nicht geneigt dazu gewesen. Die Kinder verlangen noch etwas wärmer, sie gießt den kochenden Teekessel ihr, der Max, über die ganze Hüfte und das dicke Fleisch das Blase an Blase ist, wo die Haut nicht ganz ab war; kannst Du Dir meinen Jammer wohl denken bei dem Geschrei des Kindes, das am ganzen Leib vor Schmerzen zitternd die Wanne umklammerte, es dauerte wohl eine 4tel Stunde eh sie ihr Geschrei zu unterdrücken vermochte. Ich habe die ganze Nacht an ihrem Bette zugebracht, um 1 Uhr schlief sie ein, ich aber wachte und wechselte ihr die Umschläge und so ward es Tag ohne daß ich ein Aug zugetan hätte oder noch jetzt Schlaf spürte; der Brandfleck ist größer wie ein Teller.

Doch das verbrühte Kind entwickelt sich beglückend: »Die Maxe lernt sehr ordentlich und mit viel Genuß, sie liest Griechisch und ich glaube, die Katze ließe sich eher ihre Jungen nehmen als sie ihre Stunde. [...] Die Maxe lernt sehr gut Musik.«

Maxe selbst nun, später, unter Vorbehalt zitiert: »Wir sind als Kinder wohl recht wilde Hummeln gewesen, die die Freiheit, die uns die Mutter gewährte, weidlich ausnutzten. Solange ihre Kinder noch äußerlich hilfsbedürftig waren, war die Mutter mit größter, ja übertriebener, ängstlicher Treue um sie besorgt, sobald sie aber flügge geworden, ließ sie frei fliegen. Das beruhte nicht etwa auf Gleichgültigkeit oder Bequemlichkeit, sondern auf ihrem felsenfesten Glauben, daß das Gute im Menschen sich frei entwickeln müsse. Und merkwürdig: So sehr sie die Zügel im einzelnen locker ließ, so daß wir sie gar nicht mehr fühlten, um so fester behielt sie unsere Führung im großen in der Hand.«

Auch hier: eine Andeutung von Zukunftsperspektiven. Die drei Schwestern bleiben bei der Mutter, etwa bis zu deren Tod: das »vierblättrige Kleeblatt«. Sie heiraten erst als Frauen um die dreißig. Maximiliane von Arnim und Eduard Lobo da Silveira Graf (und General) von Oriola treten kurz nach dem Tod der Mutter in den Stand der Ehe.

Vielleicht verklärt »Maxe« die familiäre Symbiose, doch die Fakten bleiben: »Das ideale Zusammenleben mit der Mutter [in Berlin], das in den langen Jahren auch nicht ein einziges Mal ernstlich getrübt worden ist. Es war eigentlich nicht das Verhältnis von Mutter und Töchtern, sondern eine Vertrautheit wie mit einer älteren Schwester – wir haben nie ein Geheimnis vor ihr gehabt.

Nur eines frappierte uns, die wir in Frankfurt zu peinlicher Ordnung erzogen waren, gleich zu Anfang: die Künstlerwirtschaft im Hause. Ohne ein Wort zu sagen, begannen wir still und und behutsam aufzuräumen. Ohne ein Wort zu sagen, ließ uns die Mutter gern gewähren. Das wurde dann unser Beruf, der später um so nötiger war, je mehr die geniale Unordnung bei Gisel zunahm, die zuweilen nach durcharbeiteter Nacht erst gegen Mittag zum Frühstück erschien, das immer von acht bis zwölf bereitstehen mußte. Armgart hat sich nicht entschließen können, diesen stillen Liebesdienst schon vor dem Tode der Mutter aufzugeben, sondern treu bei ihr ausgeharrt, und der gute Graf Flemming hat ebenso treu die vielen Jahre auf sie gewartet.«

* * *

Jahrgang 1821: Armgart. Diesmal nichts über die Kinderjahre, nur ein Blick in die Zukunft mit Hinweis auf die monarchische Gesinnung, die sie mit Maxe und Freimund verbinden wird: royalistische Sezession im Haus der kritisch eingestellten Mutter.

Bezeichnend hier: mit 22 kreiert Armgart für Königin Elisabeth und König Friedrich Wilhelm IV. ein Huldigungsbild, zu dem Maxe ein Begleitgedicht verfaßt. Die Schwestern dürfen die Darbietung am Hof zu Potsdam zelebrieren. Armgart zum Bild:

»In der Mitte saß ein Elfenkönigspaar auf einem Blumenthron, auf dessen Stielen muntere Elfengeisterchen geschäftig ein Fest vorbereiteten, während in den Wurzeln kleine Köche und Konditoren und Küfer tätig waren. Rundherum waren die Elemente, die Weltgegenden, die Jahreszeiten, das Tierreich, und alle huldigten dem Königspaar. Ganze Regimenter von kleinen Käfern und Schmetterlingen in den Farben der Garde-Infanterie und -Kavallerie waren aufmarschiert. Umrahmt war das Ganze von einem arabeskenartigen Gewinde von Eichenlaub und Lorbeer.«

Und sie berichtet über die Präsentation (was hier mit leichten Kürzungen wiedergegeben wird):

»Der König saß auf einem Stuhl, der Hofstaat stand um ihn herum. Maxe begann mit ihrer schönen, weichen Stimme zu lesen, und ich zeigte mit meinem Stab auf die betreffende Malerei. Da trat die Königin herein, und Maxe wollte natürlich das Vorlesen unterbrechen. ›Weiterlesen! Keine Unterbrechung!‹ rief der König, und die Königin stellte sich neben seinen Stuhl.

Das Interesse des Königs war ganz auf das Bild gerichtet. Bald war er von seinem Stuhl aufgesprungen, um das Bild ganz nahe zu sehen. Weißt Du, Onkel, er ist kurzsichtig und betrachtet Bilder gerade so wie der Onkel Franz, der sie beinahe mit der Nase berührt. Die anderen werden von meinem Bild wohl nicht viel gesehen haben, denn der König lag fast darauf. Zwischendurch machte er immer lustige Bemerkungen; besonders amüsierten ihn seine Gardedragoner als blaue Schmetterlinge und die Köche, die in der Unterwelt hantierten.

Als wir endlich fertig waren, dankte uns der König für die große Freude, die wir ihm bereitet hätten: ›Das ist alles so originell, in Idee wie Ausführung, wie ich noch nichts gesehen.‹ Und dann führte er uns in den anstoßenden Saal zum Tee.

Nach dem Tee begann das Konzert, denn eigentlich war es in Musikabend, und ich hatte schon längst Mendelssohns finstere Miene darüber, daß wir den Anfang so verzögerten, bemerkt. Zuerst spielte er allein Klavier, dann ein Duo mit dem Oberhofmeister der Herzogin von Leuchtenberg, der das Violoncell sehr schön spielte.

Nun kam das Souper, bei dem der König lange mit mir über die Mutter sprach, die er verehre; warum sie nicht heute wenigstens einmal mitgekommen sei, wo doch keinerlei Etiquette herrsche?! Gegen Schluß des Essens wandte sich der König plötzlich zu mir: ›Würden Sie uns wohl noch die Freude bereiten, ein paar Ihrer schönen Lieder zu singen? Bitte beginnen Sie mit ›Ännchen von Tharau‹, das ist eines meiner Lieblingslieder.‹ Ich gab Maxe einen Wink, wir standen auf, lehnten uns an einen Rokokotisch und sangen munter los.

Als wir geendet, zog der König aus seiner Tasche zwei kostbare Armbänder und gab sie uns: mir das eine mit großen Perlen, Maxe das andere in Form eines Blattstiels mit einem Smaragd.

Im Vorzimmer überreichte uns ein Kammerherr noch die Etuis zu unseren Armbändern und sagte: ›Seine Majestät pflegt sonst seine Geschenke nie selbst zu geben, sondern sie durch uns überbringen zu lassen. Daß Majestät Ihnen gegenüber eine Ausnahme gemacht hat, darauf können Sie sich etwas einbilden.‹«

Damit sind Armgart und Maxe endgültig für das Hofleben gewonnen. Das Erinnerungsbuch widmet sich denn auch weithin dem Leben und Treiben am preußischen Hof, den Mutter Bettine nie aufsuchte – trotz ihres zeitweise regen Briefwechsels mit dem König.

* * *

Das jüngste der sieben Kinder, Jahrgang 1827: Gisela, meist Gisel genannt. Sie wird Bettine besonders nah sein, wird in ihrer Vielseitigkeit zum Abbild.

Die siebte Schwangerschaft wurde zur Belastung. Bettine an den fast ständig abwesenden Vater des künftigen Zuwachses:

Zu nervenschwach um mit der Nadel zu arbeiten, ohne Bücher ohne Menschen ohne Aussicht in die Ferne als bloß Schmerzen, ist die modernde grüne Wand meines Zimmers der trübe Spiegel meiner Seele. Wär unter den Pflichten die in Deine Seele eingeschrieben sind doch die unterstrichen, alles zu tun, um mich zu zerstreuen und zu erleichtern; ich weiß wohl daß Du tausend Sorgen hast, [doch] es ist [gibt] keine Frau, die weniger Prätentionen macht; allein, mein Leib erlaubt mir nicht, mich über mich selbst zu erheben. Und somit alle Liebe und aller Segen und alles Glück, das Dir die Zigeunerin prophezeite, mitsamt dem 7ten und *letzten* Kind, das trotz unserer Vorsicht nun die Wahrheit bekräftigt über Dich.

Einige Wochen später ändert sich die Tonlage, sie hat sich auf die altneue Situation eingestellt.

Die Stunde der Schmerzen wird so glücklich vorübergehen wie die 6 andren, ich werde ein schönes Kind haben auf das ich mich schon im Voraus freue; stillen will ich es selbst, nur wenn ich keine Milch habe oder es nicht gedeiht nehme ich eine Amme. Sehe Dich immer nach einer um, miete sie aber nicht; ich habe kein großes Zutrauen in unsere Leute, sie sind eigensinnig diebisch gefräßig faul gemein pp und daher sehr geeignet einem das Hauswesen zu verderben; wenn ich mäßig stille und eine gute Wärterin bei dem Kinde habe wird es wahrscheinlich besser gehen als Du denkst.

Und wieder Maximiliane: »Gisel – damals sieben Jahre alt – war ein entzückendes Kind, schön, hochbegabt und durch ihr stetes Zusammensein mit der Mutter geistig weit über ihre Jahre hinaus entwickelt. Es klingt unglaublich, aber es ist wahr, daß sie sich, als sie noch nicht sechs Jahre alt war, mit Vorliebe Shakespeare vorlesen ließ. Um nicht nur auf das Vorlesenlassen angewiesen zu sein, lernte sie dann im Handumdrehen selbst lesen. Damit war ihr Verlangen nach Lernen aber auch erschöpft. Nur durch den Hinweis, daß sie doch selbst einmal Bücher schreiben wolle, ließ sie sich von der Mutter bewegen, auch noch das Schreiben zu lernen. Diese Aufgabe fiel nun mir zu. Richtig gelernt hat sie's freilich nie. Gisel verstand alles, wußte viel, aber lernen wollte sie nichts. Stattdessen fing sie, als sie kaum notdürftig schreiben konnte, schon an, kleine Geschichten und Märchen, die manchmal wirklich ganz reizend waren, zu verfassen. Das Schlimmste für mich aber war, daß die Mutter wollte, mein Unterricht müsse ohne jeden äußeren Zwang erfolgen, und daß sie, wenn ich mit einer Klage kam, jedesmal ›das arme Kind‹ entschuldigte und in Schutz nahm.«

Weiterhin Maxe, wie von Prof. Werner vermittelt: »Gisel war ohne Zweifel die begabteste und geistvollste von uns Schwestern, und schön war sie auch mit ihren fein gemeißelten Zügen, der edlen Stirn und den ausdrucksvollen Augen. Unserer Mutter an Genialität ähnlich, sprudelte sie von Geist und Witz, sie zeichnete und malte wunderbar fein, dichtete und schriftstellerte und hatte auch ein sehr hübsches musikalisches Kompositionstalent; hätte sie ihre große Begabung als Malerin ausgebildet und sich nicht durch die Vielseitigkeit ihrer Interessen zersplittert, so würde sie wohl eine große und einzigartige Künstlerin geworden sein.«

In der Nachfolge von E.T.A.Hoffmanns »Kater Murr« wird Gisela ein Märchen verfassen: *Aus den Papieren eines Spatzen.* »Ich bin ein grauer Spatz von ganz gewöhnlicher Natur, nur daß meine Mutter mich in ein Nest, nicht weit von dem Schreibtisch eines Gelehrten legte, das heißt, es war oben an die Mauereinrahmung eines großen Fensters geklebt, an dem der Schreibtisch stand.« Dramen schreibt sie ebenfalls, und das gleich in zwei Bänden.

Nach Bettines Tod wird Gisel den Kunsthistoriker und Schriftsteller Hermann Grimm (Sohn von Wilhelm) heiraten, »der seit zwanzig Jahren wie ein jüngerer Bruder zu unserer Familie gerechnet wurde«. Mit ihm schreibt Gisel sodann das Märchen *Liebe überwindet Kartoffelbrei.* Daraus wird sich später das Mächen vom »Pfefferkuchenhaus« entwickeln, »ein süßes Zuckermärchen«.

Hermann publiziert sonst eher Gediegenes. Noch heute aufgelegt: seine umfangreiche Monographie über Michelangelo und seine Zeit. Und mehr als 900 Seiten umfassend eine (längst nicht mehr lieferbare) Sammlung von »Fünfunddreißig Essays«.

In einem Aufsatz über Goethe schreibt er hier auch über das Werk der Schwiegermutter: Trotz erster Kritik wurde das Buch »lange für einen realen Stoff genommen. Allmählich drehte sich der Wind und man begann Alles für erfunden anzusehen. [...] Alles was Bettina Goethe hatte sagen wollen, was sie von ihm hören wollte, ist hineingebracht. [...] Sie ließ fort, setzte zu, veränderte die Reihenfolge der Stücke, erhob das Ganze in jeder Weise zu künstlerischer Wahrheit. [...] Als später dann die Welt andere Ansprüche an die Herausgabe von Briefwechseln stellte und man daraufhin die Arbeit anzuzweifeln begann, war Bettina sich so sehr bewußt, in ihrem Sinne die volle Wahrheit gegeben zu haben, daß sie jedes Wort als echt verteidigen zu dürfen glaubte.«

Viel geschah in den ersten Jahren der Ehe: Napoleonische Feldzüge ... der Befreiungskrieg ... die Völkerschlacht von Leipzig ... der Abzug der französischen Besatzungsmacht ... das Exil des Kaisers Napoleon auf Elba ... seine überraschende Rückkehr ... die Herrschaft der Hundert Tage ... die Niederlage, definitiv, bei Waterloo ... das endgültige Exil auf der Insel St. Helena.

Zu Beginn dieser Folge historischer Ereignisse, vom Frühjahr 1811 bis Herbst 1813, lebten die Arnims »in einem Gartenhaus des Gräflich Vossischen Palais, Wilhelmstraße 78, das dem ehemaligen preußischen Staatsminister Otto Carl Friedrich von Voß gehörte. Nachdem am 20. 2. 1813 eine vorauseilende Kosakenpatrouille in Berlin eingetroffen war und General Wittgenstein die Oder überquert hatte, zog die französische Besatzung unter Führung von General Saint-Cyr ab.« Soweit der Stellenkommentar der Ausgabe im Deutschen Klassiker Verlag.

Anfang Juli 1814 schrieb Bettine wieder einmal einen ausführlichen (heute etwa 6 Druckseiten langen) Brief: Bettine in »tempore belli«.

Manches hat uns diese Zeit gelehrt, was wir unter andren Umständen viel schwerer erlernt haben würden. Ich kann jetzt mit einer Schüssel mittags auskommen, ich kann grobe Strümpfe und geflickte Hemden tragen, und brauch keine battistne Sacktücher mehr, auch Arnim hat in den Landsturmszeiten die verfluchten französischen Jabots [Hemdkrausen] von seinen Hemden gerissen, an denen man immer zu kneipen und zu fälteln hatte, kurz, der Luxus ist bei uns und bei den meisten honetten Leuten so verbannt, daß es beinah überall wie bei Diogenes im Fasse aussieht. […]

Zu der Zeit wo die Russen vor der Stadt lagen und die Franzosen drin, war der Garten der mein kleines Haus umgab, mit französischen Schildwachen bedeckt um zu verhindern, daß der französische Commandant durch die Russen gefangen wurde (dieser logierte nämlich in dem großen Haus zu dem der Garten gehörig). Da konnte ich mir alle Augenblicke erwarten daß mein Haus von Franzosen besetzt und von Russen belagert wurde, Arnim war fortwährend in Geschäften außer dem Hause, und ich exerzierte mich den Tag oft genug mit dem großen Säbel um mich zu hauen, um im Fall der Not meinen Hieb nicht zu verfehlen. Während Landsturm und Landwehr in Berlin errichtet wurden, war auch ein seltsames Leben da, da waren alle Tage auf offner Straße Männer und Kinder (von 15 Jahren) von allen Ständen versammelt, die dem König und Vaterland schwuren in den Tod zu gehen. Mich hats manchmal bis ins Mark der Knochen geschaudert wenn ich im Vorbeigehen auf großen, sonst einsamen Plätzen einen solchen Eid, darauf ein herzliches Vivat gegen Himmel schallen hörte. Auch war es seltsam anzusehen wie bekannte Leute und Freunde mit allen Arten von Waffen zu jeder Stunde über die Straßen liefen, so manche von denen man sichs vorher kaum denken konnte daß sie Soldaten wären; stelle Dir z.B. in Gedanken Savigny vor, der mit dem Glockenschlag 3 wie besessen mit einem langen Spieß über die Straße rennt (eine sehr allgemeine Waffe bei dem Landsturm), der Philosoph Fichte mit einem eisernen Schild und langen Dolch, der Philolog Wolf mit seiner langen Nase hatte einen Tiroler Gürtel mit Pistolen, Messern aller Art und Streitäxten angefüllt, Pistor trug einen Panzer von Elendstierhaut [Elchleder] mit vielen englischen resorts: einen Spieß und zwei Pistolen; dieser war auch Hauptmann und exerzierte seine Companie alle Tage vor meinem Hause. [...]

Die Damen spielten während dieser Zeit auch keine unbedeutende Rolle, viele waren beim Verbinden der Verwundeten geschäftig, ja bei der Belagerung von Spandau waren mehrere von allen Ständen hinausgefahren mit Leinen, um dort den Blessierten zu helfen und da dies nicht hinreichte zogen sie ihre Hemden aus und machten Bandagen, Compressen pp daraus, in der Stadt sah man sie laufen mit Henkelkörben voll Wein im Arm, ihre Mägde hinterdrein mit rauchenden Suppentöpfen, mehrere zusammen hatten sich immer einen Saal im Lazarett genommen das sie versorgten. Im Anfang wurde nur für die Notdurft gesorgt, späterhin auch für das Vergnügen, es wurden ihnen Zeitungen gehalten, Blumen gebracht pp. Bertha Laroche und Malchen Stein waren bei der Wäsche angestellt, sie saßen von morgens 8 Uhr bis abends 5 im Lazarett und flickten Hemden, benähten Bandagen pp, und da konnten sie nicht nach Haus laufen zum Mittagessen, denn es ist von ihrer Wohnung so weit wie [von] Offenbach nach Frankfurt, sie mußten mit einem trocknen Stück Brot und Fleisch, was sie mitbrachten, vorlieb nehmen. [...]

Das war eine Zeit voll Geschäfte, man konnte sich kaum umsehen, und doch war jedermann gesünder und stärker wie sonst, Savigny, der morgens um halb 4 Uhr aufstand, nach dem Schießplatz rannte (er war Gemeiner in einer Schützencompanie), von da nach einer Commission wo er oft vor 6 Uhr nicht zum Mittagessen kam und nach Tisch gleich wieder fort, meistens bis Mitternacht, ja oft noch länger da zu tun hatte, hat sich nie wohler befunden als in dieser Zeit; auch Arnim, und man war behaglich wenn man sich sah, ein jeder fühlte sich und seine Kraft, er fühlte daß sein Glück nicht von äußeren Dingen abhänge, von Glanz, von Reichtum, ein jeder war der Schmied seines Schicksals, die Überzeugung daß er seine eigne Freiheit erhalten könne.

Auch Arnim wollte beitragen zum Sieg der Koalition von Rußland, Preußen, Österreich über die französische Besatzungsmacht.

Er machte sich reisefertig; seine ganze Equipage [Ausstattung] bestand in 2 Paar starken Strümpfen und zwei Hemden, er wollte als gemeiner Soldat gehen; ich will nicht leugnen daß wenn ich manchen Abend in der Einsamkeit auf ihn wartete, sich meine Gedanken häufig in Tränen verwandelten, die, weil ich sie nicht aus den Augen ließ, mir die Kehle einengten, aber dabei war ich grade im besten Zug mich abzuhärten, so daß ich mich wohl mit einem eifrigen Schmied vergleichen konnte, der mit dem ganzen Umfang seiner Kräfte aufs glühende Eisen pocht.

Nun kam die Zeit wo alle Frauen flüchteten, meine Schwester drang in mich mit ihr zu gehen; es war mir unmöglich [auch nur] eine Stunde auf meine Sicherheit anzuwenden, die ich in Arnims Nähe noch verleben konnte, und wenn es auch nur noch höchstens 8 Tage währen konnte daß wir ungetrennt blieben, so waren ja diese 8 Tage um so köstlicher überfüllt und es war grade darum die heiligste bedeutendste Zeit meines Verhältnisses zu ihm, die ich um keinen Preis wegschleudern durfte. Er war damit zufrieden und fand es nicht übermütig sondern natürlich von mir. Nachdem die Ängstlichen geflüchtet und Berlin einem stillen Dorfe ähnlich geworden war, meldete er sich als Offizier bei der Landwehr, es war kurz vorher der Befehl eingegangen, daß die Edelleute, namentlich die Gutsbesitzer, nicht unter diesem Grade dienen sollten; (vorher hatte Arnim schon ums Los gezogen und war ausgefallen). Arnim wurde abgewiesen mit dem Bedeuten, daß die Offiziere der Landwehr schon vollständig seien; er kam zerschmettert nach Hause; womit hatte er diese Herabsetzung, diesen Mangel an Zutrauen verdient? [...]

Ich war damals hochschwanger, wir lebten vom Verkauf der Sachen die uns entbehrlich deuchten; von dem Silberzeug welches ich noch mitgebracht hatte, hatte Arnim schon früher einen Reiter ausgestattet, er wollte mir auch die Freude machen etwas zur Verteidigung des Vaterlandes beigetragen zu haben.

Gesund im Herzen mußte ich dennoch einer Krankheit unterliegen, ein heftiges Fieber was mehrere Wochen anhielt, und eine zu frühzeitige Geburt [Friedmunds] zur Folge hatte, kein Geld als was Arnim durch das Schreiben der damaligen begeisternden Zeitung [*Preußischer Correspondent*] verdiente; kein Verwandter kein Freund der ihm die Demütigung erspart hätte sein Gesuch: ihm zu leihen, abzuschlagen. [...]

Um Anstalten zur Möglichkeit seiner Abreise zu machen brauchte er Geld; ich kann die [Personen] unmöglich nennen die die Not der Zeit so engherzig gemacht hatte, triftige Gründe zu finden ihm allen Beistand abzuschlagen, und sich noch ein Verdienst daraus zu machen; eine sonderbare Beklemmung hatte sich unterdessen meiner bemächtigt, es war mir als müsse ich etwas zur glücklichen Entwicklung dieses Vorhabens beitragen; Arnim hatte mich immer mit der Ansicht unserer Lage verschont; ich wußte nicht daß er in diesem Augenblick nicht einen Heller zu seiner Disposition hatte. Ich verließ zum ersten Mal nach meiner Niederkunft mein Zimmer und Haus, die Absicht war mir nicht deutlich. [...]

Als ich in meine Wohnung zurückkam erwartete mich ein Schauspiel ganz anderer Art: 2 Gerichtspersonen waren beschäftigt unsere ganze Habe in Beschlag zu nehmen, sogar die Wiege meines neugebornen Kindes wurde versiegelt. Da mir die Wirklichkeit im Leben nie so nah getreten war, so machte mir dies rein den Eindruck als wenn sich eine Szene aus Kotzebues Trauerspiel in mein Leben gestohlen habe, die Mitleidsbezeugungen dieser beiden Leute waren mir so komisch daß ich mich des Lachens nicht enthalten konnte; Arnim kam nach Hause, die Leute verlangten für ihre Gebühren 4 Thaler, er warf sie mit der Bosheit der Verzweiflung zur Tür hinaus; schnell warf er sich an meinen Hals, benetzte mich mit Tränen, und ging nun, das Notwendigste wieder frei zu machen; die Veranlassung zu dieser Begebenheit kann ich nicht sagen, aber es war Arnims große Herzensgüte daran schuld. Die Anstrengung dieser Stunden hatte so auf mich eingewirkt, daß ich eine heftig entzündete Brust bekam, was, da ich mein Kind selbst nährte, eine fortwährende schmerzhafteste Marter war; meine Herzhaftigkeit hatte [sich] in Krankheit aufgelöst, ich hatte den Mut nicht, Arnim zu fragen was er beginnen wolle.

Familie von Arnim mußte finanziell knapp kalkulieren – dies, obwohl Achim (mit dem älteren Bruder) nominell der Herr, faktisch der Verwalter der Güter Bärwalde und Wiepersdorf samt mehrerer (kleiner) Dörfer mit pachtpflichtigen Bauern war. Ein Briefbericht von Wilhelm Grimm läßt erkennen, wo das Hauptproblem lag: in der Überlast der Schulden.

»Arnims Haus ist geräumig und der Garten daran und der Wald von Birken dahinter schön, doch ist jenes inwendig ziemlich verfallen, war aber mit Pracht und eigentlich fürstlich eingerichtet. Zimmer mit purpurseiden[en] Tapeten und reichen Goldleisten und getäfelter Boden [Parkett]. In seiner Stube liegt alles durcheinander, die Bettine führt die Haushaltung selbst, hat alles Schwere, z. B. gutes Kochen, leicht erlernt, hat aber keine Lust an diesem Wesen, daher wird ihr alles sauer und ist doch in Unordnung. Dabei wird sie betrogen und bestohlen von allen Seiten. Beiden wär zu wünschen, daß sie aus dieser Lebensart herauskämen; obgleich Arnim an seinen Pflanzungen im Garten Freude hat, so würde ihm die eigentliche Landwirtschaft doch schwer fallen, wenn er sie übernehmen sollte. Das ganze Ländchen, das aus drei Gütern besteht, die ihm und seinem Bruder gehören, trägt an Pacht 8000 Tlr. ein, die aber für, glaube ich, 150 000 Tlr. die Zinsen ausmachen, so daß ihm sehr wenig übrig bleibt.«

Der größte Teil der Einnahmen durch Pacht und durch Verkäufe landwirtschaftlicher Produkte wurde demnach für Verzinsung und Tilgung des immensen Schuldenbetrags ausgegeben. So mußte Bettine ständig rechnen, mußte knapsen. Hinzukam: Lebensmittel waren teuer in Berlin, der Mietspiegel lag hoch – Bettine wird mehrfach Umzüge organisieren in jeweils billigere Wohnungen.

Doch es gab auch Hilfen. In der Regel einmal die Woche, meist montags, fuhr ein Wagen vom »Ländchen« nach Berlin, brachte Nahrungsmittel. Und die Sommermonate verbringt die Familie zumeist im »Ländchen«; dort sind die Lebenshaltungskosten geringer und es wird keine Miete fällig. Da Haus und Gut Wiepersdorf verpachtet sind, wohnt die Familie im (architektonisch unauffälligen) Herrensitz Bärwalde: ein Bau von immerhin drei Geschossen und einem bescheidenen Ansatz von (gotischem) Turm mit Dach.

Maxe, wie von Prof. Werner vermittelt, berichtet für die Zeit nach Arnims plötzlichem Tod, was auch für die Jahre davor gelten dürfte: »Den Sommer und Herbst bis in den Winter hinein verlebten wir alljährlich in Bärwalde, meist mit der Mutter zusammen, zuweilen aber, wenn sie noch in Berlin arbeiten wollte oder eine Reise vorhatte, auch allein unter dem Schutze Freimunds, des großmächtigen, immer liebevollen und noblen, aber nicht immer wohlgelaunten Gebieters unseres ›Blauen Ländchens‹. Hier hausten wir in dem alten romantischen Gemäuer des noch aus dem Mittelalter stammenden Ritterschlößchens, das, von einem alten Wallgraben umgeben und an den Eichwall angelehnt, über dem Gutshof thronte. [...]

An den Waschtagen standen wir in aller Herrgottsfrühe auf, stellten uns mit den Frauen ans Waschfaß und aßen dann todesmutig mit ihnen Kartoffeln mit Leinöl, das dortige Nationalgericht. Um Freimund eine besondere Freude zu bereiten, lernten wir auch das Melken. Wir fuhren mit ihm auf den ›Marcht in Scheenewalde‹, bewunderten pflichtschuldig die beiden Grauschimmel, die er dort kaufte, und hatten unsere Freude an der bunten wendischen Tracht der Bauernmädchen. [...]

Um ein Tagesprogramm sind wir in Bärwalde nie verlegen gewesen. Wir gingen mit Freimund aufs Feld und suchten Champignons oder begleiteten die Brüder auf die Jagd. Wenn es Winter wurde, gab es lustige Schlittenfahrten durch die verschneiten Wälder, und abends liefen wir im Mondschein mit den Inspektoren auf den überschwemmten Wiesen Schlittschuh. Dann hatte ich ja jeden Tag Gisel Unterricht zu geben. Im großen Bibliothekssaal, dem schönsten Raum im Hause, wo unseres Vaters große Büchersammlung stand, entdeckten wir immer neue Schätze. Wir trieben viel Musik und sangen; meine Altstimme wurde voller und tiefer und glich fast der schönen Stimme unserer Mutter; Armgart bildete ihren herrlichen Sopran immer mehr zu der hohen Gesangskunst aus, durch die sie später das Herz eines so berühmten Künstlers wie Franz Liszt erobert hat. Wir zeichneten und, nachdem Professor Schirmer, der Landschaftsmaler, uns die erste Unterweisung gegeben, malten wir auch viel – ich mit Vorliebe Landschaften, während Armgart in ihrer feinen Art Blüten und Blumengewirke mit zarten Arabesken, Käfer und kleine Geschöpfe bevorzugte.

Dann schriftstellerten auch alle drei Bettinatöchter, und gerade die jüngste von ihnen brachte in ihrer gewagten Orthographie manchmal ganz überraschende Frühblüten ihrer poetischen Phantasie. Ich schrieb damals meinen ersten Roman: ›Der kleine Lord‹. Das alles erschien dann im literarischen Teil der von der Mutter gegründeten Wochenschrift ›Bärwaldia oder die Bärwaldische Staatsente‹, die unter allergnädigster Teilnahme Seiner Majestät Freimund I. in der Bärwalder ›Freitagsakademie‹, die wir nach dem Vorbild unserer Berliner gestiftet hatten, vorgetragen wurde. Leider erlaubte sich der von der Mutter redigierte politische Teil unserer ›Staatsente‹

so viel nörgelnde Majestätsbeleidigungen, daß Freimund I. das Blatt durch die Zensur verbieten ließ.

Viel Zeit nahm auch unser Briefwechsel in Anspruch, der ja damals überhaupt in Flor stand, von uns aber mit besonderem Eifer gepflegt wurde in ellenlangen Briefen.«

Für den Vater allerdings bedeutete das Leben im »Ländchen« sehr viel Arbeit. Freund Clemens beschreibt er detailliert die Tätigkeiten beispielsweise im Monat April (1815): »Der Wein ist verpflanzt, so auch Johann[is]beeren und Stachelbeeren in Reihen zwischen wohlgedüngten Beeten mit Erbsen, Salat, Spinat, Bohnen, Mohn, Gurken, Mohrrüben, Zwiebeln & Petersilie, Stiele sind gehauen zum Hofzaun, auch Blumen sind gesät und gepflanzt und der berühmte Brunnen beendigt, aus der Bibliothek ist der unnütze Ofen weggebrochen und aus diesem wie aus zwei andern Ofenresten ein neuer Ofen von meiner Erfindung erbaut in dem Zimmer, wo ich und Bettine schliefen, der sich als wunderbar trefflich bewährt; die Stämme, die wir absägten sind zu Brettern verschnitten und angefahren, meine Baumpflanzungen treiben alle, Du kennst aber davon nur wenige, ein siebzig Stück der besten Kastanien habe ich wie Inselgruppen auf der Wiese am See im Felde verteilt, kurz, Wiepersdorf wäre jetzt ein rechtes Altenteil für unsern Herrn Gott, wenn er sich zur Ruhe setzen wollte, aber mehr Geld müßte er mitbringen als ich aufzuweisen habe.«

Doch nicht nur Realitäten dominieren, auch Phantasie setzt sich frei – dies nicht nur, wenn Achim sich an den Schreibtisch setzt und Erzähltexte schreibt. Juli 1815:

»Es war hier seit einem Monat ein außerordentliches Gedränge von allerlei berühmten Männern, Goethe war hier um krausen Salatsamen zu bestellen, Jean Paul wollte das Bärwalder Bier kosten, [...] Adam Müller hat mir mit seinen

Fuchsschwänzen großen Dienst erwiesen und mein ganzes Haus reingefegt, er flüchtete sich hieher, weil er heimlich dem Metternich einen Rosenk[ranz] in die Hosen gesteckt, woran sich [der] seine anderweitigen Heiligtürmer gequetscht hatte. [Der Schriftsteller Zacharias] Werner hatte alte Haarlatschen [Filzlatschen?] an und sah durch eine doppelte Lorgnette nach einer Viehmagd, die ein Kreuz auf der Brust trug. Der Hauptmann von Kapernaum trat aber [da]zwischen und entführte das Mädchen. Ich ließ zu aller Beruhigung die Feuerspritze probieren.«

* * *

Was folgt, ist keine Geschichte der Ehe (darüber liegen Bücher vor!), es schließt sich eine Sequenz an von Zitaten aus Briefen Bettines an Arnim (zwischendurch auch von Briefen Arnims an seine Frau). Es sind dies Briefe, die jeweils für den Empfänger, nicht hingegen für die Öffentlichkeit bestimmt waren – hier muß bei Bettine klar getrennt werden! Da sie nicht vorhatte, den Briefwechsel in ein Briefbuch zu verwandeln, mußte sie hier nicht stilisieren.

1815: Bring ja den Kindern etwas mit, sonst werd ich Dir böse, auch Pfefferkuchen und 2 Pfund Seife, 1 Pfund Lichter, die Fußsäcke, vergesse auch nicht Holz anzuschaffen, ich habe seit gestern ein sehr wehes Auge, ganz geschwollen, das Schreiben bei Lichte tut mir weh. Gott erhalte Dich gesund, komm bald bald, die Zeit verwandelt und vertreibt sich mir in andere Zeiten, die mir ewig lieb und teuer sind, die ich nie vergesse, die mir nie vergehen, die wo ich mit Dir war, wo Du eben kamst.

Arnim im selben Jahr:

Erkälte Dich nicht, sei streng gegen die Kinder; wenn sie Dich totzuquälen Anstalten treffen, schneide eine mächtige Rute im Wald, daß die Raupen von den Kindern abfallen. Küsse mich herzlich in Gedanken. Komme ich aber zurück, so soll mich nichts abhalten geradezu unter Deine Bettdecke zu fahren. –

* * *

1817: Nun stehn die Kinder alle um mich her und ziepen am Papier; sie bestellen ich soll Dir ein A und ein I schreiben, das ist alles, was sie von Grüßen und Nachrichten wissen. Vor 8 Tagen hab ich ihnen Wurmsamen eingegeben, da hat Siegmund, was Du kaum glauben wirst, unter großen Schmerzen 16 große lebendige Würmer verloren; nun weißt Du, von was die blasse Farbe herkam.

Arnim im selben Jahr:

Das Stillen scheint Dich allzusehr anzugreifen, gib dem Kind mehr Suppe, es muß sich daran gewöhnen, den andern aber gib Schläge, wenn sie Dich gar zu sehr belästigen.

* * *

1818: Ich will Dir hier nochmals alles aufschreiben, was Du mitbringen sollst: das Teebrett, die Waage, die Leinwand, Milchgelte und Butterfaß, die Halsbänder von mir, den Mahonikasten, das Notenblatt aus Jomellis Miserere, was mir noch fehlt, das Zeug zum Kleid, was bei den Predigern noch liegt; auch glaub ich, sind noch etliche alte Kleider von mir dort, wenn es möglich ist, so bring oder schicke die Gießkanne mit erster Gelegenheit. [...] In meinem Leben hab ich noch keinen Brief so voll Wirtschaftsangelegenheit geschrieben wie diesen. Neues ist auch sonst garnichts zu meinen Ohren gekommen. Schinkels Plan zum Theater ist angenommen und soll schon in kurzem angefangen werden.

* * *

Lieber, bester Freund ich wünsche sehnlich daß Du bald kommst. Ich habe nie gedacht, daß Du zum Dieb an meiner Lebenszeit werden würdest und mir jedes Jahr ein paar Monate mehr wegstehlen würdest. Leb zu tausendmal wohl, das heißt setze Dich in die Kutsche und fahr her und laß Dir's mit jeder Minute, die Dich näher bringt, wohler sein.

Arnim, gleichfalls 1818:

Für alle Liebe, die Du mir hegst, für alle Geduld mit meinen Irrwegen, wo finde ich da Lob genug! Und daß Du nie an mir irre geworden, sondern immer an mich geglaubt hast, ist doch viel, sehr viel wert.

* * *

Wenn Du zurückkommst, so bringe uns ja Mehl mit sowohl von Roggen wie auch Weizen. Für die Kinder habe ich neue Bettdecken gekauft, das Stück 3 Thaler 16; dann hab ich ihnen auch neue Bettstellen bestellt von Eichenholz, denn die Wanzen waren aus den alten nicht zu vertilgen, alle Abend war Friedmunds Decke so voll, daß man sie mit einem Besen abkehren mußte, und er war immer des Morgens ganz geschwollen, die andern waren nicht so geplagt und Freimund gar nicht. [...] Ich kann Dir nun nichts mehr sagen, meine einzige Sehnsucht ist, daß Du bald wieder kommst und daß diese Trennungen nicht zu oft vorfallen, aber jedesmal ist es mir zu oft.

Arnim im selben Jahr:

Herzinnig beklage ich Deine Schmerzen, aber beklage auch mich, der bei allem, was er unternimmt, zerrissen, zerstreut, in seinem Bestreben irre gemacht wird. Ich denke hier für die Meinen zu sorgen, opfere dem jede andere Beschäftigung, da rufst Du mich in jedem Briefe so ängstlich zurück, daß mir bangt. Umsonst suche ich eine heitere Ansicht hervorzuheben, um Dich zu erheitern, Du siehst nur das Widerwärtige.

* * *

1819: Nichts ist mir ärgerlicher, als wenn Du wie ein Jagdhund herumläufst und Dich erhitzest und das tägliche Leben wie ein Lasttier auf Dich packst; wenn ich mir aber gar denke, daß Du aus Furcht, meine Langeweile würde mir hier zu lästig, Dich um so schneller allem menschlichen Verkehr entziehest, so muß ich mich sehr ärgern, denn ich versichere Dich, daß es mir eine angenehme Empfindung ist, Dich unter Menschen zu wissen, mit denen Du noch eine andere Konversation führen kannst wie mit dem Verwalter. Du magst es mir zugeben oder nicht, so bleibe ich dabei, daß Du für die menschliche Gesellschaft gemacht bist und nicht für diese Einsamkeit, wo Dein dummes Weib, geplagt durch Langeweile, Dich martert. [...]

Die Kinder sind gesund und ich auch bis auf den Husten, mein Appetit ist ziemlich gut; bring Nachtlichter, weißen Sago, Zucker, frische Heringe, Einmachgläser, die in unserer Möbelkammer stehen, womöglich eine italienische Grammatik und Dictionnaire und Goldonis Comedien und halte nichts für ungut Deiner närrischen Frau Bettine.

* * *

Dein Zuckerkauf verdient kein Belobigungsschreiben, er ist so garstig, daß er zum Einmachen nicht zu brauchen ist, gestern habe ich eine Probe mit Johannisbeeren gemacht und von 4 ½ Pfund Zucker zum wenigsten ein Pfund Dreck abschäumen müssen, und dabei riskiere ich noch, daß die Sachen verderben. Kaufe noch ein Pfund weißen Sago und noch eine Flasche Rum, den Sago esse ich gerne und der Rum ist hier nicht gut. Wenn Du in der Stadt bist, so ist immer Dein größtes Vergnügen mir Deinen Ekel und Langeweile zu beschreiben, es mag wahr sein, aber dann ist es gewiß eine Krankheit in Deinem Gemüt; ein jeder wird Dich für einen Visionär halten. Wer Kartoffeln auf dem Felde hat, der kann den menschlichen Umgang für nichts achten. [...] Sei Du nicht gar zu böse auf mich, heut ist ein Tag der Hitze, der Fliegenqual, des Kindergeheuls, des Mangels an Appetit, des melancholischen Milcheinschusses und der Unruh der laxierenden Max, die nicht schlafen und nicht von der Brust will.

* * *

Adieu tausendmal, nicht mehr schreiben, wiederkommen, küssen, den schönen Hals beißen, Brust tätscheln und küssen, Bettine.

* * *

Die Kinder haben alle den Husten noch sehr stark, ich glaube daß es ein leichter Keuchhusten ist, denn sie brechen alle dazu. Ich schlafe nun hier oder vielmehr ich wache, denn ein eigener heftiger Katarrh und das beständige Husten der Kinder läßt mich nicht schlafen; noch obendrein kann ich Dich versichern, daß es mir nie wohl ist, wenn Du nicht hier bist. [...]

Sei nicht zu verschwenderisch mit Deiner Zeit und bedenk, daß Du sie mir von meinem Eigentum raubst; ich zähle sicher darauf, daß Du zum 16. hier bist, Dein Zimmer ist recht schön eingerichtet, morgen werd ich die Fenster verpappen und die Türspalten zumachen.

* * *

Nun siehst Du wohl, daß die Sorgen nicht aufhören, und daß ich nur noch schwanger werden dürfte, um unter der Last zu erliegen; ich bekomme die Max nicht vom Arm, die Nacht mache ich zum wenigsten 3mal die Runde, um alle Kinder zuzudecken, und ihnen Trinken zu reichen, die [Haushälterin] Kampz knurrt und knottert, die Emilie auch über das viele Potchambre [Nachttopf] ausleeren, ich habe mir daher dies Geschäft auch so ziemlich angenommen und will gern alles noch länger tun, wenn Du nur bald und gesund wieder kommst.

* * *

Drei Zwischenberichte aus dem gleichen Zeitraum (1819), die den Zyklus der Ehebriefe ergänzen. Wieder einmal geht es (auch) um Schwierigkeiten mit dem Personal – ein Brief diesmal aus Wiepersdorf an Arnim, der sich in der Uckermark aufhält:

Lieber süßer Freund! ich soll für Haus und Hof beten; mein tägliches Morgengebet ist: Teufel, Donnerwetter, willst du [wohl] heraus, Anneliese! Die Nähmamsell ist da! Ein sehr gutes hübsches aber auch commodes Mädchen, das setzt denn den neuen Küchenteufel oft in Zorn; dieser letztere hat mir schon den ersten Tag zu verstehen gegeben, daß sie nicht bleiben wird, sie zankt über Küch und Keller;

die Katze hat einen Hasen beleckt welcher für Bärwalde bestimmt war, ich sagte er sollte dem ungeachtet hingeschickt werden, allein ihr war das nicht gefällig und sie briet ihn hinter meinem Rücken; all dieser Widersprechungsgeist wirkt dann sehr fatal auf die andern, ich hab mir vorgenommen, daß, wenn sie nicht einschlägt, ich ihr bestimmt keine Nachfolgerin geben sondern selbst kochen werde.

Ein Auszug noch aus einem Brief an eine Bekannte in Berlin:

Hier will ich Ihnen gleich eine kleine Skizze meines heutigen Tags hinwerfen. Es ist Gerichtstag: Diebstähle, Straßenraub, uneheliche Kinder pp. machen den Hintergrund, davon brummen nur einzelne Töne in meine Lebensmelodien; deutlicher höre ich das Pfeifen des Bratspießes an dem ein ungeheurer Truthahn steckt, denn schon zweimal bin ich consultiert worden was man ihm statt des Herzens nun in die Brust fülle; am Webstuhl war ich auch schon und hab eine halbe Elle Sackleinwand gefertigt; den Kindern Pfeifen geschnitzt; heut nachmittag werd ich mir ein Reithabit zuschneiden; im Stall war ich auch und hab den Gaul helfen striegeln auf dem ich in Zukunft reiten werde, ich hab ihm recht in seine große schwarze Augen geguckt. […] Nun kommen grade die Kinder und verlangen daß ich ihnen Trompeten aus Weidenbast mache; nun die fertig sind, machen sie ein solches Getön und Geschmetter auf dem Vorsaal daß mir Hören und Sehen vergeht.

Bettine berichtet dem Schwager Savigny, Berlin, über einen Besuch von Pitt, dem Bruder Arnims, und dessen Versuchen, den Haushalt zu reformieren; hier zeigt Bettine wieder einmal ihren oft schlagenden Sinn für Humor, für Komik:

Pitt erweist sich [als] außerordentlich tätig in der Wirtschaft, er hat die Potchambre- und Chaise-percée-Gemeinde [die Nachttöpfe und Nachtstühle] auf einen ganz andern Fuß gesetzt; keine Suppenterrine, kein Bierfaß, keine Milchsatten [Milchtöpfe]: die Nachtstühle, die sonst wie artige chinesische Lusthäuser luftig gebaut waren, sind jetzt wie geheime Staatscabinette eingerichtet; währenddem spaziert Arnim mit dem Spaten und mit der Baumsäge im Garten herum, lockert die Fruchtbäume auf die er vor Jahr gepflanzt hat und schneidet die dürren Äste ab; Pitt durchschaut seines Vaters hinterlassne Correspondence und macht A[rsch]wische, Arnim nimmt die andere Hälfte, die noch weiß und brauchbar ist, um Verse drauf zu schreiben, da sieht man den ungeheuern Unterschied zwischen einem Dichter und einem Diplomaten. [...]

Pitt macht nun eifrige Geschäfte in der Küche und rumpelt nicht im Gerümpel der Geschirre und Mobilien herum. Vorgestern hat er mich versichert daß ihm in einem Jahr 365 Kinder ihr Dasein verdanken sollten, wenns ihm darum zu tun wär Kinder zu haben; als aber eine Weile darauf ein Schlafsofa sollte auf einen andern Platz gerückt werden konnte er seine Kräfte nicht sammeln um ihn [es] zu heben, ich machte ganz bescheiden die Bemerkung daß er zum wenigsten seinen 365 Kindern das Bett nicht ein einziges Mal machen könne. Das Lächerliche ist, daß Hagestölzlein auch immer die Wirtschaft führen will.

* * *

Arnim 1820: Wir fuhren auf dem neuen Wege über die Schiffbrücke nach Offenbach hinein, nahe dem alten, wunderlichen roten Schlosse. Das Haus Deiner Großmutter ist Wirtshaus, unten die Zimmer zu einer Gaststube durchbrochen, wo sie vorne Besuche annahm. Im Garten, wo wir im Grase zusammen saßen, ist es ausgefüllt, aber wieder Gras darüber gewachsen, aber schlimm ist es der Stelle ergangen, wo der Lieblingssitz Deiner Großmutter gewesen sein soll, da war ein Schwein eingegittert und aß den Abfall von den Früchten Pomonens, nachdem der Apfelmost herausgepreßt war. Oben in Eurem Zimmer unter dem Dache entdeckte Meline noch einen ihrer Puppenschränke mit Gaze bedeckt, sonst waren alle Tapeten verändert. Die Obstbäume im Garten, die Federnelken und Erdbeeren standen noch aus alter Zeit, sonst war in Hinsicht der Gänge manches verändert, von Euren Sitzen hinten aber nichts mehr übrig.

* * *

Bettine im selben Jahr:

Du lieber Rinderhirte des Admeth wie lang willst Du noch Deine Gräser im Tau besingen und beäugeln, unterdessen turnieren Deine Söhne in der Schule; Du solltest mit eignen Ohren den Siegmund hören mit welcher Begeistrung er über die Eigenheiten der Lehrer spricht, was sie für Nasen haben, wie sie die Hände und Füße bewegen; zweimal wird in der untersten Klasse über Tisch und Stühle gesprungen zur Erholung.

Ich habe mir seit Du fort bist eine Badewanne geliehen und bade jetzt immer ein um den andern Tag, es schwächt mich, indessen ist es möglich daß es doch im Ganzen gesund ist. 2tens hab ich mir ein Fl. Rheinwein zugelegt, 3tens singe ich den größten Teil des Tages, we[lches] mich in [den] 3ten Himmel erhebt denn ich hör keine Stimme so gern wie die meine, 4tens muß ich morgens mit der Max bis 11 im Bett spielen, 5tens hab ich *Die Gleichen* [Theaterstück von Arnim] wieder gelesen, und die Liebesszenen zwischen ihr und Deinem Plesse hab ich mir selbst laut vorgelesen, erst schüchtern und dann ernster besser, und ich kann Dir sagen wenn einer fähig ist die tiefwehmütigen Register von Herzen tönen zu lassen, die dazu nötig sind um Dich ganz auszusprechen, so bin ichs. Du machst Dir nichts draus, daß grad in meinem Herzen Wurzel faßt was in tausend Andren wie im trocknen Sand ruht; das kommt daher weil Du großer mächtiger Geistesstrom über mich kleines Bächlein hinausbrausest als ob ich nicht da wäre! Komm bald wieder, gedenk auch meiner unter Deinen Kühen.

* * *

Ists nicht genug, daß einer von uns das Leben so verdehnt in Sorgen und in kränklicher Müdigkeit? Willst Du, weil ich muß, auch noch müssen? Glaub mir, doppelt jämmerlich erscheint mir in den kranken Stunden das Leben, wenn ich denk, daß ich Dir nichts Besseres bereiten konnte, als teilzunehmen an diesem alle Geisteskraft auflösenden Unbehagen. Nun hast Du lauter widerwärtige Geschäfte, hast vor einem halben Jahr die Kinderkrankheiten mit ertragen helfen, hast allen Verdruß des Hausstandes geteilt, hast eine kränkliche Frau vor Dir, der's alle Augenblick grün und gelb vor Augen wird, und die den ganzen Tag schlafen und kein lautes Wort hören möchte; bald kommt wieder das Wochenbett, wer weiß mit wieviel unangenehmen Vorfällen verknüpft, und das sind die zufälligen [anfallenden] Schicksale, in denen ein Dichter gedeihen soll.

Arnim 1821: Kaum begreife ich es morgens, wenn ich aufwache, wie ich aus der grauen Straßenbeengung und den Staubwegen in den grünen Segen des Landes und in den weiten Himmel versetzt bin, der mich von allen Seiten anblickt und aus dem Gekreisch der blinden und lahmen Bettelsänger vor den Fenstern zu den Nachtigallen, die sich nie heiser singen. Besonders in Bärwalde sind die Vögel unermüdlich in den heißen Tagen gewesen, wenn die ersten Regentropfen ihre Flügel näßten und sie sich singend darin badeten. Die Apfelblüte habe ich noch erlebt, die Kirschbäume hatten abgeblüht, und nächtlich glühete der Himmel von kühlenden Blitzen. Allmählich genese ich auch, um das alles zu genießen, und die schwarzen Flügel der Melancholie, die mich in Berlin umnachtet, rauschen abwärts oder aufwärts, woher sie gekommen sein mögen.

Bettine im selben Jahr:

Redensarten und Hohn will ich Dir für Deinen Ernst gewiß nicht bieten, sollte ich je sowas getan haben oder solltest Du es auch nur so verstanden haben so bitte ich es ernstlich ab, wir sind ja beide noch auf Erden, und es kann Verzeihung zwischen uns noch statthaben; ich habe nur darüber zu klagen daß ich Dir das Gute nicht geben kann was ich Dir wünsche; und mich selber muß ich anklagen daß ich auch noch Wünsche hege die mich allein angehen.

* * *

1822: Ich erfahre eben von Arndt, der von Bärwalde kommt, daß Du die Feiertage nicht kommst; ich hatte sicher darauf gerechnet, und wie leid es mir tut, mag ich Dir nicht sagen, denn Du glaubst es nicht und verdienst es daher auch nicht, ich mache keine Ansprüche an Deine Zärtlichkeit, denn ich war nicht das Ideal, dem Du Dich aus Leidenschaft ergeben hast. Aber mich wunderts, daß Dir Dein kleinstes Kind nicht lieb genug ist, um Wort zu halten; es gleicht Dir und nicht mir. Es wundert mich auch, daß Du nicht Menschenliebe genug hast, um einmal wieder mit alten Freunden zusammen zu sein, und um mir zum wenigsten menschlich freundlich zu sein. Ich wär nicht hergegangen, wenn Du mich nicht versichert hättest im kurzen nachzukommen, obschon ich nicht so eingebildet bin zu glauben, daß Du mich vermissest.

Arnim im selben Jahr: Ich riet Dir nicht zu viel zu malen, weil ich voraussah, daß es Dir bald zum Ekel sein würde, und weil ich Dich auch gern in den wenigen Tagen, die ich während des Jahres mit Dir zubringe, gesehen hätte. Ich habe nie daran gedacht, Dir irgend eine Beschäftigung zu verleiden, obgleich ich manche von Anfang an für störend hielt z.B. das Singenlernen bei Righini und die Marcelloschen Psalmen. Schwer halte ich es nun freilich als Mutter von sechs Kindern die Ölmalerei anzufangen und einen Erfolg zu haben, es fordert schon in Nebendingen eine große Anstalt und Anordnung, eine vollkommene Herrschaft über Zeit und Laune. Versuche Dein Heil, aber es sollt mir leid tun, wenn Dir das Zeichnen dadurch verleidet würde, das ohne große Anstalten einen Genuß gewährt.

* * *

Ich bitte Dich sei recht fröhlich und nicht eigensinnig erpicht aufs Zurückkommen da Du hier nicht nötiger bist in diesem Augenblick als eine große halberstarrte Schmeißfliege, die ich eben totgeschlagen habe.

Arnim 1823: Suche Dich mit Deinen Launen und Aufwallungen möglichst abzufinden, so wird es mit den Kindern und dem Gesinde besser gehen, insbesondere denke recht oft an die eigene menschliche Existenz des Gesindes, und daß sie durchaus nicht wie Maschinen zu dressieren sind, insbesondere wenn die Werkmeisterin zuweilen wieder auf längere Zeit alles vergißt und ihnen alles in Freiheit überläßt. Ein Tröpflein Vernunftöl wirkt mehr als ein starkes Anblasen mit Scheltworten, um die Hauslampe brennend zu erhalten.

Verbrenne diesen Brief, denn bewahren kannst Du ihn doch nicht, ich schriebe gern mehr, aber ich bin dadurch unglaublich beschränkt, daß ich weiß, wie bald die Mägde sich darüber [her]machen und der August. Beim letzten Aufräumen in Deinem Zimmer hier fand ich wieder eine Menge Briefe in allen Ecken. Nochmals küsse ich Dich.

* * *

Dein Wagen ist glücklich angekommen. Freimund schlief schon ich ließ ihm sagen es sei ein Brief für ihn da, er kam im Hemd herbeigesprungen und die andern hinter ihm drein, er mußte die Augen zwanzigmal reiben um ihn durchzulesen, sagte aber durchaus den andern kein Wort davon.

Was die Max anbelangt so hab ich ihren ununterbrochnen Eigensinn mit Wurmpulver bekämpft und wirklich sind ihr drei schröcklich große Drachen abgegangen.

Lieber Alter, ich will gern so viel Unrecht und Schwachheit in meinem Verhältnis zu den Kindern haben als Du mir zuschreibst, ja ich fühl daß ich besonders in Bezug darauf was ich leisten möchte erbärmlich zu kurz komme; sage nur nicht: daß ich *meinte* den Lärm und die Umgebung am Abend eines traurig verlebten Tages nicht ertragen zu können, sondern ich konnte es wirklich nicht ertragen. [...] Endlich überlegst Du bei Deinen Vorwürfen, die Du mir wegen der Kinder machst, nicht, daß ich krank war, ich kann Dir schwören daß ichs mir weder eingebildet noch Dir weisgemacht habe, ich war wirklich krank, ich mußte Ruhe haben, ich konnte den Abend nicht noch dazu aufopfern, ich weiß was ich an Kräften zugesetzt habe, ich weiß daß andre Menschen mein leichenhaftes Aussehen gewahr wurden; wenn die Lebhaftigkeit, ja ich kann sagen die Energie meiner Natur mich nicht wunderbar immer wieder zum frischen Lebenstreiben gebracht hätte, so läg ich schon lange tot zu Deinen Füßen.

* * *

1825: Alle Nachttöpfe habe ich ausgeleert, alle Betten gemacht, die Stuben gereinigt, die Kinder getragen, hatte Umschläge von in Brunnenwasser getauchten Servietten gemacht, nachts gewöhnlich quer über Deiner Bettstelle, worin Siegmund liegt, gelegen, denn er hatte eine größere Angst wie die andern und rief immer, daß man bei ihm bleiben möge. 8 Tage habe ich nicht im Bett gelegen, heute Nacht zum ersten Mal besser geschlafen, obschon ich zwei- bis dreimal die Ronde machte.

* * *

Wenn ich in Deinem Brief lese, wie dringende Geschäfte Dich abhalten, Deiner Sorge um mich nachzugehen, so möchte ich Dir zurufen, hier auch nur einen Augenblick nachzudenken; denn wäre Deine Sorge begründet, so wäre es eine Schande, wenn Dir irgendein Geschäft dringender erschiene als das, mich zu erhalten, aber möchtest Du nur einmal gewahr werden, daß Du ein Bedeutendes und Großes, ja alles was mir wichtig an Dir ist, einem Kleinen aufopferst, und daß hier die Sorgen am rechten Platz wären, nämlich die Sorgen um Dich. [...]

Wenn ich nur einmal Dein Gewissen erwecken könnte und Dir fühlbar machen, was Du Dir schuldig bist, was Du an Dir selbst versäumst, bloß weil Du ängstlich bist und nicht andern Geschäfte überläßt, an denen doch *Deine* Zeit Verschwendung ist. Du willst sparsam sein und verschwendest dabei Dein Bestes.

* * *

Du spürst Sorge, weil Du sie im Charakter hast, sonst würdest Du auch sorgenfrei sein. Wenn Du mir etwas vorwerfen kannst, so ist es, daß ich allenfalls eine Metze Äpfel mehr kaufe als notwendig, um den Kindern den Appetit zu stillen. Mahne mich nicht mehr zur Sparsamkeit, ich gehe täglich nach dem Herde, nehme das überflüssige Holz zurück, lehre die Leute, wie man wenig Holz bei dem Einheizen braucht. Ich trage nur Schwarz, auch keine Mützen, um die Wäsche nicht zu vermehren, trage jetzt einen 6 Jahre alten Winterhut; ich habe keinen warmen Mantel und lasse mir auch keinen machen, gehe nicht ins Konzert und [in die] Oper, obschon Musik mein einziger Lebensgenuß ist, kurz ich weiß keinen Artikel der mich anklagte; aber Hemden muß ich für die Kinder kaufen. Gott hat mir das Glück geschenkt, daß ich mir mit dem Stift, mit dem ich schreibe, am Zeichenbrett manchmal die Grillen vertreibe; sonst lebe ich wie in der Bastille, nur mit mehr Sorgen und Unbequemlichkeit wie die Gefangenen.

Endlich Gefühle zeigen!

Im Jahre 1821 beginnt so etwas wie ein Kontrastpogramm: Bettine, 36, Mutter von mittlerweile sechs Kindern, versetzt sich nach zehn Jahren Ehe in eine andere Gefühlswelt. Sich endlich Wünsche erfüllen, »die mich allein angehen« …

Sie begegnet einem Studenten aus Graubünden: Philipp Hössli, 21. Er studiert Rechtswissenschaft beim Savigny; der Schwager wohnt zu dieser Zeit mit seiner Familie am Pariser Platz, Bettine in einer herrschaftlichen (eigentlich viel zu teuren) Etage in einem Haus Unter den Linden. Also: familiärer und nachbarschaftlicher Kontakt.

Der robust wirkende »Hirtenknabe« aus einem Dorf in der Nähe des Splügenpasses hat bald zwei Fixpunkte: Bettine von Arnim und die 16jährige Tochter der Savignys, »die kleine Bettina«. Es dauert etwa ein Jahr, bis die Besuche des Studenten bei der »Schwägerin«, bei der »Tante« Bettine häufiger werden: man unterhält sich, zeichnet gemeinsam, er singt und sie begleitet ihn auf dem Klavier. Die Gespräche gewinnen an Intensität, es wird auch über Liebe gesprochen: sie »ist nicht, wie man zu sagen pflegt, blind, sie allein ist sehend, und wenn sie erlöscht, wird der Mensch wieder blind.« Bettine nimmt sich vor, dem jungen Turner und Jurastudenten die Augen zu öffnen für die wahre Liebe.

Hössli freilich empfindet diese Liebe eher als mütterlich. Am 1. Juli notiert er im Tagebuch:

»Oft wirft sie die Frage auf, warum sie mir nun alles dieses erzähle und mitteile. Hand in Hand, ein magnetartiger Einfluß, und Verwandtschaft der Geister, die einander anziehen. Mir das Versprechen mit warmem Händedruck abgenommen, stets brav zu sein, mich ihrer zu erinnern, und das, was ich Gutes an ihr gefunden, mit mir zu verbinden. Ich werde vielleicht nach Jahren alles, was sie gefühlt und geahndet, deutlicher aussprechen, was bisher in umgekehrtem Verhältnis stand. Von ihrer Liebe zu Goethe. Ihr Brief, den sie mich will öffnen und lesen lassen. Mein Staunen und geistiges Wonnegefühl. Sie führt mich an der Hand zur Türe: ›Seien Sie brav und bleiben sie unschuldig wie bisher‹ – drückt mir einen warmen Kuß auf die Stirn, und einen in die Hand, als geistige Mutter. ›Sie sind vielleicht die letzte Blüte, die ich an mich gezogen!‹ Tief bewegt hinweggegangen, als ein Sohn, der den mütterlichen Segen empfangen, und nun in die Welt hinaus soll.«

Doch der endgültige Abschied erfolgt erst später. Sie vermittelt eine Einladung nach Wiepersdorf – nun verbringt sie den Sommer im Gutshaus, mit den Kindern. Mitte September kommt Hössli nach. Ehemann Arnim, erst reserviert, findet in den zwei Wochen des Aufenthalts zu einem entspannten, fast freundschaftlichen Verhältnis zum Besucher. Bettine aber will mehr als Freundschaft – in jener Zeit wachsender Distanzierung zum Ehemann sucht sie emotionale Nähe, steigert sich hinein in Liebesbezeugungen, die kein Echo finden. Ende September reist Hössli wieder ab, nach Göttingen, wird dort sein Studium fortsetzen.

Ein Kapitel für sich: Bettine versteht und definiert sich wieder als die große Liebende. Sie konstatierte schon 1808: »Mein Lieben ist ja mein Wesen«. Nun, im Oktober 1822, rund 10 Tage nach dem Abschied, verfaßt sie einen Fortsetzungsbrief. Hier die Eröffnung, geschrieben in Berlin; die Fortsetzung sodann in Dresden.

Alles schläft, und ich bin allein zum erstenmal mit Licht in der kleinen Malstube. So einsam muß es sein zwischen uns beiden, so feierlich still. Heute war so warmes Wetter, ich durchwanderte unsere Wege, die wir zusammen gegangen waren. Mein Herz ward schmerzlich bewegt, und dann von Dir mit stillem Frieden erfüllt.

Die Bienen, die nach fernen Blütenbäumen fliegen, um sich mit Honig zu belasten, erschüttern den süßen Kelch, in dem sie wühlen. Aber der beflügelte Gedanke, der wie ein Pfeil den weiten Weg durchschneidet, um den Freund zu besuchen, erschüttert er Dein Herz? Bewegt dies geistige Eindringen Deine Brust? Fühlst Du vielleicht, wie innig vertraut, wie abgesondert ich mit Dir gelebt habe seit dem Augenblick, wo wir geschieden?

Der Geist des Lebens, dem selten die Geburt ins flüchtige irdische Dasein vergönnt ist, wird sich auch mit Macht in Deinem jungen Herzen angesiedelt haben. Du wirst mit mir empfunden, ja mehr: Du wirst meinen Worten gelauscht haben; Deine tiefen Augen werden in meinen Blick versunken sein, so wie dieser in der weiten Ferne Dich kühn und herzhaft faßte. Die weit ausschreitende Natur, die mit dem Geist die fernsten Kreise bildet, findet und empfindet sich ja doch nur in der engen Herzenskammer.

Den ersten Augenblick nach Deiner Abreise war mir wie dem müden Kinde in der Wiege. Ich gab mich gelassen dem Geschick hin, daß Du mich verstehen, empfinden und ganz in Dich aufnehmen würdest, war mir gewiß, und wiegte mich in den seligsten Traumhimmel. Die Linnen, mit denen ich Deine verwundeten Finger verbunden, hab ich nun mit der Locke zusammen an einem Orte.

Wie viel hab ich Dir zu danken, wie reich, wie göttlich war meine Seele durch Dich befruchtet auf dem lieblichen Wege durch die Natur! Nicht in irdischen Gütern, in einem geheimen, geweihten, begeisterten Genuß besteht der

Reichtum meines Lebens, und auch in unaussprechlichem Weh.

Ihr stillen Wände meiner Kammer, ihr würdet mich nicht so berühren, wenn der Geist der Einsamkeit den Menschen nicht ebenso in sich aufnähme, wie der Mensch ihn in sich aufnimmt. [...]

Am 18. [...] Warum ich auch heute noch keinen Brief von Dir erhalten? Ich dachte so gewiß, Du würdest bald schreiben, um auch bald wieder einen Brief von mir zu haben. Ist Dir bange vor meiner Liebe? Willst Du Dich mir entwenden? Sieh, ich lasse Dich frei, ich will Deiner Jugend nicht in die Zügel greifen. Gib mir ein Zeichen, daß Du meine Gaben annimmst und würdigst, und wenn Du mich nicht verstehst, so glaube doch an die Wahrheit in mir. Du verstehst mich wohl: Blicke und Worte und Seufzer haben mirs vertraut. Wenn Du mir schreibst, sei einfach, schreibe nur das Notwendigste, denn nur das Notwendige ist wahr. Wahrheit ist die einzige Brücke über dem Abgrund der Trennung. Ich verstehe Dich gewiß, wenn Du auch nur wenig sagst, und wenn es möglich ist, so sei mir zugetan. Bewahre meine Briefe als Heiligtum eines Geistes, der keine irdischen Fesseln trägt: bewahre das Geheimnis. Schreib mir, daß ich Dir schreiben soll; das sei mir ein Zeichen, daß Du mich in Dich aufnimmst.

Gute Nacht! Und alles sei so, wie damals, als wir uns die Hand reichten und mit dem Blick einander berührten. Ich gehe auf 8 Tage nach Berlin.

Hössli antwortet auf den etwa sieben Druckseiten langen Brief mit einem fast neun Druckseiten langen Schreiben an die »Teuerste Frau von Arnim«. Mit keinem Wort geht er auf ihre Liebesbezeugungen ein, berichtet seitenlang von der Anreise nach Göttingen, von seiner Ankunft, vom gar nicht so günstigen Eindruck, den die Stadt auf ihn macht, von ersten, ergiebigen Kontakten mit Professoren. Und hier gleich der Briefschluß:

»Ich hoffe, daß Sie nach einer glücklichen Reise wieder gesund und munter mögen heimgekehrt sein, und mit den herzlichsten Grüßen an Ihren teuersten Herrn Gemahl, an alle Ihre lieben Kinder, und wenn Sie etwa nach Berlin schreiben, an den liebevollen Herrn von Savigny, an dessen Frau Gemahlin und Fräulein Tochter, und die beiden Söhne, danke ich nochmals für all die Güte und Freundschaft, die Sie mir alle erwiesen, und ich weiß, daß so lange mein Geist der Erinnerung fähig ist, gewiß auch die an Wiepersdorf ihm nicht entschwinden wird. Durchdrungen von wahrer Achtung und kindlicher Erkenntlichkeit Ihr Ph. Hössli.«

Drastischer kann nicht signalisiert werden, daß Bettine von Arnim am Adressaten vorbeigeschrieben hat. Doch sie scheint das nicht zu registrieren, bleibt beim hohen Ton, da stören sie nicht einmal die Grüße an den werten Herrn Gemahl, noch dazu an die Kinder, an Freunde und Bekannte, sie stellt sich dar als Person ohne Anhang, die sich an eine Person ohne Anhang wendet. In einem (sieben Druckseiten langen) Fortsetzungsbrief setzt sie den asymmetrischen Dialog mit dem »lieben Schweizerknaben« fort.

Die Stille der Nacht vergönn es mir, noch eine Weile an Dich zu denken, Dich zu fühlen, während der Mond wie ein Schwan ruhig in der reinen Himmelsluft schwimmt. Welchem Gott weihe ich diese Gefühle zu Dir, daß er sie mir bewahre, und daß ich niemals sagen müßte, ich habe Dich nie gelebt, nicht erkannt und empfunden? [...]

Ich weiß nicht, ists vor oder nach Mitternacht. Die Zeit

hat ihre Stimme verborgen, damit ich so recht allein mit Dir sei. Ich habe Dir oben so manches gesagt, wobei ich mich auf Deine Erlaubnis berufen muß, ohne Rücksicht auf die Art der Mitteilung schreiben zu dürfen. Ich kenne Dich nicht genug, um zu wissen, wie leicht sich Dein Verständnis einem fremden Geist anschmiegt. Die Liebe ist das Element der Wahrheit. In ihr löst sich aller Ahndung, aller Prophezeiung Zweifel. Ihr ist nichts fremd, und so wie Du mir nicht fremd bist, da ich Dir alles sagen kann, wie keinem andern, so wirst Du mich auch verstehen, obschon ich nur im Vorhof bin alles dessen, was ich sagen wollte. Es ist so unendlich schwer, den eigentlichen Lebenskeim der Ewigkeit wirklich mit dem Geiste auszusprechen und zwar in jeder Art des Ausdrucks, sowohl in der Kunst und Poesie als in allen andern Lebensmelodien. Doch hab ich getrachtet, kraft der Unschuld meiner Liebe zu Dir, mich vor der nackten Schönheit, die ich Wahrheit nenne, nicht zu verschließen. Inwiefern mirs gelingt, Dir Wahrheit zu geben, kann nur Deine Zukunft mir beweisen.

Philipp Hössli antwortet zwar ausführlich, doch näher kommt er ihr nicht mit all dem, was er zu berichten hat. Auch der Briefschluß konnte Bettine kaum zu weiteren Liebesergüssen animieren: »Nun reiche ich Ihnen wieder freundlich die Hand um Lebewohl zu sagen; ich bin durch die Unterhaltung mit Ihnen heiter geworden. Herzliche Grüße an alle die teuren Ihrigen von Ihrem Hössli.«

Grüße an die Familie wird Bettine kaum weitergegeben haben, weiterhin stilisiert sie sich zur einsam Liebenden. Wieder eine längere Sequenz aus einem Brief aus Berlin, nun im Dezember. Sie wird in edlerem Sinne missionarisch, will den

»Schweizerknaben« beleben, erwecken, erheben, erhöhen, erlösen.

Ich habe Dir doch so viel Liebe erwiesen, mein immer ungebundener Sinn gab sich Dir von selbst hin: alle Strömungen der Natur suchte ich zu Dir hinzuleiten. Dein Leben war mir eine Aufgabe: ich sollte es mit Geist durchtauchen. In den Nächten hab ich über Dich [nach]gedacht. Wie arm fand ich mich gegen die mächtigen Forderungen, die in Dir gelöst wollten sein! Da konnt ich freilich nur die Hände unterlegen: Du weißt, daß meine Liebesbezeugungen demütig waren. Dir nicht, der Du Dich nicht kennst, und also von Dir, den ich liebe, nichts weiß; aber Dir, dem Unerkannten, dem Entschlummerten aus früherer Welt, in dieser Zeitlichkeit noch nicht Erwachten, bin ich zugewendet. Erweck ich Dich, so wirst Du Lust einsaugen und Lust verbreiten.

Sei fromm, d.h. liebe Deine eigene Schönheit. Schönheitsreligion ist Grazie, oder besser, Anmut. Beleidige Deine Schönheit nie, weder durch Gebärde, noch durch Gedanken, nimmermehr durch Handlung. Sei mit Dir selbst wie mit Deiner Geliebten: scheu, liebend, treu, verlangend nach immer mehr Erkenntnis. Endlich erfasse Dich selbst mit Begeisterung. Das Resultat dessen ist Genie. Wer sich nicht liebt, ist sich verloren. Die Liebe zu sich, der Umgang mit sich ist Leidenschaft zwischen Geist und Seele, ist ein noch unbeleuchtetes, aber unermeßliches Geheimnis, dessen Wunder stets erfüllen, nie ersättigen.

Du wunderst Dich über meine Reden? Sie sind Blumen, die ich auf Deinen Lebensweg streue, damit Du fühlest, er sei geweiht, und führe zu geweihter Stelle, und kein gemeiner Weg führe dahin. O, ich bitte Dich, wenn ich Dich wiedersehe, so sei ein Kind geblieben, und wenn ich Dich nie mit leiblichen Augen wiedersehe, so sehe Du mich doch zuweilen im Geiste.[…]

Wenn Du nun auch nichts in dem rhapsodischen Briefe erkennen kannst, was Händ und Füße hat – (denn Du bist vielleicht einer von denen, der nichts begreiflich findet, als was Händ und Füße hat) – so erkenne zum wenigsten darin einen Geist, der die göttliche Natur im Menschen liebt, der sie erhalten will, der den Menschen zum reinen Tempel nach göttlichen Gesetzen oder nach den prophetischen Empfindungen göttlicher Orakel aufbauen will. Sei mit Dir am edelsten, am reinsten, in Deinem Wesen zu Dir selbst so, wie Du mit der überströmenden Majestät dessen wärst, dem Dein Leben und der Dienst Deiner Kräfte gewidmet ist. Fühle Dich, beleidige Dich nicht. Lausche Deinen Winken, bediene Dich selbst in Anmut, die allein lebendiger Dienst ist. Deine Umgebungen und Deine Zeiteinteilungen lasse das Gepräge des Tempeldienstes tragen. Verlasse mich in Liebe! Ich kann nichts mehr sagen. Der Bote wartet. Es ist mir, als ob Du auf meinen Brief wartest. Ich will mir den schönen Wahn nicht rauben. Du bist mir vielleicht doch gut, Du bist vielleicht doch kein steiniger Acker. Ich habe nicht Zeit, meinen Brief durchzulesen: Also entschuldige alles, was nicht klar, aber doch wahr.

Am 14. Januar reise ich nach Berlin und bleibe bis zum Ende des Monats. Schreib mir in Savignys Haus: entweder – oder, das heißt, ob ich noch schreiben soll oder nicht. Sei wahrhaft Deiner Empfindung nach in Deinem Brief. Ich werde Dich verstehen, wenn Du mich auch verwirfst.

Beinah anderthalb Jahrzehnte später wird sich der Herr Kanzleidirektor Philipp Hössli, Ehemann und Vater von schließlich zehn Kindern, seßhaft in Chur, bei Bettine von Arnim bedanken.

»Oft und vielmal hab' ich seit vierzehn Jahren, die nach unserer letzten Trennung verflossen sind, die Frage an mich gerichtet, ob ich es wagen dürfe, an eine liebe Freundin wieder einige Worte des Dankes und der freudigen Erinnerung zu richten. Sie wird, dachte ich mir, ihren jungen Freund, in welchem sich die schönen Hoffnungen, welche sie in mich setzte, nicht verwirklichten, auch nicht mit der alten Teilnahme empfangen, sie wird es vorziehen, ihre geistigen Saaten auf ein anderes besseres Erdreich auszusäen, und dem steinigen Akker den Rücken wenden. Nun aber erkenne ich, daß ich Ihnen in so mancher Beziehung zu vieles zu danken habe, als daß ich nicht noch einmal Ihnen aus weiter Ferne einige Worte herzlichsten Dankes zurufen sollte für die Freundschaft und Liebe, mit welcher Sie sich meiner annahmen, mit welcher Sie redlich bemüht waren, in mir den göttlichen Funken zu nähren und zu stärken. Diese geistige Einwirkung ist auch, ich darf Ihnen dieses mit Wahrheit bekennen, nicht ohne erfreuliche Wirkung geblieben. Sie hat zwar in keiner Beziehung dasjenige aus mir herauszuzaubern vermocht, was Ihre lebhafte Phantasie in mir zu ahnen glaubte, sie hat aber doch meine geistige Unschuld gegen die Gemeinheiten des täglichen Lebens gepanzert, mir ein offenes und empfängliches Aug und Herz für alles Göttliche in der Natur und im Menschen erhalten, und mich bewahrt vor den Fesseln der Vorurteile.«

Zwischenspiel einer Reise

Und Bettine kommt wieder ins Erzählen: hier über eine Kutschfahrt von Frankfurt nach Wiepersdorf. Sie war als Mutter auch fähig (und vielfach genötigt) Erziehung zu delegieren, und so hatte sie die beiden ältesten Töchter zu ihrem Bruder Georg gebracht, hatte dabei auch Franz besucht. Im November sodann die Rückreise ostwärts, mit der Kammerzofe.

Das Reisekapitel erschien ihr offenbar wichtig, denn es erhielt einen eigenen Titel (den ich zum Titel dieses Lesebuchs mache): *Aus meinem Leben.* Gleichsam versteckt im späten Briefbuch mit dem sperrigen Titel *Ilius Pamphilius und die Ambrosia* berichtet sie vom Reiseabenteuer des Jahres 1829. Offenbar wurde sie bei der Fahrt derart durchgerüttelt, daß selbst Jahre später die Syntax zuweilen durcheinandergerät.

Berichtet wird einleitend von versuchter Sabotage in dörflicher Komplizenschaft, die an einem vorgetäuschten Wagenschaden verdienen will – ein plumper Versuch, den die Reisende rasch durchschaut.

Wie lang ists her? – Vielleicht sieben, vielleicht acht Jahre – da reiste ich von Frankfurt ab. Es war am Ende November, kalt geworden. Fr[anz] warf mir beim Abschied seine Pelzhandschuh in den Wagen in dem ich ganz allein saß mit der verzagten Kammerjungfer. Die Nacht hatte sich uns vorgedrängt; als ich durch die erleuchteten Straßen Hanaus fuhr, hörte ich in der Vorhalle eines großen Gasthauses eine Stimme von einer Orgel begleitet singen, so mächtig, so rein, so treu, so ohne Beigabe von gelerntem Beigefühl, so auftönend, so bewußtlos in Tiefe und Höhe steigend, als wär sie der Eichbaum, in dessen Zweigen der Sturmwind seine mächtigen Fittiche spielend verfängt und so auf und nieder brausend all seine Instrumente von der Pauke bis zur Pfeife in des Baumes Wogen in Gesang sich auflöst. –

Schon indem wir in Hanau einfuhren hatte ichs ertönen hören, ich ließ langsam fahren, bald schien die Stimme ferner bald näher und endlich immer näher, ich ließ vor dem Gasthaus halten, der Kellner berichtete mir es sei ein Mädchen, die ihr Brot damit verdiene in den Gasthäusern zu singen; ich sagte: Die füllt aber ganz Hanau aus.

Ja, meinte er, »Hanau ist ganz leer, drum ists so still.«

Ists denn so still weil alles lauscht auf die Sängerin?

O Gott bewahre, man ists gewohnt und gibt gern einen Groschen damit die Wände nicht dröhnen und man sein eigen Wort hören kann. –

Das war meine Unterhaltung mit dem Kellner; ich ließ langsam weiterfahren und hörte wie dieser Gesang mit mir sprach. O, was sagte er mir! Ich, die nie eine Liebeserklärung empfangen hatte, wie sehnend bat er mich zu lieben, Ihn zu lieben, der aus diesem Gesang zu mir sprach: »So mächtig so stolz wie ich bin, lieg ich zu deinen Füßen; und du kannst ja nicht anders! – Du mußt – so gewaltig so weit ausdehnend so tonumfassend ich bin, – du mußt durch mich [hin]durch, wohin du auch willst, meine Grenze zieht sich um dich, und weil ich liebend bin umdräng ich dich, so weit ich mich auch dehne; ich schmelze vor dir zusammen, beschämt, weil du mich begreifst, und ich erhebe mich vor dir so gewaltig, weil die Liebe zu diesem deinem Begreifen mich doppelt aufregt; glaub an mich, daß *Ich Ton* alles bin was die Weisheit der Liebe, ihre Kunst ihr Genie ihr Glück dir lehren kann.« [...]

Und so hatte er mich gefangen, der Ton des Gesangs, in

dem stillen Hanau, das nicht still war weil es lauschte – sondern weil es leer war, wie der Kellner mich versicherte.

Auf holperigem Weg erreichten wir Gelnhausen, die Kaiserburg die im gesprengten Fels einer wunderbaren Pflanze Nahrung gibt – dem Rotbart des Kaisers, der durch den steinernen Tisch wächst. –

Die Spitzbuben haben dort alle eine lange Gasse gebildet von lauter Wirtshäusern. [...] Diese Fangnester von Wirtshäusern sind so, daß die nächsten am Tor den Vorteil haben, den vom Schrecken der Abgrundswege ganz zahm gewordenen Reisenden als Erlösungs- und Rettungsanstalten höchst willkommen zu sein und schwerlich wird einer bei vorgerückter Nacht daran denken noch weiter zu wollen, wenn nicht das suspiciose Gesicht des Wirts ihm schnell eine Räuberszene vormalt und der sich sträubende Postillion [um nicht] weiter zu fahren, ihm die Geschichte des Untergangs noch wahrscheinlicher machte. Es zwingt ihn in der Verzweiflung, weiter zu fahren – da bleibt das Rad im Loch stecken vor dem zweiten Haus; *der* Wirt hat ihn gefangen, die Schmiede die ihm auf der Nase hockt und ewig ihr Feuer auf die Straße speit, speit auch ihre Hämmer, Zangen, Bohrer, Nägel heraus, womit sie dir den Wagen malade machen eh du dichs versiehst, und dann mußt du auf der Straße liegen bleiben oder ins Wirtshaus. –

Mir aber nicht so! – Herr Wirt, sage ich, ich mache Sie verantwortlich dafür daß mir der Schmied vom Wagen bleibe und auch der Stellmacher daneben, der wie eine Spinne sein Netz aufspannt, bis der Schmied beim Nachsehen auch etwas für *ihn* zerbrochen hat. Der Wirt sagt: »Soso, aber unvorgreiflich muß ich bemerken, daß mir der Postknecht sagt, alle Reife gehen von den Rädern; und sie werden bis Nachts um ein Uhr nicht mit der Arbeit fertig.« –

Ich leide es nicht, trotz dem angstvollen Stöhnen der Kammerjungfer, der Tee wird gemacht, auf dem Tisch liegt die Zeitung, der Wirt bemerkt uns [verweist uns auf] eine schauerliche Spitzbubengeschichte die drin beschrieben ist, sie ist vor drei Wochen in hiesiger Gegend zwischen Münster und Schlüchtern arriviert – gerade wo wir hin wollen. Es ist zehn Uhr, in einer halben Stunde geht der Mond auf. –

Der Wirt geht hinaus weil er uns am Teetisch weiß, ich traue ihm nicht, gehe ans Fenster nach dem Wagen zu sehen; er öffnet ihn, holt eine kleine Blendlaterne unter dem Rock hervor: – Herr Wirt! – was machen Sie da, ich glaub Sie wollen den Spitzbuben zwischen Münster und Schlüchtern zuvorkommen! –

Gleich setz ich mich in den Wagen, lasse den Tee unberührt – bis die Pferde kommen. Die Kammerjungfer muß mit in die Schreckensnacht, so will es ihr Geschick. –

Es geht Berg auf Berg ab – es stuckert es kracht, es seufzt es pfeift alles am Wagen, bald liegt die Jungfrau mit dem Kopf auf der Erde, bald zum Schlag heraus. Wir sind endlich in der Ebene, der Mond geht auf, nun setzt er sich in Trott, – es pfeift – noch einmal – es läuft ein Mensch neben dem Wagen her, der hat gepfiffen, der Postknecht gibt ihm einen Hieb, ich schlafe ein und erwache auf der Station. Der Mond hat Himmel und Erde eingenommen – freier Weg, herrliche Gauen – der Wald kommt uns gemächlich entgegen denn die Pferde gehen unter häufigem Antreiben einen sehr faulen Paß. – –

Ich erwache weil der Wagen stillsteht. – Was gibts, Schwager [Kutscher]?

»Daß alle Teufel drein gefahren sind – mein Handgaul ist gefallen!« –

Die Kammerjungfer: »Lassen Sie ihn doch wieder aufstehn!« –

»Der hats Aufstehen vergessen für immer.« –

Ich: »Schwager, setze dich auf das andere Pferd und reite auf die nächste Station um Pferde zu bestellen. –

»Das hält der andre nicht aus, der ist auch marode.« –

Wie weit ist es noch –

»Noch anderthalb Meilen, wir sind grade auf der mitten Station.« –

Der Postknecht packt das Geschirr der Pferde auf den Rücken, läßt das eine liegen das andere frei laufen, und so marschiert er ab, es ist gerade zwei Uhr in der Nacht, wir sind in dem allmächtig großen Wald auf einem großen freien Platz, der wohl eine Stunde im Umfang hat ganz mit Wald umgeben. Lange noch hören wir die Courierstiefel des Postknechts klirren mit dem Geschirr was ihm nachschleppt, endlich ists ganz still. –

Zwei Frauen im Winter, nachts um zwei Uhr mitten auf der Chaussee haltend mit abgespanntem Wagen. – Ich lachte so daß die Kammerjungfer nicht weinen konnte, sie lauschte zum Fenster hinaus. – Da, hör was – aih – Pause – ahh – iah – Pause – ach da bringt man jemand um im Wald! – haa – eben hats den Geist aufgegeben. –

Sie lauscht. Nein, es ist das tote Pferd das so stöhnt.

Ich steige aus dem Wagen, untersuche das Pferd, hole eine Flasche Madeira aus dem Wagen, die Jungfer soll ihm den Rachen aufhalten – sie will nicht – nun, so soll sie den Wein ihm eingießen, ich halte ihm das Maul auf, sie gießt alles daneben, ich nehme ein Milchbrot aus dem Wagen, höhle es aus, stecks ihm in den Rachen, es schluckt, ich gieße nach – bis die ganze Flasche drin ist – wir setzen uns in den Wagen – das Pferd ist ganz still. –

Ich steige aus, befühle es, es schwitzt, ich nehme mein grünseidnes Plumeau aus dem Wagen decke ihm den Leib mit zu, mit einem Kopfkissen decke ich ihm das Hinterteil, mit dem zweiten die Brust zu – die Jungfer wundert sich daß ich dem Gaul zulieb frieren will, ich friere aber gar nicht – ich lache mich warm vor Vergnügen über die hübsche Geschichte. –

Freilich denk ich darüber nach was auf dieser berüchtigten Landstraße mir alles widerfahren kann, aber weil alles doch von Stimmung abhängt und die Gewalt des Tons aus Hanau mich nicht verlassen hatte, so bin ich auf alles gefaßt, oder vielmehr: es ist mir alles einerlei. –

Die Kammerjungfer erlauscht einen fernen Ton – sie denkt sich das Schlimmste; – »gewiß – gnädige Frau jetzt kommen sie.« – Wer? – »Die Spitzbuben.« –

Ich höre es auch; nun, so wollen wir unser Leben teuer verkaufen; einen braunen Reisemantel, dem ähnlich am Rhein, worin man mich für einen Knaben hält, eine eben solche Mütze setze ich auf, ich stelle mich auf den Chausseestein um recht groß zu scheinen, drapiere mich im Mantel, die großen Pelzhandschuh machen mir eine große Faust, in die nehme ich die leere Madeiraflasche als Pistole.- Wie seh ich aus? –

Recht fraiserlich [furchterregend] sagt die Jungfrau. –

Jetzt sehen Sie mal was der Gaul macht – »Er schwitzt.«

Decken Sie ihn recht zu, stopfen Sie ihm das Federbett unter dem Bauch ein. Nun setzen Sie sich in den Wagen, ich will Sie verteidigen. –

Die Kammerjungfer hatte kein gut Zutrauen sie sagte nur: Ach wären wir bei den Spitzbuben in Gelnhausen geblieben die hätten doch vielleicht nur unser Geld genommen und hier werden wir unser Leben lassen müssen. –

Die Jungfer im Wagen, ich auf dem Chausseestein, hörten den Lärm immer näher kommen, es waren beinah zehn Minuten vergangen wir konnten nicht unterscheiden was es war. –

Aber wohl der tote Gaul, denn er sprang plötzlich zu meinem viel größeren Schrecken als wenn eine ganze Spitzbubenbande auf mich eingedrungen wär (denn auf die war ich gefaßt) in die Höhe, warf Federbett und Kopfkissen in den Graben, und sprang hinüber, ganz langsam und friedlich die kleinen Gräser unter dem starken Reif hervorsuchend. – Er hatte gemerkt daß dieser Lärm die Schnellpost sei und daß er ihr im Weg gelegen haben würde, was von einem Postgaul regelwidrig sein würde, da er wohl weiß, wenn er in ihr eingespannt ist, daß er sich nicht im Graben legen darf. –

Die Schnellpost kam auch bald angefahren und hielt wider alle Gewohnheit vor Erstaunen über diese trostlose Equipagenszene so lang still bis ich von meinem Prallstein herab mit der Bouteille in der bepelzten Hand das Abenteuer berichtet hatte, worauf sie mit Eile abfuhr, eine Stunde darauf den Postknecht überholt hatte und mir Pferde schickte.

Der Postmeister Nagler dem die Geschichte berichtet wurde, dankte mir daß ich den Gaul mit meinem Reisewein gerettet hatte. Frau *von* Nagler frug mich was ich mit dem grünseidenen Federbette angefangen habe? –

Ich sagte ich schlaf täglich meinen gesunden Schlaf drunter; im Anfang roch sie ein bißchen nach Pferdeschweiß, da träumte ich nachts sehr angenehm als sei ich ein Araber mit meinem edlen Pferd in der Wüste, das mich glücklich durch alle Gefahren bringt, das mich liebt und versteht, aber seit die Decke nicht mehr riecht nach dem Postgaul, da hab ich niemand mehr der mich versteht. –

»Oh! ich verstehe Sie, Sie sind ein Genie, Sie können alles vertragen.«

Das war eine kleine Geschichte, wahr in allen Zügen, in allen Empfindungen und Worten die drin vorkommen; ich hab zu hastig geschrieben, suchen Sie Komma und Punktstellen um sie auszufüllen und zu verstehen.

Ein König macht ihr den Hof

Bettine auf Reisen, zumindest in deutschen Landen, im nahen österreichischen Kaiserreich, jedoch nie in fernem Ausland.

Ein Zwischenstop in Bad Brückenau (an der Rhön); hier findet August 1830 eine überraschende (Wieder)Begegnung statt mit König Ludwig I von Bayern.

Mehr als zwei Jahrzehnte zuvor hatten sie sich kennengelernt, in München; ein halbes Dutzend Besuche der jungen Bettine beim Kronprinzen. »Der einzige Mensch, der etwas Zusprechendes, Freundliches und wohl auch originell Geistreiches zu haben scheint unter allen, die ich kennengelernt habe, ist der Kronprinz; sein ganzes Wesen scheint zwar mehr mit Gewalt die Freiheit erringen zu wollen als mit ihr geboren zu sein; seine Stimme, seine Sprache, seine Gebärden haben etwas Angestrengtes, wie ein Mensch, der sich mit großem Aufwand von Kräften an glatten Felswänden anklammert, um ihre Spitze zu erreichen (oder nicht zu stürzen) in allen Gliedern eine zitternde ängstliche Bewegung hat.«

Zwei Erinnerungsstücke hütet sie: ein Miniaturbild des Kronprinzen, nach einer Kopie kopiert und »ein Glas, woraus er trank, eh er in den schrecklichen Krieg ging.«

Nun also, im Ort an der bayerischen Grenze, das Wiedersehen. Bei dieser günstigen Gelegenheit zeigt sie dem König ihre Zeichnung vom Oktoberfest. Eine Bekannte: »Es stellt das Oktoberfest vor in Bayern, wie die Ernte, die Jagd, der Fischfang usw. dem Könige huldigen.« Sogar ein Kunstkenner wie Sulpiz Boisserée war begeistert; er notierte im Tagebuch: »Unbegreiflich schöne Anordnung und großer Reichtum von Gedanken und Gruppen. Ich söhne mich über dieser Zeichnung fast mit dem wunderlichen Wesen aus.«

In Brückenau, welches nur zwei Meilen von der graden Postroute nach Frankfurt abliegt, habe ich ein paar Tage verweilen wollen und bin 8 Tage dageblieben, der König von Bayern ließ mich nicht weg. Ich war kaum eine 4tel Stunde da oben in eine schlechte Kabuse [rheinisch: Kabuff] logiert unter die Musikanten weil nirgendwo mehr Platz war, so ging die Türe auf, ein fremder Mann kam herein und sagte: Fr. v. Arnim, Sie haben mein Andenken verschenkt, was ich Ihnen anno 09 in München schenkte, das Glas woraus ich dem Napoleon Verrat trank; – ich erkannte sogleich den König. Er blieb über eine Stunde bei mir obschon er Gesellschaft hatte, der Kanzler Müller aus Weimar hatte ihn zu mir führen müssen, es waren nur zwei Stühle im Zimmer, er setzte sich auf die eine Hälfte des einen Stuhls und Müller mußte sich auf die andere Hälfte setzen, ich sagte endlich zur Majestät ob er nicht glaube daß es besser sei zu stehen als auf heißen Kohlen neben ihm zu sitzen. [...]

Nachher wurden Pfänder gespielt wobei der König ganz glücklich war, er bediente alle Damen, er machte die Fenster auf und zu wie's der Gesellschaft am angenehmsten war; ich war[d] auch der Königin vorgestellt und der ältesten Tochter; die Königin hat etwas so Zutrauliches, Freundliches daß ich wahrhaft entzückt war mit ihr zu sprechen. –

Ein paar Tage drauf hab ich dem König mein Oktoberfest gezeigt, er schrie einmal übers andre: Ich sei die einzige Künstlerin; die Königin hat auch den Broullion [Entwurf, Skizze] von den badenden Nymphen gesehen und sich eine Durchzeichnung davon ausgebeten, der König kam nach ein paar Tagen noch einmal auf mein Zimmer, wie ich eben ganz allein war; er fragte mich genau wie es möglich geworden sei daß eine so reichhaltige Composition die keinem lebenden Künstler gelingen würde, mir, die ungelernt sei, so habe gelingen können; ich sagte Ihr[er] Majestät: Ich hab Ihre Gedichte gelesen und dann gezeichnet. Er schwieg eine Weile und dann sagte er: Sie schmeicheln, aber so, wie mirs unendlich wohltut, manche schmeicheln so daß man sich davor ekelt; und dann reichte er mir die Hand und ging weg. Am andern Tag lud er mich zu einer Landpartie, die Königin mit, man saß auf Leiterwagen die mit Stroh ausgepolstert waren, auf freiem Feld war ein Zelt errichtet, ich saß zwischen dem König und dem Fürsten Taxis bei der Tafel; nach Tisch packte er mich bei den Händen stellte mich vor die Königin, sah mich an und sagte ohne zu stottern ein Gedicht von Zedlitz her aus den Totenkränzen der Tambour; ich kann grade nicht sagen daß er trefflich declamierte er machte rechte bayrische Verkehrtheiten, und sagte allemal *Troomel* welches äußerst lächerlich klang; er sagte nachher: Diese Lieder sind mir von dem Dichter zugeeignet, und Sie sehen daß es nicht verloren ist wenn man meiner gedenkt in den Künsten. [...]

Den König hab ich noch mehrmals auf der Promenade begegnet in dem wunderlichsten Aufzug, einmal marschierte er ganz allein bergauf und trug den Rock auf den Schultern und ging in Hemdsärmeln, einmal lief er wie ein Wilder in der Wildnis umher und schoß und torkelte wie ein Wahnsinniger umher, der Hut fiel ihm mehrmals vom Kopf er setzte ihn allemal wieder auf; mir schlug er vor auch als Lehrer der Composition mich anstellen zu lassen er wolle mir ein gut Gehalt geben.»

Doch Bettine von Arnim wurde keine königlich-bayerische Zeichenlehrerin, sie suchte andere Formen der Erfüllung.

Dennoch, die Verbindung reißt nicht ab, ja Bettine riskiert auch ihm gegenüber eine forcierte Form der Annäherung. Zwei Jahre vor ihrem Tod notiert Varnhagen im Tagebuch: »Der König Ludwig ging umher und zeigte den Leuten ihren letzten Brief, worin sie ihn anredet: Euer Majestät und lieber Ludwig. Er klagte über das Unangemessene dieser Vertraulichkeit. ›Sie hat dazu gar kein Recht, ich hab ihr nie Cour gemacht, nicht im Geringsten.‹«

Nachruf auf Achim von Arnim

Fünf Tage vor seinem fünfzigsten Geburtstag, am 21. Januar 1831, stirbt Achim von Arnim: Hirnschlag!

Mehrfach sahen wir ihn in Briefen als den Familienvater angeschrieben, viel zu wenig Präsenz gewann er hingegen als Dichter. Was Bettine wiederholt einklagte: Er solle sich weniger der Landwirtschaft, mehr der Schriftstellerei widmen, das erfüllte er, scheinbar nebenbei, denn doch. Auch wenn dieses Lesebuch Bettine gehört, ein wenig sollte der Schriftsteller Achim von Arnim zu Wort kommen, wenigstens im Nachruf.

Ein erstes Zitat bietet sich mir an in einer privaten Sammlung von Erstausgaben – in meinen Händen Bücher aus seiner Zeit, Bücher, wie er und wie Bettine sie vor Augen hatten. Hier nun: der Anfang des Romans *Armut, Reichtum, Schuld und Buße der Gräfin Dolores.*

»Vor einer kleineren Residenzstadt des südlichen Deutschlands erscheinen dem Reisenden, der die große Heerstraße vom Gebürge herabfährt, zwey große hervorragende Gebäude von ganz verschiedener Bauart und Umgebung. Einem alterthümlich gethürmten und geschwärzten, von Wassergräben umzogenen Schlosse gegenüber, schimmert ein freier, leichter, heiterer, flachgedeckter italienischer Pallast im schönsten Grün eines weiten Gartens, so auffallend vorleuchtend mit hellen Marmorfarben und großen glänzenden Fenstern als glücklicher Nebenbuhler, als eine neue fröhlige Zeit neben einer verschlossenen ängstlichen alten, daß diese Bemerkung sehr wahrscheinlich jedem beim ersten Anblicke eingefallen sein mag.«

Dieses eine Zitat dürfte kaum nicht genügen, also ein ergänzender, weiterführender Textausschnitt, diesmal nach einem Sammelband, in dem ich, in frühen Jahren, eine akzentuierende Randmarkierung hinterlassen hatte, der ich nun Folge leiste. Ein Ausschnitt aus der Geschichte *Frau von Saverne*, eine beklemmend modern wirkende Sequenz (allerdings in einem arg konstruierten Plot): Verhaftung auf einer Straße, bewachter Aufenthalt in einem Hotelzimmer. Mit von der Partie ein Mann, der, kinnbetont, das Aussehen eines Nußknackers hat.

»Vergebens wandte sie ein, daß er keinen schriftlichen Befehl bringe, daß sie ihm ohne einen solchen und ohne Beratung mit einem Advokaten nicht folgen werde; er drohte, sie mit Gewalt fortzuschaffen, wenn sie die Güte nicht benutze. Bei dieser Drohung ergriff er ihre Hand, sie schrie um Hilfe, es eilten mehrere herbei, aber auch der Polizei-Offiziant trat hinzu. Einige der Umstehenden sprachen für sie, aber sobald der Nußknacker ihnen etwas zugeflüstert hatte, traten sie mit Achselzucken zurück; sie bat flehentlich alle, ihr nur zu sagen, was man mit ihr beginne. Als sie die Umstehenden so jammernd anredete, daß vielen die Tränen in die Augen traten, packte der Polizeimann sie um den Leib, um sie in den Wagen zu tragen, wobei ihm der Nußknacker sogleich beistand. Die Indignation aber gab der kleinen Frau eine seltene Kraft, sie rang, alles wurde ihr zur Waffe; unter dem Zujauchzen des Volks waren die beiden Feinde blutig gezeichnet zurückgeschlagen, und sie trat erschöpft, atemlos taumelnd in ihr Zimmer zurück. Aber fremde Männer sprangen bald in ihr Zimmer und blieben da, ohne ein Wort auf ihre Fragen zu antworten, verließen sie auch nicht, als es Nacht wurde. Jetzt bedauerte sie, keine Bekanntschaft gemacht zu haben, sie rief nach dem Wirte, niemand kam; sie wollte hinausgehen, wurde aber von den Männern mit Achselzucken zurückgewiesen. Sie zog sich nicht aus, sie schrieb einige Briefe an den

Beichtvater und an väterliche Verwandte nach Lyon, die Briefe waren unverständlich, denn sie wollte ihre Lage nicht deutlich machen, nur ihre Freunde reizen, ihr zu Hilfe zu kommen; ja sie wußte eigentlich selbst nicht, in welcher Lage sie sei, und wessen man sie beschuldige. Ehe sie die Briefe beendete, fuhr ein Wagen vor, es stiegen Männer aus, kamen zu ihr und banden sie mit seltsamen Binden, während sie bemerkte, daß einer ihre Schatulle nahm, ein anderer ihre Schränke verschloß und ihre Briefe durchlas. Sie wollte schreien, aber im Augenblick war ihr der Mund zugebunden. Nun gab sie allen Widerstand auf, ein Schleier deckte ihre Augen, sie wurde in einem Männermantel die Treppe hinuntergetragen und in einen Wagen gesetzt, der dann in gewaltiger Eile mit ihr fortrollte.«

* * *

Bettine stimmte ihre Reaktionen offenbar auf die Adressaten ab. Den Brüdern Grimm hielt sie in Schriftform eine Predigt, wie sie auf jede Kanzel passen würde:

Ihr lieben Freunde von Arnim! Wenn zwei in meinem Namen versammelt sind so bin ich mitten unter ihnen, so sagt Christus, der für die Seinen gestorben ist. Arnim ist auch für die Seinen gestorben, denn sein Tod hat uns alle in ihm versammelt, und sein Wort ist lebendig in uns geworden; und jedes Ereignis in seinem Leben gibt Zeugnis von seiner Liebe. – Sein Tod ist auch kein schreckliches Ereignis sondern ein schönes und wohltätiges für mich und seine Kinder, und als ein ganz besonderes Zeichen daß Gott Wohlgefallen an ihm habe, gilt mir sein Tod.

Dem Fürsten Pückler, der im übernächsten Kapitel dominieren wird, stellt sie, im Rückblick, ihre Reaktion entschieden anders dar. Ein Detail zum Selbstportrait.

Daß ich mich früher so sehr vernachlässigte in der Kleidung, kam von Arnims Tod; ich war seitdem so verzagt, die Kleider anzurühren, die ich in seiner Nähe getragen hatte; es befiel mich allemal eine Wehmut und so schwer ward mein Herz, wenn ich frühere Gewohnheiten wieder ins Gleis zu bringen versuchte, und so beklemmt, wenn ich in das Zimmer trat, wo ich früher mit Arnim so viel war, daß eine so erfrischende Lebensepoche dazu gehörte wie die, welche mir durch Ihre zuvorkommende Güte zuteil ward, um mich zu überwinden.

Von früher Zeit her war ich geneigt, ob ich auch keinen bedeutenden Gebrauch in der Gesellschaft davon machte, mich meiner Gemütsstimmung gemäß zu kleiden, es gehörte mit zur Harmonie meines Daseins.

Ich war von Jugend auf mit dem Feuergeist der Liebe durchdrungen, aber ich war nicht coquett, den keiner, mit dem ich im äußern Leben zusammenkam, berührte auch nur mein Gedächtnis, viel weniger meine Begierde, Eindruck zu machen; wo ich aber Eindruck empfing, da übersprang dieser Feuergeist die Barriere, die einzige Coulisse, hinter welcher die Umwandlungen und Zaubererscheinungen der Coquetterie konnten vorgenommen werden; denn ich hatte ein so süßes Vertrauen, ich war selbst so inspiriert, die Inspiration wirkte so rein auf mich zurück, ich fühlte so deutlich, daß es das heiligste Lebensprinzip in mir sei, das ich offen und frei an der Stirne tragen könne, wenn es auch mich vor andern auszeichne.

Wenn Gott mir einen Stern vom Firmament in die Hand

niederfallen ließ, wer wollte mir verargen mich damit zu schmücken, wenn es auch noch ein so absonderliches Abzeichen wär, das in tausend Farben schillert.

Ach, wenn dieser Stern nur nie erlöschen wollte. Ich wollte ihn gern nur vor dem leuchten lassen, durch dessen Vermittelung er mich begeistert.

Und Schleiermacher?

Ein Lebenskapitel, das nicht Lesebuchkapitel werden kann: Bettines Freundschaft mit dem Theologen und Philosophen Friedrich Daniel Ernst Schleiermacher, siebzehn Jahre älter. Er war Pfarrer der Dreifaltigkeitskirche, war Professor der neuen Universität in Berlin. Auch Arnim war mit ihm befreundet – Schleiermacher gehörte zum Kreis.

Ausführlich erzählt Bettine von seinem Tod, von seiner Beerdigung; hingegen ist kein Bericht überliefert über die freundschaftliche Beziehung, die zuweilen hinüberspielte in intimere Nähe, zumindest verbal.

Zwei Erinnerungen: kein ausreichendes Material für ein Lesebuchkapitel, nur Markierungen, anekdotisch.

Wenn ich abends an sein Zimmer kam, ich sah Licht, er war allein, er saß auf dem Sofa am Schreibtisch, ich sagte: »Schleiermacher, ich bin da.« –

»Komm!« rief er. In tausend Farben spielte da der Witz, und in dem Witz die Weisheit. [...] Wenn ich recht übermütig war, sagte er: »Gott hat Dich in der besten Laune geschaffen.« –

Niemand hat mich auf mich selbst angesehen und erkannt als dieser. Der [so]gleich, da er mich zum ersten Mal sah, mir gut war. Oft ging er mir auf der Straße nach und frug mich, ob ich denn nicht mit ihm näher bekannt werden wolle? Ich gab ihm zur Antwort: Er sei noch zu jung er müsse erst 60 Jahr alt sein – damals war er 56 Jahr alt. An seinem 60ten Geburtstag kam er zu mir und erinnerte mich daran. Mein Näherkommen war nichts wie Scherz und Übermut, nie setzte ihn dies in Verlegenheit; auch selbst mitten unter seinen steifen Amtsverbundenen oder auch unter den ihn umgebenden Studenten; manchmal warf ich ihm etwas vor, was mir in seiner Rede auf der Kanzel mißfallen, darauf ging er ein in Gegenwart und zum Erstaunen der andern, und gab mir recht.

Eine weitere Anekdote: Einmal versuchte er die Annäherung jäh zu verkürzen, doch da geriet er bei Bettine an die Falsche.

Vorgestern war ich bei Schleiermacher, seine Frau ging einen Augenblick hinaus, da wollte er mich küssen, welches ich aber sehr geschickt und kaltblütig ausparierte. Der Sappermenter! Ich versicherte ihm auch ganz ruhig, daß ich nie gern geküßt habe; und wenn ich den Leuten sonst noch so gut wär, könne ich bei solcher Gelegenheit dem Ekel nicht widerstehen. Ich hab mich doch sehr geändert, sonst hätte ich ihm wahrscheinlich eine Rippe eingetreten.

Das war bald wieder vergessen, Distanz wurde respektiert, das freundschaftliche Gespräch setzte sich fort.

Jeden Freitag ging er in die Griechische Gesellschaft; ich holte ihn ab um ihn zu begleiten weil ich dann unterwegs mit ihm sprechen konnte ohne daß es ihn Zeit kostete. Da haben wir manches Wunderliche miteinander gesprochen. Wer kann das wiedergeben? wenn das flüchtige Salz der Begeistrung, das von keiner Zaghaftigkeit gehemmt war, in uns aufbrauste. Wir liebten einander weil wir den Geist und seine Einwirkung spürten. Hand in Hand gingen wir die langen Straßen bei dunkler Nacht oder bei Mondschein, oft blieben wir auf der Brücke stehen, und sahen den Mond im Wasser während wir etwas miteinander besprachen; und dann, wenn wir am Ziel waren, küßte er mir die Hände und drückte mich ans Herz.

Verlorene Liebesmüh in Muskau

Eine zweite Zäsur in Bettines Leben: Goethes Tod, 1832. Sein Name als Stichwort für Bettines Versuch, die Nähe – geistig, womöglich auch körperlich – des Schriftstellers Hermann Fürst von Pückler-Muskau zu gewinnen.

Etwa zu Beginn des Jahres lernten sich Fürst Pückler und Bettine von Arnim in Berlin kennen, im Salon der Rahel Varnhagen. In (womöglich intimer) Annäherung an ihn will sie wieder näher an Goethe herankommen, Erinnerungen aktivierend, Gefühle belebend.

Dabei könnten sich Lebensformen und Mentalitäten kaum stärker unterscheiden. Das wird sie gewußt haben, der Fürst galt in Berlin, wie man heute sagen würde, als bunter Hund. Ein Dandy in stets auffallender Kleidung, ein Mann inszenierter Auftritte – berühmt seine Kutschfahrten hin und her Unter den Linden, mit einem Gespann von drei, vier dressierten Hirschen. Weiteren Gesprächsstoff lieferte seine Ballonfahrt von Berlin nach Potsdam, mit abschließender Landung in einer Baumkrone. Viel gesprochen wurde von seinen Reisen, seinen Eskapaden, seinen Duellen, seinen Liebschaften. Seine Frau, Lucie Reichsgräfin von Pappenheim, gewährte ihm Spielraum. Das Paar war aufeinander eingespielt – auch nach der finanztaktischen Scheidung, die ihr Zusammenleben nicht unterbrach.

Dies als zentraler Punkt: Das Scheitern ihres schwärmerischen, ihres überschwenglichen Liebeskonzepts ist hier zum dritten Mal vorgegeben – nach Tieck und Goethe ist Pückler der dritte Ehemann, dem sie ihre Liebe anträgt, ihre Liebe gleichsam nachträgt.

Hermann Fürst von Pückler-Muskau (Briefe vielfach unterzeichnend als HPM): viele Stichworte, die sich mit seinem Namen verbinden. Dies aber ist das Haupt-Stichwort: der Park von Schloß Muskau – die größte Parkanlage im damaligen Europa. Der Ausbau kostete ihn mehr als sein Vermögen – und das seiner Frau.

Einige Stichworte aus Pücklers *Andeutungen über Landschaftsgärtnerei*, veröffentlicht 1834: Der Park als »zusammengezogene idealisierte Natur« ... die landschaftliche Gartenanlage als »gediegenes Kunstwerk« ...

Damit, als kleiner Exkurs, ein Auszug aus seiner Beschreibung des paradiesischen Ambientes mit Schloß.

»Zunächst wird man auf der breiten Treppe des Schloßhofs eine Aufstellung von Orangerie und Blumen mit leichten Bögen sehen, über die sich, aus großen Vasen emporsteigend, Passionsblumen ranken. Zwischen den Bögen sind freihängende Stäbe angebracht, auf denen sich farbige Papageien schaukeln. Die Orangerie bildet einen schattigen und duftenden Gang auf der Terrasse und dehnt sich rund um den Schloßhof aus, mit Blumenstellagen umgeben. [...]

Der etwas höhergelegene Platz unter drei alten Linden, von allen mit der reichsten Fülle von Blumenglanz umgeben, ist der Hauptpunkt des Blumengartens, von wo sich eine freie Aussicht auf den See, den angrenzenden pleasureground ausbreitet. Das Wasser bespült unmittelbar den Fuß der steilen Steinwand, auf der sich oben hinlänglicher Raum für eine ziemlich große Gesellschaft befindet. Abends wird dieser Platz durch bunte Laternen beleuchtet.

Weiterhin ist das Rosary, eine Rosette aus Monatsrosen und Buchsbaum gebildet und mit Granatbäumen umkränzt. Hier gestattet das auf allen Seiten umschließende Gebüsch keinen weiteren Fernblick als auf den Wasserspiegel allein, unter dem Dach großblättriger Platanen. Seitwärts dieser Partie liegt der Tulpen-Salon, unter dessen Schatten der Nelkenflor aufgestellt wird. Eine Steintreppe führt hier nach dem Wasser hinab zu einigen leichten Gondeln, mit denen die Liebhaber des jetzt so modern werdenden Ruderns den See befahren können.

Den Weg weiter verfolgend, betritt man am Turm einen offenen Vorsprung. Eine Laube von Jasmin und Rosen ist unter dem oberen Balkon an das Spalier des Turmes gelehnt. Aus ihr übersieht man den See wieder in einer anderen Direktion, und zwar in seiner größten Länge, wo zwei Brücken und ein Wasserfall als vorzüglichster point de vue dienen. Von hier setzt man den Spaziergang wieder im Gebüsche fort, kommt an einen geschmückten Platz mit einem Vogelhause, ferner einer Blumenpartie, die ein Bündel kolossaler Pfauenfedern nachahmt. Eine Fontäne gibt bei heißen Sommertagen erfrischende Kühlung und gewährt ein stilles, einsames Plätzchen, wo man bequem, wie die Phrase heißt, seinen Gedanken Audienz geben, oder, prosaischer gestimmt, Siesta halten kann.«

Die Besichtigung des (noch sehr viel weitläufigeren!) Parks ist für Bettine eher Nebensache. Hauptintention: sie will den Schriftsteller, den Fürsten für sich und ihr Projekt gewinnen, das geplante Goethebuch.

Was sie so deutlich nicht artikuliert hat, muß hier akzentuiert werden: Der Fürst soll so etwas wie emotionale Schreibhilfe leisten. Indem sie leidenschaftliche Gefühle oder Gefühle der Leidenschaft für ihn kreiert, will sie, in gewagter Übertragung, vormals leidenschaftliche Gefühle für Goethe echohaft reaktivieren. Dies mit klarem Zweck und Ziel: Mit dem Verfassen leidenschaftlicher Briefe an den Fürsten will sich die Briefschreiberin dazu stimulieren, Briefe, die sie im ersten Jahrzehnt an Goethe geschrieben hatte, nun im vierten

Jahrzehnt auszuarbeiten, weiterzuschreiben, neu zu gestalten; daraus soll schließlich ein Briefbuch werden. Fürst Pückler wird instrumentalisiert: als stellvertretender Liebespartner, als Initiator der inspirierten Darstellung von Liebe, zwecks Übertragung. Belohnt wird diese indirekte Mitarbeit schließlich durch die Widmung des Briefromans: »Dem Fürsten Pückler«.

Schon in einem der ersten Schreiben an ihn stimmt sie sich ein: der Endpunkt von Goethes Vita als Startpunkt.

Meine Seele war tief bewegt und fern den Menschen wie der Mond, wenn er jenseits ist. Bei solchen Stimmungen bin ich immer auf eine sonderbare Spitze gehoben, nämlich zum Übermut; – niemals war ich übermütiger wie gestern, wo die Gesellschaft schon vom Tode Goethes unterrichtet war; ich erzählte, daß ich eben an ihn geschrieben; sie machten alle trübe Gesichter, ich setzte mich hin, meine Laune hatte bald alles um mich versammelt, wenn ich je toll und doch graziös war, so war es gestern; ich sprach viel von Goethe.

Um 1 Uhr nach Haus; die Zeitung lag an meinem Bett, mein Sohn hatte mir die Anzeige unterstrichen; ich war allein, ich brauchte keinem Red und Antwort zu geben über mein Gefühl; ich konnte so ruhig dabei sein und entgegensehen allem, was es mir bringen könne; da wars ganz deutlich, daß dies die erste einzige Quelle meines Wesens ist und bleibt, daß nichts nichts mir verloren ist. Ich bin gestimmt durch den Geist seiner Liebe, wer mit mir umgeht, mit mir umzugehen weiß, wird ihn durchempfinden, wird ihn erben in mir; wem also sollte ich wohl dieses verwaiste Blatt vererben als Dir, denn ob ich Dir auch bin was ein falbes Blatt Dir ist, das der Wind vor Deinen Füßen hinwirbelt; vielleicht am einsamen Ort jagt der Wind dieses Blatt Dir wieder auf und Du erkennst an seiner Form, daß es am edlen Stamm gewachsen.

Ich will den Ausgang jenes Abends mit Goethe Dir auserzählen: Als ich wegging, begleitete er mit der Kerze mich ins zweite Zimmer; da warf er das brennende Licht auf die Erde, um mich zu umfassen, ich wollte es aufheben aber er litt es nicht, und sagte: »Laß es liegen, es soll mir ein Mal in den Boden brennen wo ich dich zuletzt gesehen habe; so oft ich es bemerke, will ich es umgehen als wenn es deine liebe Erscheinung wär, so oft ich darauf trete, will ich denken, deine Hände hielten meinen Fuß gefangen; – bleib du mir gefangen, ich hab dich nötig, bleib mein«, sagte er; so küßte er mich auf die Stirn und schob mich zur Tür hinaus.

Kommentar HPM: »Hast Du es auch schon [her]ausgefunden, daß in der Phantasie nur wahres, seliges Glück blüht, und daß es vielleicht die raffinierteste Wollust des Geistes ist, der Opiumrausch dichterischer Gemüter, nur diese Speise zu kosten, und der gröberen irdischen Wirklichkeit beim höchsten Grade ganz zu entsagen.«

Spiel der Phantasie … HPM erkennt rasch, daß Bettine sich nicht einer vergangenen biographischen Realität annähern, sich vielmehr schreibend frei entfalten will: Phantasie stimulieren, durch Phantasie stimuliert werden … Dies mit der Wirkung einer Droge: sie will, sie muß abheben!

So steigert sie sich hinein in mädchenhaft schwärmerische Verliebtheit, die freilich keine Antwort findet, keine Antwort finden kann, doch sie insistiert wie schon bei Goethe, läßt nicht locker, die andere Person muß endlich auf die Liebesbekundung reagieren, auf die Herausforderung durch ihre Liebesgefühle. Doch die Gegenseite bleibt mit vielen Worten stumm, greift ihren Ton nicht auf, geht auf ihr Leitthema nicht ein. Sie wiederum reaktiviert unablässig ihre Liebesgefühle: betörende Formulierungen, beschwörende Appelle; sie gibt nicht auf, gibt nicht nach, gibt nicht klein bei, sie hakt nach, setzt nach, das kann sich über Jahre hinziehen, sie fördert, unterhält eine ständige Gefühlsthermik, in der sie abhebt, in der sie kreist, dabei den Partner aus dem Blick verlierend, sich ihrer Liebesgefühle aber ständig bewußt bleibend, sich Liebesgefühle ständig neu zuschreibend, die Thermik darf nicht enden, was zählt da schon ein Jahrzehnt, was zählen zwei Jahrzehnte! Und doch, und doch – auch diese, auch solch eine Geschichte findet nicht ihre Erfüllung.

Denn: damit die Übertragung gelingt, muß der Fürst zu Muskau das Niveau des Geheimrats zu Weimar erreichen, er soll letztlich goethegleich werden. Und hier, so hat Bettine den Eindruck, hier muß entschieden nachgearbeitet werden.

In Berlin, Anfang April 1832, verfaßte sie einen weiteren (mehrseitigen) Brief, in dem sie ihr Programm formuliert: sie will den Partner »bereichern, entwickeln, zum heiligen Ziel führen«. Bettine von Arnim fast in der Rolle einer Priesterin, einer Hohepriesterin, die bereit ist, den Partner, der leider allzusehr dem Irdischen verfallen bleibt, liebevoll aus seinen Niederungen, aus dem »Schlamm« (wie er ironisch konstatiert) emporzuheben. Dazu gehört denn auch, als Erweiterung des Programms, ihn »zum Denken zu bewegen«. Der Partner muß viel Souveränität, auch Charme aufbringen, um dies nicht als Zumutung, als Anmaßung zu empfinden – Fürst Pückler ist nicht im Alter eines Hössli, er ist vom gleichen Jahrgang wie Bettine.

Kleine Stichprobe, Kostprobe ihrer Missionierungsbemühungen, repräsentativ für Dutzende von Druckseiten.

»Ich weiß alles: dieses mühsame Bestreben nach einer tiefbegründeten Berechnung, frei bilden zu lernen, begründet eine höhere Organisation eines zukünftigen Lebens, was hier durch energisches Konzentrieren aller geistigen Kräfte hervorgebracht wird, es wird als geistige Fähigkeit sich einst in einem verklärten Leben und Leib entwickeln; darum unser unermüdliches Bestreben nach höherer Vollkommenheit, darum unser Genuß auch an dem Geringsten was mit Bewußtsein und im Gefühl der Wahrheit gelungen ist. Alles was unser Herz angeht geht auf Kunst – heute liebt die Unschuld, morgen übt sie die Kunst Dir zu gefallen, dann lenkt sie durch Kunst geleitet Deine eigne Neigung auf sich, dann ist die Kunst der Liebe würdig zu leben das Werk ihrer Tage, und möchte sie nimmer davon abgeleitet werden, denn wer einmal den Boden der Kunst betreten der fühlt sich außer ihr überall entwürdigt; darum Verzweiflung wer aus der Liebe ausgestoßen ist, ja selbst Verzweiflung ist oft ein tragisches Kunstwerk der Liebe, und wird dem Liebenden als Kunstaufgabe Bedürfnis sie auf dem rechten Standpunkte auszubilden; aber: auch ist sie ein Reich was vor jedem Verluste abschließt und der Vernichtung den Zugang wehrt.«

So setzt sich das fort: oft seitenlange mentale Meliorationsbemühungen um den versumpften Pückler, der, in höchst bedauerlicher Renitenz, die Geistes- und Gefühlshöhen der Frau von Arnim partout nicht anstreben will. Bettine will aber nicht nur, wie es HPM formuliert, »belehren, ermutigen, erheben, umgestalten«, sie sucht auch Intimität, und das führt von Anfang an zu Mißverständnissen, zu peinlichen Situationen.

In Berlin, nachdem ich Dir ein ganzes Jahr treu und warm ohne die geringste Wiedervergeltung gedient hatte und Du kamst zum ersten Mal, da lehnte ich den Kopf einen Augenblick an Deine Schulter und küßte Deine Hände; ach es war ja so natürlich, das müde Herz wollte nur einen Augenblick ausruhen; aber Du stießest mich leise zurück und standest auf und setztest Dich an den Tisch und blättertest in einem Buch und sahst auf die Uhr, bis die Zeit verstrichen war um den [Architekten] Schinkel zu Hause zu treffen. Und dann warst Du noch vier Wochen in Berlin und es hat Dich nicht verlangt mich zu sehen. Wenn ich Dich nun nicht mehr liebte so würde es keinem unbegreiflich oder unrecht deuchten, mir aber ist es unmöglich Dich nicht noch ferner zu lieben, ja in dieser Liebe zu wachsen. Sollte ich bloß auf dieses äußere Verhalten bauen? – und nur auf Deine verschuldete fehlende Natur Rücksicht nehmen? – Da wär die Aufgabe, die Dein Genius (der auch der meine ist wir haben beide *einen* Schutzgeist) mir gemacht hat, schlecht gelöst.

Nein alles Schöne was ich in begeisterter Wahrheit fühlender Liebeslust in Dir erkannt habe, wird ewig unberührt von Falschheit oder Verleumdung für Dich sprechen. Du bist der Herrliche, aber gefesselt wie Richard Löwenherz, seiner Macht, seiner Krone beraubt; aber damals war er seinem treuen Blondel dennoch der Liebste, und alles und jedes hat er um den Freund aufgeboten.

Du magst mich abweisen, von Dir trennen, mich kalt im bewußtlosen Handeln schlagen, schmähen, spotten und verachten, so werd ich mich freilich bescheiden aber mein Glaube an Deine höhere Natur wird nicht wanken.

Fürst Pückler als Prinz Löwenherz, Bettine in der Hosenrolle des Pagen und Sängers Blondel de Nesle, der seinen verschleppten und eingesperrten König aufspürt und ihm zur Flucht verhilft.

In Bettines Version: »Wie Richard Löwenherz gefangen lag, da umschritt der eifrige Blondel Tag und Nacht, mit heißer Sehnsucht nach einem Zeichen seines Herrn, den Turm in dem er ihn gefangen glaubte; er sang ihm seine Treue in den heißesten und schmelzendsten Liedern zu, und begeisterte so den gefangenen Helden die Freiheit wieder zu erwerben.«

Sie redete Pückler denn auch so an: »Nicht wahr, Richard Löwenherz, Du weißt« … Eins der Rollenspiele des äußerst ungleichen Paares, das kein Paar werden konnte.

Ein anderes Rollenspiel: Hermann als Sultan, als Pascha, durchaus zu ihm passend, Bettine als Sklavin, und das paßt eigentlich weniger zu ihr. Dieses Sultan-und-Sklavinnen-Muster war für Pückler denn auch übertragbar auf Ehefrau und eine der Geliebten.

Bettine freilich will nicht nur Sklavin bleiben, sie wechselt schon mal über zur Rolle einer Tigerin, die den Partner zerfleischen könnte, jedoch: Fürchte dich nicht …

Siehst Du! Ich muß aufrichtig sein für uns beide. In Dir kann ich nur voraussetzen, annehmen; für mich kann ich einstehen. Du weißt Du warst der erste der mir entgegenkam und mich aufforderte, aufrichtig und wahrhaftig mit Dir zu sein. Ich setze nun voraus, daß das zwar aufrichtig auch von Deiner Seite war, aber daß Du doch nimmermehr glaubtest, es würde sich dies Verhältnis so mächtig schon in seinem Beginnen regen, Dir ist dies unbequem, Du weißt nicht wie Du der Liebe begegnen sollst, die Dir samt aller Weisheit entgegenströmt, und Dir als das Hauptingrediens meines ganzen Handels mit Dir erscheint; so setze ich von Dir voraus. Von meiner Seite ist es so: Da ich weiß, daß Dir nie etwas Ähnliches in der Welt aufgestoßen, so muß ich fürchten, Du zweifelst an allem was und aus welchem

Grund ich Dirs mitteile, ich muß fürchten, der Schrei der Leidenschaft, den ich jetzt noch zurückhalte, wenn er einmal zufällig hervorbrechen sollte, würde Dich in die Flucht jagen wie ein Tiger der aus dem Dickicht hervorbräche, und auf nichts anders abgesehen hätte als Dich zu fressen; und nun bitte ich Dich fest an dem Glauben zu halten, daß: sollte ich auch grimmig brüllen vor Hunger, ich Dich nie zu fressen begehre ja daß ich Dir kein Härchen ausreißen würde wenn ich auch Macht hätte die ich mir doch nie zugestehen kann; ob Du gleich nie in Verlegenheit sein magst, jedes Verhältnis, von welcher Art es auch sein möchte, zu brechen sobald es Dich belästigt, so bleiben doch manchmal mißtönende Stimmungen nach, und manches bleibt zurückwirkend; aber bei mir hast Dus nicht zu besorgen; wie der Mond sich willig hinter die Wolke verbirgt die ihm entgegen zieht und so ungesehen am Horizont niedersinkt, so meine Liebe: auf den leisesten Wink von Dir senkt [sie] sich willig ins Meer der Vergessenheit, obschon sie sich noch nicht aufgibt.

Dies alles hab ich Dir berichtet um Dir die Forderung nahzulegen, scharf und streng in meiner vollen Idealität auftreten zu können ohne mißverstanden zu werden; und – ich glaube dies Letzte könnte sich eher realisieren als alles andere. […]

Ach ich möchte schon ein bißchen weitergehen im Text und Dir manches berühren, um Dich zum Denken zu bewegen, wenn ich nur überzeugt wäre, daß Du noch den Willen hast, Deine Gedanken dahin zu lenken. Lieber Freund, die Gedanken steigen auf über die Sterne, und was nicht da hinaufsteigt, das ist kein Gedanke wenn es auch seine Form hätte; Gedanken sind *Leben*, das Leben muß aufsteigen zum Himmel sonst verfällt es dem Tode. Du mußt leben; es gibt keine Strafe keine Verdammung als nur der Tod, daß Lebenskraft zusammensinkt ohne sich zum Geist empor geschwungen zu haben, der doch allein ewig lebt; sollte alle Befähigung in Dir zur individuellsten Vergeistigung durch die Sünde verschlungen werden? – sollen Dich die Himmlischen missen? – ja missen, denn Du trägst das Zeichen Deiner himmlischen Würde schon in Deiner Individualität. Verstehst Du mich? –

Vielleicht versteht er sie in ihrer Mentalität, doch Verständnis bringt er hier nicht auf. Damit stellt sich, zwischendurch, die Frage, was den Briefwechsel eigentlich so lange Zeit lebendig erhalten hat, trotz aller Spannungen. Es muß etwas gegeben haben, das den Weltmann zu Bettine hingezogen hat. Erklärendes Stichwort könnte sein: Kind, und: Kindheit. Zwar hatte sich Bettine noch nicht, titeltragend, als »Kind« der Öffentlichkeit präsentiert, im privaten Bereich aber spielte sie den Kind-Status gern und häufig aus. Hiermit hat sie bei Pückler offenbar Resonanz gefunden, hier war partielle Identifikation.

Zum Stichwort Kind schrieb er an Heinrich Heine in Paris: »Wissen Sie, worin unsere Ähnlichkeit bei so großer Verschiedenheit des Genies besteht? Darin, daß wir beide hundert Jahre alt werden können, und dennoch immer Kinder bleiben werden. Diese ewige Kindlichkeit ist eine Größe, und vielleicht die beste Garantie für eine Zukunft nach dem Leben.«

Wechselseitig projektierte Wunscherfüllung zwischen Hermann und Bettine. Dennoch, es werden wiederholt Klärungen erforderlich, Abgrenzungen, Distanzierungen. HPM, als Antwort auf Bettines hochtrabende Äußerungen:

»Ob ich glaube daß Du eine Leidenschaft für mich hegest? O nein, es ist nur viel Leidenschaft in Dir und für Dich da, comme de raison. Die letztere braucht, wie die Somnambule, ein Nebelbild dem sie Gestalt und Leben leiht um sich ihre eignen Gedanken dadurch hervorzurufen und wie eine prophetische Stimme zu vernehmen. Als solches Nebelbild diene ich Dir eben jetzt, wesentlich schauspielerische Bettina, wobei meine Kälte Dich anzieht wie Eisen den Magnet.

Du hast aber doch im Ganzen fast zu viel was ich zu wenig habe, nämlich Poesie, und ich zu viel was Du zu wenig hast, nämlich Ruhe. Es wird sich alles schwer verschmelzen, aber wenn Du Dich wirklich ganz selbst vergessen, nur mir dienen willst, so kann Dir das, wieviel oder wie wenig was *ich* dazu tue, Nebensache bleiben. Ich bin eine kaltblütige Eidechse, liebe Betty, die einem immerfort aus den Händen fährt, deren nähere Berührung wie Eis bedünkt, und die nur fasziniert, wenn sie, ihre Farben in der Sonne schillernd, Dich mit diamantnen Augen lebendig anfunkelt, und grazieus umherschwänzelt oder unbeweglich im Gebüsche lauscht – vielleicht auf Beute. Ist das klarer Tag? ist das wahr oder nicht? Beim Himmel, *ich* kanns am wenigsten beantworten. Ich bin ein Findelkind, gestrenge Frau, und kenne meine Eltern nicht. Doch hat einst Jemand mir vertraut, Mephistopheles habe einmal betrügerischer Weise statt Faust bei Gretchen geschlafen, und ich sei die Frucht davon.

Sein Sie nicht witzig, gnädige Frau, und sagen Sie etwa: So sei der dumme Teufel entstanden.

Ums Himmelswillen, kein Schrei der Leidenschaft, lieber Tiger. Obgleich ich mich nicht vor dem Gefressenwerden fürchte, bin ich doch darin etwas sultanartig: Herrscher denen nichts Leidenschaftliches, nur aufopfernde Hingebung nahen darf.«

Und so übernimmt sie wieder die Rolle des Sklaven Sulim, von dem sie gelesen hat. Die Sklavin muß sich freilich immer mal wieder abgrenzen, sich neu definieren.

Wenn Du also willst daß ich noch schreiben soll, so verlange es kurz, und beschäme meine Ergebenheit nicht dadurch daß Du Umstände machst, daß Du mehr sagst als ein Sklave gewöhnt ist zu hören. Hör mich: im vollen Sinn des Wortes halte mich als Sklaven.

Jetzt kommen Suppliken [Bittschriften]: Du nennst mich *schauspielerische Bettina*, das bin ich nicht, ich stelle nichts vor, ich werde hingerissen. O mißversteh mich nicht.

Du sagst: Wenn ich mich wirklich vergessen, nur Dir dienen wolle, so könne mir das was Du dazu tust, Nebensache bleiben; ja gewiß, ich werde für mich nichts fordern sobald ich nur weiß, daß die Dienste Deines Sklaven Dir nicht zur Last fallen; dies eine nur bitte ich: Gib ein Zeichen wenn es Dir zuviel ist, denn obschon Deine Briefe mir eine Leuchte in der Wüste sind, so wage ich es nicht sie für mich zu fordern und wenn Du es willst, so muß ich mir den Kopf in der Finsternis an jedem Stamm zerschellen und meine Treue wird sich doch zurechtfinden.

Du nennst mich *Betty*. Hier eine dringende Supplik: Nenne mich niemals Betty, es ist ein Judenname, mein Name deutet auf die edle Abkunft Deines Sklaven.

Und wieder fliegender Rollenwechsel: die Sklavin als Hohepriesterin der Läuterung des Partners. Es wird für den Weltmann nicht leicht gewesen sein, hinzunehmen, daß eine erwachsene Frau ihm predigte, seine Vergeistigung werde durch Sünde verhindert.

Freilich, Pückler wußte sich zu wehren. Als ihm Bettines Missionsarbeit zu arg wurde, schlug er vor, das »Du« zurückzunehmen, zum »Sie« zurückzukehren. Eine Sprachbarriere wurde errichtet. Doch Bettine nahm wiederholt Anlauf, um sich darüber hinwegzusetzen. Und so erging es Pückler wie zuvor Goethe: sie wurde ihm lästig.

Wahrscheinlich auch, um ihren unbeirrbar fortgesetzten Läuterungsversuchen, zugleich ihren wiederholten Liebesbezeugungen, Liebesergüssen auszuweichen (»Ich bin Dein Freund«, schreibt er später, »aber nicht Dein Liebhaber«), fordert er sie wiederholt auf, ihm zu erzählen: tagebuchartig aus ihrem Leben oder von Goethe, oder von beidem zugleich. Das geschieht denn auch, Anfang Mai 1832. Bettine schreibt sich warm!

Nun wohl! lasse Dir erzählen wie ich meine Jugendtage verbrachte: blind, taub, stumm für alles; kein Frühlingsfest und kein Winterfest machten Eindruck auf mich; früh vor Tag in den Wald zu laufen, ein paar Hände voll tauiger Kräuter zu holen, scheu flüchtig und blitzschnell wie ein Reh, daß mich keiner bemerken oder vermissen solle, das tat ich manchmal an solchen Tagen wo ich meiner Sehnsucht keinen Rat wußte; das war mir gleichsam ein Ersatz für das Streben nach ihm [Goethe!] und ich fühlte mich dann in etwa beschwichtigt. –

Auf seine Bücher die ich immer lesen wollte, legte ich vor Liebe meine glühende Wange, mit meinen Armen schloß ich einen Kreis um sie, und so schlief ich einen süßen Schlaf, ja ich mußte vor Liebe viel schlafen, wachend war mirs als sei ich nicht zu Haus und müsse mich eilen wieder zum Schlafen zu kommen bloß um da zu sein wo ich ihm näher war. So ging die Zeit zwischen 16 und 18 Jahren hin. Ich war nicht immer in dieser Anregung dieser Spannung nach ihm; aber welche seltsame Melodien spielten mir die Geister auf. –

Zieh mich an Dein Herz um Dir alles zu erzählen: –

Warum bin ich so wehmütig da ich Dir sagen soll, wie meine Jugend war? – Welche eigentümliche Neigungen welche Sonderbarkeiten mich von allem Menschlichen trennte; ja es muß eine Isolierung in der Liebe geben, die eine hohe Bedingung ihrer geistigen Tendenz und notwendig zu ihrer Entwicklung ist, ohne die sie nie aussprechen wird in ihrer Gestaltung, was ihr eigentliches Geheimnis ist. [...] Drum: wem ich erzähle von der Liebe der muß innerhalb dieses Kreises mit mir wohnen damit ich keinen Frevel an der Liebe begehe; drum mußt Du mich lieben in der Zeit wo ich Dir erzähle; und das ist mein Gewinn. Drum sag ich: Ja, zieh mich an Dein Herz um Dir alles zu erzählen. –

Wir hatten einen schönen Garten am Haus, Ebenmaß und Reinlichkeit war ihm erste Hauptzierde, an beiden Seiten liefen Spaliere hin mit ausländischen Fruchtbäumen, im Mittengang standen diese Bäume so edel so hoch so frei von jedem Fehl, sie hingen ihre schlanken Äste schwertragend im Herbst an den Boden, es war so still in diesem Garten wie in einem Tempel, im Eingang waren auf beiden Seiten zwei gleichmäßige Teiche, in deren Mitte Blumeninseln waren, hohe Pappeln begrenzten ihn und vermittelten die Nachbarschaft zu den Bäumen in den angrenzenden Gärten. Denke doch, es zerreißt mir das Herz wenn ich Dir sagen soll, wie es mir dort erging, obschon alles so einfach war; warum wühlts mir im Herzen wenn ich mich daran erinnere, daß die Blütenkätzchen von den Pappeln und diese braune klebrige Schale von den Knospen mir in den Schoß und in den Busen fielen, wie ich da so still in der Mittagsstunde saß und dem Streben der jungen Weinranken nachspürte, wie die Sonnenstrahlen mich umwebten, die Bienen mich umsummten, die Käfer hin und her schwirrten, die Spinne ihr Netz ins Gitter der Laube hing. – Da lauschte ich, da hörte ich einen fernen Lärm außerhalb meiner Sphäre, da dachte ich: Das ist der Lärm der Welt, und Du bist außer dieser Welt, aber mit wem bist Du? – Wer ist bei Dir?

* * *

Goethe Du bist schön! Ich will Dich nicht zum zweiten Mal in Versuchung führen wie damals am Pfeiler in der Bibliothek Deiner Büste gegenüber; Du hattest das junge Mädchen der Büste zugeführt, die in Deinem 40sten Jahr das vollkommene Ebenmaß Deiner höchsten Schönheit aussprach; da standest Du, in den grünen Mantel gewikkelt, am Pfeiler angelehnt, erwartend, mein forschendes Auge werde in diesen verjüngten Zügen doch endlich den gegenwärtigen Freund erkennen; ich tat aber nichts dergleichen, warum denn nicht? – Ach Scherz, Ernst, Liebesspuk, geheime Lust, sie ließen mirs nicht über die Lippen.

»Nun?« fragte er endlich.

»Es muß ein schöner Mann gewesen sein«, sagte ich. –

»Ja wahrlich! Dieser konnte wohl sagen, zu seiner Zeit, er sei ein schöner Mann«, sagte er zornglühend. –

Ich wollte an ihn herangehen und ihn wieder sanft schmeicheln, allein er wies mich ab, wich aus, und endlich, da ich ihm die Hand berührte, schleuderte er mich von sich. –

Einen Augenblick war ich betroffen: »Halte stand wie dieses Bild«, rief ich, »so will ich dich erweichen, willst du nicht? – Nun, so lasse ich den Lebenden und küsse das Steinbild bis du eifersüchtig mich ihm entreißest.« Ich umfaßte die Büste, ich lehnte die Stirne an diese erhabene Stirne und küßte diese Marmorlippen, ich drückte mich fest an und lehnte Wange an Wange, da hob er mich plötzlich weg, und wahrlich, es war hohe Zeit denn schon war ich ganz dem Stein ergeben, er hob mich hoch in seinen Armen sodaß meine Kniee auf seiner Brust stemmten; dieser Mann von 61 Jahren, er sah an mir hinauf und rief: »*Sternenkind! Götterkind! Du liegst in der Wiege meiner Brust.*«

Welch schöne Worte! Pückler! Welch heilige Musik in die er mich aufnahm, in welcher er mich verewigte; nachdem er mich eine Weile so heißglühend angesehen hatte, ließ er mich an die Erde, er wickelte meinen Arm in seinen Mantel, und hielt mir die Hand an sein klopfendes Herz, und so gingen wir langsamen Schrittes nach Hause; ich sagte: »Wie schlägt dein Herz!«

»Es schlägt nicht für mich«, sagte er, »die Secunden die mit solchem Klopfen an die Brust stürmen, sie stürzen mit übereilter Leidenschaft dir zu; auch du jagst mir die unwiederbringliche Zeit vorwärts. –«

Siehst Du! so schön fing er die Bewegung seines Herzens in süßen Worten ein; das war der heilige unwidersprechliche Dichter. –

Pückler, ich sag Dir Gute Nacht; weine mit mir; ich klammere auch nur einen Augenblick mich an Dich an, und bitte: Hauche mir Trost ein, denn sieh, die Mitternacht ist schon vorüber, die Mitternacht, die ihn weggenommen hat. –

Du hast gesagt ich soll Zutrauen zu Dir haben; ich hab Dir heut alles geschrieben wie mir ums Herz war. – B.

Zwischenspiel: Die »Bataille von Muskau«

Der Briefwechsel Bettine von Arnim / Hermann Fürst von Pückler-Muskau nimmt in einer neueren Edition etwa 350 Druckseiten ein; die können nicht ihren Platz finden im Lesebuch, auch nicht in strengster Auswahl. Die Geschichte dieser gescheiterten Beziehung aber gehört zu Bettines Leben, also muß sie Präsenz finden. Viel Kommentar und zahlreiche weitere Zitate wären freilich notwendig für eine angemessene Wiedergabe – könnte ein anderer Ansatzpunkt hier weiterführen, zugleich näher an Bettine heranführen?

So folgt ein Zwischenspiel. Ich lernte dabei von Bettine: ging, im umgrenzten Spielbezirk, so frei mit überlieferten Texten um, wie sie mit Texten umgangen war, die ihr vorlagen.

Der folgende Dialog ist nach biographischen Fakten erfunden. Zitate aus Briefen des Fürsten sind eingeschmolzen. Bettine aber spricht hier anders, als sie damals geschrieben hat – vor allem ohne mythologische Verbrämungsspiele, ohne ständige Hinweise auf Goethe. Der Zeitraum, in dem das Gespräch stattgefunden haben könnte: Juni oder September 1833. Bettine bezeichnete später die Episode als »Bataille von Muskau«, sprich: Der Kampf, das Gefecht, oder, eher angemessen: Das Scharmützel von Muskau.

Damit nicht eventuell der Eindruck entsteht, im Folgenden würde überzeichnet, nun einige Statements von HPM in Briefen an Bettine, die für ihn zuweilen auch »Bettina« hieß. Sie mußte sich allerlei von ihm sagen lassen, doch das blieb wirkungslos, wurde von weiterhin seitenlangen Suaden und Elogen gleichsam weggeschwemmt.

»Bedenke, Bettina, daß Du in der Luft schwebst und ich auf der Erde gehe. Mein Stil ist scherzend, sauersüß und leichtsinnig, Deiner stets erhaben. Wir dürfen beide nicht aus der Rolle fallen …

Sei nicht so schwerfällig pedantisch, gute Bettine, das ist Dein größter Fehler. Schaffe Dir etwas von Goethes dichterischer Universalität an, denn bei unendlich viel Geist bist Du einseitig …

Deine überfeurigen Briefe, närrische Bettina, [sind mir] grade recht, nur wünschte ich Du begnügtest dich mir dergleichen bloß zu schreiben, und erzähltest nicht so viel an Andere davon …

Adieu gutes Närrchen, könntest Du noch klettern, und wärest Du noch 18 Jahr, so wäre ich *Dein* Sklave et comment! Dieu le sait [und das wie! Gott weiß es.] Wie es jetzt ist, mußt Du schon der *meinige* bleiben …

Beste Bettina – nicht überspannt wenn ich bitten darf. […] Wenn ich früher sagte, ich wolle mir recht gern Leidenschaftlichkeit gefallen lassen, so habe ich darunter doch nur eine leidenschaftlich ergebne Freundschaft, wie sie mir z.B. auf die *schönste* und angemessenste Weise eine wahrhaft hohe Frau gewidmet hat – verstanden, aber nicht die dithyrambische Raserei einer achtzehnjährigen Bacchantin, mit bloßer Gehirnsinnlichkeit, die noch obendrein nur künstlich heraufgeschraubt ist, und jeden Augenblick beliebig beiseite gelegt oder auf einem andern Instrument abgespielt werden kann – die ermüdet mich, und behagt meiner Natur nicht …

Daß ich dabei verlange, *Sie* genannt zu werden, geschieht deshalb, um Dich dadurch zu verhindern, Dich wieder in die Leidenschaftseinbildung hineinzuarbeiten.«

Was folgt, ist ein fiktiver Dialog – geschrieben mit Blick auf überlieferte Texte und Fakten. Im übrigen bleibe ich stets im Spielraum der Wahrscheinlichkeit.

Hermann: Sie haben mich in die peinlichste Lage gebracht! Ihr Auftritt war unglaublich!

Bettine: Was heißt hier Auftritt? Sie haben mich eingeladen zu dieser Teerunde. Hätte ich das ausschlagen sollen?

Hermann: Darum geht es nicht. Ich rede davon, wie Sie diese Einladung ausgenutzt haben. Beinah schamlos, ich muß es schon so sagen, wie Sie sich vor den Gästen aufgespielt haben!

Bettine: Auftritt, ausgenutzt, aufgespielt – weitere Wörter dieser Art können Sie sich aber sparen.

Hermann: Ich bin in dieser Hinsicht noch viel zu sparsam!

Bettine: Sie lassen sich hinreißen!

Hermann: Und Sie haben versucht, mich in etwas hineinzureißen.

Bettine: Ach. Indem ich Ihnen folgte?

Hermann: Sie sind sich offenbar noch immer nicht dessen bewußt, was Sie angerichtet haben! Aber vielleicht versuchen Sie sich mal vor Augen zu führen, wie es auf einen kleinen Kreis geladener Gäste wirken muß, wenn sich eine völlig unbekannte Besucherin vom Hausherrn in den Salon führen läßt, und sie geht dabei eng an ihn geschmiegt.

Bettine: Was heißt hier: an Sie geschmiegt? Ich habe bei Ihnen eingehakt.

Hermann: Und hatten mit der anderen Hand meinen Ellbogen umklammert. Sie haben sich aufgeführt, vor der Fürstin, vor meinen Gästen, als wären Sie meine Geliebte!

Bettine: Selbst wenn ich Ihren geheiligten Ellbogen angefaßt hätte – ich wüßte nicht, welche Katastrophe das auslösen sollte. Schließlich sind Sie geschieden!

Hermann: Es handelt sich hier lediglich um einen formellen Akt, unter finanziellen Aspekten. Wir leben weiterhin unter einem Dach. Das haben Sie aufs Spiel gesetzt durch Ihr unbedachtes Verhalten. Wobei ich ja noch hoffe, daß es nicht vorsätzlich war. Sonst hätte ich Sie sofort rausgeworfen! Darauf können Sie sich verlassen! Auf der Stelle hätte ich Sie rausgeworfen, auf der Stelle!

Bettine: Sie wiederholen sich.

Hermann: Wenn sich Ihre Taktlosigkeiten nicht wiederholt hätten, wären solche Wiederholungen nicht nötig. Sie konnten sich doch vorstellen, daß alle uns beobachten. Und was tun Sie? Legen die Hand auf meinen Handrücken! Stupsen mich mit der Stirn an die Schulter! Wenn sie achtzehn wären, hätte der eine oder die andere vielleicht Verständnis dafür gehabt. Aber nicht bei einer Dame um die Fünfzig!

Bettine: Fürst, Sie werden immer charmanter! Ich hätte von einem Mann Ihrer Erziehung erwartet, daß er eher abrundet statt aufzurunden.

Hermann: Von Erziehung sollten Sie lieber nicht sprechen! In diesem Zusammenhang würde es Ihnen nämlich schwerfallen, zu erklären, zu rechtfertigen, weshalb Sie zu allem Überfluß auch noch in mein Schlafzimmer eingedrungen sind!

Bettine: Sie glauben doch wohl nicht, ich hätte den Salon verlassen, nur um in Ihr Schlafzimmer zu gehen.

Hermann: Wie auch immer, Sie waren in meinem Schlafzimmer. Ein Diener hat es mir berichtet, vorhin – er hat es zufällig gesehen, vom Gang aus. Das hätte genauso zufällig ein Gast beobachten können – und dann? Ich hätte reden und reden und reden können, für den Besucher wäre alles eindeutig gewesen. Gerade solche zweideutigen Eindeutigkeiten sprechen sich mit äußerster Schnelligkeit herum. Und dann? Es wird nach dieser Teerunde sowieso schon mehr als genug geklatscht. Ich rege mich also wahrhaftig nicht über Lappalien auf! Sie sind das erste Mal hier, haben sich selbst dazu eingeladen und –

Bettine: Das stimmt nicht! Das stimmt einfach nicht! Das –

Hermann: Und wenn Sie es dreimal sagen, es ändert nichts an den Tatsachen. Sie sind in meinen zur Zeit geschlossenen Park eingedrungen. Haben sich anschließend auch noch im Hause angemeldet, gegen alle Abmachung. Haben es dann darauf angelegt, den Besuchern und Hausbewohnern zu suggerieren, wir wären ein Liebespaar. Mon dieu, Sie sind eine erfahrene Frau – wie kann man sich derart hinreißen lassen!

Bettine: Die Liebe zu Ihnen hat mich hingerissen!

Hermann: Verschonen Sie mich bitte mit derartigen Hirngespinsten.

Bettine: Hirngespinste?! Nach all den Briefen, die ich Ihnen schrieb und die ich von Ihnen erhielt?

Hermann: Über unsere Korrespondenz reden wir später. Ich muß erst noch einiges sagen zu den Vorfällen hier. Sie haben es so dargestellt, als hätte ich Sie in die Teerunde quasi freiwillig eingeladen. Haben Sie bereits vergessen, was dem voranging? Sie sind heute bereits zum dritten Mal in den Park eingedrungen. Sie wissen, daß ich sonst fast jeden in den Park lasse, sofern minimale Vorbedingungen erfüllt sind, aber wenn ich schon mal, mit Blick auf eine Umgestaltung, die Anweisung erteile, die Tore auch tagsüber zu schließen, so will ich nur noch geladene Gäste im Terrain sehen. Sie aber waren trotz verschlossener Tore dreimal im Park! Ich finde, das ist unerhört!

Bettine: Wenn Sie noch *ein* Wort von mir hören wollen, so nehmen Sie endlich einen anderen Ton an! Jetzt reicht es mir aber! Ich kann auch schreien. Dann wird das aber in Ihrem ganzen, bis hinauf zu den Kaminen verschuldeten Schloß zu hören sein! So. Und jetzt wollen wir, nach diesem völlig überflüssigen Wirbel, zu den Tatsachen kommen. Ja, ich war in Ihrem Park, obwohl der zur Zeit verschlossen ist, aus welchen Gründen auch immer. Ich habe es gewagt, allein zu promenieren, wo sonst ganze Familien spazierengehn. Dieses Vergnügen habe ich mir heute bereits zum dritten Mal geleistet, in der Tat. Und wieso, mit welchem Recht? Ganz einfach: Sie haben mir selbst geschrieben, nach Berlin, ich solle mir Ihren Park ansehen; erst, wenn man Ihren Park kenne, lerne man Sie näher kennen. Und ich hatte und habe nun mal die Sehnsucht, Sie näher kennenzulernen – auch wenn Ihnen das verwerflich erscheint!

Hermann: Ich habe Sie nicht für *diesen* Termin zur Besichtigung des Parks eingeladen.

Bettine: Sie haben mir geschrieben – bitte, ich kann das nachweisen, ich besitze den Brief ja noch – Sie haben mir geschrieben, ich müßte Ihren Park kennenlernen, damit würde ich Sie –

Hermann: Aber ich bitte Sie, das war doch eine ganz allgemeine Formulierung! Natürlich bin ich der Meinung, man sollte den Park kennenlernen, wenn man mehr über mich erfahren will. Aber wenn ich das derart pauschal formuliert habe, und das mit Bedacht, so handelt es sich doch nicht um eine direkte Einladung!

Bettine: Sie müssen nicht weiter dementieren, ich habe es sowieso nicht als direkte Einladung verstanden, eher als dezenten Hinweis. Ich habe schließlich akzeptiert und respektiert, daß Sie Distanz brauchen. Also habe ich mich darauf eingestellt, daß wir hauptsächlich schriftlich miteinander verkehren. Dennoch haben Sie mir geschrieben, wie wichtig es sei, wenn man Ihren Park – und so weiter. Und Sie haben mir in einem späteren Brief mitgeteilt, wann Sie verreist sein werden. Genau diesen Zeitpunkt habe ich gewählt. Noch in Dresden ist mir mitgeteilt worden, Sie seien noch auf Reisen. Ich bin also mit dem besten Gewissen hierher gefahren. Und habe mir den Park angesehn.

Hermann: Aber Sie waren gestern schon da und vorgestern.

Bettine: Ja, weil mir die Ruhe und Schönheit des Parks gutgetan haben. Ich war müde, körperlich und seelisch, deshalb bin ich so lang herumspaziert, habe mich sogar ins Gras gelegt, im pleasure ground. Hätte ich nur durch Ihr Paradies huschen und mich gleich wieder davonstehlen sollen?

Hermann: Und wenn Sie im Park campiert hätten, um danach wieder abzureisen – wir müßten kein Wort darüber verlieren. Aber warum haben Sie sich dann beim Pförtner angemeldet?

Bettine: Weil ich von einem der Gärtner gehört habe, Sie seien doch schon wieder zurück. Da wäre es albern gewesen, abzureisen, ohne vorher Guten Tag gesagt zu haben.

Hermann: Auch dagegen hätte ich kaum etwas einzuwenden gehabt. Obwohl wir uns darauf verständigt hatten, nur zu schreiben. Und sonst nichts.

Bettine: Aber Sie haben mich doch besucht, in Berlin!

Hermann: Ich war ein einziges Mal bei Ihnen. Und habe mich anschließend noch einen Monat in Berlin aufgehalten. Ich werde Ihnen wohl kaum erklären müssen, weshalb ich in dieser Zeit Ihrem Hause ferngeblieben bin.

Bettine: Mir läge sehr daran, wenn Sie mir das gelegentlich erklären würden – ich habe es nämlich nie recht verstanden. Mein ganzes ›Verbrechen‹ hat damals nur darin bestanden, daß ich Ihnen die Hände küßte, daß ich den Kopf an Sie lehnte. Was war daran so verwerflich? Können Sie sich nicht vorstellen, daß ich meine Bewunderung, meine Liebe wenigstens in einer Andeutung, mit einer Geste zum Ausdruck bringen wollte? Und daß ich, für ein paar Herzschläge, an Ihnen ausruhen wollte? War das wirklich ein Grund, mich wochenlang zu meiden? Sie in Berlin, ich in Berlin, und wir hören nur über Bekannte voneinander? Und heute womöglich wieder so eine Albernheit?

Hermann: Ich würde an Ihrer Stelle nicht von Albernheiten reden – es könnte zum Bumerang werden. Sie dringen einfach in mein Schlafzimmer ein –

Bettine: Ich habe auch das gewagt, ja! Und wissen Sie, in welcher Form ich dort gefrevelt habe? Ich habe einen Moment die Hand auf Ihr Bett gelegt und bin gleich wieder gegangen. Das ist also wirklich kein Punkt, über den wir länger reden müssen.

Hermann: Sie werden wohl kaum die Konditionen dieses Gesprächs festlegen wollen, schon gar nicht nach besagten Vorfällen! Also, daß mein Diener nicht annimmt, Sie wären ins Schlafzimmer eingedrungen, um dort ein Gebet zu verrichten, das dürfte doch wohl klar sein! Wenn ich eines nicht ausstehen kann, von Natur aus, von meiner ganzen Erziehung her, so sind das Geschmacklosigkeiten. Wirklich, ich hätte Sie hinauskomplimentieren sollen!

Bettine: Wozu die Schnörkel? Sagen Sie doch gleich: rausschmeißen!

Hermann: Oh, ich wäre durchaus in der Lage, den Ton zu verschärfen. Rausfeuern, das würde auch in den Kontext passen.

Bettine: Womit denn der vormalige Offizier zum Vorschein käme ... Glücklicherweise sind wir hier aber nicht in einer Kaserne, sondern in Ihrem Schloß. Und derselbe Diener, der mich bei jener unvorstellbar verwerflichen Tat beobachtet hat, er hat uns Tee gereicht. Hat dabei den Eindruck gewinnen können, daß hier zwei vernunftbegabte Wesen beisammen sitzen. Wollen Sie den Eindruck zunichte machen?

Hermann: Ich sehe keinen Anlaß, Trugbilder zu zaubern. Eher könnte ich mich genötigt sehen, nachzuholen, was ich bisher versäumt habe. Wie auch immer man das formulieren mag.

Bettine: Ich sehe aber, um es klar zu sagen, keinen Anlaß, mich nachträglich vor die Tür setzen zu lassen! Sie hätten es, wenn überhaupt, sofort tun sollen – jetzt ließe ich mir das nicht mehr gefallen. Und weil ich grade in Schwung bin, will ich noch etwas sagen. Ich habe nichts getan, was Sie dazu veranlassen konnte, mich mit derart schauderhaften Ausdrücken, ja, anzuschreien. Seit Monaten wechseln wir Briefe. Sie wissen, mit welchen Gefühlen ich Ihnen schreibe, mit welchen Gefühlen ich an Sie denke. Und ich bin hergekommen, weil ich Ihnen nah sein wollte, in Ihrem Park. Und dann machen Sie mir eine derartige Szene. Ich muß sagen, da ist einiges in mir kaputt gegangen. Ich habe Angst, ich darf mir nicht mehr wünschen, daß Sie mich lieben, und ich kann nicht mehr fordern, daß Sie mir vertrauen. Ich werde so bald wie möglich abreisen. Vorher werde ich mich bei der Fürstin entschuldigen. Ich werde ihr erklären, daß diese Umarmung selbstvergessner Überschwang war, der keinerlei Rückschlüsse zuläßt auf unsere Beziehung. Das werde ich mit voller Überzeugung sagen können, leider. Nur das eine wünsche ich mir noch: daß wir uns auch nach diesem Abschied wieder schreiben, wie bisher. Mein Gott, wenn ich mir vorstelle, diese Begehung, diese Besichtigung, mit der ich mich in Ihr Werk einfühlen wollte, mit der ich Ihnen näher kommen wollte, als das bisher möglich war, näher auf die indirekte Weise, die Sie wünschen – wenn ich mir vorstelle, meine Reise könnte ein Endpunkt sein und wir – ich wag schon gar nicht mehr auszusprechen, was mir in den Kopf kommt.

Hermann: Fangen Sie bitte nicht an, zu dramatisieren.

Bettine: Nach dem Drama, das Sie aus dem Stegreif entwickelt haben, kann ich höchstens noch ein Dramulett liefern.

Hermann: Schön, ich gebe zu, es mag zur einen oder anderen Überspitzung gekommen sein. Aber selbst auf dieses Risiko hin – ich muß mir vorbehalten dürfen, die Wahrheit zu sagen, im Positiven wie im Negativen. Sonst kann auch ich nicht mehr frei und spontan reden.

Bettine: In diesem Punkt sollten wir uns leicht einigen können. Das wäre ja ein allzu trauriges Schauspiel, wenn ausgerechnet wir beiden hier säßen und verstummten. Leider sind wir nah dran – ich weiß im Moment nicht mehr so recht, wie es weitergehen soll. Ich spüre, ich muß in sehr kurzer Zeit sehr viel sagen, das bringt mich durcheinander – wo kann ich ansetzen, ohne alles noch schlimmer zu machen? Ob wir uns nicht ein paar Minuten, ja, neutraler verhalten könnten? Und wir reden zwischendurch über was anderes?

Hermann: Mir wäre ein Gespräch auch entschieden lieber als solch eine Auseinandersetzung. Aber ich kann jetzt nicht in Konversation machen. Ich habe Ihnen ebenfalls noch viel zu sagen. Und das ist vor allem: Sie haben völlig falsche Vorstellungen von mir entwickelt. Ich will nicht gleich zum Kernpunkt kommen – in der Hinsicht werde ich Ihre Bitte respektieren, verharren wir also ein wenig an der Peripherie. Beispielsweise beim Thema Parktore. Ich möchte nicht schrullig erscheinen: sonst läßt er an Festtagen Dutzende herein, und nun regt er sich auf über eine einzige Besucherin . . . Ich habe den Zaun, die Mauer nicht um den Park ziehen lassen, um meinen Besitz zu sichern – das schützt nicht einmal vor Wilddieben – die Umgrenzung soll mir ein Gefühl von Geborgenheit verschaffen, hebt zudem mein ästhetisches Vergnügen. Aus diesem Grund möchte ich die Abgrenzung respektiert wissen. Andererseits freue ich mich natürlich, wenn man sich für den Park interessiert. Und da haben Sie mich mit einer Formulierung bestochen, die ich sehr gern höre: die Ruhe, die man hier findet. Es war freilich sehr viel Arbeit notwendig, bis man diese Ruhe genießen konnte. Ich mußte zweitausend Morgen Land aufkaufen, und zwar von verschiedenen Eigentümern, um frei disponieren zu können. Ich mußte eine Chaussee, die hier am Schloß vorbeiführte, aufkaufen und abtragen lassen – der Schutt kam in den Festungsgraben, das Wasser war sowieso faulig. Ich habe die Festungswerke schleifen lassen, und das ging zum größten Teil nicht durch Sprengungen, ich mußte – wie bei einer mittelalterlichen Belagerung – Mauerbrecher, Rammböcke einsetzen, von jeweils zehn, zwölf Mann im Laufschritt getragen. Aber jetzt komme ich schon ins Plaudern – ich habe Ihren Wunsch etwas zu gehorsam erfüllt. Dabei habe ich mich unablässig gefragt, was Sie zu Ihrem heutigen Verhalten bewegt haben könnte.

Bettine: Wenn du mich so direkt fragst, kann ich nur indirekt antworten. Ich will dir erzählen vom Straußenei und von der Kokosnuß. Diese Kokosnuß und dieses Straußenei hatte mein Großvater in seiner Raritätensammlung, im Schrank, hinter Glas. Wenn hoher Besuch im Hause war, durfte man die sichtlich alte Palmnuß schütteln, und man hörte die Milch in ihr gluckern. Da sagte man sich, wenn man diese Nuß öffnet, so könnte man die Milch noch trinken, und sie wäre frisch. Würde zumindest so schmecken. Und dann das Straußenei – ich mußte den kleinen Hammer holen, und Gäste durften an die Schale klopfen. Diese beiden Schaustücke waren sehr beliebt: das eine läßt sich jederzeit schütteln und gluckert gehorsam, das andere läßt sich mit dem Hämmerchen beklopfen und bleibt fest. Aber schau, wäre dieses Ei ausgebrütet worden, so wäre ein Strauß entstanden, der viele Eier hätte legen können, aus denen weitere Strauße entstanden wären, die wiederum Eier hätten legen können, und so wären viele, viele Strauße entstanden, alle aus dem einen Ei, letztlich. Und dann die Kokosnuß – wäre sie von der Palme auf den Boden gefallen und hätte sich geöffnet, so hätten dort zwei Palmen entstehen können, und von denen wären nach einigen Jahren wiederum Kokosnüsse auf den Boden gefallen und weitere Palmen wären entstanden, schließlich hätte es ein ganzer Wald von Palmen werden können. – Die Kokosnuß und das Straußenei: sie liegen quasi hier auf dem Tisch, Und alles weitere liegt bei dir.

Hermann: Nach diesem schönen Gleichnis – was immer ich jetzt auch sagte, es würde prosaisch klingen. Also werde ich gleich mit Vorsatz prosaisch: Ich fühle mich geschmeichelt durch die hohe Aufgabe, die Sie mir indirekt zuweisen, aber ich bin ihr nicht gewachsen. Ich habe nicht dieses Milchherz, aus dem Palmen entstehen, ich habe eher ein Herz, an das man mit dem Hammer schlagen muß. Außer mir selbst, Bettine, liebe ich keinen; außer mir selbst hasse ich auch niemanden. Ich kann die Liebe anderer nur dulden, kann den Haß anderer bloß verachten. Das ist die Wahrheit, und ich habe sie Ihnen schon mal geschrieben. Ich kann das so gelassen formulieren, weil mein Denkvermögen stark, mein Gefühl schwach ist. Ich komme mir vor – auch das habe ich Ihnen schon mal dargelegt – ich komme mir vor wie ein Vampir, kalt, ohne Blut. Und ich kann mir nicht denken, daß so jemand Ihnen gefällt, daß Sie sich auf so jemanden ernsthaft einlassen wollen. Aber ich merke schon, das ist viel zu direkt, ich will ebenfalls ein Gleichnis erzählen, ein ganz kurzes. »Und«, rief der Sperling, der den stolzen Fuhrmann umflog, »ich sage dir, es hilft alles nichts, du mußt sterben!« Der Fuhrmann schwieg, schlug die Kapuze zurück, und der Sperling sah – einen Totenschädel.

Bettine: Und darauf sagte sich der Sperling: Ich werde ihn dennoch weiter umkreisen. Werde ihm die leckersten Fliegen und Würmer zutragen, damit er wieder zu Fleisch kommt. Und er wird hinausfahren in Gebiete, in denen er trotz seiner notorischen Reiselust noch nie gewesen ist. Und hinten auf dem Wagen liegt die brave Kokosnuß. Die wird der Fuhrmann eines schönen, eines sehr schönen Tages öffnen – und ich werde aufleben. Das ist ein Wort, das kann ich mit gar nicht genug Atem aussprechen! Auf-leben! Für jede Silbe bräuchte ich eine ganze Lunge voller Luft: auf – le – ben! Ich fühle, fühle, fühle, das ist noch möglich!

Hermann: Jetzt muß ich auch etwas dreimal sagen: Vielleicht für Sie, vielleicht für Sie, vielleicht für Sie! Bettine, Sie schweben, ich aber gehe. Oder stehe – eher dies, zur Zeit. Und ich schaue zu, hier in der Niederlausitz, wie Sie abheben und immer höher hinaufschweben. Und empfinde nicht einmal Neid – so tief bin ich gefallen.

Bettine: Selbst wenn du dich noch so tief fallen läßt – du wirst nicht unten bleiben. Du nicht! Es ist noch so viel Begeisterungsfähigkeit in dir, so viel Enthusiasmus – du mußt dich nur aufraffen, dich aufschwingen, und das Element wird dich tragen – die Luft über der Ebene, auf der Strauße zu Dutzenden, zu Hunderten rennen, diese Luft, in der sich all die Palmen wiegen.

Hermann: Und die Balken biegen . . . Bettine, hier geschieht etwas Merkwürdiges, fällt Ihnen das nicht auf? Das übliche Verhalten zwischen Mann und Frau kehrt sich um. Sonst heißt es, daß der Mann die Frau zum Fall verführt – und nun wollen Sie mich zum Flug entführen, über Straußenebenen und Palmwälder und immer höher hinauf. Wenn Sie schon glauben, Sie bräuchten dabei einen Begleiter – in mir werden Sie ihn nicht finden. Suchen Sie jemanden, der noch abheben kann. Der noch nicht an Migräne leidet und an Melancholie. In solcher Verfassung sieht es nämlich so aus mit mir: nichts bewegt, nichts ergreift, nichts erfreut mich mehr, fast möchte ich sagen: nichts interessiert mich mehr. So jemand kann Sie in Ihrem Höhenflug nur zum Absturz bringen.

Bettine: Wenn man derart lebendig ist im Sprechen – das ist nicht möglich, wenn man allem schon Ade gesagt hat!

Hermann: Dann lassen Sie sich sagen, daß ich auch Schauspieler bin. Der kann, unter andrem, auch einen lebendig wirkenden Mann darstellen. Zu größeren Charakterrollen reicht es freilich nicht mehr. Schon gar nicht zur Protagonistenrolle, die Sie ihm zuspielen wollen. Sie brauchen einen, der aufsteigt wie eine Montgolfiere – ich bleibe lieber auf dem Boden der Tatsachen, mit kühlem Kopf. Aber ich fürchte, es ist gerade diese Kälte, die Sie anlockt. So, wie das Eisen den Magnet anzieht.

Bettine: Du meinst, wie der Magnet das Eisen.

Hermann: Nein, das habe ich mit Absicht so gesagt. Ich bewege mich kaum noch, innerlich, ich betone: innerlich – meine Reisen sind kein Gegenbeweis. Und ich habe in dieser inneren Reglosigkeit das Gefühl, es geht kaum noch Wirkung von mir aus. Während Sie sich noch mit Lust bewegen, vor allem innerlich, und das übt auf viele eine starke Anziehung aus. Ich vermute, die wirkt besonders ein auf Männer, die noch leichtfüßig mitrennen können auf Straußenebenen, die sich noch leichtherzig in Palmkronen wiegen.

Bettine: Warum weist du mich ab, indem du auf andere zeigst? Und das gleich in der Mehrzahl?

Hermann: Weil ich mich für eine zufällige erste Besetzung der Rolle halte, die andere – und hier bleibe ich bei der Mehrzahl – weitaus besser spielen können.

Bettine: Aber alles, was ich jetzt gesagt habe – ich habe es nur dir gesagt, nur dir ganz allein.

Hermann: Sie haben eine große Phantasie oder Rhapsodie

gespielt, die auf andere höchstwahrscheinlich mitreißend gewirkt hätte. Und Sie haben erwartet, ich würde einstimmen, würde mitspielen – Sie selbstverständlich am Flügel, und ich, sagen wir, auf der Geige. Aber mein Instrument hat seine Resonanz verloren.

Bettine: Du weißt genau, das stimmt nicht. Da ist so viel Resonanz in deinen Äußerungen. Da ist dieses Aufleuchten in den Augen, dies sehr lebendige Entfalten der Gesten – trotzdem stellst du dich dar als jemand, der kleinmütig nur noch seine Ruhe haben will. Das kommt mir so vor, als würdest du deine glanzvolle Partie von einem altgedienten, keiner höheren Regung mehr fähigen Statisten darstellen lassen. Das ist unter deinem Rang – und ich rede hier nicht den Fürsten an, das weißt du. Es liegt weit unterhalb deiner Möglichkeiten! Die liegen eben nicht nur im Bereich deines Parks. Als ich all die Wiesen und Baumgruppen und Teiche und künstlichen Hügel sah, da fragte ich mich, ob du dich in dieser künstlichen Landschaft – ja, versteckst. Vielleicht bin ich heute auch deshalb nochmal zurückgekehrt, weil ich – noch ganz tief in mir verborgen – die Hoffnung hegte, ich könnte dich sehn und dir das sagen. Aber wahrscheinlich ahnst du das alles schon längst. Sonst würdest du kaum diese Reise nach Griechenland und Ägypten vorbereiten. Das bedeutet doch: Du willst neue Räume um dich haben, willst neue Erfahrungen auf dich einwirken lassen, willst neue Erfahrungen mit dir selbst machen. Warum dazu aber erst nach Griechenland und Ägypten reisen? Wäre es nicht viel überraschender, intensiver, das Neue im gewohnten Bereich zu erleben? Auf das Neue im Süden bereitest du dich vor, durch Reiselektüre – hier aber wäre kaum Vorbereitung möglich, hier würdest du dich in das Abenteuer der neuen Erfahrung stürzen. Dabei könntest du sehr viel mehr in dir entdecken als vor den harmonisch gereihten Säulen Griechenlands, den geometrischen Formen der Pyramiden.

Hermann: Deine Rhapsodie reißt dich immer weiter hinweg – jetzt spielst du schon in der griechisch-ägyptischen Tonart!

Bettine: Vielleicht kommen noch viel schönere Tonarten hinzu ... Weil wir schon von Musik reden: Mach deinen viel zu lang verschlossnen Instrumentenkoffer auf, nimm die Geige heraus und du wirst erleben, wie der Klang des Instruments wieder aufblüht!

Hermann: Dieses Instrument, Bettine, ist heute zu hart angefaßt worden, es ist verstimmt. Also wird es im Koffer bleiben, und der bleibt im Schrank.

Bettine: Die Schalen werden ja immer zahlreicher! Innerhalb der Parkmauern, innerhalb der Schloßmauern, innerhalb der Schrankwände, innerhalb des Instrumentenkoffers –

Hermann: Ja, und dort wird es bleiben, dieses metaphorische Instrument. Tor zu, Türe zu, Deckel zu – so will ich es haben! Und Sie können noch so oft erklären, ich würde mich verstecken, können sogar behaupten, ich würde mich verkriechen – Sie werden es nicht mehr ändern.

Bettine: Ich habe keine andre Wahl, ich *muß* es ändern – für uns! Sollte ich denn ganz umsonst vom Straußenei und von der Kokosnuß erzählt haben? Was ich mir wünsche, mehr als alles andre: Ich möchte mich ganz und gar auf uns einlassen, möchte entstehen lassen, was zwischen uns heranwächst. Ja, es kommt da etwas aus mir heraus, das ich von mir nicht erwartet hätte, an Gefühlen und an Wörtern für die Gefühle. Und warum sollte es nicht möglich sein, in einer höheren Resonanz, daß sich auch für dich das Überraschende ereignet, und es reißt dich aus dir heraus, erhebt dich über dein früheres Selbst?

Hermann: Auch wenn mein Gefühl sich kaum noch regt, mein Verstand tut es, und der greift diese Äußerung auf: »Ich habe keine andre Wahl.« Da irren Sie – hier besteht für Sie überhaupt keine Notwendigkeit, zu wählen, zu entscheiden. Denn Sie haben in erster Linie für sich selbst gespielt, haben sich selbst mitgerissen in Ihrem ekstatischen Spiel – letztlich brauchen Sie gar kein weiteres Instrument! Oder, höchstens, um an seiner Resonanz zu vernehmen, wie atemberaubend Ihre Rhapsodie ist von diesem in Straußenebenen und Palmwälder hinausschwärmenden Gefühl. Jetzt muß ich allerdings gleich auch sagen, daß – für meinen Geschmack – diese dithyrambische Phantasie recht verspätet erklingt. Wenn Sie noch achtzehn wären, und Sie könnten rennen wir ein Strauß, könnten in Palmen klettern – ich wäre Ihnen hörig, wäre Ihr Sklave. Aber was sich jetzt zeigt – Sie müssen schon verzeihen, Bettine, aber einmal muß es heraus – was sich jetzt zeigt, ist nur noch Gehirnsinnlichkeit.

Bettine: Gehirn-Sinnlichkeit?!

Hermann: Ich gebe zu, ein Ausdruck, der sich nicht spontan eingestellt hat; ich habe ihn mir zurechtgelegt.

Bettine: Jetzt weiß ich, was das heißt: scharfzüngig. Und was das ist: eine spitze Bemerkung. Wirklich, das ist wie eine kalt eindringende Spitze, hier ins Herz, hier in den Hals. Gehirnsinnlichkeit – böser hättest du's nicht sagen können.

Hermann: Tut mir leid, Betty, aber diese Äußerung war notwendig, ich setze hier auf kathartische Wirkung, für uns beide. Wenn Ihre Phantasie sich erst einmal ausgetobt hat, werden Sie sehn, daß ich recht habe. Auch in der Einschätzung meiner Person. Ich bin nicht der Mann, den Sie für eine höhere Liebesbeziehung zurechtmodeln können. Ich muß Sie in dieser Hinsicht eindringlich vor mir warnen – ich hatte Zeit und Gelegenheit genug, mich kennenzulernen. In meinem bisherigen Leben gab es für mich nur einen einzigen wirklichen Freund und nur eine einzige wirkliche Freundin. Der Freund ist inzwischen gestorben, die Freundin haben Sie heute Nachmittag kennengelernt. Beide hatten große Widerstände zu überwinden, ehe sie meine Zuneigung, meine Liebe fanden. Es ist nicht schwierig, meinen Kopf zu erobern, aber es ist schwer, mein Herz zu gewinnen. Lucie hat viel Güte, Nachsicht, Liebe aufbringen müssen – mein Herz mußte ganz langsam aufgewärmt werden. Mit raschem Zugriff wäre hier nichts zu gewinnen gewesen, da hätte es sich nur kleingemacht, in sich zusammengezogen, zu einer Kugel mit harter Schale. Es ist meiner Freundin schließlich gelungen, das spröde, störrische Herz mit Wärme zu erfüllen. Aber nun ist es wieder ausgekühlt. Mein Bewußtsein, mein Gefühl hat sich ausgebreitet mit den Wiesen, Baumgruppen, Wasserflächen meines Parks, mit den Ebenen, Gebirgen und Meeren meiner Reisen. Und das Grün dieses Parks hat in mir selber Wurzeln geschlagen, es durchwächst mich in immer feinerer Verästelung. Und das Licht des Südens hat meine innere Substanz verändert, aufhellend. Ich spüre, erlebe mich anders. Ich habe eine neue Form der Übereinstimmung mit mir gefunden. Und nun reisen Sie aus Berlin an, inspizieren meinen Park, ziehen scharfsinnige Schlüsse, wollen verhindern, daß ich mich in Blumenrabatten flüchte, wollen in mir das ganz große Feuer entfachen einer leidenschaftlichen Ekstatik oder ekstatischen Leidenschaft, die sich auf eine noch ungeklärte Weise erfüllen soll. Hier stellt sich die entscheidende Frage: Worauf läuft das alles hinaus? Und hier muß ich wieder auf unhöfliche Weise deutlich werden: Ich sehe hier vor allem den Versuch einer vorsätzlichen Verjüngung durch Leidenschaft.

Bettine: Ja, und jetzt bist du mal wieder stolz, weil du eine so treffliche Bemerkung gemacht hast. Eine in Hirn und Herz treffende Bemerkung. Ich fühlte die ganze Zeit schon, du hast mich nicht verstanden, mit meiner Gleichnisrede. Ich bin nicht gekommen, damit du mal an der Kokosnuß rüttelst und wir hören, sie gluckert noch. Ich bin auch nicht gekommen, weil ich zur Zeit sonst niemanden hätte, an den ich mich wenden könnte. Ich bin auch nicht gekommen, um dreimalkluge Schlüsse zu ziehen über Hermann Fürst von Pückler-Muskau. Ich bin gekommen, weil ich eine Erfahrung, eine lebenswichtige, machen will – vielleicht zum letzten Zeitpunkt, an dem sowas noch möglich ist, ja. Damit wären wir beim Thema Alter. Ich habe deinen unzarten Hinweis durchaus verstanden, ich weiß selbst am besten, ich bin nicht mehr achtzehn, ich bin achtundvierzig – genau wie du. Soll ich deshalb mit einer Selbstzufriedenheit, die sich womöglich mit innerer Bequemlichkeit verbindet – soll ich also feststellen, es rührt sich nichts mehr in mir, also rühre ich auch nichts mehr an, will von nichts mehr berührt werden? Gerade, wenn ich zurückblicke –: stärkste Impulse, mich wieder der Zukunft zu öffnen! Viel zu lang schon habe ich keinen belebenden Hauch mehr empfunden, kein beseligendes Gefühl, keine, ja, ich wage das Wort, keine Leidenschaft. Da war die frühe Zeit, in der alles aufblühte in mir, in der ich schwärmerische Briefe schrieb an Clemens, lange werbende Briefe an Goethe. Und dann die Heirat mit Arnim. Und nach allen berauschenden Düften die oft strengen Gerüche – Kinder kriegen und aufziehen, das heißt auch, man wird einem breiten Spektrum von Gerüchen ausgesetzt. Das muß mal ausgesprochen werden – vor allem in einem so erlesen gestalteten Salon: Dieses unablässige Kaka, Kaka, Kaka der jeweils ersten Monate, siebenmal habe ich das insgesamt absolviert, siebenmal ein rundes Jahr, sieben Jahre, bestimmt von Milchduft und Heilkräuteraromen, dem Gestank von Mundfäule, Geschwüren – ich mußte all das allein einatmen, fast völlig allein, Arnim hat sich – so oft es ging, so lang wie möglich – aufs Land zurückgezogen, er wollte in Berlin nicht leben, konnte die Gesellschaft nicht ertragen, und ich wiederum hielt es auf dem Land nicht lange aus, das wurde mir bald zu eintönig, also betrieb er draußen seine Landwirtschaft und ich in der Stadt meine Hauswirtschaft, und ein großer Teil der Briefe, die ich ins »Ländchen« schickte, nach Wiepersdorf, das waren Bittbriefe, Bettelbriefe, weil alles knapp war und teuer noch dazu. Und ich mutterseelenallein mit schließlich vier Söhnen und drei Töchtern, dieser Freßkompanie, unablässig mußte herangeschafft werden, und vieles gab es damals nicht, im Krieg, nach dem Krieg, also mußte Arnim, wenn er doch mal kam, Zwieback mitbringen und Pfefferkuchen und Seife und Lichter und Fußsäcke und Bettwäsche und Leinwand und Teebrett und Waage und Butterfaß und Nachtlichter und weißen Sago und Zucker und frische Heringe und Einmachgläser und Fliedermus. Zur Wirtschaftsnot kamen noch die Krankheitsnöte, ich hatte zuweilen das Gefühl, sämtliche biblischen Plagen hätten sich bei uns zusammengerottet! Was für Fieberkrankheiten allein schon, Fieber, Fieber, Fieber, bis zu zwanzig Tagen lang! Und schwammige Gewächse im Mund. Und Siegmund hat einmal, unter großen Schmerzen, an einem Tag sechzehn lebende Würmer verloren, sechzehn! Und wenn die Kinder nicht krank waren, schrien sie ebenfalls – manchmal standen sie schreiend um mich herum, daß mir Hören und Sehen verging. Und kein Vater da, der mal dazwischenfuhr oder mir etwas von der Last abnahm – wie viele Nächte habe verbracht beim jeweils kranken Kind, und meist wurde gleich ein zweites, ein drittes angesteckt, da war an Schlafen nicht zu denken, das Dienstmädchen kam nachts ja nie aus dem Bett . . . Wenn Arnim denn doch mal in Berlin war, stimmten ihn all diese widrigen Details melancholisch, er wollte so bald wie möglich wieder weg – nachdem er ein neues Kind auf Kiel gelegt hatte. Und ich war mit sämtlichen Problemen wieder allein. Eins dieser Probleme hatte den ganz vulgären Namen: Wanzen – Wanzen in den Betten, Wanzen auf den Betten – auf Friedmunds Bett manchmal so dicht, daß ich sie mit einem Besen abfegen mußte. Und die Bettgestelle mußten schon mal ausgewechselt, verbrannt werden, die Wanzen hatten sich in sämtlichen Holzritzen eingenistet. Ja, und wieder Keuchhusten und Katarrh und Flußfieber, ich kam mir zuweilen vor wie in einem Gefängnis – wenn ich wenigstens mal zu einem Konzert hätte gehen können! Aber wenn ich mal etwas Zeit hatte, war ich meist völlig erschöpft, fiel ins Bett, schlief, schlief, schlief, bis die Kinder mich wieder weckten – in wie vielen Nächten aber war Schlaf gar nicht möglich, ich mußte wenigstens dreimal die Runde machen: zudecken, zu trinken geben, den Nachttopf leeren, ein Kind herumtragen, und wieder in das Bett kriechen, in dem er nicht lag – ich habe ihn geliebt, auch wenn viel Melancholie und Hypochondrie und Aggression in ihm war, ich habe auch die Kinder geliebt, das muß ich betonen, weil Klage bisher überwogen hat, aber wenn ich auf diese Zeit zurückblicke, so war es eine lange, viel zu lange Epoche, in der ich meine Wünsche vergessen, meine Träume verleugnen mußte, da waren nur Nöte und Zwänge, Tag um Tag, Woche um Woche, Monat um Monat, Jahr um Jahr, und kurz vor seinem fünfzigsten Geburtstag starb Achim von Arnim am Gehirnschlag, von da an war ich allein verantwortlich für drei Töchter und vier Söhne. Aber inzwischen sind schon die meisten flügge – die Söhne sind einundzwanzig, zwanzig, achtzehn und sechzehn, die Töchter fünfzehn, zwölf und sechs – alles sehr, sehr wirklich, wenn ich die Zahlen so aufsage und zugleich, wenn ich mich hier sitzen sehe, etwas unwirklich. Wie auch immer, sie kommen eine Zeitlang allein zurecht, haben ja auch eine Hilfe im Haushalt, also kann ich endlich, endlich wieder tun, was mir wichtig ist, mir, Bettine – ich bin keine der Frauen, für die das Leben im Wesentlichen vorbei ist, sobald die Kinder aufgewachsen oder großgezogen sind, in mir ist vieles, das sich noch nicht entfaltet hat, und nun, wo der Druck und der Zwang und die direkte Verantwortung weg sind, fängt es wieder an zu blühen – wie aus einem Samenkorn, auf dem lange ein Stein gelegen hat oder eine Steinplatte. Es öffnen sich Räume der Entfaltung, ich spüre, wie in mir noch die alte Sehnsucht ist nach Liebe, und ich schwöre dir, das ist kein Kopfgewächs, das ist ganz tief, das ist mitten in mir. All das ist plötzlich wieder so selbstverständlich wie das Atmen, das Sprechen – ich spüre, daß ich noch aufleben, wahrhaftig auf-leben kann, auf – le – ben, ich bin dem frühen Schwebezustand wieder nah – und auch das, ich schwöre es, auch das bilde ich mir nicht ein, bloß so im Kopf, das breitet sich im Körper aus in Schwingungen, und was ich mir wünsche, das hat seine Namen, und einer der Namen ist: Zärtlichkeit. Als ich oben kurz an deinem Bett stand – ich habe mir nicht ausgemalt, wie wir miteinander schlafen, ich bin realistisch geworden in den letzten zwanzig Jahren, aber der Wunsch nach Zärtlichkeit, der ist schon da. Und wenn ich weitere Wünsche benennen soll, so sind das: Intensität und Glück. Aller guten Dinge sind drei – dies wären denn die Wünsche, die ich an die bekannte Fee stellen würde. Aber ich sehe schon, hier in Muskau winkt sie mir ab: Schlag dir das aus dem Kopf, Bettine, es geht nicht. Punkt. – Jetzt entschuldige bitte, daß ich so viel von mir geredet, so unzulässig viel geklagt habe, obwohl es in diesen Jahren auch Glück gab – etwas Glück mit Arnim, viel Glück mit den Kindern –, aber es war doch eine Zeit, insgesamt, in der ich mich nicht frei bewegen konnte, und du weißt, was das für mich bedeutet. In deiner Gegenwart hab ich das Gefühl, ich kann mich wieder frei bewegen, kann das zumindest wieder lernen, obwohl du mich schon mal streng zurechtweist oder zurückweist. Aber davon läßt sich mein Wunsch nach Zärtlichkeit und Intensität und Glück nicht einschüchtern. Und ich schwöre dir: das ist keine Gehirnsinnlichkeit – sowas darfst du mir nicht mehr sagen.

Hermann: Nach allem, was du jetzt erzählt hast, muß ich Abbitte leisten. Aber du mußt auch zugeben, daß vieles einigermaßen überraschend für mich gekommen ist. Nicht bloß die Tatsache deines Besuchs – wir hatten ja eine gewisse Distanz einhalten wollen, haben bewußt einige Schranken aufgebaut. Aber jetzt – ich werde über das alles nachdenken müssen, in Ruhe. Zuerst aber muß ich ganz einfach mal Luft holen, tief Luft holen.

Bettine: Ja, könnte ich jetzt auch brauchen: tief, tief durchatmen . . . Und ein bißchen Bewegung. Ist überhaupt nicht meine Art, so lang im Sessel zu sitzen, ich muß immer mal wieder aufstehn und – ah, tut schon gut so, einfach umhergehen ...

Hermann: Warum hast du's nicht längst schon getan?

Bettine: Wenn ich dich nach der Szene vorhin auch noch nervös gemacht hätte durch unablässiges Hin und Her, du hättest mich wahrscheinlich doch rausgeworfen. Warst nah dran, gib's zu.

Hermann: Ich war wütend, ja. Aber die Wut ist jetzt verraucht. Reden wir nicht mehr davon.

Bettine: Und du bläst auch nicht in die Asche, wenn ich dich noch ein wenig umkreise?

Hermann: Meine Hirnzellen freuen sich, daß sie ein Minütchen nicht aufpassen müssen.

Bettine: Meine auch! Man muß höllisch wach sein bei dir, du lichter Fürst der Finsternis, muß jeden Satz blitzschnell wenden – es könnte ein geheimes Zeichen sein im Knüpfmuster! Und so viel Konzentration auf einer einzigen Sitzfläche! Früher hätte ich mich in der Zeit längst auf dieses Sofa gesetzt und auf den Stuhl hier, drüben auf die Fensterbank, womöglich auf einen Schreibtisch – die kleine Bettine Brentano hatte gern auf einem Schreibtisch gesessen – und gesungen! Dieses singende Mädchen auf dem Schreibtisch mußt du dir ungefähr so vorstellen: Es hatte rabenschwarzes Haar, und das war viel stärker gelockt als jetzt. Und es hatte immer ein schwarzes Seidenkleid an, das fiel so in Falten herab, und hier hatte ich eine Kordel umgebunden, weiß oder schwarz, die Kordel-Enden hingen herab wie bei einem Pilgergewand. So bin ich denn in den Zimmern umhergepilgert – manchmal im Eilpilgermarsch. Und schwupps saß ich auf einer Fensterbank, plopps auf einem Fußschemel, hopps auf einem Schreibtisch. Am allerliebsten aber saß ich auf einer Sessellehne oder Sofalehne, Füße auf der Sitzfläche, und ein schwarzes Tuch um den Kopf, daß ich aussah wie eine wahrsagende Zigeunerin. Doch wo und wie ich auch immer saß, ich habe gelesen. Habe mir zwischendurch ein Zuckerwasser oder eine heiße Schokolade gemacht, hab mir etwas gebrutzelt. Und weiter gings: lesen, lesen, lesen, Briefe schreiben, Besuche machen, Besuche empfangen, Klavierstunden. Und Gesangsunterricht – damals noch beim alten Kapellmeister Winter. Das war ein Riese, sag ich dir! Er hatte eine weiße Mähne wie der alte Goethe, aber nicht so schön, so gepflegt, die Haare waren widerborstig wie bei einem Stachelschwein. Manchmal hab ich beim Singen hinter ihm gestanden und mit der Notenrolle auf sein Stachelschweinhaupt geschlagen im Takt; zuweilen wurde er dann doch böse, sprang auf, wollte nicht mehr, Schluß aus, und ich husch – schau, so schnell, so blitzschnell zur Türe und die abgeschlossen, es konnte weitergehn mit der Gesangsstunde. Ab und zu griff er in seine Schnupftabakdose, nahm eine Prise, und weil er dabei immer zuviel zwischen Daumen und Zeigefinger nahm, rieselte Schnupftabak herab, und am Ende der Stunde konnte man auf dem Boden genau die Umrisse seiner riesigen Füße sehen.

Hermann: So ruhig hat er gesessen, die ganze Zeit?!

Bettine: Ja, so ruhig, obwohl er mich begleitet hat. Aber fürs Pedal war er zu faul. Ich werde die Füße jetzt auch wieder ruhig halten. Nicht wahr, ich hab etwas viel Wirbel gemacht?

Hermann: Allerdings. Aber bitte, ich meine das nicht als Vorwurf. Ich habe nur beunruhigenderweise festgestellt, an einem gewissen Mitgehen oder Mitschwingen – ich hätte mich möglicherweise in diese Bettine Brentano verliebt. Wäre bei all ihrer quirligen Beweglichkeit nicht von ihr losgekommen. Wäre womöglich ihr Sklave geworden, hätte ihr zu Füßen gelegen.

Bettine: Da hätte ich mich aber sofort herabgebeugt, um dir aufzuhelfen.

Hermann: Der Geist, der bekanntlich der Schwachheit aufhilft –?

Bettine: So habe ich das nicht gemeint.

Hermann: So sehe ich das aber. Daß du dir Bewegung verschafft hast, diente wohl nicht bloß der Durchblutung. Das sollte mir etwas vor Augen führen. Ich sollte sozusagen mobilisiert werden. Damit ich nicht festklebe hier am Sessel – ich soll mir vorstellen, wenigstens schon mal vorstellen, daß ich mich, na, sagen wir: auf das Brett dieses Fensters setze, an dem ich gelegentlich stehe, nachdenklich hinausblickend in mein Gesammeltes Grün. Oder ich soll mir ausmalen, zumindest ausmalen, daß ich nicht nur am Schreibtisch sitze, drüben, die künftige Gestaltung weiterer Parkabschnitte planend, vielmehr, daß ich mich schon mal über diese Arbeit erhebe, leibhaftig, und ich stehe auf dem Schreibtisch. Doch was dann? Ich könnte ebenfalls singen, damit der kleine Akt von Selbstbefreiung unüberhörbar wird, wenigstens für mich selbst. Und wenn ich, im Belcanto, genügend Schmelz entwickle, wird das womöglich nach außen wirken, und die Goldlinien dieser klassizistischen Stuckatur werden romantisch weich …

Bettine: Hübsch, was du hier entwirfst, aber meine paar Schritte sollten überhaupt nichts soufflieren oder suggerieren. Ich wollte nur nicht, daß mir der Po einschläft.

Hermann: Aha, vom Po ist plötzlich die Rede . . . Dann sollten wir kurz mal die Rollen tauschen, und ich sorge für eine Anhebung des Niveaus. Schließlich habe ich von dir gelernt. Du hast mir ja nun wiederholt eingeblasen, in deinen Briefen, daß du auf Höheres hinauswillst, mit uns beiden. Daß du mich aus meiner – trotz aller äußeren Aktivität – bedrohlichen inneren Lethargie herausreißen und hinaufkatapultieren willst in die Höhen des puren Enthusiasmus. Ich gebe unaufgefordert zu, daß du es nicht wortwörtlich so geschrieben hast, aber sinngemäß, und das mehrfach. Wie du ja überhaupt in deinen Briefen zu Laienpredigten neigst: Kehr um, wach auf – beziehungsweise: Wach auf, kehr um … Wachse stante pede über dich hinaus …

Bettine: Du hast wirklich eine sehr feine Art, spitze Bemerkungen zu machen.

Hermann: Aber Betty, das war eine derart feine Spitze, eine so überaus überfeine Spitze –

Bettine: Du kannst sie jetzt noch so dünn reden – die Spitze war da. Aber sag mal selbst: Warum willst du nicht zulassen, daß in dir ein höherer Enthusiasmus entsteht oder Enthusiasmus für das Höhere? Warum nur immer wieder Blumenrabatten, Büsche und Bäume?

Hermann: Ja, und gelegentlich griechische Säulen und ägyptische Statuen – alles nicht weiter erwähnenswert … Bettine, du wirst nicht erreichen, daß ich meiner Lebensweise abschwöre, im Namen einer Mystik der Gefühle. Du wirst mich so akzeptieren müssen, wie ich in den bald fünf Jahrzehnten geworden bin. Nur unter diesen Prämissen – laß mich mal so geschäftsmäßig oder juristisch reden – nur unter dieser Prämisse erschiene mir die Fortsetzung unsres Gesprächs, die Fortführung unsres Briefwechsels vorstellbar.

Bettine: Hast du wirklich den Eindruck, ich würde dich nicht akzeptieren, wie du bist, ich wollte dich unbedingt »zurechtmodeln«? Wenn du das so auslegst, kann ich nur sagen: Das will ich nicht, wie käme ich dazu? Ich will nur eines: Daß wir in einem Alter, in dem sich die meisten bis zur Selbstauflösung an sich gewöhnt haben, noch den Mut aufbringen, unser bisheriges Selbst aufs Spiel zu setzen, uns neu zu erfahren. Ich möchte gemeinsam mit dir erleben, in welche bisher unbekannten, ja ungeahnten Bereiche die Liebe führen kann – ich rede von Bereichen der Seele, die wir in uns entdecken, gemeinsam, ich betone: gemeinsam. Und danach versuchen wir beide, über diese Erfahrungen zu berichten. Ich weiß, die Expedition wird schwierig sein, wir werden uns schon mal in die falsche Richtung bewegen, werden uns gelegentlich wie verloren vorkommen – das Gefühl, wir würden unser Ziel nie im Leben erreichen, aber, um das mal zu vergleichen: Ist es einem Columbus nicht so ähnlich ergangen?

Hermann: Ahja, Columbus … Und du, nicht wahr, wärst der Steuermann auf dieser Entdeckungsfahrt? Und ich, dein Sklave, setze die Segel, schrubbe das Deck, bereite maritime Mahlzeiten?

Bettine: Warum kannst du nicht darauf eingehen, daß ich schlicht und einfach von dem rede, was mich bewegt? Ich hatte die Vorstellung, und ich hege sie immer noch, zwischen dir und mir würden sich tiefe Geheimnisse klären. Aber Ironie ist nicht der Weg dorthin, nicht die Ironie!

Hermann: Ich gelobe, richtig ernst zu werden.

Bettine: Und du meinst, ich würde diesen ironischen Schlenker überhören? Warum so viele Finten? Dabei könnten wir doch gemeinsam etwas ganz Großes entdecken – gerade, weil wir so unterschiedlich sind. Genau deshalb möchte ich dich ja kennenlernen, in möglichst vielen Bereichen deiner Seele. Währenddes würde sich unser Schiff immer weiter vom Ufer entfernen, bis wir schließlich nicht einmal mehr die Feuerzeichen der Küste sehen, und wir fahren noch weit, weit, viel weiter hinaus, Tage, Nächte, Wochen – und schließlich entdecken wir den neuen Kontinent. Was wir dort erleben, mit uns, in uns, davon berichten wir denn nach der Rückkehr all den Menschen, die sich nicht oder noch nicht trauen, vom gewohnten Ufer abzulegen.

Hermann: Du sagst jetzt schon zum zweiten Mal: berichten. Du solltest dich zu diesem Stichwort genauer äußern. Du hast es nicht zufällig eingebracht.

Bettine: Und wenn das doch der Fall wäre?

Hermann: Bettine, ich nehme diese Frage nicht leicht. Sie verbindet sich mit einer schwerer wiegenden Frage. Ich wüßte gern, was für dich größere Bedeutung hat – das Erleben oder das Berichten.

Bettine: Du weißt ja selbst – eine Frage, bei der man schon im voraus die Antwort weiß, nennt man rhetorisch. Mit solchem Schnörkelwerk wollen wir uns doch wohl nicht aufhalten. Schau, es müßte möglich sein, uns beiden, auf dem neuen Kontinent zu erleben, was man bisher nur erdacht hat.

Wir müßten, gemeinsam, einen Zustand der Schwebe erreichen – nicht der Schwerelosigkeit, das ist wichtig, es soll uns ja nicht herausheben aus unseren Körpern, unsere Körper sollen leicht werden und doch ihre Leibhaftigkeit behalten – das klingt etwas paradox, aber was wir suchen, müßte gerade das Paradoxe sein – eine Liebe, die zugleich über Liebe hinausgeht.

Hermann: Entschuldige, das ist mir zu abstrakt.

Bettine: Dann will ich es so beschreiben: Ich sehe so etwas wie einen Kristall vor mir, einen riesigen, magischen Kristall mit Wärmeschwingungen, Gefühlsschwingungen, und in diesen schwebenden, schwingenden Kristall tauchen wir ein, gemeinsam – ohne uns aufzugeben.

Hermann: Klingt ja sehr schön, aber Hand in Hand oder Brust an Brust in einen warm schwingenden Kristall zu entschweben, das ist nicht, was ich mir wünsche oder gar ersehne. Und weil ich fürchte, daß mich diese bereits mehrfach bekundete Unlust auf das Hohehöchste so langsam verdächtig macht, in deinen Augen, darf ich ein kurzes Plädoyer halten. Könnte nicht sein, so frage ich als Selbstanwalt, daß der in Frage stehende Herr durchaus höhere, zumindest über das Übliche hinaus gesteigerte Erfahrungen macht, indem er seine Welt ausbaut, verschönert? Handelt es sich hier wirklich um jemanden – ach, dieses Rollenspiel bringt nichts, ich werd wieder direkt. Wenn ich mich so mit deinen Augen sehe, erscheine ich als jemand, der mit klarem Kopf auf entscheidende Erfahrungen verzichtet. Ich komme dir noch ein Stück mehr entgegen und sage: Ich habe die Erfahrung gemacht, daß ich gewisse Erfahrungen nicht mehr machen will. Dazu gehört die Erfahrung der Leidenschaft – ich möchte mich mit meinen achtundvierzig Jahren nicht mehr aus mir herausreißen lassen, auch nicht ins Paradoxe. Ich möchte mich weiter in der schönen Windstille meiner Parklandschaft bewegen, und zwar gemessenen Schritts. Im Zustand von Leidenschaft zieht sich im Kopf alles zusammen zu einem Wirbelpunkt, die Welt rundum ist wie verwischt, ich sehe nur noch den leidenschaftlich geliebten Anderen. In diesem Zustand würde ich wie blind durch den Park laufen oder durch den Vorderen Orient reisen. Ich möchte jedoch in der mir verbleibenden Zeit die Pflanzen im Park noch viel genauer sehen lernen, in allen Details. Möchte eine Stadt wie Dresden noch viel genauer kennenlernen – bis in den letzten Winkel. Möchte noch einmal nach Griechenland reisen und nach Ägypten und in den Vorderen Orient: dies ist ein entschiedener Wunsch! Und ich werde ihm nachgeben, für etliche Monate. Kurzum, ich möchte meine Aufmerksamkeit gelassen verteilen auf ägyptische oder griechische oder sächsische oder muskauer Umgebung. Als Herr meiner Sinne, als Herr meiner selbst.

Bettine: Warum spielst du eigentlich immer mehr den gesetzten Herrn auf dem Weg zur Weisheit sächsischer Pflanzen und griechischer Säulen? Läßt sich das nicht ein wenig aufschieben? Und vorher noch ein Jahr oder zwei Jahre in aller Intensität leben? In leidenschaftlicher Steigerung, und wenn es sein muß, in leidenschaftlicher Verwirrung? In einem Zustand jedenfalls, in dem es einen aus sich herausreißt und in dem man doch erst richtig zu sich selbst kommt? Dieser allzu stille Friede mit Blumen, Statuen und Säulen – ich finde, das hat wirklich noch Zeit.

Hermann: Wenn ich bedenke, daß sich mir jetzt erst die Augen öffnen für viele Dinge, dann scheint mir die restliche Zeit eher knapp.

Bettine: Wie kannst du jetzt schon mit der Zeit knausern? Ist das nicht der sicherste Weg, sie zu vergeuden? Dagegen diese ungeheure Verdichtung von Zeit im Zustand der Leidenschaft – warum hältst du die Erfahrung so hartnäckig von dir fern? Warum plädierst du für Selbstbescheidung und Selbsteinschränkung?

Hermann: Mit diesem Wort gehst du schon zu weit. Im übrigen habe ich immer weniger Lust, andauernd von dir in Frage stellen, ja verurteilen zu lassen, was für mich wichtig ist! Und überhaupt: mit welchem Recht setzt du eigentlich voraus, daß jene ominöse Erfahrung nur mit dir möglich sein soll? Es wäre doch denkbar, immerhin denkbar, daß ich solch eine Erfahrung in Griechenland machen werde oder in Ägypten. Es wird dich wahrscheinlich überraschen, oder du hältst es wieder mal für eine Finte, für einen Ablenkungsversuch, aber: Ich würde mich gegen diese Erfahrung nicht sperren. Nur: diese Erfahrung müßte mich überraschen! Wenn ich diesen Satz schriebe, in einem Brief, ich würde ihn unterstreichen: *Diese Erfahrung müßte mich überraschen.* Nur dann nämlich könnte ich so schutzlos sein, daß sie mich überwältigt. Weißt du, mich stört immer wieder, wie entschieden und zielstrebig du vorgehst! Da ist der ehrenwerte Entschluß zu einem Neuanfang, dieser Entschluß wird scheinbar unauflöslich verknüpft mit meiner Person, Du willst mich dorthin, dort hinauf bringen, wo ich dir ins Konzept passe. Du nimmst hier alles zu entschieden in die Hände! Und das ausgerechnet mit der Absicht, das Unerwartete zu erleben. Hast du nicht selbst schon mal das Gefühl, da wäre etwas zu viel Entschlossenheit? Man könnte dich fast wieder in der Rolle des Mannes sehen und mich in der Rolle der Frau. Oder, um das ins Abstrakte zu heben: Du als das männliche Prinzip in unserem Verhältnis, ich als das weibliche. Jetzt, wo ich das so ausspreche, kommt es mir bekannt vor – habe ich das schon mal irgendwo geschrieben?

Bettine: Ja.

Hermann: Guter Mann, da siehst du, ich fange an, mich zu wiederholen. Aber das zeigt ja auch, wie sehr mich all dies durcheinanderbringt. Und bedrängt. Eine Frau wie ich möchte aber zögern dürfen. Und ich möchte mit diesem Zögern akzeptiert werden. Vielleicht wäre dies der Ansatz zu einem Weg, der weiterführt.

Bettine: Ausgerechnet der große Planer und Gestalter wirft mir vor, ich würde zuviel planen! Dabei will ich nur eins: Daß wir uns auf unsere Gegenwart einlassen – weil wir dann am lebendigsten sind. Und daß sich für uns die Liebe – wortwörtlich: herauskristallisiert. Daß wir eins werden mit diesem schwingenden Kristall.

Hermann: Wunder-, wunderschön! Aber ich habe etwas anderes im Programm, notgedrungen: Ich möchte verhindern, daß du dich noch mehr hineinarbeitest, hineinsteigerst in diese Einbildung einer großen Leidenschaft. In diese Selbstsuggestion einer intimen Apotheose. Die du nur gemeinsam mit mir erreichen zu können glaubst. Ich bin aber davon überzeugt, und das meine ich ganz ernst: Deine Leidenschaft ist schon das Ziel deiner Leidenschaft. Du willst dich mit ihrer Größe und Intensität beeindrucken, willst mit ihr wachsen, über dich hinaus. Das ist dir auch bereits gelungen, zumindest im Kopf. Die drei Tage im Park waren wohl kaum bestimmt von ungeduldiger Erwartung, eher vom gehobenen Gefühl: zu solchem Leidenschafts-Verhalten bin ich noch fähig! Dieses gesteigerte Selbstgefühl ist für dich schon Erfüllung. Ich bin da höchstens noch sowas wie ein Resonanzkörper. Oder, um das in ein anderes Bild zu übertragen: Du kommst mir vor wie ein leidenschaftlicher Jäger, der keinen echten Hirsch vor sich sieht und deshalb sein Pulver auf einen gemalten Hirsch verschießt. Und das mit gleichem Jagdfieber.

Bettine: Was du jetzt gesagt hast, ist viel, viel böser als die heftige Szene vorhin. Alles, was in mir lebendig ist, mich lebendighält, das redest du mir aus – oder versuchst es wenigstens. Der gemalte Hirsch hat sich da etwas ganz Schlimmes ausgemalt! Erst hat er zu erkennen gegeben, daß er sich beleidigt fühlt, weil ihm leidenschaftliche Liebe zugewendet wird, und nun deklariert der hölzerne Repräsentant, daß alles, was er sieht, hört, riecht, vielleicht sogar berührt, totes Holz ist, farbig bemalt. Hier denkt der gemalte Hirsch offensichtlich zu sehr aus seiner Substanz heraus. Wie kann ich dich nur davon überzeugen, daß meine Zuneigung, meine Liebe nicht bloß aus dem Kopf kommt, sondern aus meinem bisherigen Leben herausgewachsen ist? Und wie kann ich dich davon überzeugen, daß auch in dir viel Sehnsucht ist nach dem ganz Anderen? Warum drängst du das zurück? Und gibst dich fürs erste zufrieden mit dem kleinen Stolz auf Vergleiche, die mir wehtun? Wenn du den entscheidenden Schritt wagst, braucht es solche Eitelkeiten nicht mehr, dann werden sich dir entschieden weitere Bereiche erschließen. Du merkst doch selbst, wieviel Unruhe in dir ist – warum sonst der Plan, wieder zu einer großen Reise aufzubrechen? Könnte dies nicht ein Ausweichen sein vor der zentralen Erfahrung? Willst du nicht doch lieber in deine eigenen Weiten aufbrechen? Spring über deinen Schatten, es ist ganz leicht! Denn der größere Teil ist nur gemalt, von dir, in Schwarz. Sobald du den Sprung, den entscheidenden Sprung wagst, wird es heller um dich werden und in dir – kristallhell! Du mußt diesen Sprung nur wagen – tu es für dich, tu es für mich, tu es für uns! Laß dich hinreißen, laß dich mitreißen!

Hermann: Laß dich reißen … !Um Himmelswillen, nicht solch einen Schrei der Leidenschaft, lieber Tiger! Du weißt, ich hör dir gern zu und ich werde dir auch weiterhin gern zuhören, aber wenn ich um eines bitten darf: Laß uns besonnen miteinander umgehn. Laß uns in den Grenzen der Vernunft bleiben!

Bettine: Sollte das wirklich alles sein? Besonnen miteinander umgehen …! In den Grenzen der Vernunft bleiben …! Du siehst derart viel Unvernunft in mir, so viel Unbesonnenheit von mir aus, wie kannst du glauben, daß so jemand plötzlich ins Land der Vernunft wandern und dort bescheiden Maß und Ziel halten kann? Wie kannst du so etwas von mir erwarten? Wie kannst du mir sowas zumuten? Damit soll ich doch Abschied nehmen von mir, so wie ich nun mal bin. Soll damit auch von dir Abschied nehmen – darauf läuft doch all dies hinaus! Sag mir doch gradheraus, ich soll meine Leidenschaft zum Traum erklären, soll aus diesem Traum aufwachen. Sag mir, ich soll dich mit meiner Zuneigung, meiner Liebe nicht mehr belästigen. Sag, daß du so bald wie möglich die lästigen Spuren meiner Existenz löschen willst in deinem Gedächtnis!

Hermann: Sag, sag, sag – ich weiß selbst, was ich zu sagen habe! Du mußt das nicht vorformulieren.

Bettine: Auch wenn du jetzt wütend bist – werd deshalb nicht gleich wieder laut!

Hermann: Ich bin nicht wütend, bin höchstens gereizt. Mich stört dieses mittlerweile groteske Mißverhältnis zwischen deinen wahrhaft hochfliegenden Entwürfen und unseren eher belastenden Gegebenheiten. Lassen wir diesen nebulösen Kristall doch in der Schwebe, stellen wir uns einer ganz konkreten Frage. Falls unser Briefwechsel fortgesetzt wird, und vor allem: falls du ihn fortführst wie bisher, im gleichen Ton der Schwärmerei, der Verliebtheit, der Verzückung – worauf soll das Unternehmen letztlich hinauslaufen? Um es mal ganz direkt zu sagen: aufs Bett doch wohl nicht! Trotz deiner Inspektion des Schlafzimmers. Darüber sind wir beiden uns hoffentlich einig. Also frage ich: Wie soll sich sonst erfüllen, was du weiterhin schreiben würdest im Ton und Stil von Liebesbriefen? Wie soll es sich verkörpern? Ich habe hier eine gewisse Vermutung, aber mir wäre lieber, du würdest das selbst aussprechen.

Bettine: Eine gewisse Vermutung – klingt geheimnisvoll. Und sehr gewichtig. Welchen Anlaß sollte es denn geben für so eine Vermutung?

Hermann: Du antwortest mit einer Frage . . . Aber bitte, ich will die Antwort nicht schuldig bleiben. Ich habe den Eindruck, du willst einerseits das Allerprivateste, das intim Mystische, und andrerseits suchst du Öffentlichkeit. Ich rede jetzt nicht vom demonstrativen Verhalten heute Nachmittag – obwohl das keine zufällige Entgleisung war, sondern zum Gesamtplan gehört: Du brauchst für die Entfaltung später Leidenschaft schließlich ein Publikum, brauchst Resonanz. Deshalb erzählst du anderen auch so gern von dieser ›Liebesgeschichte‹!

Bettine: Ich sollte anderen davon erzählt haben?!

Hermann: Du hast anderen gegenüber zumindest angedeutet, was du mir geschrieben hast. Und auch: was ich dir geschrieben habe. Das ist mir jedenfalls so zugetragen worden. Und ich frage dich, ob sich hier nicht ein perspektivischer Fluchtpunkt zeigt für deinen Briefwechsel. Mir läge sehr daran, wenn du dich mal klar dazu äußern würdest.

Bettine: Gut, bitte – weil du ja doch nicht locker läßt . . . Könntest du dir nicht vorstellen, daß ein intensiver Briefwechsel zwischen uns, ein Briefwechsel, in dem suggestiv formuliert wird, was zwei Menschen miteinander verbinden kann, und diese sehr alte und immer wieder aktuelle Erfahrung in einer neuen Sprache – könntest du dir nicht vorstellen, daß sich solch ein Briefwechsel später mal zu einem Briefroman zusammenstellen ließe, von uns gemeinsam?

Hermann: Das ist es also! Auf dem Sockel, auf dem erst – womöglich mit Datum des heutigen Tages – ein Paar stehen sollte, ein exemplarisch liebendes Paar, auf diesem Sockel liegt nun ein Buch, wenn auch vorerst als Blindband. Und ich bin dazu aufgerufen, diesen Blindband mit Texten zu füllen, abwechselnd mit Ihnen. Da muß ich aber gleich sagen, klipp und klar: So etwas kommt nicht in Frage! Auf keinen Fall!

Bettine: Aber du kannst doch nicht so generell –

Hermann: Doch, ich kann es! Ich sage ganz generell: nein! Und weil wir heute sowieso manches dreimal sagen, bitteschön: Nein, nein und nochmals nein! Wenn Sie daran denken, unser Gespräch fortzuführen, unseren Briefwechsel fortzusetzen, so müßte ich völlig sicher sein, daß unsere Briefe nur jeweils der Adressat liest und sonst keiner! Ich kann Reisebriefe schreiben mit der Absicht, sie zu veröffentlichen, aber nicht Briefe zur Liebe. Da käme ich vor lauter Selbstkontrolle, Selbstkritik, Selbstzensur kaum mehr zur freien Entfaltung – schließlich will ich selbst in einem Liebesbriefroman als Stilist bewundert werden! Ich möchte es mir als Verfasser wirklich privater Briefe aber schon mal leisten können zu schreiben, was ich nie mehr lesen will. Und was erst recht kein Dritter lesen soll!

Bettine: Aber angenommen, unser Briefwechsel entwickelt sich in einer –

Hermann: Ich muß hier gleich wieder unterbrechen – in diesem Punkt laß ich mich auf keine Verhandlungen ein. Liebesbriefe schreiben mit dem Gedanken oder Hintergedanken, daß andre die später zu lesen kriegen, das ist für mich absolut inakzeptabel. Da würde ich von vornherein lügen wie gedruckt.

Bettine: Aber wir sind doch längst nicht so weit, daß wir schon vom Drucken reden können.

Hermann: Selbst zu solchen Vorüberlegungen darf es gar nicht erst kommen. In dieser Hinsicht müssen grundsätzliche Entscheidungen fallen. Mir ist nun schmerzhaft bewußt geworden, daß für Sie von Anfang an festgestanden hat: Aus der Liebesgeschichte, die ich mit dem Fürsten inszeniere, wird später ein Buch. Wahrscheinlich haben Sie sich schon einen Titel zurechtgelegt. Aber dieses ominöse Buch wird es nie geben! Jedenfalls nicht mit mir als Schreibpartner. Sie können gern einen andren dazu verpflichten, ich würde nicht eifersüchtig. Wählen Sie jemanden, der noch keine Migräne kriegt, der noch nicht ironisch ist und ausgekühlt, nehmen Sie einen jungen Mann, den Sie nach Ihren hohen Vorstellungen zurechtmodeln können. Nur – mich lassen Sie aus diesem literarischen Spielchen raus!

Bettine: Jetzt bist du zynisch! Einen jungen Mann nehmen – ich muß doch sehr bitten!

Hermann: Warum dieser Ton der Entrüstung? Nichts selbstverständlicher in dieser Welt, als daß ein Mann im – so heißt es doch – im reiferen Alter ein Verhältnis hat mit einer jüngeren oder jungen Frau. Warum diese Selbstverständlichkeit nicht umkehren? Warum sollte eine Frau um die Fünfzig nicht eine emotionale oder erotische Beziehung haben mit einem Mann um die Zwanzig? Sie wären die Frau, die das wagen könnte! Hier wäre das neue Land, das Sie entdecken wollen! Die Gefühle, die dort entstehen, denen muß man nicht erst gut zureden, die muß man nicht aufpäppeln, dort wird ganz von selbst eine neue Sprache entstehen für die neue Erfahrung. Wirklich, in dieser Konstellation wären die besten Voraussetzungen gegeben: ein Gefühl, das sich entwickelt, und Sie tragen wesentlich dazu bei, es zu formulieren. Bei mir als Partner dagegen würde alles abgekartet wirken. Womöglich sogar lächerlich. Das wäre weder für mich noch für das Buch gut. Ironie, auch mir gegenüber: akzeptiert. Spott: ebenfalls. Aber lächerlich will ich nicht erscheinen. Und das läge bei dieser Konstellation ziemlich nah.

Bettine: Verstehe ... Ich versteh immer deutlicher ... Du willst vor der Öffentlichkeit nicht den Verdacht erwecken, du wärst so stillos, dir eine fast fünfzigjährige Geliebte zuzulegen, statt, wie sich das gehört, eine fünfundzwanzigjährige. Ist es nicht so?

Hermann: Ob fünfzig oder fünfundzwanzig – ich will keine Liebesbeziehung mehr haben, schon gar nicht öffentlich. Sie vergessen ständig, daß ich mit der Fürstin weiterhin zusammenlebe. Sie mögen darüber denken, wie Sie wollen, aber dies ist meine Realität. Auch deswegen habe ich gesagt: Wenn wir weiter miteinander sprechen, wenn wir uns weiterhin schreiben wollen, so kann das nur geschehen unter dem Vorzeichen der Vernunft. Aber diese Überspanntheiten, die will ich nicht mehr haben!

Bettine: Was heißt hier »Überspanntheiten«? Überspannt ist doch nur, was nicht den allgemeinen Vorurteilen entspricht. Was sich nicht mit gewohnten Maßstäben messen läßt. Was nicht der üblichen Spannungslosigkeit entspricht, der Bequemlichkeit. Merkst du nicht, daß in dem, was du Überspanntheit nennst, dein eigener Wunsch verborgen sein kann nach dem Ungewöhnlichen? Der Sehnsucht nach dem Außerordentlichen? Und daß hier das einzige Gegenmittel ist gegen deine Schwächen, die du selbst so klar siehst? Bei denen du aber offenbar bleiben willst, koste es, was es wolle und wen es wolle. Wenn es wirklich so ist, dann sag es auch so. Und red dich nicht heraus auf Nebenpunkte. Daß ich in deinem Schlafzimmer war ... Daß ich indiskret sein soll ... Daß mich all dies nur interessiert, weil ein Buch dabei herauskommen soll ...! Mich auf dieser Ebene zu kritisieren, ist eine Gemeinheit. Das ist ganz einfach eine Gemeinheit!

Hermann: Ja, wollen Sie das Buch oder wollen Sie es nicht?

Bettine: Darum geht es doch erst in zweiter Linie! Erst mal geht es um uns selbst!

Hermann: Aber was sich da auch immer entwickeln mag, es hat schon seinen perspektivischen Fluchtpunkt. Und den haben Sie gesetzt, von vornherein. Davon kann ich nicht absehn. Auf so eine öffentliche Liebeskorrespondenz werde ich mich aber in keinem Fall einlassen! Wenn es überhaupt weitergehen soll mit uns, müssen wir einen anderen Weg suchen.

Bettine: Dieser Weg hieße denn wohl: nicht mehr zu uns hin. Und nicht mehr: in uns hinein. Und nicht mehr: über uns hinaus.

Hermann: Warum solche Schlußstriche? Unter denen für Sie möglichst viel und für mich so gut wie nichts übrigbleibt?!

Bettine: Das ist eine ziemlich bösartige Vereinfachung.

Hermann: Vielleicht, ich kann das nicht mehr beurteilen – wahrscheinlich hab ich mich müde geredet. Wir sollten uns endlich eine gewisse Distanz gönnen, sollten uns Zeit nehmen, und zwar hinreichend, das alles nochmal in Ruhe zu überdenken.

Bettine: War das jetzt Ihr Wort zum Abschied?

Sie wird Schriftstellerin

Bettine ist fünfzig, als ihr erstes Werk erscheint, in zwei Bänden: *Goethes Briefwechsel mit einem Kinde;* 1835. Und als dritter Band, koordiniert: *Tagebuch,* mit dem ständigen Bezugspunkt Goethe. Der Dreibänder war ihr weitaus erfolgreichstes Werk.

Noch einmal: sie hat nicht nur Briefe zu einem Briefbuch, einem Briefroman zusammengestellt, sie hat bearbeitet, hat weitergeschrieben, hat fortschreibend erfunden. Das zeigt sich gleich zu Beginn: Von den zwanzig Briefen, die sie Mutter Goethe zuschreibt, sind nur vier verifizierbar. Das Erstaunliche nun bei ihren Erfindungen, ihren freien Phantasien über das zentrale Thema Goethe ist die Spontaneität, mit der sie Authentizität suggeriert.

Ein paar Sätze noch zum Untertitel: »Seinem Denkmal«. Sie hatte die fixe Idee, ein Goethe-Denkmal entwerfen und realisieren zu müssen. Dieses Projekt wird sie in den nächsten und letzten zwei Jahrzehnten ihres Lebens begleiten. In einer Biographie müßte es abgebildet werden, hier im Lesebuch erübrigt sich das, glücklicherweise. Nur ein paar Hinweise: Ein antikisierter Recke sitzt auf einem Thron in Götter- oder Herrscherpose, der mächtige nackte Oberkörper durch –

nein, die Beschreibung überlasse ich lieber ihr selbst, in einem der Briefe an HPM:

Goethe in halb offener Nische auf dem Throne sitzend, sein Haupt über der Nische – welche oben nicht geschlossen sondern abgeschnitten ist – erhaben, wie der Mond sich über den Bergesrand heraufhebt. Mit nackter Brust und Armen; den Mantel der am Hals zugeknöpft ist, über die

Schultern zurück, unter den Armen wieder hervor, im Schoß zusammengeworfen; die linke Hand, welche damals nach den Wolken deutete, hebt sich jetzt über der Leier ruhend, die auf dem linken Knie steht; die rechte Hand, welche meine Blumen hielt, ist in der selben Art gesenkt und hält nachlässig, des Ruhms vergessend, den vollen Lorbeerkranz gesenkt, daß er beinah an der Erde schleift. Sein Blick ist nach den Wolken gerichtet. Psyche, ein junges Kind von 14 Jahren, wiegt sich zwischen seinen Knieen wie ich damals; sie hebt sich auf ihren Fußspitzen um in die Saiten der Leier zu greifen und Er läßts geschehen, in Begeistrung versunken. Im oberen Rand der Thronlehne sind 4 Nischen angebracht mit den Genien der 4 Tageszeiten: Der Morgen füttert die Nachtigallen, der Mittag zündet eine Opferflamme an, der Abend drückt den Saft der Trauben in den Becher, die Nacht gießt Öl auf die Lampe. Auf beiden Seiten des Durchschnitts der Lehne ist diesseits Mignon wie sie, als Engel gekleidet, das Lied singt, wovon auch die Inschrift über ihr: »So laßt mich scheinen, bis ich werde« – jenseits Bettina, wie sie, zierliche kindliche Mänade, auf dem Köpfchen steht, die Beinchen gen Himmel streckend, über ihr die Inschrift »Wende die Füßchen zum Himmel nur ohne Sorge –«

Bevor es allzu komisch, allzu peinlich wird, setze ich der Beschreibung ein Ende. Erwähne nur noch: Im ersten Band wurde das Dauerprojekt als Stahlstich (»Nach der Originalzeichnung« der Autorin) zum Frontispiz. Die Erlöse aus dem Briefbuch sollten der Finanzierung der Apotheose in Marmor dienen.

Mehr nicht zu diesem Projekt, es geht um Bettine als Autorin. Und die verfolgte ein aberwitziges Projekt: ihr Goethebuch sollte auch in England erscheinen. Kenner des Buchmarkts rieten entschieden ab, sie hörte nicht auf die Warnungen, gab die Übersetzung in Auftrag. Sarah Austin jedoch streikte nach etwa hundert Seiten und schlug vor: eine Auswahl, eine Zusammenstellung erzählender Sequenzen. Darauf ging Bettine nicht ein, sie war empört. Und begann, selbst die Übersetzung zu fabrizieren.

Zwischenbericht an Clemens: »Ich arbeite jetzt von morgens bis in die Nacht ununterbrochen an der englischen Übersetzung; da ich gemerkt habe, daß die Engländer das Buch nicht verstehen, ich selbst kein Englisch kann, so erfinde ich drauflos um möglich zu machen, was vorher unmöglich war.«

Wenigstens benutzte sie fleißig das Wörterbuch. Sie ließ das Produkt auf eigene Kosten in viel zu hoher Auflage drukken: 7000 Exemplare – zweitausend Exemplare mehr als die erfolgreiche deutsche Erstausgabe! Sohn Freimund sollte für erfolgreichen Vertrieb sorgen. Obwohl sie ihm ihre Distributions- und Werbestrategie vermittelte, konnte er den völligen Fehlschlag des Unternehmens nicht verhindern.

Jetzt will ich Dir meinen Plan angeben wie ich denke, daß Du es mit dem Verkauf des Buches machst. –

Frage, ob es sich so tun läßt: Öffentlich anzeigen entweder in der *Morning cronickel* oder auf der Buchhändler-Börse: *Das berühmte Buch der Frau von Arnim welches zum Besten von Goethes Monument verkauft wird*, sei in diesen Tagen erwartet. Und hierbei eine Aufforderung an Die Buchhändler: Wer sich mit dem Vertrieb befassen will – ein Titel wird in London gedruckt, und darauf *alle Namen* der Buchhändler, die sich mit dem Verkauf befassen. Zum Beispiel: »Goethes correspondence with a child: for his monument«; und dann drunter die Namen der drei oder 4, 5

Buchhändler welche sich mit dem Verkauf des Werkes befassen wollen; anständiger ist es auf jeden Fall und mir viel lieber, wenn Du es so einrichtest daß der Buchhändler eine Provision bekomme von etwa höchstens 10 Prozent und daß halbjährig abgezahlt werde; wenn man für ein Gewisses das Buch an die Buchhändler überläßt so gibt man das Publicum dem Buchhändler in die Hände und da es zum Besten von Goethes monument ist, wo vielleicht mancher gern dazu beitrüge, so ist dies meiner Ansicht nach nicht delicat gegen das Publicum gehandelt, es dem Wucher der Buchhändler zu überlassen; zu diesem Zweck können wir aber auch umso eher einen starken Preis fordern: Was sagt man allenfalls für jeden Band *1 £ Sterling?* – Wovon denn der Buchhändler seine Gebühren abzöge und uns das Übrige zukommen ließ[e]? – Ich denke auf jeden Fall nicht unter 1½ £ Ster; daß noch mein Tagebuch apart verkauft soll werden zu 1 £ Ster: damit kannst Du die Buchhändler an Dich ziehen, insofern das erste gut geht; nämlich: welcher am besten sich der Sache annimmt mit dem läßt man sich auf die folgende ein; auch kannst Du sie auf Übersetzungen gefaßt machen die übers Jahr erscheinen pp.

Was die Übersetzung anbelangt so kannst Du sagen, daß sie von mehreren Engländern, die in Cambridge studiert und die höhere Grade haben, geleitet worden und von Professoren der englischen Sprache hier an der Universität controlliert und revidiert sind.

Was natürlich nicht stimmte. Und wirkungslos blieb. Einige Exemplare wurden als Presseexemplare verschenkt, in der Hoffnung auf förderliche Rezensionen. Es erschienen in England aber nur ein paar Verrisse, der Verkauf blieb gleich Null, der finanzielle Verlust war enorm.

Wieder ein Blick in die Zukunft: Bettine wird nachgelassene Werke ihres verstorbenen Mannes edieren, wird weitere Projekte in Angriff nehmen. Teils werden die Bücher von Verlagsbuchhandlungen übernommen, teils im Selbstverlag herausgebracht – da ist der Aufwand groß, der Gewinn klein. Ein Gefühl der Befreiung, als zuletzt wieder ein Verlagsbuchhändler einspringt. Damit eine weitere (und hier letzte) Textprobe für Bettine als Verlegerin. 1854 berichtet sie in einem der zahlreichen Briefe an Friedmund:

Die Gedichte vom Vater geordnet, sie werden in diesem Augenblick gedruckt. Der Buchhändler Kühn, Vorsteher des Oberlandes-Industrie-Komptoirs in Weimar, also unter herzoglicher Controlle, hat den ganzen [Selbst]Verlag contraktmäßig übernommen, zu sehr vorteilhaften Bedingungen für uns, er nimmt nämlich nur 30 Procent, während die Buchhändler in Leipzig und hier 50 nahmen und zwar, nachdem es gedruckt und gebunden ihnen in die Hand geliefert war; wo also gar nichts wie Sorgen herauskamen. Ich habe nun einmal keine Ruhe bis die Bücher vom Vater alle heraus sind. Ich gehe über Weimar, von dort werde ich den Contrakt Dir schicken, damit Du alles in die Hand nimmst, wenn ich einmal nicht mehr da wär, was aber nicht so bald sein wird denn ich habe Anlage zur Unsterblichkeit.

Ein ironischer Schlenker zwei Jahre vor ihrem Tod …

Damit dieses Buch auch Lesebuch bleibt, werden die Hinweise auf ihre drei wichtigsten Bücher verbunden mit jeweils einem charakteristischen Zitat zum Thema Reise. Hier gleich eine ihrer Versionen der ersten Reise nach Weimar – zu ihm, zu ihm! Adressat war mal wieder Mutter Goethe.

Ich habe das Eichhörnchen, was Sie mir mitgab, im großen Eichenwald ins Freie gesetzt, es war Zeit – die 5 Meilen die es im Wagen fuhr, hat es großen Schaden gemacht, und im Wirtshaus hat es über Nacht dem Bürgermeister die Pantoffel[n] zerfressen. Ich weiß gar nicht, wie Sie es gemacht hat, daß es Ihr nicht alle Gläser umgeworfen, alle Möbel angenagt, und alle Hauben und Tocken [dekorierte Kopfbedeckung] beschmutzt hat. Mich hats gebissen, aber im Andenken an den schönen stolzen Franzosen, der es auf seinem Helm vom südlichen Frankreich bis nach Frankfurt in Ihr Haus gebracht hat, hab ich ihm verziehen. Im Wald setzte ichs auf die Erde; wie ich wegging, sprang es wieder auf meine Schulter und wollte von der Freiheit nichts profitieren, und ich hätts gern wieder mitgenommen, weil michs lieber hatte als die schönen grünen Eichbäume. Wie ich aber in den Wagen kam, machten die andern so großen Lärm und schimpften so sehr auf unsern lieben Stubenkameraden, daß ichs in den Wald tragen mußte. Ich ließ dafür auch lange warten; ich suchte mir den schönsten Eichbaum im ganzen Wald und kletterte hinauf. Da oben ließ ichs aus seinem Beutel – es sprang gleich lustig von Ast zu Ast und machte sich an die Eicheln, unterdessen kletterte ich herunter. Wie ich unten ankam, hatte ich die Richtung nach dem Wagen verloren, und obschon ich nach mir rufen hörte, konnte ich gar nicht unterscheiden, wo die Stimmen herkamen. Ich blieb stehen, bis sie herbeikamen, um mich zu holen; sie zankten alle auf mich, ich schwieg still, legte mich im Wagen auf drei Selterskrüge unten am Boden und schlief einen herrlichen Schlaf, bis bei Mondschein, wo der Wagen umfiel, ganz sanft, daß niemand beschädigt ward. Eine nußbraune Kammerjungfer flog vom Bock und legte sich am flachen Mainufer in romantischer Unordnung grade vor das Mondantlitz in Ohnmacht; zwei Schachteln mit Blonden [Spitzen] und Bändern flogen etwas weiter und schwammen ganz anständig den Main hinab; ich lief nach, immer im Wasser, das jetzt bei der großen Hitze sehr flach ist, alles rief mir nach ob ich toll sei, – ich hörte nicht, und ich glaub ich wär in Frankfurt wieder mitsamt den Schachteln angeschwommen, wenn nicht ein Nachen hervorgeragt hätte an dem sie haltmachten. Ich packte sie unter beide Arme und spazierte in den klaren Wellen wieder zurück. Der Bruder Franz sagte: Du bist unsinnig, Mädchen, und wollte mit seiner sanften Stimme immer zanken; ich zog die nassen Kleider aus, wurde in einen weichen Mantel gewickelt und in den zugemachten Wagen gepackt. –

In Aschaffenburg legte man mich mit Gewalt ins Bett und kochte mir Kamillentee. Um ihn nicht zu trinken, tat ich als ob ich fest schlafe. Da wurde von meinen Verdiensten verhandelt, wie ich doch gar ein zu gutes Herz habe, daß ich voll Gefälligkeit sei und mich selber nie bedenke, wie ich gleich den Schachteln nachgeschwommen und wenn ich die nicht wieder gefischt hätte, so würde man morgen nicht haben mit der Toilette fertig werden können, um beim Fürst Primas zu Mittag zu essen. Ach! sie wußten nicht, was ich wußte, – daß nämlich unter dem Wust von falschen Locken, von goldnen Kämmen, Blonden, in rotsamtner Tasche ein Schatz verborgen war, um den ich beide Schachteln ins Wasser geworfen haben würde mit allem was mein und nicht mein gehörte, und daß, wenn diese nicht drin gewesen wär, so würde ich mich über die Rückfahrt der Schachteln gefreut haben. In dieser Tasche liegt verborgen ein Veilchenstrauß, den Ihr Herr Sohn, in Weimar in Gesellschaft bei Wieland, mir heimlich im Vorübergehen zuwarf. –

Frau Mutter, damals war ich eifersüchtig auf den Wolfgang und glaubte die Veilchen seien ihm von Frauenhand geschenkt; er aber sagte: Kannst du nicht zufrieden sein, daß ich sie dir gebe? –

Ich nahm heimlich seine Hand und zog sie an mein Herz, er trank aus seinem Glas und stellte es vor mich, daß ich auch draus trinken sollte; ich nahm es mit der linken Hand und trank, und lachte ihn aus, denn ich wußte, daß er es hier hingestellt hatte damit ich seine Hand loslassen sollte. Er sagte: Hast du solche List, so wirst du auch wohl mich zu fesseln wissen mein Leben lang.

Ich sag Ihr: Mach Sie sich nicht breit, daß ich Ihr mein heimlichstes Herz [an]vertraue; – ich muß wohl jemand haben, dem ichs mitteile. Wer ein schön Gesicht hat der will es im Spiegel sehen, Sie ist der Spiegel meines Glücks, und *das* ist grade jetzt in seiner schönsten Blüte, und da muß es denn der Spiegel oft in sich aufnehmen. Ich bitte Sie, klatsch Sie Ihrem Herrn Sohn im nächsten Brief, den Sie gleich morgen schreiben kann, und nicht erst eine Gelegenheit abzuwarten braucht, daß ich dem Veilchenstrauß in der Schachtel in kühler Mondnacht nachgeschwommen bin, wohl eine Viertelstunde lang, so lang war es aber nicht, und daß die Wellen mich wie eine Wassergöttin dahingetragen haben, – es waren aber keine Wellen, es war nur seichtes Wasser, das kaum die leichten Schachteln hob; und daß mein Gewand aufgebauscht war um mich her wie ein Ballon. Was sind denn die Reifröcke seiner Jugendliebschaften alle gegen mein dahinschwimmendes Gewand! Sag Sie doch nicht, Ihr Herr Sohn sei zu gut für mich, um [für] einen Veilchenstrauß [in] solche Lebensgefahr zu laufen! Ich schließ mich an die Epoche der empfindsamen Romane, und komme glücklich im »Werther« an, wo ich denn gleich die Lotte zur Tür hinauswerfen möchte. Ihr Herr Sohn hat einen schlechten Geschmack an dem weißen Kleide mit rosa Schleifen. Ich will gewiß in meinem Leben kein weißes Gewand anziehen; grün, grün sind alle meine Kleider.

* * *

Fünf Jahre nach dem Goethebuch erschien das zweite Briefbuch: *Die Günderode.* Auch hier: der Brief als Kunstform.

Briefe Carolines, die von Bettine umgeschrieben wurden, sie werde ich nicht zitieren – wieder lasse ich Bettine tun, was in den Briefen unübersehbar angelegt ist: vorwiegend von sich selbst zu sprechen, zu schreiben. Das Briefbuch, das Bettine ab 1840 veröffentlicht, heißt zwar *Die Günderode*, doch der Titel ist irreführend, eigentlich müßte es heißen: »Ich, Bettine«. Ich habe Briefe und Briefseiten nicht durchgezählt, aber gut achtzig Prozent des Buchs dürften Bettine-Briefe sein, und die umkreisen, umspringen, umhüpfen, umschweben fast ausschließlich Bettine selbst. Zwar finden auch Erörterungen statt zu gemeinsamen Fragen und Interessen, etwa über das Wesen der Poesie, aber meist folgt Bettine ihren assoziativen Gedankensprüngen, ihren schwärmerischen Reflexionen, ihren Selbstdarstellungen. Caroline ist nur selten, viel zu selten (nach Bettines Meinung) darauf eingegangen, und so wiederholen sich Klagen über die großen Zeitabstände zwischen den Antwortbriefen.

Dies bleibt die Konstellation: Bettine umwirbt die ältere Freundin mit langen Briefen, Caroline bedankt sich, geht auf den einen oder anderen Punkt ein, bleibt meist knapp. Als würde Bettine spüren, daß ihre vorwiegend monologischen Schriftsätze sie nicht näher heranführen, sie nicht enger zusammenführen mit der Freundin, beschwört sie, in einem der letzten Briefe des Buchs, den Beginn der Freundschaft herauf. Auch dies wieder als Reisekapitel. Hier freilich ist es eine der gemeinsam improvisierten Phantasiereisen. »Sieben Spaziergänge haben wir so gemacht, Günderode, ich hab mir sie gezählt, sie kamen mir wie das Köstlichste im Leben vor.«

Besinn Dich doch auf unsere Reise-Abenteuer die wir den Winter mit einander durchmachten, keiner von uns hatte eine trübe Minute, den ganzen Winter nicht, Deine Sehnsucht ins Innere von Asien hinein brachte uns immer unter die wilden Tiere. Tiger und Löwen und Elefanten haben uns Schabernack gespielt. Was haben wir für Sonnenhitz ausgestanden mitten im Eis; erst später merkte ich wie sehr wir uns in dies Leben vertieft hatten, da alle Leute diesen Winter als einen der kältesten durchgehustet haben. Weißt Du, am Neujahrstag kam ich zu Dir! alle Räder pfiffen an den vielen Staatswagen, die gepuderten Kutscher mit den rotgefrornen Gesichtern! – da kam ich zu Dir in die Stube herein und sagte: Gott es ist so heiß hier in Asien daß wir nur so hinschmachten und drauß vor der Tür in Frankfurt da hängen dem Kutscher die Eiszapfen am Knebelbart. – Was haben wir gelacht Günderode; – und haben unter Zimmetbäumen eine Tasse Chokolade getrunken die wir in Deinem Öfchen kochten mit wohlriechendem Sandelholz; und da kam ein Salamander ins Feuer und färbte sich da in allerlei Farben und warf die Chokoladenkanne um, und wir melkten die weiße Elefantin die ihr Junges in unserer Nähe säugte und machten Elefantenbutter, ich wollt als [schon] immer Löwenbutter machen das littest Du nicht denn Du warst sehr vorsichtig, Du meintest es sei zu viel Gefahr dabei, die Löwin könnte mit einmal wild werden über dem Melken. –

Und die Erlebnisse am Ganges und Indus, die schönen Knaben die uns da begegneten wo wir uns versteckten und sahen sie vorübergehen und sich waschen in den heiligen Fluten und Gebete tun, da sagtest Du: Es müssen wohl Tempelknaben sein, wir müssen nach dem Tempel hier in der Gegend suchen. Da führte eine Allee von großen Tulipanen hin, die hab *ich* entdeckt, wir brachten stundenlang hin mit der Bewunderung der Blumen, und da waren Goldfruchtbäume und Trauben und Melonen, alles das wuchs in schönster Fülle rund um die Säulen der Tempel zu denen wir fremde Völkerstämme hinwallen sahen, da sagtest Du einen Hymnus her, den hätten sie gesungen beim Sonnenaufgang: Ätherwüste! – so fing Dein Hymnus an, und ich machte eine Melodie drauf, die ließest Du Dir vorsingen zur Zither von mir, – und Du hörtest zu, so still als wär es indischer Tempelgesang; abends im Mondschein das war unsre beste Zeit wo wir phantasierten, und hielten uns einander bei den Händen wenn wir die Berge hinanstiegen und ruhten unter Dattelbäumen aus, Du machtest immer die Reiseroute weil Du die Kenntnis des Landes hattest, und da stiegen wir auf einen Berg der hieß Bogdo, von da aus, sagtest Du, könne man alle Gebirgsketten übersehen, da eilte ich mich voran zu kommen, um zuerst oben zu sein, und da schrie ich Dir entgegen, ich sähe das rote Korallenmeer mit der Todespforte.

* * *

Sinnvollerweise veröffentlichte Bettine von Arnim die drei Briefbücher dieses Kapitels immer erst nach dem Tod des Titelträgers. Dies also auch nach dem Tod des Clemens im Jahr 1842: zwei Jahre später erschien *Clemens Brentanos Frühlingskranz.* »Aus Jugendbriefen ihm geflochten, wie er selbst schriftlich verlangte«. Dieser Frühlingskranz zugleich als Lorbeerkranz, den sie dem Dichterbruder aufsetzte – und sich selbst.

Auch hier wieder eine Textsequenz zum Thema Reisen. Bettine erzählt von einer Mitfahrgelegenheit in der Kutsche des hessischen Geheimrats und Juristen Friedrich von Leonhardi; von Frankfurt geht es hinaus nach Trages, zu den Savignys. Bettine war zum Zeitpunkt der Fahrt noch jung an Jahren, konnte so die Rolle des kindlichen Kobolds noch unbefangen, noch ungeniert ausspielen, auch wenn sie damals schon der einen oder dem andren damit auf die Nerven fiel. Hier war es der Geheimrat, der die Kutschfahrt zur Fachlektüre nutzen wollte – ein offenbar stoß- und rüttelfester Routinefahrer.

Gestern am Sonntag fuhren wir nach dem Trages; – schon um sieben Uhr waren die Wagen vorgefahren, alles was mitfuhr hatte sich im Saal versammelt, alles war eingestiegen, und als alles eingestiegen war, war da kein Platz mehr für mich! –

Da hieß es: Der Leonhardi kommt gleich vorgefahren mit Fr. von Barkhausen, mit denen fährt die Bettine. –

Der Leonhardi kam erst gegen zehn Uhr! – keine Frau von Barkhausen mit; man war unsicher ob ich allein mit ihm über Feld fahren könne; unterdessen stieg ich ein und sagte: Fahr zu, Kutscher, und bald war ich mit meinem Leonhardi in die sommerlichen Felder entflohen. –

Jetzt laß Dir erzählen und glaub es nicht, das kann mich nur überzeugen, daß es Dir zu toll vorkommt: Er klappte [im Wagen] einen Tisch auf, darauf legte er einen Folianten, den er mitgenommen hatte; einen Krug Geilsheimer Wasser, den er mit einer Schlinge ans Fenster befestigte, plazierte er auch darauf. – Und nun legte er sich mit beiden

Ellbogen auf seinen Tisch und fing an in der Chronik zu studieren und Exzerpte zu machen. –

Nachdem ich eine Weile eine große Warze und eine kleinere Warze auf seinen Backen beobachtet hatte, so fing ich an zu pfeifen. –

Das war ihm verdrießlich; er bat mich stille zu sein, denn er habe etwas sehr Ernstes vor und sich es zum Gesetz gemacht, nie Zeit zu verlieren! –

Ich schwieg recht gern, aber ich sang in Gedanken und vergaß das Schweigen und sang wieder laut. –

Das störte ihn sehr; er machte mir Vorwürfe, daß ich keinen Augenblick Ruhe haben könne! –

Als wir an einer Schenke hielten um die Pferde zu füttern, setzte ich mich auf den Bock und ließ den Leonhardi mit seiner alten Chronik im Wagen[innern]! Nur einmal ließ ich halten, weil eine wunderschöne Blume am Weg stand, die wollt ich pflücken; da machte der Leonhardi einen fürchterlichen Lärm, ich hatte aber meine Blume. O blühte sie doch ewig! – Es ist mir lieb daß bis jetzt mir noch niemand gesagt hat, wer sie ist, denn dann setzt man gewöhnlich auch hinzu: sie ist ganz gewöhnlich und wächst da und da sehr häufig! –

Nun laß Dir nur erzählen, wie schrecklich bös ich den Leonhardi gemacht hab; ich wollt nämlich ein bißchen fahren! und ich kann es auch recht gut. Da hat mir der Kutscher die Zügel gegeben; der Leonhardi, der alle Augenblick aus seiner Chronik herausguckt, sieht das, ruft: Ich solls sein lassen, die Pferde scheuen leicht. Der Kutscher sagt ich könnte getrost fahren; – ich schnalze mit der Zunge und werfe den Pferden die Zügel ein bißchen auf den Hals, sie werden charmant mutig und es geht noch einmal so rasch! –

Der Leonhardi kriegt Angst, schrecklich, die Pferde seien ausgerissen, steckt eilig den Kopf durchs offne Fenster, wirft den Krug, der Pfropfen geht heraus und das Gilshaber Wasser fließt über die Chronik. –

Es mußt gewischt und geduppt werden den ganzen Weg! – aber jetzt kommt was sehr Lächerliches; er holte einen ganzen Pack alter Zeitungen aus der Tasche, ohne die er nie reist, sagte er, – und nun wurden die nassen Stellen bepflastert; das ging so fort bis wir in den Wald kamen, wo der Weg zu schlecht ist, um zu lesen oder zu pflastern. –

Wir kamen an, wie eben die Krebse auf den Tisch getragen wurden, – ungeheuer große Kerle aus dem Goldweiher. Der Leonhardi zankte noch nachträglich auf mich daß ich allein am späten Kommen schuld sei – ich hätte alle Augenblick eine Blume abbrechen wollen, ich hätte das Geschirr an den Pferden in Unordnung gebracht, ich hätte die Pferde wild gemacht. –

Es waren mehrere Hakennasen aus Savignys Familie da; – es war ein ziemlich heißer Nachmittag, mit verbrannten Nasen kamen wir vom Hahnenkamm zurück; Savigny war über die Maßen freundlich und schloß alle Schleusen seines Paradieses auf, und schien dennoch so einsam unter uns allen, als wären wir wie eine Horde Räuber bei ihm eingefallen. Die Zeit kam zum Aufbruch; auf der Heimfahrt war ich nicht in Leonhardis Kutschenverlies eingesperrt, er hatte dagegen opponiert. –

Ich stelle mir das so vor: Bettine von Arnim saß ganze, zumindest halbe Nächte und schrieb, schrieb, schrieb. Mußte die Feder zwischendurch mal wieder zurechtschneiden oder austauschen gegen eine frisch zurechtgeschnittene Feder. Mußte dafür sorgen, daß die Tinte nicht zu dickflüssig war, den Schreibfluß hemmend, und nicht zu dünnflüssig, das Schriftbild aufhellend. Und so schrieb sie, vom Schreibschwung getragen, über syntaktische Hindernisse, über störende Satzzeichen hinweg, vor allem über hinderliche Schlußpunkte.

Was sie schrieb, war in der Regel nicht allein für die Person bestimmt, der das Briefstück (gegen kostspielige Gebühr) zugestellt wurde, ein Brief wurde meist auch in der Familie des Adressaten vorgelesen, oder, noch besser, in einem Salon, oder, noch viel besser, am Königshof.

Ein besonders eklatanter, zugleich exemplarischer Fall: der Brief, den sie, samt »Beilagen«, im November 1839 (nicht nur) an Schwager Savigny richtete. In heutiger Wiedergabe ist er rund 30 Druckseiten lang.

Ein Riesenbandwurmbrief! Dennoch, in einer Anmerkung von Ursula Püschel lese ich, daß das Konvolut dreimal abgeschrieben wurde: »Für die Grimms, für Weimar, wo ihn Kanzler Müller dem Erbgroßherzog vorlesen soll, und um ihn einem Brief, den sie an den Kronprinzen geschrieben habe, beizulegen. Darüber hinaus ist bekannt, daß sie eine Abschrift auch ihrem jungen Freund Julius Döring schickte, der sie nach Kassel begleitet hatte, und daß sie ihm auftrug, den Brief an Philipp Nathusius weiterzugeben. Solche Züge von diplomatischer Pseudo-Diskretion finden sich häufig in ihrer Korrespondenz mit dem König, ebenso wie falsche Behauptungen, die gelegentlich verwundern, weil sie den als bekannt zu vermutenden Tatsachen so sehr widersprechen, daß sie sinnlos erscheinen.«

Nun also: Sequenzen aus dem gewichtigen Brief an mehr als nur einen Adressaten. Einleitend dokumentiert sich (erneut) ihr Engagement für die befreundeten Brüder Grimm, die von Hannovers König Ernst August 1837 entlassen worden waren. Abgesehen von Bittbriefen, die sie zu dieser Affaire schreibt, wendet sich Bettine hier an eine Schwester des Königs, an Friederike Christiane Auguste von Hessen-Kassel; auch wenn sie bei diesem Besuch von vornherein gewußt haben dürfte, daß sie mit ihrer Vorsprache kaum etwas erreichen konnte, so wollte sie doch zumindest Stimmung machen für Jacob und Wilhelm Grimm.

Zusätzlich beschäftigt sie eine Entscheidung des »Pupillenkollegiums«. Gemeint sind hier nicht die Pupillen des Auges, es geht um »pupils«, im Englischen. Sprich: eine Behörde, die für Mündel zuständig ist. Mit ihr hat es Savigny zu tun, als Vormund der Kinderschar, soweit noch nicht mündig. Offenbar hat Savigny einen abschlägigen Bescheid erhalten; für Erziehung und Unterhalt der Töchter werden keine höheren Zahlungen gewährt.

Trotz politischer und juristischer Komplikationen – selbstverständlich wird (auch) aus diesem Endlosbrief vorrangig zusammengestellt, was Bettine von sich selbst erzählt.

Ich war auch bei der Kurfürstin, und hab eifrig mit ihr über Grimm gesprochen; sie sieht meinem Sinn nach schön aus, sie war weiß gekleidet und hatte ein leichtes Florband von lila und grünen Streifen um; ich erzähls weil es ihr so wohlstand, und ihre ganze Gewandung ihr wie ein Zeugnis ihres reinen unverfälschten Charakters passte. Als ich zu ihr eintrat, stand sie an der Türe ihres zweiten Zimmers, auf ihre Krücke gestützt, und bot mir gütig den Arm mich einzuführen, was mir ein doppelt freundlich Zeichen war, da sie nur mit Mühe vorwärts schreitet. Ich kann ohne Umschweif sagen daß ich mich beglückt durch ihre Nähe gefühlt habe. –

Von Grimm sagte sie: Es sind ehrliche Leute! – sie sind brav – es tut mir leid daß man sie nicht [ein]stellt wie sie's verdienen. – Kurz, sie sprach zurückhaltend. –

Ich aber nicht, der Enthusiasmus gab mir glückliche Wendungen und schöne Worte über sie ein. Und als ich ihr endlich erzählte welche Opfer sie gebracht um in Deutschland zu bleiben, als ich ihr die Vorschläge aus Paris mitteilte (die Briefe hatte ich mit), wo man ihnen als Bibliothekar und Mitglied der Akademie jedem eine lebenslängliche Pension von 10 000 fr[ancs] zusichern wollen, wenn sie versprächen Deutschland aufzugeben und Frankreich als ihr Vaterland anzusehen, als ich ihr die großen Gelehrten nannte von denen Grimms die dringendsten Aufforderungen erhielten, die ihnen versprachen, alles würden sie tun, um ihnen das Vaterland zu ersetzen, wie ich ihr ferner auseinandersetzte welche Vorteile für Wilhelms Kinder (der sich doch keines langen Lebens versähe) hierdurch könnten begründet werden, wie selbst ihr Wirkungskreis sich wohltätig würde von Frankreich aus über Deutschland verbreitet haben, denn was könnte einwirkender auf alle literarischen Bande zwischen beiden Ländern sein, als dieser beiden Männer Persönlichkeit in Paris, wo es den Franzosen so wichtig, den Geist der deutschen Universitäten auf die ihrige zu impfen und wo man jetzt nach deutscher Literatur schmachtet wie nach einem Trunk Wasser. […] Dies alles sagte ich der Kurfürstin, und besser und deutlicher noch, und daß Jacob, der ein Weltbürger ist in seiner großartigen Einfachheit, aber ein christlicher im reinsten Sinn des Worts, es ganz dem Wilhelm überlassen habe und habe gesagt: Wie er will so tu ich. Da habe Wilhelm lieber die Verwerfung in Deutschland wollen dulden, lieber den Bettelstab mit dem Deutschland sie belehnte, allem Glanz, aller Bequemheit des Auslandes vorgezogen und habe den edlen Anerbietungen des französischen Gelehrtenkreises entsagt. – [...]

Wie ich der Kurfürstin das alles so vorerzählte, da stieg ihre Begeistrung über ihre Vorsicht hinaus und sie rief aus: Da würden die Franzosen triumphiert haben, wenn sie uns Die hätten nehmen können, nein, sie müssen bei uns bleiben in Deutschland, in ihrem Vaterland, sagte sie leiser.

Das freute mich, daß die Kurfürstin, die gewiß gern ihnen die beste Glückslage gönnt, eine solche Liebe hat zu ihrem persönlichen Besitztum, sie nicht entbehren will obschon sie nichts für sie [zu tun] vermag. Sie sagte: Gott wird schon für sie sorgen.

* * *

Gern möcht ich noch von meiner Reise [mit Julius Döring – wird im nächsten Kapitel vorgestellt] Euch erzählen, die obschon nur 10 Tage lang, doch die genußreichste Zeit für mich war, seitdem ich für Andre und nicht für mich mehr sorge, und das ist schon eine geraume Zeit her. Bei [dem Juristen Gustav] Hugo in Göttingen war ich auch mit meinem jungen Reisegefährten, den er wahrscheinlich für einen Spion hielt denn er drückte sich sehr umwunden in seiner Gegenwart über alles Politische aus. Ein Stück von seinem Ordensband ward mir verehrt, französisches und berliner Bonbon aufgedrungen, im kurzen Augenblick des Freundlichen unendlich viel.

Wenn das, was Du mir vom Pupillencolleg mitteilst, nicht zu ändern steht, so will ich mir kein grau Haar drüber wachsen lassen und habe bereits meinen Entschluß gefaßt, Berlin nicht mehr zu bewohnen in dem ich doch keine fröhliche Zeit je zubrachte, sondern die Schule der Dornen, Disteln und Brennesseln durchmachen mußte. Die Kinder sind auch damit zufrieden und wollen den Anfang mit dem harten Winter machen, den wir hier auf dem Lande zubringen werden, und werden dem Winterwind, der seit ein paar Tagen sich hartnäckigen Eingang durch die losen Fenster und Türen zu schaffen sucht, als wolle er unseres Entschlusses spotten, eine Faust machen; denn wir lachen uns warm und singen uns warm, was mir nicht schlecht gelingt, denn meine Stimme ist voll Feuer, vermöge der Energie die sich in meinem Herzen regt, seitdem es sich erkühnt, seine innere Stimme laut werden zu lassen. Das macht uns tausend[fach] Spaß, treppauf, treppab singen wir Quartette aus dem Stegreif und wissen der Oberstimme so zu folgen daß oft die schönsten Accorde sich bilden, die wir denn in langgehaltnen Tönen recht ausgenießen. Heute morgen wurde auf diese Weise ein Motett aufgeführt auf die Worte: Lirum larum luderitz jeder suche seinen Sitz – Titel eines revolutionairen Singespiels von der Fabrik der Kinder. Wir erwischten die schönsten Accorde dabei. – Abends singen wir beim Nachtessen, zwischen jeder sauren Gurke und Kartoffel die verzehrt wird. [...]

Was das Gesellschaftsleben anbelangt so macht uns die Erinnerung der Abende in Deinem Hause schon einen Ersatz, indem wir mit glücklichem Gedächtnis und eingestreuter Erzählung uns manches Erlebte wiederholen. Diese letzten schönen Herbstabende haben wir recht benützt, die Kinder führten im Mondschein Ballett und Opern auf; Maxens Stimme ist schon viel besser geworden, wie auch ihre Gesundheit, und musikalisch ist sie wie kein anderer. Armgarts Gesang hier auf dem Land, unbeschrieen von der Kritik seiner Eigentümlichkeit überlassen, übertrifft mir die besten Sängerinnen. Für beider Talent zur Composition tut es mir leid, unter denen vom Pupillen-Collegium unweislich veranlaßten Umständen, ihnen keine höhere Bildung angedeihen lassen zu können, doch denk ich noch in einer kleineren Stadt, wo wir künftig unseren Aufenthalt nehmen werden, irgend einen alten Kantor aufzugabeln, der ihnen einen tüchtigen Contrapunkt einzutrichtern vermag, was ihrem Genie genug Hilfe sein wird. –

Was das Zeichnen und Malen betrifft, wozu alle und besonders Gisel so große Anlagen haben, so wird in einer späteren Zeit dieser Schaden vielleicht ersetzt werden können wenn ich allenfalls früh sterbe wo ich denn ausdrücklich ein Teil meines Vermögens, was ich jetzt nicht entbehren kann, auf Gisels große Fähigkeit verwendet wissen will, denn ob auch die Bildung noch so spät eingreife, immer ist es das Wesentlichste, was den ursprünglichen Samen Gottes zum Blühen bringt, und übertrifft alle andern Glücksgaben die man unweise auf Kosten dieser zu vermehren denkt, ausgenommen jene selige Gabe, welche Grimm an seinen Kindern rühmt, nämlich: alles hergeben zu wollen, nichts für sich zu behalten, das ist die schönste Gabe und der höchste Reichtum.

Was ich noch für eine Lebensweisheit hier gelernt habe, die mir beweist daß nicht genug der Zufälligkeiten den Geist prüfen können, um zu verhüten, daß er kein Philister werde, ist: Daß ich bei offner Tür schlafen muß, weil diese sich gesenkt hat, der Segen Gottes drückt unseren Fruchtboden so sehr. –

Im Anfang meinte ich, ich müsse mich dagegen auflehnen, allein da ich nun schon dran gewöhnt bin und weiter mir nichts geschah, als daß morgens vor Tag mir ein Besuch im Bett abgestattet wurde und die Hand geküßt von Diane dem Jagdhund, so hab ich mich drein gefunden. [...]

* * *

Die Ausgabe von Arnims Werken wird in den ersten Jahren alles verschlingen. Da nicht zu erwarten steht daß bis Ostern so viel herauskomme um die Druckkosten zu dekken, auch sind Ausgaben dabei, die ich unmittelbar bezahlen muß wie zum Beispiel Kupferstecher und Drucker, Buchbinder pp. [so] laßt mich von dem langweiligen Kapitel aufhören, über das ich genug noch werde zu verhandeln haben wenn ich nach Berlin komme, und Euch lieber vom Gegenstück meiner offnen Türe erzählen, nämlich von der nagelneuen Haustür unserer Burg, die bei dem naßkalten Wetter so angequollen ist daß sie mit Manneskraft kaum aufgeht. Wir müssen uns alle 4 mit ganzer Gewalt dagegen stemmen wenn einer heraus will, und wenn sie endlich nachgibt, so fallen wir mit heraus; so ist wieder im Gegenteil, wenn wir herein wollen, ein Ziehen und Zerren, jeder glaubt der stärkste zu sein und probiert seine Kräfte, bis endlich einer an den anderen sich hängt, und wir mit der öffnenden Tür zurückprallend einen Beweis für das römische Recht und die Gewalt der Lictoren geben. So werden wirs mit dem Pupillencollegium auch machen müssen. Abenteuer und Ereignisse gibt es hier auch nicht wenige. –

Heute morgen fiel mir zum wenigsten die ganze Bodentreppe mit den korntragenden Knechten über meinem noch schlafenden Haupte ein, welches nicht anders lautete [klang], als wenn eine Festung gestürmt würde. Aus meinem Schlummer erwachend blieb ich ruhig und gelassen liegen denn es correspondierte so gut mit meinen Traumereignissen, in denen ich mir schon früher eine Resolution [Entschluß] gefaßt hatte, daß ich die nicht mehr zu haltende Festung augenblicklich mit kaltem Blut in die Luft sprengen wollte, daß ich nur dachte: Ei, wer hat denn das getan und hat mir die Lunte zu früh ins Pulverfaß gesteckt?

Und so ist denn die Sach, an der ich ein heroisches Hauptplaisir erleben wollte, ohne Klang und Sang abgelaufen. Als ich aber zu hellem Bewußtsein kam daß ich kein General und Feldmarschall sei, dem man Preußens Ehre anvertraut habe, sondern eine alte Burgfrau, der die alten Burgwände überm Kopf wackelten, da sagte ich mir: »Stehen die Sachen so dann setz dich an deinen Schreibtisch und geb ein neu Buch heraus, was dir nicht schwer fallen kann, da du von Geist überströmst, den du so nicht loswerden kannst, und vom Ertrag bau deiner Kinder Haus, auf andre kannst du dich doch nicht verlassen, tue selbst alles.

* * *

Während ich da schreibe und eben noch etwas Superkluges über die Verpflichtung einer Akademie anbringen wollte, wie die die Tätigkeit des Gemeingeistes zu stützen habe und den nützlichen Eindruck befördern den die Verbreitung des Lichts gewährt, daß sie nie Sklave einer Tyrannei sein solle und daß ihre Kraft, durch die sich ihre wohltätigsten Wirkungen offenbaren, durch nichts beugen lassen solle, namentlich nicht durch kleinliche Ansichten, daß sie also auf jeden Fall, selbst wenn sie mit Hindernissen zu ringen hat, das Gute und Große in der Wissenschaft befördern soll, es also ihre Schuldigkeit wäre jeden Weg einzuschlagen, um das Werk der Grimm, was in Jahrhunderten durch keinen besseren Geist konnte gefördert werden, als durch den seinen, welchem Gott bis jetzt noch das Leben schenkt, auf alle Weise zu stützen – ja während ich so simuliere und mich darüber ärgere daß doch in nichts mehr der reine Sinn waltet, siehe, da fängt der Wind an vor meinen Augen das Dach abzudecken von der Scheune. Die Ziegel fliegen von unserm alten Gemäuer hinüber durch die Fenster im Wirtschaftsgebäude; alles tanzt auf dem Hof in den Lüften, sogar die Gisel hebt sich – alle Türen knarren, die Fenster dröhnen, von der zerbrochnen Bodentreppe herab ergießt sichs wie eine Orgel die alle Register gezogen hat, zudem haben die Kinder ein Fenster was nicht recht schloß beim Einrichten hinausgeschlagen und die Drescher haben gestern Abend kein Holz kleingemacht, wir laufen hinunter, es wird ein großer Korb mit Spänen heraufgeholt und im Kamin angezündet, alles Brennbare wird draufgeworfen, der große Kranz, mit dem wir Maxens Geburtstag feierten, wird an einem Ast über die Flamme gehängt, er fängt an zu brennen, die Kohlblätter glühen, der Fuchsschwanz sprüht mit tausend Funken seinen glühenden Samen umher, die Max rettet mitten aus den Flammen noch ein unversehrtes weißes Blümchen – alles hockt ums Feuer um den Kranz verbrennen zu sehen. […]

Und so war der Kranz verglüht. Und es gefällt mir doch sehr gut hier, wo mirs an aller Bequemlichkeit gebricht. Die Kinder sind so vergnügt hier. Wir haben auch Gesellschaft, eine kleine graue Katze und eine große weiße und der Jagdhund, die legen sich auf unsre Füß wenn wir kalt haben. –

Ein superber Winter wirds sein. – Heut hat die Gisel 8 Äpfel gebraten – wahrlich es passiert alle Augenblick was, wenn ich nicht mit Gewalt abbreche mit Schreiben, so braucht ich nimmer aufzuhören – drum will ich lieber schließen mit einem kleinen Gedicht was mir vor ein paar Tagen aus dem Tyrol geschickt wurde damit doch der Brief seine gehörige Länge kriegt, denn da ich doch wahrscheinlich von Dir zum Tempel hinausgeworfen werde und nicht mehr vor Deinen sichtlichen Augen werde erscheinen dürfen, so wollt ich kein Papier sparen und mich zum letzten Mal recht satt schreiben.

Dein wie ich bin auf Leben und Tod, Bettine.

Verjüngung durch Leidenschaft

Während Bettine am dritten Projekt arbeitet, plant sie bereits ein viertes Briefbuch. Diesmal kann sie nicht auf einen Fundus zurückgreifen, muß erst eine Grundlage schaffen: ein neuer Briefwechsel mit neuem Adressaten, doch mit dem alten Thema der Läuterung, der Erhebung des Partners zum Goethe-Rang, der erst eine Liebesbeziehung auf höchstem Niveau garantiert.

Dabei findet so etwas wie Gefühlsrecycling statt mit wechselnden Adressaten. Bettine sah sich am liebsten in der Lebensrolle der bedingungslos, der rückhaltlos Liebenden; sie brauchte Partner für ihre großen Soli, ihre ausufernden Arien, brauchte Partner, deren wahre Gefühle letztlich allerdings nicht so sehr wichtig schienen, sie waren eher Resonanzkörper, die jedoch schwingungsgenau auf sie eingestellt sein mußten, sonst wurden sie sanft zurechtgewiesen, sanft auf den rechten Weg geleitet – zu ihr hin, zu ihr hinauf.

Das Jakob-Hössli-Muster und, modifiziert, das Fürst-Pückler-Muster, sie wurden fast simultan übertragen auf zwei junge Männer: Julius Döring und Philipp Nathusius – er war der Jahrgang von Friedmund, Döring der von Kühnemund. Aus dem Briefwechsel mit zwei programmatisch Liebenden nun sollte ein weiteres Buch der Liebe werden. Auch diesmal wieder, und das gleich im Doppel, das Spiel inszenierter Liebe und Leidenschaftlichkeit, das wiederum nicht die erwünschte, die fast vorausgesetzte Antwort fand. Die auserwählten Partner ließen sich nur ungern auf Bettines Leitthema ansprechen, ließen sich nur zögerlich auf ihre Intentionen ein. Das war schon so bei Goethe, das wiederholte sich beim Studenten aus Graubünden, wiederholte sich bei Fürst Pückler. Nach dem zuweilen störend ironischen Fürsten suchte sie Briefpartner im Alter eines Philipp Hössli, seinerzeit. Jedoch, die Adressaten der alternden Schwärmerin wollten von deren Liebesbezeugungen immer weniger wissen. Diese Studenten konnten sich nicht recht erklären, was die hehren Liebesgefühle der Mutter von sieben Kindern ausgelöst haben mochte. So wiederholten sich Reaktionen: auch sie waren nicht bereit zur Mitwirkung in ihrem Liebesszenario. Freundschaftliche Kontakte, das ja, schon aus Achtung vor der bekannten Persönlichkeit, aber eine Liebesbeziehung, Liebesgeschichte, womöglich transponiert in ein Briefbuch mit dem Thema Liebe?

Noch einmal das unfreundliche, aber wohl zutreffende Wort Gefühlsrecycling. Auch hier wieder: sie wollte von autosuggestiven Gefühlen hingerissen werden, um ganz bei sich zu sein.

Nun war einer der Auserkorenen Julius in Wolmirstedt. Auch ihm schrieb sie überschwengliche Briefe, ebenso überschwengliche Antworten erhoffend, ja anmahnend, unter wiederholten Hinweisen auf Goethe als Vorbild. Doch der junge Herr spielte, zog, machte nicht so recht mit. Versuchsweise griff er den hohen Ton auf, war aber letztlich auf Liebes-Sphärenmusik nicht eingestimmt. Er spürte, ahnte, witterte, daß sich in Bettine das Liebesgefühl als Selbstgefühl feierte. Wozu da noch Echos?

Es folgt ein Zitat aus einem der Briefe, die konzipiert wurden, letztlich, für das neue Briefbuch, ein Ausschnitt aus einem Brief, der insgesamt fast neun Druckseiten lang ist. Bettine feiert sich selbst mit der Anbetung des Gipsabgusses eines Döring-Fußes, ohne Julius damit näherzukommen – der Text kreist in sich selbst. Bettine 1839: Wieder einmal arbeitet sie sich in eine »Leidenschaftseinbildung« hinein, mittlerweile mit Routine – so wirkt manches eher peinlich.

Lieber, ich erwach aus Träumen: diese Worte, sie sind nichts – Samenflocken, der Genius weht sie zu Dir. –

Eben wars noch Montag, und nun nach dem kurzen Traumversinken, ruft der Wächter schon drei Uhr in der Nacht. Drei Tage drängen sich schon zwischen uns.

Der Fuß, der so lang schon auf meinem Schreibtisch stand, ich hab ihn oft angesehen, zerstreut und in Gedanken oder wenn manchmal ein flüchtiger Klang der Sehnsucht mich aufregte und konnt nicht fassen was ich meinte, dann haftete mein Blick unwillkürlich auf dem Jünglingsfuß; im Beschauen seiner strengen Formen beschwichtigten sich meine Sinne, die manchmal das Unmögliche wollten. Am Abend wo Du von mir gegangen warst, hätt ich auch gern das Unmögliche gewollt, mein Blick haftete am Fuß wie auf der Spur des fliehenden Tritts den man hätte fesseln mögen, immer! – jetzt steht der Fuß an meinem Bett, mit Schneeglöckchen umpflanzt, Winterblume die dem Frühling trotzt. Versteh ich den Fuß? Ich küsse ihn beim Einschlafen, wo ich, Gelübde lösend, der Nebelwolke gleich, Dich umwog mit Gedanken die dann in Träumen segnend zerrinnen. So tröst ich mich um Deine Nähe, die Du mir genommen hast. Und der Genius erfaßt mich taudurchdrungen, Sonne durchglüht mich, die ich Schritt vor Schritt folge, ihm, der Gelübde bildet in meinen Sinnen, und wiegt mir den Geist daß der ihm einschlafe im Arm, unter seinen Küssen zuckend, träumend, nicht erwachend.

Der Genius will daß alles Wahrheit sei – und warum nicht! – hab ichs gefühlt im Busen, in der aufgehenden

Liebe zu Dir leise nebelumhüllt Deinen Pfad umwallen, hab ichs sinnlich gewollt, so solls auch wahr sein. Alles soll wahr sein zwischen uns beiden. Aller Traum, jeder Wunsch endlich soll mächtig für uns einstehn; das ist der Liebeszauber, dem sind wir hingegeben und glauben an seinen Wink, aber nicht andre, wir nur fühlens, angehaucht von ihm. –

Ja wir sind glücklich wir beide Tautrunknen. – Und wie der Wind aufbraust und in die Ferne jagt, so steigen Gelübde auf die jagen zu Dir. Und der Genius erläßt mir keins, er lehrt mir, sie alle zu lösen, erweitert den Kreis dieser Flammengewandeten, Schaumkreisenden, die ihn umwogen. Und kein Zagen verdrängt mein Ahnen, ich werde sie alle erfüllen. –

Auf meinen Armen werd ich doch tragen können den ich liebe – die ich so viel trage was mich nicht rührt, und schlepp es zur Stätte wo es die Menschen hinwollen. Über den Erdkreis hinauf tragen an meinem Herzen, das Herz was pocht, von meinem berührt, wahrlich das will ich. Und bete freudig zum Genius der so mich beglückt durch Heldenglut, die er mir ins Herz spricht. Das ist Wollust, die zu fühlen, nicht wahr? –

Da macht sich etwas selbständig: immer höher das Aufsteigen in hausgemachter Thermik. Wer kann sich da mitreißen lassen, ohne den Absturz zu fürchten? Auch Döring löst sich aus der Umklammerung durch eine Sprache, die ihm letztlich fremd bleibt.

Doch Bettine arbeitet sich unbeirrt weiter hinein in die »Leidenschaftseinbildung« – immer das gleiche Spiel der Selbstsuggestion, Selbstinduktion, sie sei hinreißend, sei mitreißend verliebt, aber da riß sie nur sich selbst hin, andere kamen nicht mit, wollten nicht mit. Keiner, der vorbehaltlos auf die Szenarien sich steigernder Leidenschaftlichkeit einging, auf die Alchemie sich läuternder Gefühle, keiner, der mit abheben wollte in der Thermik spiritueller Erotik. Die zugleich aber »geerdet« war: wechselseitige Liebesergüsse als Textmaterial für ein Projekt, für das sie bereits einen Arbeitstitel parat hatte: *Meine letzten Liebschaften.*

An solch einem Liebesbriefbuchprojekt mochte sich Döring nicht recht beteiligen, er ging vorsichtig auf Distanz. Erreichte schließlich, daß Bettine auf die Publikation seiner Schriftsätze verzichtete: hier stellte sich nicht das rechte Echo ein auf den hohen Ton gefühlsgedopter Sprache. »In der aufgehenden Liebe zu Dir leise Nebel umhüllt Deinen Pfad umwallen« – Formulierungen dieser Art werden dem Adressaten nebulös erschienen sein.

Dabei war Döring bereits vorgesehen im Buchtitel: *Ilius Pamphilius und die Ambrosia.* Julius sollte den Ilius spielen im Liebesenthusiasmus zu dritt, doch Julius zog es vor, Julius zu bleiben. Doch weil sich Bettine an den Titel bereits gewöhnt hatte, blieb der Name Ilius hier stehen, als wäre er der Vorname von Pamphilius. Auf ihn konzentrierte sich denn Ambrosia.

Wie kam Bettine auf den ausgefallenen Männernamen? Ich vermute, sie hat ihn von einem Werk ihres verstorbenen Mannes übernommen: in einem der schier endlosen Lesedramen (*Halle und Jerusalem*) spielt oder spricht ein Pamphilio mit, »Student und Dichter«. Hinter Pamphilius konnte sich Nathusius nur notdürftig verbergen, auch er ein dichtender Student.

Und Ambrosia? Der Name sollte viele schöne Assoziationen wecken für die Hauptfigur: Ambrosia als Götterspeise … Ambrosia als Salbe, die Schönheit erhält, vor Verfall schützt … Ambrosia als Lebenselixier …

Als ich Ihnen jenen Brief schrieb, wo das *Du* mit mir durchging, war ich eben von der Marschallsbrücke gekommen wo ich dem spielenden Widerschein der Lichter im Wasser zugesehen hatte; dort hatte ich oft mit *Schleiermacher* im Eifer des Gesprächs verweilt, ich hatte ihn auch *Du* genannt wie man den Genius anredet, durch den man seiner selbst bewußt wird. Lieber *Pamphil*, wenn ich Du sage so ist dies, um meine Gedanken vertraulicher nahzurükken, nicht aber um mich der verschlossnen Neigung des Jünglings aufzudrängen, da die Sprache die allumfassendste Harmonie ist, und ein Lispeln schon eine Verbindung bildet mit Modulationen, die oft nur hervorgehen können vermöge einer kleinen Auflösung; da die Entwicklung der Begriffe oft nur von einer leisen Bewegung im Geist und im Gefühl abhängen, so wollen wir doch dem *Du* kein besonderes Prädikat beilegen, sondern dem göttlichen Meister überlassen es einzuordnen als verbindend und erregend. [...]

Wie Sie zum erstenmal in mein dunkelverhängtes Zimmer eintraten und verschüchtert mich nicht ansahen, da kamen Sie mir grad vor wie eine sturmverjagte Blüte die mir in den Schoß fiel, und ich betrachtete diese Blüte und verglich mich ihr, und erkannte wohl, daß ich nur Erde bin, die die Blüte nährt, aber nicht selbst blüht. Die Erde aber darf den Frühling immerdar tragen und pflegen und liebkosen.

* * *

Du meinst ich halte nicht genug an mich, ich solle etwas mehr kokett sein! – *Pamphilis*, wie wunderlich! – Warum liebte ich Dich als weil ich glaubte, Gott wolle Dich durch mich beschenken. Das Geschenk ist ein Sklave, es kann nur dienen, es kann nicht für sich fordern und was sollte ich fordern? – Daß Du mich doppelt zu Dir anheimfordertest, sollt ich mich dessen freuen? – Was bin ich, daß ich mir einen eigensüchtigen Genuß verschaffen sollte, indem ich dächte Du sehntest Dich um meinetwillen, und sollte dieses Gefühl in Dir zu erhalten und zu steigern suchen? – Nein! *ich* will mich sehnen, denn hieraus erzeugen sich all meine Gedanken; denn auch: will ich lieber lieben als geliebt zu sein – und das versteht sich ja von selbst, als Kind will die Liebe gepflegt sein, als Mutter will sie pflegen. Das war ja auch alles, warum ich mich an Dich hielt, das Schicksal spielte mir Fäden in die Hand, die mir für Dich gesponnen schienen, ich wollte Dich auffordern, sie zu durchweben, und so Dein Verhältnis mit Deiner Zukunft zu beginnen; ja wahrlich! keinem unter Tausenden wär es wieder so geboten. Aber leider, Du –

(Ich breche ab, der Brief setzt sich noch acht Druckseiten lang fort.)

Nathusius durchschaute das Spiel der berühmten Frau und verhielt sich entsprechend reserviert. Mit 23 vertraute er seinem Tagebuch an: »So viel ich mit ihr zu tun habe, so viel meine Gedanken an ihr klauben und suchen, bleibt sie mir doch immer ein seltsames Wunder, mit dem ich nie weiß, was anzufangen.«

Und: »Ich weiß nicht, ist es das Einförmige oder das Phantastisch-Unwahre ihrer Auffassungsweise, was mir nicht genügt?«

Noch ein Hauptsatz: »Ihre höchsten Liebesbezeugungen lassen einen unberührt, weil man sieht, sie gelten nur ihrer eigenen Phantasie.« Passend dazu die prägnante Formel: »Die Liebe zur Liebe!«

Den hochgemuten Impetus, einen jüngeren Menschen durch erotisierende Zuwendung zu läutern, sah er kritisch: »Ich konnte mich ihr nicht hingeben, sie konnte immer nur von außen als eine erregende Kraft in mich wirken, weil sie das hohe Ideal, als das sie zu mir sprach, selbst nicht erfüllen konnte, und doch der Schwäche, die sich immer hineinmischte, sich nicht bewußt war und nicht bewußt sein wollte.«

Das Scheitern des schwärmerisch überschwenglichen Liebeskonzepts der Bettine von Arnim ist hier zum sechsten Mal vorgegeben. Nach der selbstbezogenen Anbetung dreier Ehemänner trägt sie als Mutter von nunmehr sechs Kindern nacheinander drei jungen Männern ihre Liebe an.

Zentrale Kapitel ihrer Lebensgeschichte! In einer Biographie würde hier ausführliche Darstellung notwendig. In den koordinierenden Zitaten wäre allerdings wenig erzählerische Präsenz – Bettine, die oft so verzaubernde Prosa geschrieben hatte, sie nimmt zwar Anlauf, schafft bei diesem Thema aber nicht mehr den Sprung ins (autobiographische) Erzählen. Bleibt also nur Erörterung? Die würde nicht ins Lesebuch passen (auch wenn es auf Erörterung nicht ganz verzichten kann, um den Stellenwert jeweiliger Erzählsequenzen herauszuarbeiten.)

So rücke ich einen zweiten fiktiven Dialog ein. Als Gesprächspartner der Bettine ein junger Mann, nun als fiktive Figur: Alexander, aus der Familie Savigny. Dieser Musiker spricht (auch) für einen Hössli, einen Döring, einen Nathusius. So arbeite ich weiter im Sinne Bettines, die Reihe der angeschriebenen Liebesbriefpartner um eine weitere Person verlängernd. Dies als Versuch, ein Modell zu entwickeln, das Herausforderung und Zumutung ablesbar macht in komprimierter Form.

Auch hier: Der Dialog entwickelt sich mit Blick auf überlieferte Texte und Fakten; ich bleibe im Spielraum der Wahrscheinlichkeit. Das Gespräch könnte zu Beginn der vierziger Jahre stattfinden.

Alexander: Aber stell es dir doch mal vor: mit Chopin auf Mallorca! Bettine von Arnim reist nach Mallorca, trifft dort heimlich Frédéric Chopin, in der Kartause von Valldemosa. Auf diese Möglichkeit ist noch keiner gekommen!

Bettine: Bestimmt nicht! Fragt sich nur, ob alle von der Erfindung so begeistert wären.

Alexander: Ich kann mir nicht vorstellen, daß es irgendjemand gäbe, der sowas nicht gern liest: Die Reise durch das immer wärmere Rhônetal ... Ankunft in Marseille ... die Fahrt dann auf dem Dampfsegler nach Palma, wahrscheinlich auf dem selben Dampfsegler, mit dem Chopin und Madame nach Palma gefahren sind ...

Bettine: Und inzwischen wieder zurück, das vergißt du offenbar, vor lauter Begeisterung.

Alexander: Das vergesse ich keineswegs. Aber diese Rückfahrt stört mich nicht weiter. Ich seh das fast schon wie gedruckt vor mir: Du beschreibst die Ankunft in Palma, skizzierst die Stadt, den Dom, erzählst von der Fahrt durch die Ebene mit ihren Olivenbäumen, Johannisbrotbäumen, Zypressen, mit ihren Eukalyptusbäumen, Korkeichen, den duftenden Orangenhainen – du merkst, ich habe mich eingelesen. Ja, und dann die Fahrt in die Berge, auf sehr schmalen Wegen, und vielleicht ein pompöses Gewitter, ein Hohlweg wird zum Wildbach, die Räder umstrudelt, aber nur bis zur Achse, nicht höher, du sollst schließlich trockne Füße behalten. Und schließlich erreichst du Valldemosa, siehst die Kartause, in der Chopin wohnte.

Bettine: Ja, und damit sollten wir einen Schlußpunkt setzen, meinst du nicht auch? Ich hör dir gerne zu, wenn du vom

Süden erzählst, besonders nach dieser Schneefahrt, aber ich weiß nicht recht, warum wir ausgerechnet über Chopin reden sollten – ich bin ihm nie begegnet, und in Valldemosa könnte ich ihn auch nicht mehr sehen, er ist längst wieder in Frankreich. Sollen wir den Fall nicht auf sich beruhen lassen, und wir sprechen über uns?

Alexander: Tu mir den Gefallen, laß mich eben noch ausführen, wie es weitergehen soll. Darf ich vorher noch Grog nachgießen?

Bettine: Im Moment nicht, danke. Aber nimm dir.

Alexander: Ich hab inzwischen drei Gläser getrunken, ich bin jetzt in der richtigen Stimmung – mehr würde mir die Zunge schwer machen. Also, zu Mallorca – ich habe mir das alles an den Tagen und vor allem in den Nächten ausgedacht, nachdem dein Brief angekommen war.

Bettine: Ja, und da beginnt für mich das Rätsel. Ich schreibe dir, daß ich hier Zwischenstation machen will, wir verabreden uns für diesen Abend, und zu erzählst mir von Chopin auf Mallorca!

Alexander: Du läßt einen ganz wesentlichen Punkt aus: dich selbst! Es geht doch gerade darum, daß du Chopin besuchst, in der Kartause.

Bettine: Und jetzt läßt du einen »wesentlichen Punkt« aus: Madame George Sand, die bekanntlich mit Chopin in der Kartause gewohnt hat. Wie will deine Geschichte mit dieser, ausgerechnet mit dieser Frau fertig werden?

Alexander: Spielend! Wenn du nämlich in den Ort kommst und eine Wohnung oder ein Haus suchst, könntest du gleich erfahren, daß Chopin im alten Kloster weilt, daß Madame sich hingegen in Palma aufhält, wegen einer langwierigen Transaktion – zum Beispiel die Zollformalitäten für die Einfuhr eines Flügels, den Chopin dringend braucht. Vor Ablauf einer

Woche wäre denn mit der Rückkehr von Madame nicht zu rechnen. Das Glück, das du verdienst, nach solch einer Reise – kein Leser wird monieren, daß dieses Glück wie gerufen kommt! Also, du besuchst Chopin, es entwickelt sich ein intensives Gespräch, das will seine Fortsetzung, ihr trefft euch zu einem langen Spaziergang, es umgeben euch sämtliche schon aufgezählten Baumarten, nach der Rückkehr spielt dir Chopin auf einem kleinen Reiseklavier eine neue Komposition vor, und durch den hallenden Klostergang tappt währenddes ein steinalter, blinder Mönch, der die Säkularisierung des Klosters überlebt hat, man hört seinen Stock auf den Bodenplatten, und das wird womöglich zum musikalischen Motiv einer noch ›unveröffentlichten‹ Komposition. Wenn ich das so ausspreche, glaube ich, von fern, von ganz fern her schon ihre Klänge zu hören, und in diesen Klängen ist alles, was euch umgibt – Salbei und Thymian, Pinien und Zypressen, Korkeichen und Orangenbäume, die Felsen, das Meer, an dem ihr spazierengeht, die Sterne, die sich über euch herauskristallisieren, die Sternbilder – du könntest diese Sonate so beschwörend beschreiben, daß jeder davon überzeugt ist, es muß sie geben. Und: daß sie entstanden ist, weil du oder während du Chopin auf Mallorca besucht hast. Wenn das alles schlüssig, stimmig, mitreißend erzählt wird – ich bin sicher, mit dieser »Reise zu Chopin« würdest du große Resonanz finden!

Bettine: Aber es würde sich doch garantiert jemand melden, der mir nachweist, öffentlich, daß so eine Begegnung gar nicht stattgefunden haben kann, weil erstens, zweitens, drittens –

Alexander: Wieso, man könnte hier überhaupt nichts nachweisen! Weil es ein völlig geheimes Treffen wäre, von dem nicht einmal Madame erführe .. .

Bettine: Und wenn Chopin von diesem Buch erfährt und alles dementiert?

Alexander: Dazu habe ich mir auch schon was überlegt, als Sohn eines Juristen: Du könntest zum Beispiel im Vorwort schreiben, daß ein Dementi aus Frankreich oder Polen zu erwarten sei, aber gerade dies würde beweisen – und so weiter. Aber vielleicht findest du eine ganz andere Lösung. Was du dir in den Kopf gesetzt hast, das machst du auch wahr.

Bettine: Ja, was ich mir in den Kopf gesetzt habe! Dagegen ist zweifelhaft, ob ich konsequent bei etwas bleibe, das mir ein andrer in den Kopf setzt. Das hat seine Tücken selbst dann, wenn ein Alexander Savigny dahinter steht, den ich sehr schätze – um das zurückhaltend auszudrücken. Aber ich war ja auch vorsichtig mit dem Grog, trotz der arktischen Kälte unterwegs.

Alexander: Deine Hände sind aber nicht mehr kalt.

Bettine: Kannst sie trotzdem noch ein bißchen halten. – Ah, das ist gut so ... Nicht wahr, wir reden jetzt über uns? Du weißt, es gibt da einige Punkte.

Alexander: Ja, du hast es im Brief angekündigt.

Bettine: Du weißt also, worauf ich hinaus will.

Alexander: Natürlich, es geht um unseren Briefwechsel – weil der nicht so recht florieren will. Und schuld daran bin eindeutig ich. Weißt du, ich kann mich – wenn ich dazu aufgelegt bin, und das ist wahrhaftig nicht immer der Fall – ich kann mich ausdrücken im Gespräch. Ich kann mich in Musik ausdrücken. Ich kann mich aber kaum ausdrücken in Briefen. Wie umständlich und anstrengend ist allein schon dieser Vorgang des Schreibens – nach zwei, drei Briefseiten tut mir das Handgelenk weh, und ich spüre die Sehne. Und dann geht es noch langsamer, mühsamer – wieviel Zeit und Kraft ich allein für einen Brief-Absatz brauche, das heißt: für den Entwurf eines

Brief-Absatzes, denn das Geschriebene, mein Geschreibsel, das schreib ich ja immer wieder neu. Wenn ich mich beim Klavierspielen auch so verkrampfen würde, ich hätte es längst aufgegeben. Hätte womöglich begonnen, Jura zu studieren. Du kannst mir glauben, das alles hat mich sehr herabgestimmt, weil ich spürte, nein wußte, es macht dich unglücklich. Doch dann ist mir die Geschichte mit Chopin eingefallen, glücklicherweise.

Bettine: Dein Entdecker- oder Erfinderglück kann so ungetrübt kaum sein – letztlich bist du dir wohl klar darüber, daß sich diese Idee nicht verwirklichen läßt.

Alexander: Wieso, wenn du beispielsweise im Frühjahr nach Mallorca reist –

Bettine: Lieber, wir sollten nicht so tun, als wäre es am Nächstliegenden, in Magdeburg über Mallorca zu plaudern. Ich möchte mit dir reden, über uns, über dich. Du bist mir entschieden wichtiger als Chopin.

Alexander: Ich bin ein kleiner Musikstudent, und Chopin ist auf dem Wege, einer der großen Komponisten zu werden – wie kannst du sagen, ich sei wichtiger?

Bettine: Wichtiger nicht als Musiker, wichtiger als Person! Außerdem vergißt du immer wieder, daß ich Chopin nicht kenne, persönlich. Also sehe ich nicht den geringsten Anlaß, über die ominöse Reise weiter nachzudenken. Wir sitzen hier auf dem Sofa, im gut geheizten Salon, draußen ist es schneestill – nichts, aber auch gar nichts hindert uns daran, endlich über uns zu sprechen.

Alexander: Ich meine, auf indirekte Weise hätte ich das eigentlich schon getan. Ich habe mir die Geschichte mit Chopin ja nicht aus reinem Überschwang ausgedacht. Schließlich bin ich der Grund, daß du ein geplantes Buch nicht verwirklichen kannst. Zuerst war ich ja völlig überzeugt von dieser Idee, einen Briefwechsel zu führen, aus dem sich später, eventuell, ein Buch machen läßt. Aber wenn der Briefwechsel, auf den du gesetzt hast, wenn der stockt und stagniert, weil ich nicht der richtige Briefpartner bin, dann hängt doch alles in der Luft!

Bettine: Du hattest mich in Berlin offenbar nicht recht verstanden – es kommt doch nicht in allererster Linie auf diesen Briefwechsel an! Was sollen alle Schreibimpulse, wenn da kein Gefühl ist, das alles trägt? Wie eine – ja, wie eine Grundschwingung. Und diese Grundschwingung ist vorhanden, ich spüre es, ich spüre das sehr intensiv. Und auf mein Gespür, auf mein Gefühl kann ich mich verlassen.

Alexander: Fragt sich nur, ob sich andere ebenfalls auf deine Gefühle verlassen können.

Bettine: Was willst du damit sagen?

Alexander: Ich merk schon, du hast mich verstanden.

Bettine: Du irrst – ich versteh kein Wort!

Alexander: Ja, also dann – ich würde mir entschieden lieber anhören, was du mir zu sagen hast, über uns, wenn ich sicher sein könnte, daß du Ähnliches nicht auch noch anderen sagst – im gleichen Zeitraum und in beinah gleicher Umgebung.

Bettine: »Auch noch anderen«! Ich reise in diesem eiskalten Winter von Berlin nach Magdeburg, um dich zu treffen, dich ganz allein, und du sagst »auch noch anderen«. Spricht die Tatsache, daß ich hergekommen bin, nicht klar genug – für dich, für uns? Da solltest du auf derartige Schnörkel eigentlich verzichten. Ich werde zu geziemendem Zeitpunkt ins Hotel zurückkehren, morgen früh reise ich weiter – wir dürfen diesen Abend nicht vergeuden.

Alexander: Eben – gerade weil unsre Zeit so knapp ist, müssen wir darüber sprechen. Es ist ganz einfach so: Ich kann es nicht ertragen, daß du auch anderen sagst, was du mir sagst.

Bettine: Du bist ganz schön hartnäckig.

Alexander: Ich verstehe, eine kleine Zurechtweisung ... Dieser Alexander – jünger als deine Söhne – erweist sich einer Bettine von Arnim gegenüber als hartnäckig, das gehört sich nicht, da fehlt der Respekt. Du hast aber selbst gesagt, in Berlin und bei der Wanderung, daß der Altersunterschied keine Rolle spielen darf zwischen uns. Ich hätte aber sowieso keine Lust, immer nur den aufblickenden Jüngling zu spielen. Ich habe da meine eigenen Vorstellungen, auch über dieses Gespräch. Und da muß ich endlich mal aussprechen: Es ist ein letztlich unüberwindliches Hindernis für mich entstanden. Räum es bitte aus dem Weg. Sonst kommen wir nicht weiter.

Bettine: Punktum. Basta. Jetzt werde ich aber doch wohl ungerügt feststellen dürfen, daß du mit erstaunlicher Entschiedenheit auftrittst!

Alexander: Damit diese Entschiedenheit entstehen konnte, brauchte es einiges, das mir zu Ohren gekommen ist. Plus drei Gläser Grog.

Bettine: »Zu Ohren gekommen« ... Willst du dich mit solch einer Formulierung als Lord-Siegelbewahrer eines großen Geheimnisses aufspielen?

Alexander: Ich spiele mich nicht auf – das kannst du mir wirklich nicht nachsagen!

Bettine: Reagier doch nicht gleich so empfindlich!

Alexander: Wie man zu reagieren hat, das läßt sich nicht vorschreiben.

Bettine: Es wird ja immer toller! Worauf willst du eigentlich hinaus? Wir sitzen hier wie die unschuldigen Kindlein, und das einzige, was sich steigert, ist die Schärfe deiner Bemerkungen!

Alexander: »Unschuldige Kindlein« – hört sich etwas komisch an.

Bettine: Die Situation ist komisch, nicht meine Äußerung. Mein Gott, ich hab mich wirklich auf diesen Besuch gefreut! Ich bin schließlich mit ein paar Hoffnungen gekommen. Aber die werden bestimmt nicht erfüllt, indem wir auf diesem Sofa sitzen, und du machst mir den Kopf heiß mit Vorwürfen oder vorwurfsvoll klingenden Anwürfen – das ist nicht die wahre Methode, mich zu erwärmen. Man könnte warhhaftig den Eindruck gewinnen, du hättest dir so einiges zurechtgelegt, um mich für meinen Besuch, ja, zu bestrafen. Dabei komme ich mitten im Winter nach Magdeburg, in dieser eiskalten Postkutsche, und durch tausend Poren und Ritzen dieser Kristallschnee – man hätte sich den Tod holen können, selbst wenn man noch nicht in den Fünfzigern ist. Doch kaum habe ich Hände und Füße einigermaßen aufgewärmt, setzt du mir mit solchen Bemerkungen zu. Ich hätte doch etwas mehr Wärme erwartet.

Alexander: Ich kann verstehen, daß man mit 55 nicht mehr so gerne reist, schon gar nicht in solch einem Winter, aber ich hatte dir nichts versprochen.

Bettine: Das Geschick, mit dem du bei dieser Gelegenheit auf mein Alter hinweist, ist schon beachtlich.

Alexander: Wieso, du hast gerade selbst gesagt: Wenn man erst mal in den Fünfzigern ist, reist man nicht mehr so gern, schon gar nicht im Winter.

Bettine: Wenn man »erst mal« in den Fünfzigern ist – so habe ich das bestimmt nicht ausgedrückt! Aber bitte, reden wir über diesen Punkt! Die Frage des Alters scheint mittlerweile ja doch eine gewisse Rolle bei dir zu spielen. Dabei hast du mir in Berlin und auf unserer wunderschönen Wanderung gesagt, daß du nicht das Gewöhnliche, das viel zu oft schon Wiederholte suchst, weder in der Musik noch in der Liebe. Du hast dazu einige Andeutungen gemacht, die ich zwar nicht ganz verstanden habe, aber ich mußte den Schluß ziehen, daß dich Erfahrungen zu dieser Aussage geführt haben. Wenn du nun das Außergewöhnliche suchst, zwischen Mann und Frau – warum dann solche durchaus gewöhnlichen Anspielungen und Hinweise? Du mußt doch spüren, daß in uns beiden ein großer, ein ganz großer Entwurf ist. Mit diesem Bewußtsein bin ich jedenfalls hergekommen. Und nun muß ich erleben, wie du dich wehrst, mit allerlei Finten. Du spürst, da ist ein Gefühl, und gegen dieses Gefühl redest du an, die ganze Zeit schon – aber das nützt alles nichts, dieses Gefühl ist da! Du kannst es nicht unterdrücken! Das ist genauso, als würdest du versuchen, eine Quelle mit Geröll zuzuschütten – das Wasser ist stärker als das Geröll. Ich habe die Nase von Wassersuchern oder Wasserschmeckern, ich rieche schon von weitem das Quellwasser – es wird sich seinen Weg bahnen, da bin ich von einer ganz ruhigen Gewißheit. Also kann ich warten. Ich kann warten bis zum nächsten Frühjahr. Bis zum nächsten Sommer. Bis zum nächsten Herbst, der Zeit der Wanderungen im Spreewald. Es ist viel Zeit in mir, seit ich weiß, was das ist: Zeit, meine Zeit, die mir verbleibende Zeit. Du wirst es an dir selbst erleben: Wenn Liebe da ist, kannst du unternehmen, was du willst – sie ist da, sie bleibt da, sie setzt sich durch! In diesem Punkt bin ich dir vielleicht um einige Erfahrungen und Gewißheiten voraus.

Alexander: Dieses Wasser, von dem du redest, hat einen schalen Geschmack bekommen. Das ist sogar vergiftet worden. Und die drei Gifttropfen heißen: auch – noch – andere.

Bettine: Da hast du dir was ausgedacht oder zurechtgelegt, das mit der Wirklichkeit überhaupt nichts zu tun hat. Du schiebst etwas vor.

Alexander: Das stimmt nicht!

Bettine: Und wenn es doch so ist? Soll ich den wahren

Grund deines Abwiegelungs-Manövers nennen? Auch wenn der enttäuschend banal ist? Wir haben diesen Besuch zwar verabredet, für meine Durchreise, aber das ist dir ganz einfach peinlich geworden. Peinlich vor deinem Herrn Vater, peinlich vor eurer Haushälterin – du hast nur mit all dem Grog deine Fassung wiedergefunden. Denn eigentlich, nicht wahr, eigentlich hast du bis zur letzten Minute gehofft, es würden so riesige Schneewehen entstehen zwischen Berlin und Magdeburg, daß ich umkehren muß. Und jetzt suchst du einen Vorwand, um auch hier im Herrenzimmer solche Schneewehen anwachsen zu lassen, hoch bis zur stuckierten Decke. Denn in keinem der vielen juristischen und geschichtlichen Bücher hier rundherum ist ein Fall wie der unsre beschrieben – also willst du ihn, als Sohn deines Vaters, wegeskamotieren. Und dazu läßt du dir allerlei einfallen, sogar dieses Projekt einer Reise zu Chopin. Mein Lieber, ich habe sofort verstanden, worum es letztlich geht: Die arme Bettine soll nicht mit völlig leeren Händen nach Berlin zurückreisen, schon gar nicht bei dieser Kälte, also mach ich ihr diesen herzerwärmenden Vorschlag. Wenn schon, nach deinem Willen und deiner Vorstellung, keine Liebe zwischen uns möglich sein darf, dann wenigstens als Ersatz dieses literarische Spiel. Du setzt mich dem Chopin auf die Spur, und sobald ich ihn entdeckt habe, und er gewinnt an Umriß, an Größe für mich, da ziehst du dich hinter ihm zurück, diskret und erleichtert. Hab ich nicht recht? – – Jetzt schau bitte nicht so starr an mir vorbei. – – Nun red schon! Sag, wo der wahre Grund liegt für dieses Abwiegeln. Hat jemand versucht, die Beziehung zwischen uns lächerlich zu machen? Sind es irgendwelche Konventionen, Magdeburger Konventionen, die sich zwischen uns schieben? Genauer: die sich zwischen dich und deine Gefühle schieben? Sie sind doch da, deine Gefühle, das spüre ich, das spüre ich ganz deutlich – warum machst du sie so klein? Warum versuchst du, sie zu unterdrücken?

Alexander: Du willst jetzt natürlich hören, was du schon gesagt hast: daß es kleinliche gesellschaftliche Rücksichtnahme ist. Angst vor Peinlichkeiten. Aber diesen Vorschlag zur Antwort nehme ich nicht an. Denn leider ist nicht alles so großartig und schön zwischen uns, wie du es darstellst. Du fragst nach dem Grund meiner Zurückhaltung. Dazu muß ich eigentlich nur einen Ortsnamen nennen: Althaldensleben.

Bettine: Du sagst Althaldensleben ... Dazu solltest du schon noch was anmerken.

Alexander: Gut, ich lege noch etwas in die Waagschale. Den Namen Philipp Nathusius. Und wenn das nicht genügt, auch den Namen Döring.

Bettine: Ahja, so ist das ... Die Namen sind mir geläufig. Es würde mich nur interessieren, welche Art Assoziationen sich hier einstellen.

Alexander: Nach einem Festkonzert in Vaters Fakultät hab ich den Philipp kennengelernt, in privater Runde. Er kommt, wie du selbst am besten weißt, aus Althaldensleben. Und dort ist es wahrhaftig nicht schwer, auf den Namen Döring zu stoßen. Du wirst jetzt verstehen, warum ich »auch noch andere« gesagt habe. Wobei es sogar noch einen dritten geben soll, in der Schweiz.

Bettine: Den kannst du schon mal streichen.

Alexander: Dann sind es immerhin noch zwei. Und das hier im Magdeburger Land. Das ist für mich sehr, sehr nah!

Bettine: Hast du auch mit Döring konspiriert?

Alexander: Ich hab lange mit ihm gesprochen – das hat nichts mit Konspirieren zu tun! Ich kann reden, mit wem ich will!

Bettine: Das klingt eher trotzig als überzeugend. Aber bitte, fahr hier in der Gegend herum, soviel du willst.

Alexander: Ich muß dazu keine Genehmigung einholen, nachträglich.

Bettine: Noch eine Stufe trotziger ...

Alexander: Was heißt hier »trotzig«? Ich bin kein kleiner Junge mehr.

Bettine: Schrei bitte nicht! Sowas kann ich nicht vertragen.

Alexander: Ich habe nicht geschrien, ich habe höchstens eine Spur lauter gesprochen.

Bettine: Aber in einem schreienden, mir fast in den Ohren gellenden Ton! Ich kann nicht begreifen, weshalb Männer in Situationen, in denen sie spüren, es geht um wirklich Entscheidendes, weshalb sie da versuchen müssen, alles mit Geschrei von sich zu weisen.

Alexander: Ich weiß nicht, wie du auf diese Auslegung kommst. Mit mir hat das jedenfalls nichts zu tun. Und was dieses »alles« betrifft – wenn mehrere Fälle vorliegen, kann man schon mal gewisse Schlüsse ziehn. Vor allem, wenn es mehrere Fälle gleichzeitig sind.

Bettine: Du bist nah dran, mich zu beleidigen – spürst du das nicht?

Alexander: Ich versuche, herauszufinden, was in Wahrheit zwischen uns vorgeht. Ich weiß nicht, was daran beleidigend sein soll. Irgendwie müssen wir weiterkommen. Sonst treten wir auf der Stelle.

Bettine: Ja, weil hier so hohe Schneewehen sind!

Alexander: Und wie sind die hereingeschneit?

Bettine: Solch eine Antwort würde mir unter anderen Vorzeichen gefallen. Heute hab ich kein Ohr für sowas.

Alexander: Dann hab wenigstens ein Ohr für meine Frage.

Bettine: Aber du hast die Antwort doch längst parat! Und damit den Vorwand zu einer Entscheidung, die für dich am bequemsten ist.

Alexander: Ich habe nur nach Althaldensleben gefragt. Bitte zwing mich nicht, diesen Ortsnamen noch öfter auszusprechen – es fällt mir äußerst schwer.

Bettine: Du kannst es leicht nehmen – dort ist nichts, das dich belasten könnte.

Alexander: Mehr sagst du nicht dazu?

Bettine: Warum glaubst du mir nicht?

Alexander: Du kannst dir offenbar nicht vorstellen, was das für mich – als ich aus Althaldensleben zurückkam, war ich einige Tage – ich kann das mit einem Wort nicht beschreiben. Ich habe oben im Zimmer gesessen und zum Fenster rausgestarrt. Habe immer nur Dachziegel, Schornsteine, Tauben gesehen. Schornsteine, Tauben, Dachziegel. Habe nichts essen können, die Kehle war zu. Und ich konnte dir nicht schreiben, in den ersten Tagen, das schon gar nicht. Und ich konnte nichts lesen – mir verschwamm alles vor den Augen. Klavierspielen ging auch nicht – obwohl mir das vielleicht am ehesten geholfen hätte. Ich saß oben am Fenster, sah immer nur gurrende Tauben und lautlose Dachziegel. Erst nach drei Tagen kam ich zu mir. Ich konnte langsam wieder anfangen, zu üben. Bin auch wieder rausgegangen – so tapsig, als hätte ich eine schwere Krankheit hinter mir. Ich habe dann sogar auf einen Brief von dir geantwortet – in einem Ton, als wäre nichts gewesen. Aber ich konnte von dieser Fahrt, von diesem Gespräch einfach nicht schreiben. Ich hatte mir vorgenommen, mit dir darüber zu sprechen, so bald wie möglich. Und wie du geschrieben hast, du kommst, da wußte ich: Dann muß es sein! Seither habe ich immer wieder mit dir geredet. Dabei hab ich allerlei Formulierungen ausprobiert und mir zurechtgelegt. Und dann hab ich in den letzten zwei Nächten fast überhaupt nicht geschlafen – aus lauter Angst, ich würde schlecht schlafen und wär dann nicht in der Lage, dir alles so zu sagen, wie ich es sagen muß. Und jetzt, wo du hier bist, liegt mir das auf der Zunge oder zumindest habe ich das im Kopf, aber es will nicht heraus. Dabei hatte ich mir gedacht, es würde ganz einfach sein – ich trete dir entgegen und sage dir, was ich von diesem Doppelspiel halte, diesem sogar doppelten Doppelspiel. Aber wie du mich so begrüßt hast, und jetzt, wo wir hier sitzen – es geht nicht, es geht einfach nicht! Ich weiß nicht, warum. Ich sage mir, du kannst es ihr nicht antun. Wenn ich allein schon bedenke, was du alles erlebt hast, was du mir voraus hast – wirklich: voraus hast … Und da soll ich mich vor dir aufpflanzen und ich sage dir alles ins Gesicht? Der Frau, die ich so bewundere? Die mit Leuten Umgang hatte, die für mich unerreichbar wären? Mit einem Schleiermacher … Mit einem Beethoven … Wenn ich allein daran denke, möchte ich all diese Wörter aus meinem Kopf rauswerfen und – das ist total inkonsequent, das ist wirklich verrückt, aber es ist tatsächlich so, ich hab das vorhin schon gedacht oder gewollt, eigentlich hat das schon angefangen mit dieser Begrüßung, mit deiner Umarmung bei der Begrüßung – alles war wie weggeblasen.

Bettine: Mir ist es doch genauso ergangen! Da war für mich auch erst eine gewisse Befangenheit – all diese Probleme, die zwischen uns entstanden waren … Aber als du im Vorraum auf mich zukamst – ich mußte dich einfach umarmen! Und mir war sofort wieder klar, weshalb du mir von Anfang an so gefallen hast. Schon als du zum ersten Mal auf unser Haus zukamst, um den Brief abzugeben, von deinem Onkel, und ich sah diese leichte, rasche, gelöste Bewegung – ich wußte sofort: Das ist er! Die wenigsten Menschen sind in ihren Bewegungen gelöst – du bist da eine Ausnahme. Wenn das jetzt nicht deplaziert wäre, ich würde dich bitten, kurz mal vor mir auf und abzugehen.

Alexander: Möchtest du das wirklich?

Bettine: Eigentlich eher nicht. Denn jetzt würdest du dich wahrscheinlich bemühen, möglichst leichtfüßig zu schreiten, und das könnte deine Schritte ungelenk machen. Wenn die Bewegung einfach so aus dir herauskommt, ist sie am schönsten. So ist es auch, wenn du mir vorspielst – das kommt ganz spontan aus deiner inneren Begeisterung. Und das ist es, was ich an dir liebe. Und wie man es deinem Klavierspiel und deinen Körperbewegungen anmerkt, daß du unbelastet bist. Es gibt bei dir noch keine Eintrübungen, keine Verhärtungen. Noch keine Migräne oder Melancholie. Noch keine selbst auferlegten Pflichten. Noch keinen Familienanhang – du könntest, wenn du wolltest, morgen in eine andere Stadt ziehen. Um diese Freiheit beneide ich dich. Aber eigentlich nur, solange ich nicht bei dir bin. Auf unserer Wanderung, zum Beispiel, hatte ich das Gefühl, ich würde an deiner Leichtigkeit, Gelöstheit teilhaben – das überträgt sich, springt über. Allein schon, wenn ich davon spreche – ich würde am liebsten, wie früher, auf der Sessellehne, der Sofalehne, der Fensterbank sitzen – ich spüre mich deutlicher, wenn ich bei dir bin, fühle mich lebendiger – überträgt sich das nicht? Überträgt sich nicht ein klein wenig davon?

Alexander: Ein klein wenig? Wenn ich mit dir beisammen bin, das ist, als würden sich viele, viele Impulse gleichzeitig übertragen. Allein schon, wenn du mir erzählst – ich hab noch nicht allzuviel erlebt, aber seit ich dich kenne, kommt es mir so vor, als würde ich jeden Tag, den wir beisammen sind, um zwei Tage reicher.

Bettine: Aber das ist doch kein einseitiger Vorgang! Wenn ich dir was mit-teile, bekomme ich sofort etwas von dir zurück. Vergangenes wird wieder gegenwärtig, und das in scheinbar längst erloschener Leuchtkraft, mit wieder deutlichen Konturen. Diese Erfahrung wirkt nicht nur ein auf die Gegenwart, auch auf die Zukunft – höchst belebende Impulse. Deshalb bin ich so auf Menschen angewiesen – ich brauch den lebendigen Dialog. Und nicht eine monologische Ansprache an einen Monsieur Chopin, der tausend Kilometer oder Meilen von Mallorca entfernt wäre – falls ich dorthin käme. Wenn ich überhaupt an eine Reise nach Mallorca denken könnte, dann nur im Zusammenhang mit dir.

Alexander: Unmöglich!

Bettine: Das war zu prompt.

Alexander: Aber dann wären wir doch Monate unterwegs! Mir wird es schon schwerfallen, vor Vater eine stichhaltige Ausrede zu finden für zwei oder drei Tage demnächst in Berlin. Was soll ich ihm erst mal sagen, wenn ich mehrere Monate weg bin?

Bettine: Warum redest du immer gleich von irgendwelchen Verfahrensfragen? Warum nicht das Große zuerst? Schau, wir könnten auf Mallorca über alles sprechen, was uns wichtig ist, über die Dichtung eines Byron oder eines Manzoni, über die Musik eines Beethoven oder Chopin, über die Philosophie eines Schleiermacher oder eines Schopenhauer, und über unsere Begegnung in Berlin und über unseren Briefwechsel und unsere Wanderung und unsere Reise und unsere Gegenwart und unsere Zukunft. Wir könnten es uns sogar leisten, gemeinsam zu schweigen! Ich würde ganz still, ganz reglos neben dir sitzen, neben dir liegen, und ich atme ein, wenn du ausatmest, atme aus, wenn du einatmest, und wir würden im Duft von Salbei und Thymian, von Orange und Oleander das Allerwichtigste entdecken: uns selbst. Und wir würden uns auf diese Entdeckung einlassen mit Haut und Haar. Wenn ich das nur schon ausspreche, gerate ich wieder in Schwingung, da würde ich am liebsten – das hab ich dann früher auch so gemacht: irgendwo hochklettern – ja, zum Beispiel auf diesen Schreibtisch – und singen, von oben herab, endlich wieder singen – ein Lied, das ich improvisiere, vielleicht mit Echos früherer Lieder – ein beschwörendes Lied, ein Lied vom Wasser, vom reinen Wasser, das aufsteigt, vom Wasser, das uns trägt und wiegt, vom Wasser, das alles besiegt – ja, ich stimme mich ein auf dieses Lied, stimme mich ein mit dem Kammerton aaa –

Alexander: Hör auf!

Bettine: Mein Gott, bin ich erschrocken! Wie kannst du mich so anschrein?!

Alexander: Ah, ich mag es nicht, wenn Erwachsene sich so – wenn die sich so kindisch benehmen!

Bettine: Das ist sehr hart!

Alexander: Entschuldige, ich hab das nicht bös gemeint – es ist einfach – ich kann sowas nicht ertragen. Für mich sind es die schlimmsten Erinnerungen, wenn Vater sonntags vor mir herging, und er sang diese Lieder, die überhaupt nicht aufhörten, und immer wieder sang er falsch! Er hörte nicht mal auf mit dieser Singerei, wenn uns Spaziergänger entgegenkamen – ich hätt mich am liebsten im Gebüsch verkrochen.

Bettine: So falsch wie dein Vater hätte ich bestimmt nicht intoniert!

Alexander: Ich rede jetzt nicht bloß vom Singen. Ich habe immer die Vorstellung gehabt, als Kind, die Erwachsenen oder die Großen, die müssen sich entsprechend benehmen. Und wenn du auf den Schreibtisch klettern willst, in deinem Alter, um zu singen – da taucht all das wieder auf!

Bettine: Und so weist du mich zurecht – wie ein gestrenger Vater seine ungebärdige Tochter. Und das ausgerechnet unter Hinweis auf mein gesetztes Alter.

Alexander: Das habe ich nicht gesagt: »gesetztes Alter«.

Bettine: Du hast von meinem Alter geredet, und in dem Zusammenhang fiel garantiert dieses Wort. Das gehört schließlich zusammen, für dich!

Alexander: Selbst, wenn es so wäre – du bist nun mal 32 Jahre älter. Das ist eine Tatsache.

Bettine: Es kommt darauf an, wie man Tatsachen formuliert.

Alexander: Ich habe nur gesagt, daß ich es nicht ertragen kann, wenn Leute im Alter meiner Eltern, oder wie meine Eltern – wenn die sich irgendwie –

Bettine: Was: »irgendwie«?

Alexander: Ach, wenn ich das jetzt sage, bist du ja doch gleich wieder beleidigt.

Bettine: »Gleich wieder« ...

Alexander: Meine Güte, ist das alles kompliziert! Was man auch sagt, man verletzt dich damit!

Bettine: Ganz so schlimm ist es nun auch wieder nicht. Aber es wäre offenbar besser gewesen, ich hätte etwas distanzierter über Mallorca gesprochen. Und so erkläre ich jetzt in aller Ruhe und Ernsthaftigkeit: Wir sollten uns wirklich vornehmen, nach Mallorca zu reisen. Dann hätten wir endlich Zeit genug, miteinander zu reden. Daß wir uns mißverstehen, uns verletzen, uns verletzt fühlen, das hängt bestimmt mit dieser Situation zusammen. Wir haben uns 3 Monate, 17 Tage nicht gesehen, und es wird bestimmt einige Zeit vergehen, bis du nach Berlin kommst, also steht hier alles unter ungeheurem Druck. Ich möchte erreichen, sage ich mir, was ich mir vorgenommen habe: Daß du den Briefwechsel weiterführst. Und du hast dir ebenfalls vorgenommen, an diesem Abend etliches klarzustellen. Und so verkrampfen wir uns. Und wenn man einen Verkrampften berührt, ist das gleich schmerzhaft. Aber stell dir vor, wir unternehmen diese Reise –

wie leicht, wie gelöst könnte die Verständigung zwischen uns sein. Und wieviel wichtiger als die nachträgliche Entdeckung Chopins wäre die gegenseitige Entdeckung unserer selbst, auf Mallorca. Je länger ich davon rede, desto mehr kann ich mich dafür begeistern! Da umgibt mich eine bald schon mediterrane Temperatur. Und diese warme, trockne Luft gewürzt von Thymian und Salbei und Eukalyptus und Orange – das weitet die Lungenflügel, da kriegen die Lungenflügel echte Flügel – willst du nicht mitfliegen?

Alexander: Wenn ich das so höre, es könnte mich beinah auch in Begeisterung versetzen.

Bettine: Warum schränkst du schon wieder ein?

Alexander: Weil die Reise nach Mallorca hier in Magdeburg beginnen würde. Und die erste Reisestation hieße Althaldensleben.

Bettine: Ah, dieses verdammte Althaldensleben! Aber bitte, reden wir über Althaldensleben. Es scheint ja in der Tat so zu sein, daß wir keinen Schritt weiterkommen, wenn wir dieses Althaldensleben nicht hinter uns bringen. Sag endlich, was dich hier bedrückt, sprich es aus!

Alexander: Wär eigentlich selbstverständlich, ja. Das Problem ist nur, daß Döring mich gebeten hat, über unser Gespräch nicht weiter zu reden. Das habe ich ihm in die Hand versprochen. Aber es ist dir wohl nicht verborgen geblieben, daß dein Besuch in Althaldensleben für ihn sehr peinlich war. Er hatte eine ernsthafte Auseinandersetzung mit seiner Mutter. Die wollte dich zum zweiten Mal nicht mehr ins Haus lassen. Darauf hast du ihn in den Gasthof bestellt, aber er ist nicht gekommen.

Bettine: Mit solchem Dorfklatsch beschäftigst du dich?! Das war doch von vornherein klar: Wenn eine Frau, und das auch noch allein, von Berlin nach Althaldensleben kommt, müssen sich die Leute das Maul zerreißen. Mit sowas wollen wir uns aber nicht weiter aufhalten, oder?

Alexander: Es ist nur leider so, daß du einigen Leuten im Ort erzählt hast, du hättest ein Verhältnis mit dem Julius.

Bettine: Das wird also erzählt …

Alexander: Du hast das sogar seiner Mutter gegenüber anklingen lassen.

Bettine: Und das hat anscheinend große Resonanz gefunden. Aber ich will doch sehr hoffen, daß wenigstens du dich davon freihalten konntest.

Alexander: So ganz ist mir das nicht gelungen. Einerseits wollte ich deinen Besuch, aber ich muß zugeben: ich hatte auch eine gewisse Angst.

Bettine: Die Angst, daß ich mich vor deinem gestrengen alten Herrn als deine, ja, Freundin darstelle?

Alexander: So ungefähr.

Bettine: Also die Angst, Doktor Savigny in Magdeburg könnte genauso reagieren wie Mutter Döring in Althaldensleben?

Alexander: Er würde mich nicht verstehen. Schon gar nicht, seit er die Geliebte hat. Sie ist neunzehn. Also im Alter deiner Töchter, ungefähr.

Bettine: Höchstens im Alter von Maximiliane!

Alexander: Naja, immerhin.

Bettine: Dein Herr Vater wäre also nicht einverstanden … Ein bißchen hat er sich das auch anmerken lassen, als er uns das Zimmer überließ, mit der etwas abrupten Geste. Andrerseits wäre es heikel gewesen, die fremde Besucherin gleich mit in deine Dachkammer steigen zu lassen … Er war offenbar überrumpelt. War sich nicht klar darüber, was zwischen uns, ja, sein könnte. Das alles ist nicht weiter verwunderlich. Was mich nur wundert, ist dies: Du willst offenbar von deinem

Vater loskommen – und nun hältst du dich an seiner Meinung fest. Die er bisher noch nicht mal klar geäußert hat …

Alexander: Wenn er sie erst mal äußern würde, in seiner voluminösen Art, so wäre das bald die Meinung aller Verwandten und Bekannten. Und ich lebe nun mal hier in Magdeburg.

Bettine: Offenbar eine Situation, die dich bedrückt. Willst du nicht wenigstens mal für einige Zeit frei durchatmen, auf Mallorca? Es ist doch nicht zufällig, daß du dir so eine Reise ausgedacht, sie mit derart vielen Details ausgemalt hast!

Alexander: Ich habe mir das nur für dich ausgedacht.

Bettine: Könntest du diese Idee nicht mit dir, sozusagen, komplettieren?

Alexander: Und wenn die Reise dann ein Nachspiel hat wie in einer gewissen Ortschaft?

Bettine: Du besitzt offenbar wenig Widerstandskraft gegen den Döring-Bazillus!

Alexander: Aber er hat nun mal diese Erfahrungen gemacht! Und wenn man sowas weiß, fällt es einem schwer – du hast eine Art, mit einem umzugehn – schau, ich versteh schon nicht, warum du mir kein Wort vom Philipp gesagt hast und vom Döring. Warum hast du mich im Glauben gelassen, ich wäre in der letzten Zeit der einzige, mit dem du in einer – also, mit dem du eine Beziehung aufgenommen hast? In Wirklichkeit hast du mit Philipp korrespondiert und du korrespondierst mit Döring, und aus diesen Briefen willst du ein Buch machen, das wissen beide, und jetzt fehlen wahrscheinlich noch ein paar Kapitel zur Abrundung, deshalb willst auch noch mit mir korrespondieren. Auch noch! Verstehst du, dieses »auch noch« hat mich sehr getroffen und sehr verletzt. Ich hab in den letzten Tagen und Nächten am meisten über diesen Punkt mit dir geredet, oder eher: zu dir geredet. Ich hab mir dabei etwas zurechtgelegt, das will ich dir jetzt auch sagen: Ich bin so eitel – in dieser Hinsicht, bloß in dieser Hinsicht – daß ich nur in Duos spielen will und nicht in Ensembles! Und schon gar nicht in einem Ensemble, in das auch noch ein Alphorn hineintutet.

Bettine: Ich habe dir versichert, die Sache mit Hössli ist längst, längst vorbei. Und der Briefwechsel mit Philipp ist abgeschlossen, seit einigen Jahren schon. Und ich habe erst später den Briefwechsel mit Döring begonnen. Und der ist im Wesentlichen seit vergangnem Herbst beendet. Du hast also überhaupt keinen Grund, um deine Exklusivität zu bangen. Wenn – und das wünsche ich mir immer noch – wenn es doch mal zu einem richtiggehenden Briefwechsel zwischen uns kommen sollte, wärst du der einzige Partner. Und das muß ich offenbar buchstabieren: der ein-zi-ge. Waren doch eher Silben, war aber trotzdem wohl deutlich genug.

Alexander: So eindeutig, wie du es darstellst, ist das alles leider nicht. Du hast dem Philipp zugesagt, daß der Briefwechsel als Buch erscheinen wird, das wäre nur eine Frage der Zeit. Dann hast du Döring um die Erlaubnis gebeten, seine Briefe mit veröffentlichen zu dürfen. Dabei hast du erwähnt, daß auch Hössli einverstanden sei. Du hast sogar schon einen Titel für diesen Band in petto: »Meine letzten Liebschaften«. Und weil noch unklar ist, ob Döring seine Zustimmung geben wird, brauchst du einen Ersatzmann für das geplante Buch. Nach den beiden Juristen – das heißt, Hössli ist ja auch Jurist – nach diesem Juristentrio käme denn auch noch der Sohn eines Juristen mit ins Spiel, und der ist ausnahmsweise Musiker. Der soll denn mit seinen musisch begabten Kommilitonen ein Quintett aufführen, öffentlich: Philipp Nathusius erste Violine, Julius Döring zweite Violine, Philipp Hössli Viola, Bettine von Arnim Violoncello, Alexander Savigny Klavier.

Bettine: Der Vergleich gefällt mir nicht.

Alexander: Die ganze Angelegenheit gefällt mir nicht! Ich finde es ganz einfach gemein, wie du mit mir umspringst, wie du mit meinen Gefühlen umgehst! Spielst mir vor, du willst meine Freundin sein, und gleichzeitig läßt du zwei Herren aus Althaldensleben antanzen!

Bettine: Ich habe – und das betone ich noch einmal: ich habe mit den beiden einen Briefwechsel geführt. Ich rede in der Vergangenheitsform!

Alexander: Aber es geht um ein Zukunftsprojekt! Und was für eins! Das ist ja nicht irgendein Briefbuch! Du hast mit den beiden nicht über Jurisprudenz korrespondiert, sondern über Gefühle. Über ihre Gefühle zu dir und über deine Gefühle zu ihnen. Hier läßt sich denn später hübsch vergleichen: bei wem entwickeln sich die Gefühle besser? Kann der Musiker da mithalten? Ich mag sowas nicht! Schon bei dem Gedanken wird mir übel! Und dann noch all die Mißtöne, die hier die Musik machen! Wenn du wirklich nur auf Briefwechsel aus bist, warum erzählst du dann in Althaldensleben, du wärst die Geliebte vom Döring? Warum machst du sowas? Erklär mir das! Mir will sowas nicht in den Kopf!

Bettine: Auch wenn der Schein zum Teil gegen mich sprechen könnte – vielleicht ist es trotzdem möglich, mich zu verstehen. Ich muß zugeben, ja, daß ich in Althaldensleben den Fehler begangen habe, einen alten Fehler zu wiederholen. Vor sieben, acht Jahren hatte ich eine sehr schwierige Beziehung zu einem Mann, der kalendarisch so alt ist wie ich, in Wirklichkeit aber – ich meine in der Wirklichkeit der Seele, des Verhaltens – war er ohne Weiteres ein, zwei Jahrzehnte älter. Ich mußte nach einiger Zeit registrieren, wie der Briefwechsel sich ausdünnte. Es ist schwer, Liebe zu artikulieren, die sich nicht recht verkörpern will – oder kann. Deshalb hatte ich die Nähe dieses Mannes gesucht, wenigstens für kurze Zeit. Doch ich spürte, wie er sich auch diesem Annäherungsversuch entzog. Und da war denn etwas in mir, auf das ich mit Verstand und Vernunft nicht einwirken konnte – das wollte ihn festlegen. Ich habe einer kleinen Gesellschaft in seinem Herrensitz mit ein, zwei Gesten signalisiert, daß wir – wie das in solch einem Fall ja wohl heißt – also, daß wir etwas miteinander hätten. Er sollte sich nicht mehr entziehen, sollte sich auf sich selbst, auf mich, auf unsere Beziehung einlassen. Doch er wich aus, mit eleganten Manövern, und ich spürte, ich bekam zu spüren, daß er mit all seinen Wörtern nur das eine Wort sagte: Nein. Daß eine langwährende, vielleicht sogar endgültige Trennung bevorstand. Das alles nahm mich derart mit, daß ich auf der Rückfahrt nach Berlin Blut spuckte. Entschuldige. – Meine Befürchtungen jedenfalls trafen ein, auf mein Gespür ist Verlaß – dieser Mann hat denn eine jahrelange Reise unternommen, nach Griechenland, Ägypten und immer weiter weg. Äußerst schmerzliche Erfahrung! Doch ich bilde mir ein, ich hätte daraus gelernt. Um dann in Althaldensleben den gleichen Fehler zu machen. Ich merkte während des Briefwechsels, wie Döring mir entglitt, sich innerlich entzog – und ich dachte mir: Nun habe ich mich schon derart weit vorgewagt in meinen Briefen, ich kann nicht mehr zurück – und er soll auch nicht zurück können! Wenn so ein Briefwechsel nur im Unverbindlichen geführt wird, wenn man nicht völlig hinter dem steht, was man schreibt, so ist das bloß Getändel, ein Herumspielen, und das wäre auch für einen Mann von Anfang Zwanzig unangemessen.

Alexander: Ist der Briefwechsel nach deinem Besuch denn intensiver geworden?

Bettine: Er wurde angestrengt gelöst – ich bin mit der Entwicklung nicht zufrieden. Bei Philipp war das eigentlich von Anfang an so. Weißt du, daß die beiden zwar Jura studierten, aber Gedichte schrieben, das hat in mir Hoffnungen erweckt, zumindest auf ihre Briefe. Aber sie haben keine eigene Sprache gefunden. Es sind eher Briefwechsel über Gedichte und so weiter geworden. Das alles hat negativ auf mich zurückgewirkt – meine Gefühle wollten sich nicht so recht entfalten. Ich bin noch nicht mal ins Erzählen gekommen.

Alexander: Und trotzdem willst du aus den Briefen ein Buch machen?

Bettine: Irgendwann später mal. Ich werde sie noch bearbeiten. In dem Zusammenhang: es wird in diesem Buch nur Pseudonyme geben. Das haben wir gleich zu Anfang so ausgemacht – sonst wäre das Krampf gewesen von der ersten Zeile an. Aber wie auch immer, du wirst mit diesem Buch – das heißt umgekehrt: dieses Buch wird mit dir nichts zu tun haben. Die beiden Beziehungen haben sich überlebt, die beiden Briefwechsel sind abgeschlossen. Ich möchte einen neuen Anfang machen, mit dir. Jetzt wirst du natürlich fragen, das heißt, du hast es dich längst schon gefragt: Warum will sie da unbedingt einen Briefwechsel führen? Und den eventuell veröffentlichen? Will sich Bettine von Arnim als große Liebende darstellen? Ist dies der wiederholte Versuch einer Verjüngung durch Leidenschaft? Ich hatte nach den Debakeln von Muskau und Althaldensleben Zeit, darüber nachzudenken. Und was ich dir jetzt sage, das habe ich noch keinem gesagt, auch keinem geschrieben: Ich habe die Erfahrung gemacht, daß sich Gefühle verflüchtigen, wenn sie nicht, ja, festgehalten werden. Sie bestehen sowieso aus einer ungreifbaren Substanz – das heißt, von Substanz läßt sich nicht mal reden, es sind Schwingungen, sehr stark und zugleich ganz schwach. Die Schwingungen selbst lassen sich kaum beschreiben, nur die Resonanz, die sie in uns finden, alles, was da mitschwingt … Aber selbst das läßt sich aus der Erinnerung nur sehr schwer beschreiben. Wenn wir es überhaupt begreifen und vermitteln wollen, müssen wir versuchen, es möglichst noch im Schwingungszustand zu beschreiben oder spätestens in der Phase des Ausschwingens. Dabei halte ich einen Briefwechsel für das geeignetste Instrument. So wie eine Erfahrung auf die andere Erfahrung einwirkt, so wirkt denn eine Beschreibung auf die andere ein, und das beeinflußt wiederum spätere Erfahrungen.

Alexander: Aber warum willst du sowas veröffentlichen?

Bettine: Die Frage war zu erwarten. Immerhin hast du sie nicht in mokierendem Tonfall gestellt. Ich sage das, weil ich seinerzeit erleben mußte, wie ungeheuer wohlfeil, ja spottbillig es sein kann, sich darüber zu mokieren. So, aha, ein Buch will sie daraus machen, und einen Titel hat sie auch schon parat? Da kann es mit ihren Gefühlen so weit her ja wohl nicht sein! Da soll ihr Partner lediglich eine ihm zugewiesene oder zugeschriebene Funktion erfüllen. Liebste Betty, du wirst verstehn, daß ich in Anbetracht dessen das Ganze in Bausch und Bogen verurteilen muß! So leicht kann man es sich machen. Man schiebt eine Nebensache vor, um das Ganze getrost ablehnen zu können – weil es einem zu groß, zu fordernd erscheint. Und jetzt deine Frage: Warum über diese Erfahrungen schreiben? Weißt du, manchmal fallen mir die besten Argumente erst lange nach dem Gespräch ein, in dem ich sie dringend gebraucht hätte – in diesem Fall in Muskau. Aber vielleicht kommt das jetzt wenigstens uns zugute. Wenn man in einer Landschaft sitzt, sie bewußt wahrnimmt in ihrer Schönheit, dann wird diese Wahrnehmung gesteigert, sobald man beginnt, diese Landschaft zu aquarellieren oder zu malen. Man entdeckt Details, die man sonst übersehen hätte – den Umriß eines besonders schönen Baums, das Relief eines Felsens, und Himmelsblau ist nicht einfach »blau«: das

Blau über einem Fichtenwald zum Beispiel ist dunkler als das Blau zwischen Sommerwolken, und hier gibt es auch wieder Unterschiede – das erst reichlich allgemeine Blau kann eine breite Skala von Abstufungen gewinnen. Entsprechend könnte oder müßte es bei einem Briefwechsel sein – das ganze Ausmaß einer Liebe wird einem erst völlig bewußt, wenn man sie beschreibt, gemeinsam. Da wird sie leuchtkräftiger, schwingungsstärker ... Und wer später solche Aufzeichnungen liest, in einer Zeit des Liebesglücks, der wird sich dieses Glücks erst voll bewußt, der nimmt es intensiver wahr, und das wiederum steigert die Intensität der Erfahrung. Was natürlich zur Voraussetzung hat, man findet jemand, bei dem dieses Mitschwingen möglich ist. So einen zu finden, das ist, wie sich gezeigt hat, wahrhaftig nicht leicht. Ich habe feststellen müssen, daß viele Menschen schon früh vergreisen – das fängt zuweilen bereits Mitte Zwanzig, Anfang Dreißig an. Sie verlieren ihre Schwingungsfähigkeit – damit ist eigentlich schon alles gesagt. Oberflächliche Eindrücke, ja, die läßt man noch zu, oberflächliche Veränderungen, zu denen ist man noch bereit – man verschönert seinen Garten, sammelt Reiseeindrücke – aber nie mehr, bitte nie mehr die Erfahrung, daß man völlig ins Schwingen gerät! Der sicherste Selbstschutz ist hier die Behauptung, die großen, ekstatischen Erfahrungen seien nur möglich in jungen Jahren – wenn man noch rennen kann wie ein Strauß. Und je langsamer man werde mit den Jahrzehnten, desto sanfter würden die erst wild auszackenden Kurven der Gefühlsintensität. So etwas anzunehmen oder vorauszusetzen, das wäre Selbstverrat von vornherein! Ich hasse diese Form der Selbstbescheidung und Selbstbegrenzung. Jetzt erst weiß ich doch, welchen Einsatz das Glück wert ist – den der ganzen Person! Jetzt erst würde ich nichts mehr zwischen mich und die Erfahrung von Liebe kommen lassen, sie hat absoluten Vorrang! Um diese Priorität so klar setzen zu können, muß man einige Erfahrungen gemacht, einige Einsichten gewonnen haben. Und die verhindern ganz einfach, daß ich zu den Leuten gehöre, die mit zunehmendem Alter immer mehr Verluste notieren – nein, jetzt ist meine Zeit, jetzt, jetzt, jetzt! Dieses Jetzt ist bei uns beiden nicht bloß eine Wunschvorstellung, ein Phantasiegebilde, es hat sich schon mal erfüllt – für die ganz kurze und sehr lange Minute, in der ich im Boot den Kopf an deine Brust lehnte. Und ich hörte nur deinen Atem und das Wasserschnalzen am Bug und das gleichmäßige Geräusch, mit dem der Alte den Kahn stakte auf diesem schmalen, völlig reglosen, waldumsäumten Nebenarm ... Dieses Glücksgefühl hielt sich die ganze Fahrt über und auch, als wir weiterwanderten – ich wär am liebsten in alle Bäume gleichzeitig geklettert, mit dir, und wir hätten uns zuletzt in einer der blatt- und lichtflirrenden Kronen gewiegt, kanonsingend. An diesem Tag wußte ich: Wir werden solch ein Jetzt wieder erleben, und das noch intensiver, noch viel intensiver!

Alexander: Wenn du so sprichst – es fällt schwer, dem irgendwas entgegenzusetzen. Es ist nur so, und das muß auch mal gesagt werden: Ich glaube eher – vielmehr, ich bin sicher, daß es ein Moment, ein sehr, sehr schöner Moment der Vergangenheit war.

Bettine: Diese Vergangenheit, mein Lieber, hat Zukunft! Hat eine große Zukunft! Alle Voraussetzungen sind hier gegeben! Das wußte ich schon vor der Wanderung, das merkte ich an der Spontaneität, mit der du auf meinen Vorschlag eingegangen warst.

Alexander: Ich weiß, ich war sofort dafür. Aber das geschah in einer ganz bestimmten Situation. Ich habe es ja mal angedeutet, im Gartenlokal: ich hatte im Frühsommer eine Freundin. Sie verstand so gut wie nichts von Musik, jedenfalls nichts von der Musik, die mir wichtig ist – aber das war nicht das Entscheidende. Schon eher: wenn wir länger allein miteinander waren, zum Beispiel in einem Café, da ging uns schon mal das Gespräch aus, und wir sind in einen größeren Kreis geflüchtet, sozusagen. Seither stelle ich es mir immer als das Schönste vor, mit jemand beisammen zu sein, bei dem oder mit dem das Gespräch nie ausgeht. Da gibt es derart viele Verbindungen, wie die zwischen zwei Körpern gar nicht möglich sind – und wenn man sich noch so viel einfallen läßt. Jedenfalls, als ich dich kennenlernte, war das für mich ein Aufatmen. Ich will jetzt nicht über Margret klagen, aber so komisch das klingt: du bist in mancher Hinsicht jünger als sie. Du stellst zum Beispiel nicht die ängstliche Frage, ob ich nicht doch lieber Jura – auf diesem Ohr hab ich ohnehin nichts mehr gehört, das hat mir Vater schon taubgeredet. Aber nun höre ich wieder auf beiden Ohren! Du fragst nach den Werken, die ich einstudiere, wir sprechen über diese Musik – sehr belebende Impulse! Margret war in gewisser Hinsicht auch sehr lebendig, aber sonst – ich hatte das Gefühl, alles wird immer enger und immer fester. Zuletzt hatte sich alles zusammengezogen zu einem harten, schmerzenden Knoten im Kopf, im Herz. Alle Lebensentwürfe – weit, weit weg! Ungefähr zwei Monate später dann dieser Nachmittag, an dem ich den Brief überbrachte, und unser Gespräch beim Tee, und ich merkte: Was ich entworfen hatte, es ist doch möglich! Die gemeinsame Entfaltung, die größtmögliche freie Entfaltung! Ja, ich hab mich sehr frei bei dir gefühlt, in Kopf und Herz. Und als du den Vorschlag machtest, den Briefwechsel zu führen, war ich sofort einverstanden, war begeistert. Ich wußte zwar, ich bin kein guter Briefschreiber, aber ich dachte mir, die Schwierigkeiten lösen sich vielleicht von selbst. Denn nun wird sich entwickeln, was ich von Anfang an gewollt habe: Eine Geschichte, die nicht schon tausendundeinmal erzählt worden ist. Alles entfaltet sich, es wird nicht mehr zu einer Verengung kommen, zu einer Verhärtung – frei werden wir uns in alle Richtungen bewegen. Das war dann ja auch so in unseren himmlisch endlosen Gesprächen.

Bettine: Ich glaub, ich verstehe, wie du das meinst: ein gemeinsames Schwärmen, Ausschwärmen in verschiedenste Richtungen, und man bringt allerlei Honig ein. Das wäre hübsch so, unter Freunden, aber Gestalt oder Körper nimmt eine Beziehung damit nicht an. Je mehr Erfahrungen ich mache, desto kostbarer erscheint mir die Chance, alles zusammengefaßt zu fühlen, zu spüren – und glaub mir, dabei wird nur gesteigert, was sich zwischen uns an Verflechtungen von Sätzen und Klängen ergibt. Erst alles zusammen – zwischen Thymian, Nabel und Sirius – ergibt die große, die ungewöhnliche Geschichte. Warum sollten wir uns nicht auf sie einlassen, mit Haut und Haar? Und wo könnte das in schönerer Form geschehen als auf einer Mittelmeer-Insel? Schau, alles, was wir bisher entworfen oder uns ausgemalt haben – es muß nicht Phantasie bleiben, es läßt sich einholen und einlösen, es kann greifbare, hörbare, sichtbare, fühlbare Wirklichkeit werden, auf einer Terrasse beispielsweise, und die muß nicht in Valldemosa sein, wir sind auf Chopin nicht angewiesen, nicht auf die Legende, die um ihn entsteht, wir schaffen unsere eigene Legende, die von Alexander und Bettine in – du hast doch den Reiseführer gelesen, nenn einen Ortsnamen!

Alexander: Ja, zum Beispiel – ein Name, der mir besonders gefallen hat: Galilea.

Bettine: Wär nicht so gut, zuviele biblische Assoziationen. Nenn einen anderen Namen.

Alexander: Vielleicht Fornalux?

Bettine: Ja, klingt wunderschön! Fornalux … Darin steckt bestimmt lux, das Licht. Vielleicht auch fons, die Quelle. Und wenn nicht, so ist das eben unsere private Worterklärung: Quelle des Lichts … Alexander und Bettine in Fornalux, wir mieten ein Haus mit Terrasse, auf der steht das Reiseklavier, das wir am besten gleich mitbringen, wir spielen vierhändig, und ein sanfter, von Thymianduft und Orangenblütenhauch gewürzter Wind, Sterne und Sternbilder kristallisieren sich aus, und wir phantasieren immer weiter – Musik, aus unserer gemeinsamen Gegenwart geboren, und diese Musik führt zu Gesprächen, und diese Gespräche führen zu tagebuchartigen Briefen, mit denen wir unseren Briefwechsel fortsetzen, und so wird ein Buch entstehen, ein Buch zum Lieben, ein Buch der Liebe – viele werden den Lesespuren folgen nach Fornalux!

Alexander: Wenn ich dich so höre, in deiner Begeisterung – manchmal habe ich das Gefühl, eigentlich bin ich es, der 55 ist. Und ich gefalle mir immer weniger in meiner Rolle. Aber ich muß es aussprechen: Stell dir vor, wir lassen uns dort wirklich »mit Haut und Haar« aufeinander ein, und dieses Jetzt wird ein so schönes Jetzt, daß wir auch nach der Reise möglichst oft beisammen sein wollen – was dann? Wir könnten hier in Magdeburg nicht unter einem Dach leben, wegen der Familie. Und zu dir nach Berlin ziehen, das könnte auch ich nicht. Es gibt dort so viele Leute, die du kennst – ich möchte da lieber nicht zum Gesprächsthema werden! Ja, und so bin ich zu der Schlußfolgerung gekommen – wenn ich schon vorher weiß, ich will nicht, oder ich kann mich hier nicht zur letzten Konsequenz – sehr schwer, das richtig auszudrücken – wenn ich also nicht an einen Punkt kommen will – nein, so auch nicht – jedenfalls, worauf solch ein Briefwechsel, worauf der sich hinentwickelt, das will ich nicht, in der letzten Konsequenz, und wenn das so ist, dann müßte man doch von vornherein –. Schau, es hätte keinen Sinn, wenn ich sage: Gut, ich versuche es nochmal, ich werde mein Bestes geben – und dabei weiß ich schon, ganz hinten im Kopf und hier unterm Zwerchfell: Ich will nicht, daß es darauf hinausläuft! Ich würde dich da über eine längere Zeit hinweg letztlich nur enttäuschen. – Findest du es nicht auch richtig, daß ich das mal so klar zur Sprache bringe?

Bettine: Klingt alles ziemlich abkühlend, aber das kann mir nichts anhaben. Und weißt du, warum nicht? Als du vorhin meine Hand gehalten hast, da spürte ich, ja, wie etwas herüberschwang, in großer Intensität, und dieses Schwingen hat mich noch stärker ins Schwingen gebracht, und das mußt du wiederum gespürt haben – eine starke, alles tragende Grundschwingung. In diesem kurzen, zugleich atemberaubend langen Moment war sie spürbar, fühlbar, deine Zuneigung, deine Liebe, und nicht mit tausend Sätzen kannst du sie zurücknehmen – ich spüre sie noch, ich spüre, spüre, spüre sie!

Alexander: Bettine, ich fürchte, du redest dich immer mehr in etwas hinein – schau, ich hab deine Hand eher nachdenklich gehalten oder teilnehmend, das auch, aber dieses große Schwingen, von dem du sprichst, davon habe ich nichts gemerkt.

Bettine: Du hast meine Hand genommen, du hast sie gehalten – diese Geste hat so viel zu mir gesagt, auf ihre Weise, da wird deine Sprache noch lange brauchen, bis sie das einholt. Bis sie dem Gefühl sozusagen nachgewachsen ist.

Alexander: Bettine, ich glaube – nein, ich bin sicher, daß ich mir in den letzten Tagen über meine Gefühle dir gegenüber doch so einigermaßen klar geworden bin.

Bettine: Dann versuch das – vorsichtig, ganz behutsam – in einem Brief zu formulieren.

Alexander: Ich kann es dir jetzt schon sagen. Ich bin dir zugeneigt, weil ich – trotz der Geschehnisse im Dorf, das ich nicht mehr nennen mag – weil ich trotzdem spüre, daß du mich liebst. Und so habe ich deine Hand gehalten, für einen Moment – es war Teilnahme, es war Mitgefühl, es war Verständnis, es war Freundschaft, aber mehr, Bettine, mehr war es nicht.

Bettine: Ich habe insgeheim schon befürchtet, daß du aus der großen Gebärde eine kleine Geste des Mitleids machen würdest. Aber ich sage dir mit weiterhin ruhiger Gewißheit: Ich habe gespürt, wie etwas von dir zu mir herüberschwang – ja, von dir zu mir, und das kannst du nicht mehr wegreden. Ich hatte den Beweis wahrhaftig in der Hand. Diese Gewißheit werde ich mitnehmen nach Berlin. Und es wird mir – von Eiskristallen umflirrt – auf der Rückfahrt so warm sein, als führe ich an deiner Seite durch die Provence, als wäre ich mit dir an Deck des Schiffs, als wäre ich mit dir schon auf Mallorca, als würde ich dort gemeinsam mit dir musizieren: thymiandurchduftete Kantilenen, salbeigewürzte Akkorde. Bis wir sie hören, diese Musik, bis dahin müssen wir uns schreiben, müssen wir schreibend das Geröll zwischen uns wegschaffen – glaub mir, selbst diese Zwischenphase einer Trennung wird ein Zeitraum sein, in dem wir uns näherkommen, Wort um Wort, Satz um Satz, Brief um Brief – ein Briefwechsel, als würden wir vierhändig Klavier spielen, eine Phantasie zu vier Händen, eine große Phantasie mit dem Thema Liebe, eine Liebesphantasie, Liebesrhapsodie, wie man sie bisher nicht gehört hat, alle Widerstände werden wir spielend, wahrhaftig spielend überwinden, staunend werden wir erfahren, was möglich ist zwischen uns beiden, und das werden wir in einer vielleicht schon nahen Zukunft einholen, einlösen, wir werden – sichtbar, greifbar, fühlbar – in Räumen leben, die von uns gemeinsam entworfen oder eröffnet werden – da bin ich von einer ganz ruhigen Gewißheit, und ich weiß, ich weiß, du spürst das auch. – – Bitte, schau nicht wieder so an mir vorbei. – – Sag doch was, bitte, sag was!

Und Friedrich Wilhelm IV.?

Ein Lebenskapitel, das nicht Lesebuchkapitel werden kann: Frau von Arnim und Kronprinz, sodann König Friedrich Wilhelm von Preußen, schon mal als der »romantische König« bezeichnet.

Es liegen vor: zwei Bände mit der Edition des Briefwechsels vor allem der vierziger Jahre zwischen Bürgerin und Herrscher, doch kein Erzähltext hier, etwa über eine Begegnung, ein Gespräch – dazu ließ es Bettine bewußt nicht kommen, sie beharrte auf Schriftverkehr.

Auch hier, wie bei potentiell Mitliebenden, ein anhaltender Versuch der Läuterung, ein konsequent verfolgtes Verbesserungsprogramm, zum (erhofften) Besten der Bevölkerung. Erreicht nämlich ein Herrscher den herbeigeredeten Status der Selbstreflexion, der Einsicht, der Güte, so verbessert sich (in Bettines Wunschdenken) gleichsam automatisch das Verhältnis zum Volk und damit werden Umsturz oder Revolution überflüssig.

Sie hatte solch ein Verbesserungsprogramm zuvor schon eingeübt beim jungen Karl von Württemberg und beim Erbgroßherzog von Weimar – sie meinte es gut und es wirkte peinlich. Viele Zitate können das belegen, die passen aber nicht in dieses Lesebuch, die können nur im Anhang eingebracht und dort (notwendig) kritisch erörtert werden.

Ein Erzählkapitel ihrer Autobiographie jedenfalls hat sich nicht eingestellt, so bleibt es hier beim Hinweis, bei der Markierung: An dieser Stelle müßte eigentlich …

Feurio, feurio!

August 1843 hat Bettine ihren Söhnen Freimund (»Frei«) und Friedmund Aktuelles zu berichten – mit ironischer Intrada. Der Brand des Opernhauses: ein Feuerwerk, das sie bannt, sie fasziniert. Schaulust!

Die feiert sich vor dem Opernhaus freilich nicht zum ersten Mal – fast so etwas wie eine Flammenspur zieht sich durch ihre Aufzeichnungen. Das erste Feuerfest wurde noch in der Offenbacher Zeit begangen. Also erst mal ein Rückgriff, chronologisch.

Ich hab zwar gar keine Neigung, daß etwas vorgehen soll, aber doch wie letzt in der Blaufärberei am Kanal Feuer ausbrach, machte mir das ein unendliches Vergnügen; damit stimmte das Volk mit seinem Schauspielertalent überein. – Eine Verzweiflungs- und Jammergeschreikomödie, gewürzt mit den ausgelassensten Scherzen; das Ganze war unwiderstehlich, ich bedauerte, daß es nicht schicklich war mitzuspielen, sondern nur zuzuhören. –

Gegenüber vom Feuerbrunsttheater, im freien Feld steht das große Haus, worin Bernards blasende Instrumentisten alle wohnen, die manchmal sich das Plaisir machen, aus allen Fenstern heraus nach den vier Weltgegenden hin ihre Passagen zu exerzieren; diese waren durch die [her]ausschlagenden Flammen in Begeistrung versetzt, – sie bliesen Tusch, wenn ein Stück Dach einfiel oder Mauer! – [...]

Der Blaufärber hatte die großmütigste Gleichgültigkeit bei diesem Veraschen seiner Einbläuung, und es kamen die närrischsten Witze vor bei der Judenspritze, bei welcher der Blaufärber selber stand und sie fortwährend dirigierte gegen die zwei uralten Linden in seinem Hof, die sein Ururgroßvater, der auch Blaufärber war, gepflanzt hatte, unter denen der Färber seine Hochzeit gehalten. – Wenn ihr mir die erhaltet, sagte er zu den Juden, so schenk ich euch zwanzig Taler. – Nun wurden die Juden so feurig, lauter arme Lumpen! – Es gab ein Gezänk mit der Polizei, sie wollte auf die unnützen Linden kein Wasser verwendet haben, die Juden schrieen mörderlich, als man ihnen den Schlauch entriß, nach dem Blaufärber; der kam herbei und mußte ihn wieder erobern.

»Was solle die alte Bääm«, sagte der Herr Bolezei! –

Wie, Herr Polizei! – Sie schmähen die alten Linden, das Wahrzeichen von Offenbach? –

»Ei do könnt ganz Offebach abbrenne und die Wahrzeiche bliebe alleen stehe. Die könnten doch das Maul nicht uftun und erzähle, daß Offebach da gestane hat.« –

Die Linden wurden übrigens gerettet denn die Juden ließen sich nicht zu nah kommen! – Die Hornisten, Hautboisten [Oboisten], Klarinettisten und Fagottisten schmetterten ihre Passagen dazwischen, wie freie Göttersöhne in des Mondes blauem Licht, der über ihrer Wohnung thronte und nichts von seinem Glanz verlor durch die gegenüber aufqualmende Feuersäule, die sich oft vom Rauch nieder mußte drücken lassen! –

Ende Juli 1817 erlebte und feierte Bettine sodann in Berlin den Brand des »Komödienhauses«.

Der Tag an dem ich dies geschrieben, geriet das Komödienhaus in Brand, ich ging nach dem Platz wo Tausende mit mir dies unerhörte Schauspiel genossen, die wilden Flammendrachen rissen sich vom Dache los und ringelten sich nieder oder wurden von Windstößen zerrissen, die Hitze hatte schon tröpfelnde Wolken verzehrt oder zerteilt, und man konnte durch die rote Glut ruhig ins Anlitz der Sonne sehen, der Rauch wurde zum rötlichen Schleier. Das Feuer senkte sich in die innern Gemächer und hüpfte von außen hier und dort auf dem Rand des Gebäudes umher, das Gebälke des Daches war in einem Nu in sich herein gestürzt und das war herrlich; nun muß ich Dir auch erzählen, daß es währenddem in mir jubelte, ich glühte mit, der irdische Leib verzehrte sich, und der unechte Staat verzehrte sich mit, man sah durch die geöffnete Türe, durch die dunkeln toten Mauern alle Fenster schwarz, den Vorhang des Theaters brennend niederstürzen, nun war das Theater im Augenblick ein Feuermeer, jetzt ging ein leises Knistern durch alle Fenster und sie waren weg, ja wenn die Geister solcher Elemente einmal die Flügel aus den Ketten los haben, dann machen sie es arg. [...]

In den ersten Nachmittagsstunden schon hatte das Feuer seine Rolle im Innern ausgespielt; wie der Mond aufging, hüpften die kleinen Flammengeister spielend in den Fenstermauern; in den Verzierungen tanzend, lichteten sie die geschwärzten Masken. Am dritten Tag schlug die Flamme aus den tief gehöhlten Balkenlöchern. Gelt, mehr läßt sich nicht erwarten –

Und hier der einleitend angekündigte Brief, wortgleich an Freimund und Friedmund geschickt, ergänzt durch Passagen ihres Briefberichts über das »Volksfest mit freiem Entrée« an Siegmund, damals in Stockholm.

Hier passiert nichts als daß das Opernhaus in aller Bequemlichkeit eines prachtvollen Schauspiels abgebrannt ist. Wir haben von Abends 11 Uhr an bis die Sonne aufgegangen war, auf dem Platz von allen Seiten zugesehen, wir standen mitten unter dem Volk das sehr höflich gegen uns war, die Kohlen und einzelne feurige Lambeaux [Teile] von den Coulissen flogen in unseren Hof und hielten das ganze Dienstpersonal mit Löschen beschäftigt. –

Nur knapp wurde man dabei um den Genuß gebracht, auch den nahgelegenen Wohnsitz hoher Herrschaft brennen zu sehen. Bettine, genau beobachtend, präzis beschreibend. Und wieder Begeisterung, wie beim Anblick des brennenden Gebäudes damals in Offenbach.

Das Haus des Prinzen von Preußen wurde mit Spritzen naßgehalten, die Prinzess von Preußen, welche mehrere Tage bettlägerig krank gewesen und an demselben Tag zum erstenmal aufgestanden war, saß am Fenster und wollte nicht weichen so groß auch die Gefahr war! Endlich sprangen von der Hitze die großen Glasscheiben! Der Efeu und Wein der vorn an der Loggia hinaufwächst wurde von der Glut versengt und von den Feuerarbeitern heruntergerissen, die Dampfspritzen fuhren mit mächtiger Gewalt in die Gemächer und machten alles zuschanden durch die ungeheure Wasserflut. Tischler und Tapezierer werden zu tun kriegen.

Die Prinzessin soll mehrere Ohnmachten gehabt haben, aber der Gefahr nicht gewichen sein. Aus welchen Gründen? – kann ich keinen diplomatischen Aufschluß drüber geben! –

Wir standen ganz ruhig inmitten der Linden und sahen

dem Feuerstrom zu. [...] So sahen wir eine Muse nach der anderen den Kopf verlieren auf der Seite nach der Bibliothek zu, nur eine hielt ihren beschwörenden Arm in die Flammen und behielt auch noch den Kopf, während ihre Schwestern neben ihr jetzt dastehen als arm- und kopflose Rümpfe, hat ihr das Feuer nur den linken Fuß vom Piedestal gehoben und sie steht auf die Seite gesenkt aber noch sich im Gleichgewicht haltend drohend mit dem Arm, noch heute da.

Am Opernhause war besonders merkwürdig zu sehen wie die Musen auf beiden Seiten des Daches, wo sie frei postiert waren, die Köpfe und Arme verloren; diese waren mit Eisenhaken restauriert worden, so wie diese schmolzen, fielen die Glieder ab. Vorne auf dem Frontispice stand Apoll. Es dauerte eine Weile bis das Kupferdach abgeschmolzen war. Von vorn war er vom kalten Mond beleuchtet, von hinten drängten sich Wolken von Rauch, hell von der Flamme erleuchtet, um ihn, so stand er wirklich prachtvoll zwischen zwei Musen auf den beiden Ecken, bis er endlich, da wir schon glaubten er habe die Gefahr bestanden, plötzlich doch unversehrt vor unsern Augen hinabstürzte, nach innen zu! –

Eine Weile saßen wir auf einem Haufen Steine vor der Bibliothek, niemand vor uns als die Feuerarbeiter, da sahen wir die Leute in der Luft schweben auf hohen Leitern, die Schläuche dirigieren die natürlich ihr Wasser verdampften noch ehe es die Flammen berührte, überhaupt schien alle Löschanstalt mehr eine *Amorce* [Zündstoff] für die Flammen zu sein, denn wo das Wasser hinkam da erhob sich die Flamme nur umso mächtiger.

Am märchenhaftesten sah der Brand von der Seite nach dem Wasser aus, wo die Bäume vor dem Kaffeehause stehen; da konnte man in den großen weißen Conzertsaal sehen, der einer der prächtigsten in ganz Deutschland war! – rundum waren kolossale Marmor-Karyatiden mit dem Leib in die Wände eingesenkt! Alle mit lachenden Gesichtern und die starken Hände auf die Kniee gestemmt, trugen mit breiten Schultern das Gebälk; endlich faßte durch das Gebälk der Wände die Flamme sie wie ein Gürtel um die Lenden. Es war ganz überraschend zuzusehen, ich wär gern stehen geblieben um ihren endlichen Sturz abzuwarten, allein wir wurden weggedrängt.

Jetzt gingen wir einen Augenblick nach Haus um etwas zu essen aber der Reiz dieses Schauspiels ließ uns keine Ruhe. Als wir zurückkamen, hatte das Feuer von oben hinter der Säule am vordern Eingang sich ein Loch gebohrt, und warf von Zeit zu Zeit große Haufen Glut herab.

Noch manche seltsamen Auftritte gabs die nicht alle zu erzählen. Da keine Menschengefahr war, so wurde das Schauspiel mit freier Entrée fürs Volk mit großer Fröhlichkeit genossen; ja mehrere Schildwachen auf dem Platz vor der Bibliothek fingen an zu singen und zu tanzen. Dort saßen auch wir eine Zeitlang auf Steinen und Postamenten um zuzusehen. Hell illuminiert doch ohne Schaden zu leiden blieb jedoch während dem ganzen Brand die vordere Seite mit der Inschrift daß Friedrich der Zweite 1743 (also grad vor 100 Jahren) dies Haus dem Apoll und den Musen gebaut hatte!

Ein wildes Romänchen

Etwa im Jahre 1843 setzten sich Mutter Bettine und Tochter Gisel zusammen und verfaßten einen kleinen Roman mit dem Titel *Das Leben der Hochgräfin Gritta von Rattenzuhausbeiuns*. Das Buch erschien zu ihren Lebzeiten freilich nicht im Druck, liegt seit kurzem aber in einer schmucken Neuausgabe vor.

Wer schreibend welchen Part übernahm, das läßt sich kaum noch klären. Das Entwickeln einer mehr oder weniger zusammenhängenden, weiträumigen Geschichte war Bettines Sache eigentlich nicht, andererseits war Gisel damals etwa 16. Bei aller Begabung – eine routinierte Autorin konnte sie noch nicht sein. Daß die Mutter mehr als nur den Text der Tochter korrigiert, redigiert hat, dies zeigen autobiographische Elemente – in freilich charakteristischer Veränderung.

Schauplatz ist erst mal eine alte Burg, in der hauptsächlich Ratten hausen – ausgeschwärmt können sie eine ganze Fassade graufärben. In diesem Bau der Graf, die Gräfin und das wilde Kind Gritta, sie alle von Ratten umgeben aber nicht weiter gestört.

Der Graf als großer Tüftler und Bastler – damit erinnert er an Bruder Christian in Bukowan, der interessante aber kaum brauchbare Maschinen entwickelte. Der Graf nun arbeitet an einer »Rettungsmaschine«, auf deren Sitz man sich in höchster Not schwingen kann und schon wird man aus heikler Lage herauskatapultiert. Ein veritabler Schleudersitz. »Der Graf laborierte seit einem Jahr daran, daß die Maschine bei diesem Wegschleudern einem nicht weh tue; dies sollte durch den wohlberechneten Bogenschwung bewerkstelligt werden. Alles, was in die Nähe des gestrengen Herrn kam, mußte springen, Mensch und Tier.« Auch Britta wird als Versuchsperson in die Luft geschleudert, bleibt hoch droben in einer Mauernische der Burg hängen, muß dort übernachten.

Das wilde Töchterlein erscheint als Abbild der seinerzeit wilden Bettine: »Lief in den Wald, blieb nächtelang aus, kam des Morgens mit wilden Dornenranken, Moos und Nachttau in den fliegenden Haaren stolz zurück.« Der Graf will sie ruhigstellen: »Er wollte, sie solle still zu Hause sitzen und einen Kaminschirm sticken. Ihr pochte es in allen Gliedern, und wenn sie durch die Schloßfenster hinausschaute auf die blauen Berge, die gleich einer Mauer vor einem tatenkräftigen Leben ihr lagen, wurde es ihr oft so eng, daß sie die Vorhänge ihres großen Himmelbettes aufriß und mit den Kissen zu bombardieren anfing, so daß die Federn stiebten; bald wieder ließ sie diese wider die goldnen Engel fliegen, die die Federkrone des Betthimmels trugen, bald in die und jene Ecke. Kam nun der alte Graf in solchem Augenblick, wo alles krachte und knarrte, in ihr Zimmer, so zog sie schnell die Gardinen ums Bett und steckte sich unter ein großes Federbett, was sie fest um sich wickelte. Da stand nun der Graf und predigte ihr stundenlang vor. So kam er auch wieder eines Morgens mit einem Arm voll Seide zu jenem Kaminschirm, den sie noch nicht angefangen hatte; da lag wieder das große Federbett. Der Graf stellte sich davor und zankte, aber heut blieb das Federbett besonders ruhig liegen – sonst hatte sie zuweilen ihren Kopf hervorgestreckt und ihn dann schnell wieder zurückgezogen. Endlich ward der Graf über ihren Mangel an Anteil zornig, daß er sich Mut faßte und das Federbett herunterriß. Aber siehe, der Fleck war leer und nichts dahinter.«

Das Kind als Wildwuchs, ständig zu Schabernack und Streichen aufgelegt. Ein Problemfall: »Was soll aus ihr werden, wenn sie nicht sticken, weben, spinnen kann, und mir gehorcht sie nicht, denn sie ist ein wildes Ding.« Weil alle Erziehungsversuche scheitern, wird Gritta in ein Kloster gesteckt. Und dies war nun gewiß eins der Stichworte für Mutter Bettine, das verraten Details bis hin zum Waschen von Kelchtüchern – sie hat im Klosterkapitel auch davon erzählt. Während in jenen Erinnerungen aber alles in mildes, ja goldenes Licht getaucht schien, wird die Klosterwelt diesmal ins Düstre, ins Makabre stilisiert. Auch so konnte Bettine von Arnim aus ihrem Leben erzählen.

Die Glocken läuteten stärker; es begann ein eiliges Treiben, die Kinder liefen alle zu der Weisen. Diese hatte den Kran über einem Steinbecken geöffnet. Da standen sie zu vielen in den weißen Hemdchen und spülten sich die Arme und das Gesicht im Wasser, das in der Morgensonne hell blinkerte. Die Weise rief, wer zuerst kommen sollte, und erzählte dabei von der bösen Nonne Sequestra; die andern gaben ihre Meinung auch dazu. Gritta stand, in Gedanken verloren, auf einem Bein und lauschte voll Verwunderung, da überschüttete sie ein Regenschauer von hinten. »Nun bist du getauft«, rief Margareta, hielt aber erschrocken ein im Lachen, denn es schlurrten Schritte auf dem Gang. Alle schlüpften still und scheu in ihre Kleider.

Die Türe ging auf, und die alte Nonne von gestern trat ein. Heute war ihr Gesicht noch abschreckender; sie faltete die langen, knöchernen Finger unter dem Gewand, sagte den Morgensegen und winkte zu folgen. Sie trippelten hinter ihr drein, Gritta hinter Margareta durch finstere dunkle Gänge, es wurde ihr Angst, wo es hinsollte; da kam eine Treppe, unten drang Lichtglanz aus einer offnen Tür, eine sanfte Musik ertönte.

»Wo gehts hin?« fragte Gritta.

»Still«, sagte Margareta, »es wird dir nichts geschehen.«

Sie kamen herab in eine düstre, hohe Kapelle, auf dem Altar brannten die Kerzen vor dem Muttergottesbild. Junge und alte Nonnen in langen Chormänteln sangen. Gritta kam erst zu sich selber, als sie an einem Seitenaltärchen des heiligen Johannes Bild fand; ein Lichtlein brannte davor. Es war mit Goldflitter und Blumen, der Arbeit der jungen Nönnchen, geziert. Gritta kniete nieder und betete emsig, die Orgel tönte, Margareta lief mit dem Weihrauchkessel hin und her, aus dem die Wolken dampften, unter den Nasen der alten Nonnen hinweg. [...] Es störte sie eine lange, knöcherne Hand, die in ihre Gedanken hineingriff, schüttelte sie und zog sie in die Höhe.

Es war Sequestra, sie nahm sie mit; sie sah die jungen Nonnen durch eine Pforte sich entfernen. Jede von den Alten führte ein Kind. Sequestra führte sie in einen entfernten Teil des Klosters, sie öffnete die Tür in eine düstre Zelle. Oben ein kleines Fenster, mit Eisenstäben verwahrt, ließ etwas Licht herein; nicht weit von einem großen Nußbaumschrank saß in der Ecke eine alte Nonne im braunen Lehnstuhl, an ihrer Seite hing eine Rute, sie guckte über die lange Nase und Brille hinaus Gritta scharf an, rückte unter ihrem Stuhl ein Schemelchen hervor, nahm Gritta bei den Schultern; die wußte nicht wie, so saß sie. Die alte Sequestra ging, nachdem sie mit der Alten ein harmonisches Kopfnicken gewechselt. Als sie fort war, lachte diese pfiffig, und Gritta mußte lesen, während die Alte oft aufs zärtlichste einem langen Flaschenhals zusprach, der aus ihrem Ärmel ragte, sich räusperte, hustete und wieder einnickte. Gritta las nicht diesen Tag allein, nein viele, viele Tage, den ganzen Tag – nur ein Schüsselchen mit Essen teilte die Zeit; nun begriff sie wohl, warum die andern Kinder oft so scheu und traurig waren, denn sie verbrachten die Zeit ja ebenso bei solchen alten Nonnen.

Wenn sie mit ihren kleinen Fingern Blatt für Blatt umwendete, so las und buchstabierte, zuweilen nach dem Gitterfenster schaute und darüber nachdachte, ob die Sonne draußen scheine, so wurde ihr so wunderlich zumute, wenn der Tag so langsam an der grauen Wand, der hohen Decke verging und die letzten Abendlichter auf dem nußbraunen Schrank spielten; ach, da ward ihr so angst, sie sehnte sich nach etwas, es war auch so eng und so hoch.

Sie wollte die Alte freundlich machen. – Warum schaute sie so böse vor sich hin und murmelte wie eine rostige Raspel? – Gritta legte den Kopf an ihre Schulter; die Alte sah sie verwundert an, fing gewaltig an zu husten und schüttelte ihren Kopf von sich ab, worauf sie tief in ihren schwarzen Ärmel guckte und gestärkt wieder hervorsah. Jetzt wußte Gritta, wonach sie Sehnsucht habe! – Nach dem alten Schloß.

Im Sommer 1845 brannte das »Schlößchen« Bärwalde aus. Das wurde sogar der »königlichen Hoheit« zu Weimar berichtet: »Im vorigen Jahr ist unser altes Schloß abgebrannt. Die Bibliothek, zum Teil durch die Flammen vergilbt und verräuchert, wurde dadurch gerettet daß man sie in den Schloßgraben hinabwarf, so bestanden die Bücher nacheinander die Feuer- und Wasserprobe.«

Eigenbedarf wird angemeldet in Wiepersdorf, das wieder verpachtet ist; der Pächter zieht aus, der Herrensitz wird renoviert. Gisel zur Initiative der Mutter: »Dann wollte sie auch die Zimmer hier sehr schön zurechtmachen.« Dabei werden auch Wandfresken nachgearbeitet, ja neu geschaffen.

Liebste Mathildis verzeih mein verwirrtes Schreiben ich bin eben im Begriff tausenderlei Geschäfte abzumachen und einzupacken um nach Bärwalde zum Freimund zu gehen, ich habe Tapeten eingekauft um oben die Zimmer einzurichten ich freu mich recht darauf. Gewiß wird Dirs lieb sein wieder einmal dorthin zu kommen wenn ich wohl gar nicht mehr auf der Welt bin –

Weißt Du was? – das wär ein Hauptplaisir wenn Oncle George [Bettines ältester Bruder] auf einmal dorthin käme! Was könnte das für eine lustige Zeit werden; dann könnten die Mädchen Max und Gisel die Plafonds malen mit Landschaft und Gestalten, und die Armgart machte dann die Arabesquen – Du weißt, im Saal – und dann könnte auch die schöne Blumentapete im Wohnzimmer wieder aufgefrischt werden, die Max würde die Morgen- und Abendröten hinter den Blumenstücken wieder aufhöhen, Gisel die Vögel und Kaninchen und Armgart die Blumenstücke. Das wäre ein Hauptvergnügen, der Onkel George würde keine Langeweile dabei haben. Die Reise ist ja auch nicht so sehr beschwerlich, weil sie in [ab] Leipzig schon mit der Eisenbahn ans Ziel rennt. [...]

Wie schön wie herrlich und wenn auch der Oncle Christian mitkäme; wie fidel würden wir diese Zeit verbringen, grade wie in der früheren Zeit, wie wir noch alle in dem väterlichen Haus vereint waren! –

Damals war lauter Kinderspiel unter uns und war unser höchstes Interesse. Ich begreife gar nicht, wie es diesen Altsassen in der Familie noch nie eingefallen ist, so einen Ruck zu machen von ihrem Sitz, sie fahren wohl ein paar Stund weit, abends wollen sie immer wieder auf den alten gewärmten Platz. Zwar nach Paris hat man schon immer noch Appetit und macht auch Projecte dahin, und kommt auch endlich dort an und bringt dann auch Pralinchocolade mit, aber warum nicht nach Bärwalde wo man Eicheln mitbringen könnte und Heideblümchen die ein ganzes Jahr lang nicht verwelken. Es klingt zwar lächerlich, aber im Grund ist es gewiß wahr, daß der Onkel George tausendmal glücklichere Erinnerungen von solchen 6 Wochen haben würde wie von irgend einer andern Excursion.

* * *

Hier in Wiepersdorf ist es so still, so abgeschnitten von allem Weltlärm daß wenn etwas rumpelt in der Ferne wie ein Wagen, so glaubt man eher es sei ein Geist als daß man darauf rechnete daß Menschen zu einem kommen. Max, Armgart und Gisel sind schon eine geraume Zeit hier und sehnen sich gar n[icht] nach der Stadt. Jedes geht den Tag über seinen Geschäften [nach], ein paar Abendstunden werden zusammen verbracht mit Zeitungslesen, in denen aber nichts Rechtes mehr zu finden ist als nur altes aufgemaltes Decorationswesen. Um 10 Uhr geht alles zu Bett, ich zieh mich zurück in mein Zimmer das ich mit Gisela bewohne, und da hab ich meine beste Arbeitsstunde, sie dauert oft bis 1 u. 2 Uhr in der Nacht, meist unangenehmer Geschäftströdel, und oft, wenn ich die dicksten Sachen abgemacht habe steh ich mit erleichtertem Herzen vom Schreibtisch auf, dann geh ich in die kalte, allen Winden und Witterungswechsel[n] exponierte Kammer zum Schlafen oder vielmehr um ein paar Bücher durchzublättern die mir von Berlin zugeschickt werden, dies ist mein Favoritstündchen und wenn ich auch ganz müde bin, so macht mich ein Buch oft wieder munter und lese wohl noch bis gegen 3 Uhr. Am Morgen bin ich aber auch wieder zuerst auf und da ich einmal der Bedienung nicht mehr gewohnt bin, so hole ich mir mein Waschwasser selbst am Brunnen, grad wie damals als wir bei der Großmutter in Offenbach waren. Welcher stillige Aufenthalt im Garten in der Abendstunde mich hier noch oft mit seinen Erinnerungen befällt. –

Du kannst Dir einen Begriff machen von der Stille wenn Du Dir denkst, daß eine kleine Viertelstunde vom Haus mitten in einer großen Ebne ein Teich ist in dem wir bei hellem Tag gegen Abend badeten und an heißen Tagen uns abkühlten ohne im Mindesten uns zu fürchten überrascht zu werden.

Armut wird zum Thema

Bettine engagiert sich im Kampf gegen die weithin herrschende Armut, vor allem aber gegen die Not unter schlesischen Webern, deren Arbeits- und Lebensbedingungen sich mit der Einführung englischer Webstuhlautomaten radikal verschlechtern. Zur Jahreswende 1844/45 berichtet sie Siegmund, der sich weiter in Stockholm aufhält, in welcher Form man sich angesichts weit verbreiteter Not karitativ verhalten kann – eine Anekdote.

Gestern oder vielmehr vor drei Tagen machte mir eine Russin eine Visite, die auf ihrer Durchreise, angezogen von dem Weihrauchduft meiner Berühmtheit, mich durchaus wollte kennenlernen. Sie hatte einen prachtvollen türkischen Shawl an, und während wir über allerlei sprachen, besonders über das Elend der armen Schlesier, ließ sie diesen Shawl auf die Erde fallen unter den Tisch, ich glaubte er liege hinter ihr; sie blieb den ganzen Abend, und als sie wegging dachte keiner an den türkischen Shawl. Er blieb unter meinen Füßen liegen; am anderen Tag beeilte ich mich, ihr ihn nachzuschicken, und erhielt ihn mit einem Billet zurück worin sie schreibt, der gehöre von Rechts wegen den Armen! denn er sei von den Händen der Armen gemacht, es haben wohl hundert Hände daran gearbeitet über zwei Jahre, und so komme doch einmal etwas ihnen wieder zugute, was aus ihrer eignen Anstrengung hervorgegangen sei. Diese Geschichte habe ich natürlich gleich verbreitet. Schon haben sich drei Concurrenten gefunden: die Fürstin Liegnitz, das Fräulein Waldenburg und eine Kommerzienrätin Karl, enorm reich und dick, große Liebhaberin von dergleichen Raritäten. Sie ist hier bekannt wegen ihrem Portrait in Lebensgröße auf der Ausstellung, wo sie im Ballcostume ganz mit Diamanten übersät, neben ihr ein Tisch worauf alle offnen Schmuckkästchen voll Bijous, neben ihr stehend ihr Mann der einen Halsschmuck von Perlen und Brillanten ihr vor den Augen spielen läßt, hinten die Kammerjungfer welche einen türkischen Shawl ausbreitet um ihn ihr umzuhängen. Sie ist sehr hochdeutsch und sagte letzt, es sei doch sehr gefährlich ins Opernhaus zu gehen, denn es sei sehr zu vermuten daß die Feuer die Mauern *mürbisiert* haben und daß diese bei Gelegenheit einstürzen könnten, besonders wenn stark mit Pauken Musik gemacht werde. Der Shawl ist zu zwei Dritteln seines Kaufwertes ausgeboten, da er 7500 Rubel wert ist und zu 5000 Franken verkauft wird.

Mit dieser satirischen Darstellung macht Bettine die enorme Distanz zwischen Reich und Arm bewußt. Wie arm die Armen im Lande waren, speziell in Schlesien, das erfuhr sie freilich nur indirekt. Aber sie wollte es unbedingt wissen. Für eine Bekannte, die sich ausgewiesen hatte durch eine Spende für die Armen in Schlesien, schrieb Bettine einen Bericht ab, den ihr Eduard Pek, ein schlesischer Verleger, für ihre Materialiensammlung zur Verfügung gestellt hatte. Bei ihrer Wiedergabe mildert sie schon mal ab; der Zimmermann, um dessen Familie es geht, ist wegen einer »Krankheit« arbeitsunfähig – daß es ein »Hämorrhoidal-Leiden« war, mag Bettine so wörtlich nicht wiedergeben. Hauptsache jedoch, sie greift auf, mischt sich ein.

Dem weitergeleiteten Report schließen sich eigene Ausführungen an, Engagement dokumentierend, finanziell und generell.

In der Büschingerstraße N° 13 wohnt in einer Kellerstube mit noch einer armen Knochensammlerin zusammen der Zimmermann Hubert, 49 Jahre alt, wegen großer körperlicher Leiden seit Johanni arbeitsunfähig – seine Frau verdiente bisher bei einem Fabrikherrn mit Torftragen zwischen 7 und 10 Groschen die Woche; er hat drei Kinder, ein Mädchen von 8 Jahren, war lange bettlägerig, und noch jetzt sehr schwach. Ein Knabe von 10 Jahren leidet an einer chronischen Augenentzündung; ein Mädchen von dreizehn Jahren ist gesund und geht regelmäßig in die Schule. Um die Weihnachtszeit trägt sie Ruten zur Kinderbescherung zum Verkauf, eine Rute zwei Pfennig, dazu muß sie erst das Reisig auf weiten Wegen zusammensuchen. Vor zwei Jahren als der Mann sechs Wochen das Bett hüten mußte erhielten sie von der Armendirektion 1 Thlr. 15 Slbrg. ein für allemal, und für das große Mädchen einen Anzug weil es sonst hätte nackend gehen müssen –

Monatlich erhält die ganze Familie während der Winterzeit zwölf Suppenmarken, also auf zwei und einen halben Tag eine Portion Suppe für 5 Menschen, die nur für eine einmalige Sättigung auf einen Magen berechnet ist. Wovon lebt nun die Familie, die monatlich einen Thlr. zur Miete beitragen muß? (Morgens Salzkuchen und Zichorienkaffee, abends dasselbe, Mittagessen gibt es nicht, und dem Nachbarn, der eine Stube voll kleiner Kinder hat, wird manchmal ein Stück vom Salzkuchen zugeteilt. – Und das ists, was die Armut fristet, daß wenn sie sich was erwirbt, durch Arbeit oder Wohltat, so teilen sie miteinander. Sie verkürzen sich eher das ihrige als einander verschmachten zu lassen.)

Die zwei ältesten Kinder schlafen auf der bloßen Erde ohne Bettwerk, Vater und Mutter mit dem jüngsten Kind in einer leeren Bettstelle wo etwas Stroh und einige Lumpen liegen. Nicht zu vergessen ist daß die Frau gewöhnlich an der Kopfgicht leidet und schon lange gar nichts verdienen kann! –

Nach Neujahr wird ihnen vom Armendirektorium eine Karre Holz zugewiesen. Vor Weihnachten wird nie Holz verteilt, weil man annimmt, daß mit der Hoffnung auf Feuerung das Frieren immer eine Weile auszuhalten sei, und dann nach Neujahr bei gelindem Wiederauftauen die Gesundheit keinen großen Nachteil davon spüre. –

Ist im Januar und Februar das zugeteilte Holz verbrannt so muß im März und in den April hinein die Hoffnung ihre Rolle wieder übernehmen, auf baldige Witterungsänderung vertrösten; und der Blick in die Zukunft gerichtet, daß es ja nicht mehr so lange dauern könne, verwindet die traurigen Frosttage die mit Zittern und Beben nacheinander hin schleichen. So geht es durch die Bank mit allen Unterstützungen, alle Kräfte ja selbst die Hoffnung wird diesen armen Leuten ausgemergelt, daß sie den Verzweiflungstod sterben muß, und es wird grade so viel gereicht, daß nur der wahre Erlöser im Tod erkannt wird. Manches Vater- und Mutterherz kämpft zwar verzweiflungsvoll gegen jenen Erlöser an um die Kinder nicht dem Zufall zu überlassen. Dieser Schrei: Was soll aus meinen Kindern werden? sollte doch ein Echo finden in den Herzen der Menschheit, um diese Kinder nicht dem Zufall zu überlassen – sondern eine Schule der Weisheit für sie zu errichten in der sie lernten sich selbst helfen. Aber leider! die Schule, in welche man diese armutverstoßnen immer mit den schmerzlichsten Entbehrungen ringenden Kinder einzwängt, leitet zu keiner Einsicht der Selbsthilfe. Ja eine Schule der Selbsthilfe! – wenn die erst über unsere hilfsbedürftige Menschheit sich ausbreitete? – Dahinter steckt alles der ganzen Menschheit vorenthaltne Recht. –

(Ich halte darauf nicht weiser sein zu wollen als wozu die Gelegenheit winkt. Als der junge Mann die Geschichte der armen Familie genauest beschrieben hatte, so nahm ich keinen Anstand ihr das Kapital von 6 Thlrn. zukommen zu lassen. Und die Sachen teilte sie mit der Nachbarfamilie wo der Hausvater noch arbeitsfähig ist, einen Teil von dem Gelde haben sie zu Betten verwendet die sie schon so lange entbehren müßen, [die] sind ihnen gestohlen worden.)

Wie aber ist es zu rechtfertigen, wenn ein gebildeter Staat, der sich als den Leitstern aller geistigen Fähigkeiten aufwirft, das, was er als Volk ansieht, am Hungertuch nagen läßt! –

Nicht nur um Mitleid, sondern um Engagement zu wecken, schreibt sie die Geschichte vom Heckebeutel. Ein Märchenobjekt: ein Beutel, in dem sich Geld reproduziert. Im Märchenidiom: der Brutpfennig, der sich stets neu ausheckt. In Bettines Vortext: »Beutel worin das Geld gleich jenem berühmten Heckpfennig sich immer wieder erneut, so oft es bei erheblichen Anlässen verausgabt wird.« Dabei ist freilich Teufelei im Spiel, doch das spart Bettine aus in ihrer Geschichte. Sie selbst ist es offenbar, die den Heckebeutel immer wieder nachfüllt, um wenigstens in einem konkreten Fall helfen zu können.

Eine alte Frau kommt an meine Türe, groß wie jene auserlesnen Frauen Deutschlands welche zu den Preussischen Grenadier-Regimentern das ihre getan haben. Das habe ich auch, sagt die alte Frau; von drei mächtig großen Grenadieren bin ich Mutter, und noch einen Sohn hatte ich, der war aber nicht groß gewachsen. – Sie trat ein, ich nahm ihr die

Kiepe ab und lobte ihr reinliches schönes Ansehen [Aussehen]; vor 10 Jahren, sagte sie, hätte ich dies für keine Schmeichelei genommen, aber im 90ten Jahr bleicht die Schönheit ab, und man kann Gott danken wenn man seinen gesunden Verstand behält; ich kann die ganze Bibel auslegen und meine Enkel alles lehren, ich habe drei Enkel, noch ganz junge Waisen, an mich genommen, da war ich 80 Jahre alt, das ist 9 Jahre her; meine Tochter war an einen Zimmermann verheiratet, der ist verunglückt bei dem Bau der Potsdamer Kirche. Da haben sie ihn für tot ins Haus gebracht. Nach seinem Tod hat sie ein Kind geboren, das starb ihm nach, dann hat sie es auch gemacht wie das Kind, und hat gar manchmal in ihrer abzehrenden Krankheit gesagt: Das Kind hat seinem Vater mehr nachgebangt wie ich. [...]

Sie erzählte ihr Vater sei als Fähnrich im Siebenjährigen Krieg geblieben; er war baumstark sagte sie, und so, daß er an die Decke reichte; ich bin anno 1756 geboren und war 6 Jahr alt, wie meine Mutter den Todesfall zu hören kriegte, da hatte sie die Schere in der Hand sie ward ohnmächtig, die Schere fiel ihr in die Arbeit und riß ein Loch hinein, sie war Goldstickerin, die Arbeit sollte 20 Dukaten kosten, die mußte sie von neuem anfangen das war ein salzig Stück Brot von Tränen, denn sie blieb allein mit 9 Kindern, die sind alle Soldaten gewesen, bis auf einen der war Kunstgärtner in Holland, der ist jetzt 100 Jahr alt wenn er noch lebt; die anderen sind alle im Feld geblieben anno 1793, bei Valenciennes und Mons, da blieb auch mein Mann, der war ein so großer Grenadier, ich ging ihm unter dem Arm durch, und ich hatte doch 7ben Zoll; ich blieb allein mit 4 Söhnen und einer Tochter; die Söhne sind alle im Krieg geblieben anno 1806 und 7ben, drei liegen unter dem Rasen bei Jena, der vierte war nicht ganz gut gewachsen und nicht Soldat, aber er mußte doch auch im Krieg sein Leben lassen, bei der Einnahme von Magdeburg, da bekamen wir 40 Mann zu verpflegen, wir hatten alles dazu aufgeboten, aber nun kam ein zweiter Sturm Leute ohne Quartierzettel, die wollten auch noch versorgt sein, mein Sohn wollte ihnen verständigen daß kein Platz mehr sei, da stach ihm ein Soldat mit dem Bajonett in den Leib, daß die Eingeweide herausfielen, er lag da am Boden, keiner konnte ihm helfen, der Geist war herausgeflogen, meine Tochter deckte ein schneeweiß Tuch über ihn und setzte sich neben ihn, und hielt Wache bei dem Toten; da kam ein vornehmer Offizier, der sah sie da sitzen und zittern neben dem toten Bruder, das jammerte ihn so sehr, da lamentierten die Nachbarn und alle Leute, was war ein rechtes Volksspektakel. Ich wußte gar nichts von mir, und machte alles wie es nottat bei der großen Mannschaft, die ich allein versorgen mußte; da war ich so müde, wie alles schlafen war, leg ich mich zu meiner Tochter neben die Leiche und schlief ein. Da war die Sonne noch nicht herauf, so hörten wir die Trommel gehn; sie holten mich unter die Soldaten, ich sollte sagen, welcher sei der nach meinem Sohn gestochen hatte, ich war ganz erschrocken und wollte wieder fort, da kam aber einer auf mich zu, und fragte ob ich ihm verzeihen wollte, er sei es gewesen; ich hab ihm auch von Herzen verziehen, aber eine Stunde drauf haben sie ihn doch erschossen.

Ihre Tochter hat sich mit ihr durch feine Handarbeit ernährt, dann hat sie den Zimmermann geheiratet; wie die beiden Eltern nun gestorben waren, hat die alte Großmutter für jedes Enkelkind alle Monat 6 Groschen von der Dorfgemeinde erhalten; abends wenn es dämmerte hat sie mit den Enkelkindern Kräuter gesucht und getrocknet, und dann in Berlin in die Apotheke verkauft. Ich fragte wie viel sie dafür bekomme. »Für eine gedrückte Kiepe voll 8 Groschen. Ach da muß man sich oft bücken, sagte sie, bis man so viel beisammen hat, und dann der weite Weg in die Stadt, und der Winter wo es keine Kräuter gibt. – Da muß man Holz suchen im Schnee, dann wills nicht brennen, und gibt einen Qualm, es täte not, man sperrt Tür und Fenster auf; aber es sind so schon Löcher in den Wänden, der Zugwind geht immer so durch; wenns dann endlich hell brennt, dann ists zum ansehen aber nicht zum wärmen. Sie werdens kaum glauben, gnädiges Frauchen, aber so hoch wie ich sitze so hoch ist auch das Eis rings an den Wänden ausgeschlagen, es ist diesen Winter nicht zum Aushalten: hätt ich doch zwei Thälerchen zu einem Füderchen Holz!« –

Das Geld fand sich in dem Heckebeutel für sie. Nun war sie sehr erfreut, sie rühmte ihre Beredsamkeit und subtilen Verstand, womit sie die Leute bewege ihr immer das Notwendige zu geben.

Auf meine Frage von was sie lebe, sagte sie, von Brotsuppe und etwas Kümmel, denn Butter könne sie nicht kaufen, sie esse das Dünne von der Suppe und ihre Enkel das Dicke.

Sie kam kurz vor der Einsegnung wieder und holte das Kleid für die Enkelin was ihr versprochen war, und sagte jetzt hoffe sie wieder emporzukommen wenn ihr nur ein Mensch wolle 8 Thlr. leihen, dann wolle sie mit ihrer Enkelin die jetzt aus der Schule bleibe, auf den Dörfern umher Butter Eier Hühner Tauben Mehl und Grützen einkaufen und sie wieder in der Stadt verkaufen, damit sie ihren Enkelkindern einen Erwerbszweig könne hinterlassen. –

Die 8 Thlr. fanden sich im Heckebeutel! – Wie froh war

die alte Frau! – sie lobte Gott, der ihren hellen Verstand bis in ihr spätes Alter ihr gelassen, um die Leute zum Guten zu bereden. Das Geld wolle [sie] nach und nach wieder abtragen. – [...]

Kurz vor Pfingsten begegnete ich die Frau auf der Straße mit der Kiepe auf dem Rücken. Ich packe sie in eine Droschke, sie sieht ganz elend aus; sie greift in die Tasche, holt wenige Groschen heraus, das ist alles was noch übrig ist von den 8 Thlrn. Das Enkelkind war zu Ostern zum Abendmahl gegangen, als sie aus der Kirche kommt, sagt sie: Großmutter ich will mich legen; den zweiten Tag war sie tot. –

Das Begräbnis hat 6 Thlr. 4 Gr. gekostet; da wollte sie kommen und es mir klagen, aber die jüngste Enkelin jammerte so, daß sie nicht allein bleiben wollte, so ist sie dort geblieben bis das Geld alle war; nun muß ich aber doch wieder in die Stadt, sagte sie, um das bißchen Brot zu suchen was mir hier beschert ist; da hat das Kind so lamentiert, ich könnte unterwegs einmal sterben und nicht wieder kommen. Dummes Kind, hab ich gesagt, ich werde nicht sterben so lang du noch in der Schule bist; aber da wärs doch bald anders gekommen, da rasselt ein Wagen über mich daher und über mich weg, davon tut mir die Brust so sehr weh, sie haben mir ein groß Pflaster draufgelegt. – Jetzt hätte ich aber eine große Bitte liebes gnädiges Frauchen, wenn Sie mir fünf Thälerchen wollten geben, dann nehm ich meinen Enkelsohn aus der Lehre, der kann mir dann auf den Dörfern umher alles einkaufen und dann kann er mit mir in die Stadt und alles wieder verkaufen. –

Die fünf Thlr. fanden sich im Heckebeutel; – sie freute sich abermals daß Gott sie mit einem so guten Verstand begabt habe um ihr Anliegen ordentlich und deutlich vorzubringen, daß sie es im Besten ihrer Kinder anwenden könne; und sie werde gewiß alles bei Heller und Pfennig wieder ersetzen; ich solle nun auch auf Pfingsten ja nichts in die Wirtschaft kaufen sie werde alles selbst bringen, das solle die erste Rückzahlung sein. –

Pfingsten war gekommen aber nicht die Frau! – jedoch gleich nach Pfingsten erschien sie ganz ermattet, und erzählte, der Schumachermeister bei dem ihr Sohn in der Lehre stehe wolle ihn nicht loslassen, er müsse erst seine Lehrjahre ausdienen; nun werde sie freilich nichts können anfangen; so aber sei ein Mann im Fahrland gestorben, der habe eine Karre mit einem Hund hinterlassen; für 7ben Thlr. sei die zu verkaufen; wenn ich den Hund mit der Karre habe dann kann ich mir helfen, dann fahr ich am Sonnabend wo keine Schule ist mit meinem jüngsten Enkelkind auf die Dörfer und hole alles ein. Ach liebes gnädiges Frauchen, geben Sie mir die 7ben Thälerchen, Sie können sich drauf verlassen am nächsten Montag werd ich Ihnen von der allerbesten Sahne mitbringen, und da dürfen Sie keinen Heller bezahlen. Nein! das leidet meine Ehre nicht! –

Die 7ben Thaler fanden sich im Heckebeutel, die Frau lobte mich gar sehr. »Wenn ich nun alles so eingerichtet hab«, sagte sie, »daß auch nach meinem Tod Ihnen richtig wieder abgetragen wird was ich von Ihnen geborgt habe, dann will ich mich zu Hause ausruhen und mein Stündchen abwarten. Aber einmal will ich doch noch kommen vor meinem Tod, denn Sie sind mein Schutzengel, und sehen Sie, gnädiges Frauchen, es ist doch eine große Gnade von Gott, daß ich gute Herzen so bereden kann zum Besten. –«

Ja, sagt ich, sie hat ein großes Genie zur Beredsamkeit,

man könnte es in der Zeitung rühmen! – Die Frau wollte eben ihren mühseligen weiten Rückweg antreten, da kam ein großer Regen, ich gab ihr einen Schirm, wie vergnügt ging sie nun mit der Kiepe auf dem Rücken unter ihrem eigenen Dach, ganz ohne Mühe, der Schirm war an der Kiepe befestigt. –

Sie kam zum rechten Tag wieder, allein ohne Marktwaren, sie war recht vergnügt. Die Sachen hab ich nicht mitbringen können, sagte sie, den Hund mit der Karre hab ich aber gekauft, das Tier frißt mehr an einem Tag als wir die ganze Woche verzehren, da müssen wir sehen wie wir zurecht kommen, den Hund kann ich nicht darben lassen er ist unser Broterwerber, nein, das tu ich nicht, lieber will *ich* darben. Aber liebes gnädiges Frauchen, Sie sind meine Zuflucht, Sie wissen daß der Arme dem es an allem fehlt doch leben muß, denn Gott hat ihm den Atem eingeblasen; ich wär verhungert oder verfroren diesen Winter, hätt ich Sie nicht gehabt; ein Menschenleben ist nicht zu teuer bezahlt, wenn Sie noch eine 5 Thälerchen drangeben, daß ich meine Runde machen kann mit dem Hund, in den Dörfern muß man Herberge und Wegzehrung für den Hund zahlen, das läuft ins Geld! –

Der Heckebeutel hatte diesmal nur 4 Thlr., mehr war nicht drin. – Nun! ich werde Ihnen alles gedoppelt wieder einbringen, sagte sie. Sie dürfen jetzt für nichts mehr in der Wirtschaft sorgen, alles soll im Überfluß ins Haus gebracht werden, von mir und meinen Enkelkindern. […]

Eben heute, am 11ten Juni morgens um 7 Uhr als ich noch schlief war sie schon von Charlottenburg herüber gewandert; sie will um 11 Uhr mit der Eisenbahn nach Potsdam, dort muß sie ja einen Gewerb[e]schein lösen sonst darf sie nicht hausieren gehen; der Gewerbeschein muß aufs ganze Jahr gelöst werden, doch kann man ihn 4teljährig abtragen. –

Und wenn nun einer verarmt und kann das Gewerbe nicht fortsetzen so muß er zum wenigsten ein Jahr lang den Gewerbeschein bezahlen. – Also wenn die Armut verarmt bei ihrem Gewerbe, so muß sie sich am Versuch verbluten, sich empor zu arbeiten! –

Ja! sagt die Frau, den König will ich nicht betrügen, der muß das Seine haben, nein, ich will mit Ehren in die Gruft. Wollte ich nicht den Gewerbeschein lösen wo doch alle die Meinigen Königsleute waren und sind unter der Preußischen Fahne geblieben! – nein ich werd meine Schuldigkeit tun und dem König das Seine abtragen!

Aber Frau, Sie hat es ja nicht, und kann ja morgen sterben! –

Das kann nichts helfen, dem Hund mit der Karre muß ich den ganzen Tag Brot und Kartoffeln einbrocken, und nun sollt er mir nicht sein Jahr-Gewerbeschein lösen! Das geht nicht, der Hund muß dran – willst du fressen und nicht dem König das Seinige einbringen! – Das will ich dir bald lehren! – so wie ich das erste 4tel Jahr-Gewerbeschein abgetragen hab wird er mit Sonnenaufgang eingespannt, und nun zieh', du sollst dein Brot im Schweiß deines Angesichts essen! – Das hat Gott zum Stammvater der Menschen gesagt das muß dem Hund auch recht sein! –

Aber liebe Frau, 12 oder 16 Thlr. [für den] Gewerbeschein kann Sie doch nicht herbei schaffen, mit was will sie jetzt sich den Gewerbeschein lösen in Potsdam?

Ja liebes gnädiges Frauchen, ich verlasse mich auf Gott und gute Menschen die auf kluge Reden hören, die sich verwarnen lassen, ich bin im nächsten Januar neunzig Jahr alt, ich hab meinen hellen Kopf, dem großen christlichen

Gebot soll die Christenheit folgen: Tue deinem Nächsten was Du willst, das man Dir selbst tue; gnädiges Frauchen, von Ihnen kann ichs nicht fordern, Sie haben Ihre Pflicht an mir getan.

Sie kämpft gegen Ungerechtigkeiten

Dies ist ein Lesebuch, das soll es auch bleiben. Zu Wort kommt die erzählende Bettine von Arnim, nicht die räsonnierende, argumentierende, moralisch insistierende Zeitgenossin. Texte zur politischen und wirtschaftlichen Lage jener Zeit muß ich weithin aussparen, sie würden zu viel Kommentar voraussetzen, zuviel Erörterung. Es wären dies eher Kapitel einer Biographie; hier bleibt es bei überleitenden Notizen.

Ein Zitat, das sich vollautomatisch einstellt in diesem Zusammenhang: Bettine hatte sich vorgenommen, »herzhaft in die Dornen der Zeit zu greifen«. Auch in der Ära des Biedermeier: reichlich Dornen! Es würde Bettine Unrecht geschehen, würde aus eher technischen Gründen völlig ausgeblendet, wie sich die etwa Sechzigjährige öffentlich engagierte.

Erwähnt wurden bereits ihre öffentlichen Äußerungen und Aktivitäten im Fall der Brüder Grimm, erwähnt werden sollte zudem ihr Engagment für den Komponisten und Intendanten Spontini, für den Theologen Schleiermacher, für den Schriftsteller und Revolutionär Kinkel, für den Bürgermeister und Attentäter Tschech, für den polnischen Freiheitskämpfer Mieroslawski. All diese Interventionen gewannen nicht Präsenz in autobiographischen Aufzeichnungen, hier ließen sich nur Zitate aus Briefen zusammenstellen, aber das macht noch kein Lesebuch. Also bleibt es hier bei Erwähnungen, Hinweisen – schließlich liegen Biographien vor. Dieses Buch aber schlägt einen eigenen Weg ein, Bettine von Arnim folgend in autobiographischen Texten.

Zumindest in einem Fall aber erzählt sie von einem ihrer Appelle, von einer ihrer Interventionen: für Karl Otto, Opfer von Polizeiwillkür. Hier verläßt sich Bettine nicht auf den Bericht einer anderen Person, ihr zugetragen oder von ihr in Auftrag gegeben, sie geht der Sache selbst nach, erst klärend, dann vermittelnd. Als Vermittler ihres Briefberichts: kein Geringerer als Alexander von Humboldt, der große Naturforscher, nun einer der Berater und Vertrauten des Königs.

Hören Sie eine unglückliche Tagesgeschichte. – Ich suchte die Mutter jenes armen Schneidergesellen auf, der der Willkür auf eine so fürchterliche Weise Opfer ward. Ich forderte die Frau auf mir die Wahrheit zu erzählen. Ja versicherte mir diese, wie mein Sohn sie [die Wahrheit] vor Zeugen bis zu seiner letzten Stunde ausgesagt hat; er war ein braver Sohn er arbeitete sonn- und werktags, jede Woche gab er mir anderthalb Thlr. und bezahlte meine Miete alle Vierteljahr mit 6 Thlr. Daraus sehen Sie schon, daß er kein Herumtreiber war. Er hatte an jenem Sonntag um 6 Uhr erst Feierabend gemacht, und war mit seinen Kameraden nach Charlottenburg gegangen. Abends um zwölf kamen sie heim. Mein Sohn ging noch nach der Schneiderherberge wo er einen Gesellen hinbeschieden, den er werben sollte für seinen Meister; der Geselle kam ihm auf der Straße entgegen und warnte ihn, dort sei Streit mit einem Gendarm (dieser Streit bestand darin, daß zwei Gendarms einen Schneidergesellen an beiden Beinen über die Straße schleppten während der Kopf auf dem Straßenpflaster aufstieß. Das wollten die anderen nicht leiden.) Die beiden faßten sich unterm Arm und gingen rasch vorwärts, sie hörten plötzlich den Schwarm hinter sich drein und liefen davon, mein Sohn trat an die Seite, der ganze Haufen ohne ihn anzufechten eilte an ihm vorüber. Hinterher der Gendarm, dem jene den Gefangnen entrisssen hatten. Er hält meinen Sohn an, der sagt: Lassen Sie mich gehen, Sie sehen daß ich nicht zu jenen Leuten gehöre. Der aber in blinder Wut haut ihm über den Rücken, mein Sohn ruft: Um Gotteswillen vergehen Sie sich nicht an mir, der Gendarm haut ihm [mit dem Säbel] in den Oberarm, zwischen Gelenk und Ellbogen durch und durch den Unterarm daß er ihm an zwei Stellen den Knochen zerschmettert. Es kommen andre herbei die wollen ihn schützen, der Gendarm haut dem einen gleich durch den Arm, der heißt Vensky. Zwei führen den fort, sie verbinden meinen Sohn mit ihren Tüchern und bringen ihn um 1 Uhr in der Nacht vor meine Haustür. Ach liebe Mutter, ruft er zu mir herauf, ich muß in die Charité; ich ruf ihn herauf, ich kann nicht glauben, daß er so ohne Veranlassung sei zerschlagen worden; er ruft die beiden unten zu Zeugen. Ja! sagen sie, wir sind Zeugen, daß er ganz schuldlos ist. –

Sie brachten ihn auf die Charité. Am andern Morgen fand ich ihn ausgestreckt auf der Tafel daliegen ohne Arm: dicht an der Schulter abgenommen. Ach so verstümmelt sein eigen Fleisch und Blut daliegen sehen! –

Sohn! sag ich, Wie find ich dich?

Ich habs nicht tun wollen liebe Mutter, sagt er, ohne Ihre Erlaubnis; aber man hat mir so zugeredet, ich soll Ihnen den Jammer ersparen, so hab ichs geschehen lassen; ich hab mich wollen unterwegs ins Wasser stürzen, aber Sie hätten denken können ich sei schuldig.

Das dauerte nun vier Wochen, seine Schmerzen nahmen so zu daß ihn die Stiche am Herzen im Bett in die Höhe warfen; er sagte, ich stehe alles aus, bloß daß ich Zeugnis gebe von meiner Unschuld; er fragte alle Tage ob niemand komme ihn zu verhören. Es war in der letzten Woche, da kam ich hin, er sagte: Mutter, es war einer da von der Polizei der hat mich beschuldigt ich habe mit dem Messer nach ihm gestochen, Sie wissen, Mutter, daß ich nie ein Messer trage; ich muß sterben, bringen Sie meine Unschuld an den Tag und lassen mich nicht vom Armendirektorium begraben. Mein lieber Sohn, sagt ich, die Schneidergilde wird dich begraben, und willst du auch das Abendmahl? Ja liebe Mutter denn ich bin ganz schuldlos. –

Er hatte sich aber über die Beschuldigung so sehr gekränkt, er bekam die Gelbsucht. – Und wie ich wieder hinkomme, fragt der Mann an der Tür wo ich hin will? –

Ich bin die Mutter von dem verstümmelten Sohn, sag ich. Ach der ist schon lang kalt! – Die Schneidergilde hat ihn begraben, ich durfte nichts bezahlen. –

Die Polizei stritt mit dem Arzt in der Zeitung, der die Wahrheit gesagt hatte. Über tausend Bürger haben Rechenschaft gefordert, man gab ihnen zur Antwort es gehe niemand was an. Jetzt ist alles still, schon 14 Tage ist er begraben; gestern ließ der Commissair mich rufen, ob ich zwei Thlr. will monatlich.

Was wollen Sie damit, frag ich.

Will Sie drei Thlr.? –

Ich werde Sie mit vier Thlr. anschreiben, und wenn Sie sonst ein Anliegen hat dann komm sie zu mir.

Ich sag: Ist das wegen meinem Sohn? – Er ist von einem Königlichen geschlagen, und der König soll auch darüber entscheiden. [...] Erzählen Sie die Geschichte am rechten Ort! Ein einziger Beweis des Königs daß ihm der Schutzbedürftige heilig sei, der wird wie ein erfrischender Regen für diese Menschheit, aus der man oft so viel Unheil herauskeltert durch Gewalttat. Wenn diese arme Frau die jetzt zur Bettlerin geworden ist durch diesen Schmerzensfall, *nicht* das Almosen dürfte von der Polizei annehmen! – Wenn es ihr aus einer erhabneren Quelle zuflösse?

Schweigen am Königshof. Sie verfaßt eine Bittschrift, die sie durch eine Hofdame dem König überreichen läßt. »Am Abend war das geschehen. Am anderen Tag um 2 Uhr kam die alte Frau zu mir hereingestürzt und wollte mir Hände und Füße küssen, der König hatte ihr einen Kammerherrn geschickt mit einer Summe Geld, und ihr sagen lassen, er werde sie nach ihrem Wunsch ins katholische Spital einkaufen lassen.«

Die Zusage, aus Mitteln eines königlichen Fonds werde sie in einem Altersheim versorgt, wurde von der Administration bald darauf zurückgenommen; Witwe Otto wurde herabgestuft zum Fürsorgefall der Armenkommission.

Teilnehmend, Partei ergreifend: Bettine von Arnim schließlich in den Revolutionswirren des Jahres 1848. Hier entwickelt sie sich zur Chronistin der dramatischen Entwicklungen. Gleichsam stellvertretend für etliche Briefberichte wird hier etwa die Hälfte eines Briefes eingerückt, den sie am 16. März 48 ihrem Sohn Friedmund schrieb. Ein Brief aus der (gemieteten) Beletage (mit zehn Zimmern) im damaligen Randbezirk der Stadt, »In den Zelten« (heute nur noch ein Name neben dem Kongreßzentrum an der Spree, genannt Schwangere Auster). Damals ein Randgebiet der Stadt, mit Zelten für Erfrischungen etc. Hier fanden große Versammlungen statt in der Revolutionszeit, Tausende müssen es gewesen sein, die hier zusammenkamen, sich Reden anhörten – vor allem waren es Handwerker, gehobene Proletarier. Um die bedrohte Ordnung zu schützen, bildeten sich »Bürgerkommissionen«, die sich auf weißen Armbinden als »Schutzbeamte« auswiesen. Sie konnten allerdings Übergriffe des außer Rand und Band geratenen Militärs nicht verhindern.

Schon am dritten Abend war wieder große Versammlung [vorwiegend von Handwerkern] hier nebenan, gegen 9 Uhr gingen sie in die Stadt; das Schloß starrte von Soldaten, ja sogar Artillerie streckte seine Kanonenmündungen heraus! Sie zogen zwar (wie uns vielfältig von Augenzeugen berichtet wird) ohne Unfug zu machen ihren verschiednen Stadtvierteln zu, aber das Militair (erbittert, während 8 Tagen schon die Nächte in den Casernen consigniert zu sein und keines ruhigen Bettschlafs zu genießen) hieb plötzlich scharf ein, und: O Nemes[is], keiner von den verhaßten Proletariern ward getroffen, sondern die in ihren Geschäften vorübereilenden Bürger, ebenso Leute welche aus dem Theater kamen, unter andern [ist] einem alten Major der Kopf gespalten worden als er aus dem Theater kam. Die Herrn Stadtverordnete haben auch einen Hieb gekriegt in der Person des Stadtrats Berends quer über den Kopf. Mehrere Bürger blieben tot, an 80 verwundet; vielleicht noch mehr, denn die wahre Zahl erfährt man nicht; dennoch haben die Offiziere, selbst Groeben, Oriola pp gestanden, daß so viele Verwundete seien. Da nun die Proletarier, weder mit Handwerkszeug bewaffnet noch mit Stöcken, auch nicht einmal die Fenster oder Laternen eingeworfen hatten, so machte diese kriegerische Demonstration der Herren Offiziere doch so viel Wirkung, daß die Bürger aus ihrer verschlafnen Devotion sich losgerüttelt haben, namentlich da mehrere Kinder vom Bäcker oder Mehlhändler kommend zusammengehauen wurden, auch Mägde und Frauenzimmer die bei diesem unerwarteten Vorfall nach Hause eilten, sind verwundet worden. Wo die Leute hinter zugemachten Fenstern dem schrecklichen Ereignis zusahen, sprengten die Lancier[er] herbei und stachen durch die Fensterscheiben und verwundeten die

Leute im Gesicht; so haben sie an mehreren Orten ganze Reihen von Fenstern eingestoßen und also auf ihren Part allen Unfug allein übernommen, der sonst zwischen den Parteien geteilt ist, und nur die Züchtigung dafür ist auf die Unbewaffneten gefallen. In der Brüderstraße wars am ärgsten. Das Blut klebte an den Häusern, die Bürger liefen am andern Morgen hin es zu besichtigten. Ein Justizrat Bergling, in dessen Haus 8 schwer verwundete Bürger zum oben wohnenden Chirurgen gebracht worden waren, sammelte viele Bürger um sich; sie beschlossen einmütig eine Adresse an den König, um den Schutz gegen die Proletarier allein zu übernehmen. Der König bewilligte dies, die Bürger nahmen ihre weißen Binden um den Arm; die Handwerker hatten diesmal im Voigtland Congress gehalten und sich fest vorgenommen das Schloß abzubrennen; sie haben auch Barrikaden gemacht, doch kann ich hierüber das Genaue nicht mitteilen. Bei uns ist abends nichts vorgefallen. [Prinz] Waldemar war bei uns und wir begleiteten ihn, um halbneun ungefähr, durch den Tiergarten nach der Stadt; nah am Tor hörten wir drei Salven mit kleinem Gewehr; als wir nach Haus kamen war eben ein Adjutant des Prinzen dagewesen um ihn eilig nach Hause zu fordern. Wir waren daher in der größten Spannung. Nachts um halbzwölf kam Jenatz [Buchhändler, Geschäftsführer des Arnimschen Verlags] nach Haus und brachte schauderhafte Berichte. Die Bürger, welche auf den vom König gegebnen und an allen Ecken angeschlagnen Befehl, daß kein Militair sich in den Auflauf mischen solle sondern alles ihnen überlassen, waren ohne Waffen aus ihren Behausungen gekommen um sich unter den Volkshaufen zu begeben als plötzlich die obenerwähnten Schüsse gleich 5 Bürger tot hinstreckten und viele andre verwundeten. Hierüber außer sich geraten, rissen viele [Mitglieder der Bürgerwehr] ihre weißen Binden ab um mit dem Volk gemeinsame Sache zu machen; sie fluchten dem Militair; die Soldaten aber schienen sehr schwankend, mehrere äußerten sie wollten nicht mehr gegen das Volk schießen, denn diese seien im Recht. –

Mehr weiß ich bis jetzt nicht, aber ehe dieser Brief abgeht, wird Jenatz, der in die Stadt ist, noch Näheres mitbringen.

Eben ist Jenatz gekommen: 16 Bürger hat man erschossen, die Leichen liegen in den Wohnungen ausgestellt, man hat ihre Wunden entblößt und Schilder ausgehängt als seien Wohnungen da zu vermieten, damit die Leute gleich wissen in welche Wohnung sie gehen sollen um die Leichen zu sehen, die Erbitterung steigert sich mit jedem Augenblick. Weiber und Kinder haben geschworen heute abend mitzugehen, alles ist rund in den Straßen, die nach dem Schloß zugehen, voll Menschen; sie schwören sich zu rächen sie rufen laut: Wir wollen nicht hinter dem Wiener Volk zurückbleiben, die haben ihren Kaiser fortgejagt pp.- Dies ist auch wirklich wahr.

Anfang August 1852 berichtet die mittlerweile 67jährige von einer beunruhigenden Erfahrung mit ihrem Körper.

»Lieber Friedmund. Infolge der heißen Witterung oder auch von Anstrengung hatte ich während 4 Wochen eine Lähmung im rechten Fuß und in der rechten Hand, die nicht mehr schreiben wollte; es ist am End mit einem starken Durchfall wieder Besserung eingetreten, aber doch bedarf es noch der Nachhilfe und Vehsemeier hat geraten, nach dem einsamen Bad Franzensbrunn zu gehen, welches Bad er auch der Armgart verordnet hat die hier die Ruhr bekam und auch sehr an den Augen leidet, ich werde sie also dorthin begleiten. Sowie unsere Gesundheit so weit sein wird, reisen wir.«

Ein erster Schlaganfall? Beunruhigung, Verstörung. Sie folgt dem Rat des homöopathischen Arztes Vehsemeier, kurt in Franzensbad. Friedmund: »Übrigens höre ich von Deinem Franzensbrunn, daß die wohltätige Wirkung oft nach drei Wochen erst kommt. Vielleicht ist es aber der Gisel und der Armgart gut bekommen, dann ist schon etwas gewonnen, und wird Dich wenigstens ein bißchen trösten.«

Bald nach der Rückkehr ist alles rasch wieder vergessen, da lenkt fortgesetzte Arbeit ab: das Edieren der Werke von Arnim, die Arbeit am eigenen Buch (*Gespräche mit Dämonen*), ein weiteres Projekt mit Briefen von Clemens. Doch Friedmund bleibt besorgt.

»Ich habe überhaupt gar keine Nachricht von Dir, wie es Dir jetzt geht nach Deinem Kranksein in Berlin. Es war diese Lähmung doch eine eklige Geschichte, wahrscheinlich doch auch eine zu große Verdickung des Blutes durch Galle, die mußt Du auf jeden Fall durch Aconit, Nux vomica [Brechnuß] aus Deinem Blut herausbringen, wenn Du nicht ebenso krank werden willst wie ich oder durch Deinen Tod – so gut wie ich daran sterben könnte – uns zum größten Leide alle Deine Unternehmungen hemmen oder gar aufheben. Ich bitte Dich nimm Aconit jeden Tag, daß Dein Blut gereinigt und leicht wird; ich bin fest überzeugt Deine Krankheit braucht das, aber nimm von der Tinktur in Tropfen alle Abend einen. Du wirst bald die wohlätige Wirkung spüren.«

Doch Bettine ist angeschlagen. Das kann Aktivität nicht überspielen. Drei Jahre später ein neuer Anfall. Friedmund versucht, ironisch zu reagieren: »Ich höre, daß Du einer kleinen Lähmung Dich befleißigt hast.« Wieder gibt er der Galle die Schuld, wieder schlägt er Aconit vor, und: viel Wasser trinken, um das Blut zu verdünnen …

Im April 55 schreibt er: »Dein Kranksein habe ich mit Schrecken vorausgeahnt, denn Dein großes Wohlsein war ein schlimmes Anzeichen.« Höchst paradoxe Aussage! Im selben Brief: »Wer ist Schumann?«

Es ist der Komponist Robert Schumann, als Patient in der Heilanstalt Endenich. Offenbar hat Bettine angekündigt, sie wolle Schumann besuchen. Eine ihrer letzten Aktionen. Sie reiste nach Endenich stellvertretend für Clara Schumann, die den Weg nach Endenich erst fand, als Robert gestorben war. Bettine schreibt Clara im Mai:

Liebe Freundin! Durch Ihre Vermittlung habe ich Herrn Schumann zu sehen erlangt. Durch einen öden Hof und ödes Haus ohne Lebenszeichen kamen wir in ein leeres Zimmer in dessen offnem Fenster ein Perspectiv [Fernrohr] die Gegend von Bonn beherrscht; hier harrten wir des Arztes der endlich erschien und eine Weile mit Reden uns aufhielt; ich drang darauf Ihren lieben Mann zu sehen, so führte er uns wieder durch öde Gänge in ein zweites Haus worin es so stille war daß man eine Maus hätte laufen hören können. Hier stellte er uns ein Frl. Reumont [Oberaufseherin] vor und ließ uns allein mit ihr; nach geraumer Zeit kam er um zu melden daß Herr Schumann nicht in seiner Wohnung sondern in Gegenwart der Frl. Reumont uns zu sprechen wünsche. Nachdem eine Stunde verflossen war, kam er, ich eilte ihm entgegen, die Freude erglänzte auf seinem Antlitz uns zu sehen; während Gisel mit Frl. Reumont auf dem Sofa sich unterhielt, sagt er mir mit Worten die er nur mit Mühe aussprechen konnte, das Sprechen sei ihm immer schwer geworden und nun er seit länger als einem Jahr mit niemand mehr rede, habe dies Übel noch zugenommen. Er unterhielt über alles was ihm Interessantes im Leben begegnete, über Wien, über Petersburg und London, über Sizilien – über Brahms und Woldemars Werke, über Joachims Genius seiner Compositionen, welcher den seiner Virtuosität weit überflügle, kurz, er sprach über alles unausgesetzt, was ihn je freudig erregt hatte und obschon Frl. Reumont uns Gelegenheit anbot zum Aufbrechen, nahm ich die Zeit mir wieder, die man mich hatte verlieren lassen. Gerecht und gütig, voll liebendem Feuer für seine Schüler, durch seine Anerkenntnis den Reiz der Begeisterung ihnen erhaltend, ist er einzig angestrengt sich selbst zu beherrschen, allein wie schwer wird ihm dies, wo er von allem, was ihm heilsam und ermunternd sein könnte, geschieden bleibt?

Sie kann oder will nicht registrieren, daß Schumann unheilbar krank ist – fortschreitende Paralyse, wie wir heute wissen. Sie sieht die Ursachen für Schumanns Zustand in der aufgezwungenen Isolation und in der Fehldiagnose des Leitenden Arztes

Franz Richarz, den sie selber für krank hält. Bettines letzter Akt eines Engagments für eine Person, die Hilfe braucht. Sie glaubt erreichen zu können, daß Clara ihren Mann wieder ins Haus nimmt und pflegt, doch davon kann die Rede nicht sein.

Ein Vierteljahr später wird die Krankheit wieder zum Thema. Friedmund versucht erneut eine Diagnose: »Deine Krankheit ist eine Folge von vieler geistiger Anstrengung vielen Nachtwachen und besonders vieler körperlichen Untätigkeit. [...] Wir wünschen von Herzen, nicht wieder durch Dein gefährliches Kranksein aufgerüttelt zu werden.«

Die schwer angeschlagene Bettine hält durch, bleibt aktiv. Im Frühjahr 1856 schreibt sie in einem ihrer letzten (oder in ihrem letzten erhaltenen) Brief an Siegmund:

Mit meiner Gesundheit geht es besser, doch kann ich noch nicht gut sehen und habe in der Nacht viel mehr Sehkraft beim Lampenlicht wie am hellen Tag.

Ich bin übrigens vergnügt und wünsch nichts mehr als daß wir alle beisammen in Wiepersdorf sein möchten. Ich zeichne bei gutem Licht manchmal ein bißchen, dann mache ich auch neue Lieder die kein Mensch gern hört, mir aber gefallen sie sehr gut. Du siehst daraus daß ich lebenslustig bin, spazieren gehe ich auch jeden Tag. Hier ist das Wetter sehr mild, die Bäume fangen schon [an] Knospen zu treiben und wenn keine Kälte mehr zu besorgen [befürchten] wäre dann müßten wir im Mai schon Kirschen haben, aber leider wird dies nicht wahr werden und die Blüten werden abfallen, ich aber werde in der Freude meines Herzens daß Du bald kommst, freudig fortgrünen.

Adieu, alles Neue wird Dir Friede schreiben. Deine Dich liebende Mutter.

Abgesang

Am 20. Januar 1859 stirbt Bettine – nur einen Tag vor dem Todestag Arnims. Sie wird in Wiepersdorf beerdigt, neben dem Grab ihres Mannes. Viele Blumen werden im Lauf der Jahrzehnte auf ihrer Grabplatte abgelegt: Erinnerung an sie bleibt lebendig. Und sie bleibt präsent in Briefen, die sie nicht nur an Mitlebende, sondern indirekt auch an Nachgeborene, damit letztlich an uns adressiert hat.

Als ich so jung noch war, und von nichts in der Welt noch angeregt, da hatte ich oft einen Traum: Als gehe ich [in] einen Garten, der stand in voller Blüte, ihr Duft kam mir zugeströmt, die Insekten […] meine Schritte […] und die Luft zitterte in der Sonnenglut. Ich lege mich dann nieder auf den Rasen um den Pulsschlag zu fühlen in der Erde.

Oder ich wandelte durch die Baumgänge, sah Funken in der Luft fliegen und wie die Abendsonne sich im Laub verfing und Lichtdiamanten ausstreute.

Dies Weben in der Natur kam mir wie Geist vor, und ein geheimes Lauschen in Keimen und Blüten. Ich stand vor den aufbrechenden Knospen, mit dabei zu sein, wenn der Naturgeist sie aufwecke und sie, eins neben dem andern hervortretend, die Lippen öffnet voll Durst; das fühlte ich alles mit, und wie Schauer sie überliefen, und wie es bis an die Wurzel ging, wenn die Sonne ihren Strahl langsam an ihnen herableitete, und die Wolke plötzlich ihn weghob, wenn sie dann wie ein Pfeil wieder durch die Wolken schoß, wie da alles erbebte, und dann, in sich versunken, Stille atmend, willenlos im leisen Wind die Blätter sich rührten. Da wars im Traum als sei ich mitten unter ihnen eingepflanzt, stumm wie sie vom Naturgeist geweckt und eingewiegt wieder. –

Nachher, später änderte sich der Traum, die jungen Stämmchen die früher in voller Blüte in der Sonne gestrahlt hatten, waren jetzt hochgewachsen, mit Früchten beladen und dichtem Laub, sie warfen breite Schatten und ließen den tanzenden Lichtern wenig Raum, die Baumgänge waren feucht und kühl überwölbt von hängenden Fruchtästen. –

Da wandelte ich allein – ich stand still in der lautlosen Einsamkeit – ich hörte die Frucht vom Wipfel sich lösen, zwischen den Zweigen durch ins hohe Gras fallen, so wie ich oft als Kind im Klostergarten dem Rascheln in den Zweigen gelauscht hatte, das war mir so schaurig, aber nicht lang, so fiel vom nächsten Baum wieder eine Frucht, die mußte ich ansehen daß sie so schön war, und keiner war, der sie aufnahm sie zu kosten. –

So kam die Dämmerung immer stärker, bis es dunkel war. – Da macht ich mich los aus dem Traum, und hatte ein wehmütig Nachgefühl nach einer Nacht wo ich so geträumt hatte.

Einmal trat mir dieser Traum in der Wirklichkeit entgegen. Es war in der Rheingegend, in Vollrads, ehemals ein Kloster, jetzt zum Wirtschaftsgebäude umgewandelt. – Rechts ein Pförtchen, ich öffnete und trat in den Garten; kleine Zwergbäumchen die Wege bezeichnend, und Spaliere der Mauer entlang; in leeren Nischen, wo sonst Heiligenbilder gestanden hatten, trugen [Bäume] hier und da eine einzelne verkrüppelte Frucht, wie es mit vernachlässigten Bäumen oft ist.

Ich trat in das zerfallne Treibhaus; der Weinstock hatte sich Weg gebahnt zur Luft durch die zerbrochnen runden

Fensterscheiben; aus jeder langte eine Ranke hervor ins Freie und deutete wie ein Weisheitsfinger ins Sonnenlicht. Die umgestürzten Blumenscherben lagen da übereinander, die herausgeschüttete Erde hatte sich übergrünt mit mancherlei Gesäme, was man Unkraut nennt.

Ich machte mir Bahn zwischen zerfallenen Blumengestellen und Gartengerät und trat zur Hintertür; die eingerostete Klinke gab ungern nach, aber die Tür war lose in den Angeln. Da stand ich, im hoch ummauerten, waldumzogenen Triangel, den man Dreifaltigkeitsgarten nennt. In jeder Ecke, so stark wie kräftige Linden, ein Baum, dem Gottvater, Sohn und Heiligen Geist geweiht, bis zum Wipfel mit der goldenen Frucht der Quitte belastet; Vater und Sohn Äpfel tragend, der Heilige Geist aber Birnen; sie nahmen mit ihren breiten Ästen das ganze Dreifaltigkeitsrevier ein. Drei kleine steinerne Pfosten, jeder eine Person der Gottheit bezeichnend, waren an die drei Bäume verteilt. –

So einander gegenüber, mit Waldesdickicht über die Mauern herein umdrängt, ganz von Menschen vergessen oder [zumindest] doch nicht besucht und nicht gepflegt, standen diese drei Bäume des göttlichen Geheimnisses. – Die Zweige zur Erde neigend säten sie ihre schimmernden Äpfel und Birnen ins hohe Gras dieses üppigen Bodens; ich nahm sie auf, der starke Duft rührte die Sinne.

So stand ich eine Weile in dieser Stille, eine Frucht fiel nach der andern. Bald da, bald dort flüsterte es in den Zweigen, die sich erleichtert wieder hoben und in die alte Ruhe schwenkten. –

Seltsam! Die Türe hatte ich in der Hand, ich wollte gehen, aber das raschelnde Laub hielt mich fest, ich wollte sehen, wohin die Frucht falle. Der Heilige Geist hatte schüchtern eine Birne hingeworfen! – Antwortet Gottvater aus dem obersten Wipfel herab mit drei Äpfeln hintereinander, der Gott[es]sohn gab auch seinen Apfel dazu. –

So harrend eines Wurfs nach dem anderen, war an der Mauer der letzte Sonnenstrahl gewichen, es ward kalt und nächtlich, ich fror, ich ward schüchtern – ich sollte gehen – der Kopf, an den Türpfosten gelehnt, wollte sich nicht heben, der Leib nicht wenden. So kam die Nacht. –

Dachte ich? Nein, nicht daß ich wüßte; – die Gedanken [ver]harrten, – ich auch [ver]harrte mit meinen gefangnen Sinnen in diesem verzauberten Winkel. –

Die Zeit floh, mir deuchte, in der Ferne sie dahin brausen zu hören. – Ist sie vielleicht auch wie der Wind, der den Samenstaub der blühenden Gräser davonträgt in andre Zonen, und trägt sie so den Gedankensamen davon, andre zu befruchten? –

Ich eilte leise fort, ließ die Tür offen, ich wollte in der Einsamkeit die Stille nicht unterbrechen.

* * *

Damals war [Goethe] der Freund, der Herr und Meister meiner Seele, auch hart und kalt gegen mich, er wollte mich ungern sehen und besonders nicht mit Fremden; ich lasse mich nicht so leicht verstimmen, und finde oft in schwierigen Gelegenheiten einen heitern Ausweg; ich weinte über seine Härte und lachte meiner Tränen. Den Großherzog machte ich zum Vertrauten meiner Leiden, und schickte an ihn die zärtlichen Briefe, deren Inhalt an Goethe gerichtet war. Auch an Goethe schrieb ich jeden Morgen um 4 Uhr, um 6 Uhr schickte ichs an ihn, zum Mittagessen durfte ich bei ihm erscheinen und dann entließ er mich. Es war nicht so wie sonst. –

Morgen, sagte der Herzog, essen Sie bei meiner Frau zu Mittag. Und lassen Sie sich frisieren, ich bitte, tun Sie mirs zu Gefallen, ich werde Ihnen den genialsten Friseur zuschicken, den Sie unter der Sonne nicht zum zweiten Mal finden und der wahrhaftig der interessanteste aller meiner Hofcavaliere ist; der Friseur kam, schnitt unter tausend gegenseitigen Witzeleien mir alle Haare zurecht, spreizte sie in Locken aus, eine kleine Schornsteinfeger-Mütze von blauem Silberstoff war mit grünen blauen roten violetten und weißen Marabout umgeben wie eine Sonne, ein Spinnwebgewand mit rosa Ärmel und ein leichter Flor mit Silberstreifen war über den Busen geworfen; so war die Kleidung. Goethe ließ mich hin fahren. Was ist das für eine Mode? fragte man bei Hofe. – Prejugé vaincu [ein Sieg über das Vorurteil] sagte ich, und es gefiel, man bewunderte es als phantastisch, reizend, erhaben pp – ich hatte mich aber nicht so wunderbar dem pappedeckelnen Hof zuliebe geschmückt, sondern später wollte ich dem Geliebten ein wenig vorzaubern, phantastische Kleidung hat Zauberwirkung.

Wie ich so vor ihm stand, ganz allein in dem fremdartigen Putz, umgeben von dem Federduft, vergaß er zu sein wie sonst, er stand auf, verbeugte sich tief, nannte mich »*Sie!*« holte mir einen Stuhl und bat, »*mich niederzulassen.*« Ich ließ alles geschehen. Nachdem ich eine Weile so gesessen und im erhabenen Stil geredet hatte, nahm ich den Schemel, setzte ihn auf den Tisch vor ihm, kletterte rasch hinauf, hier hatte ich die lustigsten Einfälle, scherzte ihm die feinsten Schmeicheleien zu. »Ach, wenn du nur mehr Haltung hättest«, sagte er, »aber du weißt nie Maß zu halten, und dir ists einerlei, ob einer dabei ist, der dich nicht versteht oder nicht, und das bringt mir oft die unbehaglichste Stimmung; sonst wollte [würde] ich sagen, daß du heute Abend in den Garten kommst, wo große Gesellschaft sein wird, und manche Ausländer, die aber wahrhaftig deine Tollheiten nicht verstehen würden und dich für einen kleinen ätherischen Hanswurst halten würden.«

Ich will schon Haltung haben [bewahren], sagte ich, du weißt nicht, wie gut ich das kann.

Abends im Garten waren wir alle versammelt, endlich erschien Goethe, ich verbeugte mich tief, drängte mich nicht an ihn heran, ließ mir die hohen Herren präsentieren, präsentierte mich selber den Damen, unterhielt alle, entzückte alle; Goethe sah mit Wohlgefallen auf mich, hörte mit Wohlgefallen mein Lob ertönen, ich hörte, wie er über mich sprach: »Sie kann alles was sie will, nie hätte ich gedacht, daß sie mit so viel Gemessenheit, Freiheit und Grazie sich zu bewegen versteht, und auch selbst den heterogenen Naturen weiß sie Beifall abzugewinnen.« –

Der Herzog kam, er setzte sich neben Goethe um mit ihm zu sprechen, die Gesellschaft hielt sich in anständiger Entfernung, man verlor sich allmählich in den Baumgärten. Jetzt frug der Herzog nach mir, Goethe sagte: »Dort steht sie, ich weiß nicht warum sie sich nicht um uns kümmert.« –

Ich wußte es aber wohl, denn ich dachte: Wenn der Herzog da ist, kannst du wohl was wagen und ihn [Goethe] für die langweilige *Haltung* und für den genie-würgenden Takt strafen, und dafür, daß du ihn nicht hast *Du* nennen dürfen und vor andern zeigen, wie lieblich vertraut wir mit einander sind, soll er jetzt einen rechten Schreck einnehmen.

Er schickte jemand ab, mich zu rufen. »Was?« sagte ich, plötzlich vorwärts laufend, »wer will mich sprechen?«

Und nun hielt ich inne. »Goethe und der Herzog fragen nach Ihnen.« Ich warf mich keck an die Erde und rollte oder wälzte mich mit leichter Schnelligkeit auf dem Rasen hin bis zu seinen Füßen; da kniete ich vor ihm hin und sagte: »Was willst du?«

Erstaunen, großmächtige Augen, Zorn. Er sah den Herzog an, der lachte; da lachte er auch und sagte: »Sie macht einen zum Narren und bildet einem ein, daß man gescheiter geworden sei, und man ist so toll und glaubts.«

Nun hatt ich gewonnen, ich sprang auf und hing mich an seinen Hals und küßte ihn tausendmal; er wollte es nicht leiden. »Wehr dich doch nicht«, sagte der Herzog, »das ist ja ein Schauspiel für Götter; da wirst du mir doch gönnen, daß ich zusehe.«

Meine Federsonne hatte allerlei Gräser, Reiser, falbe Blätter aufgesammelt, ich nahm die Mütze ab, setzte sie ihm auf, wickelte meinen Flor drum wie einen Turban, und sagte: Herr, verzeih deiner Sklavin. »Und mache sie zur Favoritin«, sagte der Herzog.

Damals machte Goethe das Lied, was ich in Musik gesetzt und in jubelnder Stunde oft gesungen. »Komm Liebchen komm! umwinde mir die Mütze …«

* * *

Gestern Abend ging ich noch spät an den Rhein; ich wagte mich auf einen schmalen Damm, der mitten in den Fluß führt, an dessen Spitze von Wellen umbrauste Felsklippen hervorragen; ich erreichte mit einigen gewagten Sprüngen den allervordersten, der grade so viel Raum bietet, um trocknen Fußes drauf zu stehen. Die Nebel umtanzten mich; Heere von Raben flogen über mir, sie drehten sich im Kreis, als wollten sie sich aus der Luft herablassen; ich wehrte mich dagegen mit einem Tuch, das ich über meinen Kopf schwenkte, aber ich wagte nicht über mich zu sehen, aus Furcht ins Wasser zu fallen. Wie ich umkehren wollte, da war guter Rat teuer; ich konnte kaum begreifen wie ich hingekommen war; es fuhr ein kleiner Seelenverkäufer vorüber, – dem winkte ich, mich mitzunehmen. Der Schiffer wollte zu der weißen Gestalt, die er trocknen Fußes mitten auf dem Flusse stehen sah, und die die Raben für ihre Beute erklärten, kein Zutrauen fassen; endlich lernte er begreifen wie ich dahin gekommen war, und nahm mich an Bord seines Dreibords. Da lag ich auf schmalem Brett, Himmel und Sterne über mir; wir fuhren noch eine halbe Stunde abwärts bis wo seine Netze am Ufer hingen; wir konnten von weitem sehen wie die Leute bei hellem Feuer Teer kochten und ihr Fahrzeug anstrichen.

Wie leidenschaftslos wird man, wenn man so frei und einsam sich befindet wie ich im Kahn; wie ergießt sich Ruh durch alle Glieder, sie ertränkt einen mit sich selbsten, sie trägt die Seele so still und sanft wie der Rhein mein kleines Fahrzeug, unter dem man auch nicht eine Welle plätschern hörte. Mein Schiffer mit der roten Mütze, in Hemdsärmeln, hatte sein Pfeifchen angezündet; ich sagte: Herr Schiffskapitän, Ihr seht ja aus, als hätt die Sonne Euch zum Harnisch ausglühen wollen; –

Ja, sagte er, jetzt sitz ich im Kühlen; aber ich fahre nun schon vier Jahre alle Reisende bei Bingen über den Rhein, und da ist keiner so weit hergekommen wie ich. Ich war in Indien; da sah ich ganz anders aus, da wuchsen mir die Haare so lang. – Und war in Spanien; da ist die Hitze nicht so bequem, ich hab Strapazen ausgestanden; da fielen mir die Haare aus, und ich kriegte einen schwarzen Krauskopf. – Und hier am Rhein wirds wieder anders: da wird mein

Kopf gar weiß; in der Fremde hatt ich Not und Arbeit wie es ein Mensch kaum erträgt; und wenn ich Zeit hatte, konnte ich vierundzwanzig Stunden hintereinander schlafen, – da mocht es regnen und blitzen unter freiem Himmel. Hier schlaf ich nachts keine Stunde, wers einmal geschmeckt hat auf offner See, dem kanns nicht gefallen, hier alle Polen und rothaarigen Holländer über die Gosse zu fahren, – und sollt ich den ganzen Rhein hinunterschwimmen auf meinen dünnen Rippen, so muß ich fort aus einem Ort, wo's nichts zu lachen gibt und nichts zu seufzen. –

Ei, wo möchtet Ihr denn hin? –

Da, wo ich am meisten ausgestanden habe, das war in Spanien; – da möcht ich wieder sein, und wenns noch einmal so hart herging'! –

Was hat Euch denn da so glücklich gemacht? –

Er lachte und schwieg, – wir landeten; ich bestellte ihn zu mir, daß er sich ein Trinkgeld bei mir hole, weil ich nichts bei mir hatte; er wollte aber nichts nehmen. Im Nachhausegehen überlegte ich, wie mein Glück ganz von Dir ausgeht; wenn Du nicht wärst im langweiligen Deutschland, so möcht ich wahrhaftig auch auf meinen dünnen Rippen den unendlichen Rhein hinabschwimmen. [...]

Ich schreibe Dir in der kristallnen Mitternacht; schwarze Basaltgegend, ins Mondlicht eingetaucht! Die Stadt [Kaub] macht einen rechten Katzenbuckel mit ihren geduckten Häusern, und ganz bepelzt mit himmelsträubenden Felszacken und Burgtrümmern; und da gegenüber schauerts und flimmerts im Dunkel, wie wenn man der Katze das Fell streicht.

Ich lag schon im Bett unter einer wunderlichen Damastdecke, die mit Wappen und verschlungenen Namenszügen und verblichnen Rosen und Jasminranken ganz starr gestickt ist; ich hatte mich aber drunter in das Dir bekannte Fell des Silberbären eingehüllt. [...] Und wie ich eben in dem alleinigen, mit großen Federbüschen verzierten Ehebett nachdenke, hör ich draußen ein Liedchen singen in fremder Sprache; so viel Gesang – so viel Pause! – ich springe im Silberbär ans Fenster, und gucke hinaus, – da sitzt mein spanischer Schiffsmann in der frischen Mondnacht und singt. Ich erkannt' ihn gleich an der goldnen Quaste auf seiner Mütze; ich sagte: Guten Abend, Herr Kapitän, ich dachte, Ihr wärt schon vor acht Tagen den Rhein hinab ins Meer geschwommen. Er erkannte mich gleich und meinte, er habe drauf gewartet, ob ich nicht mit wolle. Ich ließ mir das Lied noch einmal singen; es klang sehr feierlich, – in den Pausen hörte man den Widerhall an der kleinen scharfkantigen Pfalz, die inmitten umdrängender schwarzer Felsgruppen mit ihren elfenbeinernen Festen und silbernen Zinnen ganz ins Mondlicht eingeschmolzen war. – [...] Mir sagte der Schiffer gute Nacht, ich sprang in mein großes Bett unter die damastene Decke, sie knarrte mir so vor den Ohren; – ich konnte nicht schlafen, – ich wollte still liegen; – da hörte ich in den gewundenen Säulen der Bettstelle die Totenwürmchen picken. –

* * *

Am Mittwoch früh um 10 Uhr war er [Schleiermacher] gestorben, am Sonnabend um 2 Uhr wurde er begraben. Bis dahin bin ich bei der Leiche geblieben, die von Myrten, Orangenbäumen und Blumen umgeben war. Auf seiner Brust lag die vernützte Bibel, die er seit 25 Jahren im Gebrauch hatte.

Während der 3 Tage strömte das Volk, um seine Leiche

zu sehen, das Gedräng war so stark, daß man nicht mehr durch die Haustüre konnte, man mußte Auswege durch die Keller suchen. Ich führte die Leute aus und ein damit sie nicht zu lange verweilten. Wie viel Tränen, wie viel Gebete strömten da! – Die Studenten wollten hart sein, es übernahm sie aber doch, sie beteten und weinten auch.

Ich weiß nicht: mir schwindelte; der Duft der Blumen, das vermischte Seufzen Segnen Beten Klagen aller Stände und Alter, die Erinnerung an die bedeutenden Dinge die er noch in seinen letzten Gesprächen mir mitgeteilt hatte, dies alles machte einen wunderlichen traumartigen Eindruck auf mich, der mich jetzt, indem ich schreibe, noch betäubt.

Am Begräbnistag hatten die Studenten eine Ehrenwache bei dem Leichnam, um das zuströmende Volk, welches ihn noch sehen wollte, in Ordnung zu halten. Um 2 Uhr mittags schloß man den Sarg, die große Bibel, in Gold und Samt eingebunden, welche ihm die Studenten geschenkt hatten, lag auf dem Sarg, auf diese[r] befestigte *ich* einen Lorbeerkranz; dann war der Sarg noch mit Kränzen von Myrten und Rosen geschmückt.

Der Sarg war in den Hof gebracht worden; unter einem feierlichen Aufruf aller Studenten: *»Hoch«* wurde er erhoben und hinter dem Leichenwagen, der von den Gymnasien begleitet war, bis auf die Grabesstätte getragen. Ich kann Ihnen nicht ausdrücken welche wunderliche Sensation dies Hochrufen der nah an 2000 Studenten auf mich machte. Es war als ob die Flamme seines Genius zum letzten Mal durch diesen elektrischen Ruf aufzuckte und über seinem Sarge spielte; ich weiß gar nichts, ich hatte nicht Wohl und nicht Weh davon, mir schwindelte.

ANHANG

Editorische Notiz

Bereits 1982 hatte ich ein kleines Buch mit diesem Titel herausgegeben: Bettine von Arnim, *Aus meinem Leben.* Die Originalausgabe als insel taschenbuch. 1986 erschienen, auch als insel taschenbuch, meine beiden (Hörspiel)Dialoge *Bettines letzte Liebschaften*; die Druckfassung wurde 1992 aufgenommen in die Insel-Bücherei. Seither sammelten sich in einem großen Karton nach und nach Bücher zu einem noch unbestimmten, nun auf Stichwort realisierten Bettine-Projekt. Die hier vorgelegte Kompilation vorwiegend autobiographischer Texte integriert, revidiert, erweitert (ganz erheblich) die frühe Ausgabe. Die beiden Dialoge werden als Zwischenspiele in den chronologischen Ablauf eingefügt.

Meiner damaligen Methode der Wiedergabe der überlieferten Texte bleibe ich treu: modernisierte Schreibweise. Buchstabengetreue Wiedergaben der historischen Fassung (wie im Briefband der Edition des Deutschen Klassiker Verlags), bestärken mich in der Entscheidung. Denn die philologisch rigorose Reproduktion hat zum Teil unsinnige, ja groteske Folgen. »Die Wahlverwandschaften spucken noch immer in meinem Kopf ...« Natürlich ist gemeint: sie spuken. Der Titel von Goethes Roman wird heute denn auch angemessen korrekt wiedergegeben.

Wozu die Leserschaft irritieren, sie vor unnötige Fragen stellen? »Der Mangel an grüsenden Bildern« – was, bitteschön, soll das sein? Gemeint sind: grüßende Bilder. Gleich noch ein Beispiel: in einem der Briefe ist Sohn »Freimund nach Haus bekleidet worden«. Natürlich wurde der bekleidete Freimund nach Hause begleitet ... Philologische Rigorosität führt manchmal zu Albernheiten.

Um die Form meiner Textwiedergabe deutlich zu machen, ein beliebiges Beispiel aus Bettines Briefen:

»Ich habe hier allerley kleine *Sans Soucis mon repos* und andere Arten von Lust örtgen angelegt auf alten Mauern und Türmen und Gebüsch, und Dorne habe ich noch mit Rosen bepflanzt und So Rosen mit Dornen damit jede Freude ihren Reiz und jeder Schmerz seine Süsigkeit haben möge, es sind meistens nur kleine bänke von Moos in dichtem Gesträuch wo man besser hineinkriegt und Hockt als Sizt oder steht« …

Da assoziiert man wohl gleich: Kraut und Rüben. Und: daß die Autorin Hessisch gesprochen hat – »hineinkriegt« bedeutetete: hineinkriecht. Umgekehrt liest sich das Wort Eigentum bei ihr so: Eichenthum. Ich tue der Briefschreiberin sicherlich nicht Unrecht, wenn ich die Beispiel-Sequenz wie folgt wiedergebe:

»Ich habe hier allerlei kleine Sanssoucis, Monrepos und andere Arten von Lustörtchen angelegt auf alten Mauern und Türmen und Gebüsch, und Dorne habe ich noch mit Rosen bepflanzt und so Rosen mit Dornen damit jede Freude ihren Reiz und jeder Schmerz seine Süßigkeit haben möge, es sind meistens nur kleine Bänke von Moos in dichtem Gesträuch wo man besser hineinkriecht und hockt oder sitzt oder steht«.

Bettine hat ihre Briefe vielfach in rasendem Schwung verfaßt – falls sie sich nicht den Luxus eines Entwurfs leistete. So gerät in der Eile schon mal die Syntax durcheinander – hier verbietet sich jede Form der Nachbesserung. Obwohl sie nichts gegen Korrekturen hatte! In der Vorrede zu *Goethes Briefwechsel mit einem Kinde* bedankt sie sich beim Hersteller (so würde man heute sagen), »dem Factor der Buchdruckerei von Trowitzsch und Sohn, Herrn Klein, derselbe, der mir Druck und Papier besorgte, Orthographiefehler corrigirte, Komma und Punkt zurecht rückte« (so in der Originalausgabe von

1835). Manche Philologen indes bestehen, beharren darauf, auch Orthographiefehler buchstabengetreu zu überliefern, selbst da, wo Schreibweisen innerhalb weniger Zeilen variieren. Freilich – selbst bei derart gestrengen Prinzipien gibt es Emendationen: Korrekturen an Stellen, an denen es selbst silbenfixierten Editoren zu arg wurde.

Also, ich habe die Schreibweise heutigem Lautstand angepaßt. Um aber wenigstens hier und dort ein kleines Zeichen zu setzen für frühere Schreibweisen, habe ich ein C nicht immer durch ein K ersetzt, wie etwa in Companie.

Ein wirkliches Problem ist die Zeichensetzung der Bettine von Arnim. Nun mach mal einen Punkt! möchte man zuweilen rufen, wenn ein Satz wirklich zu Ende ist, doch kein Punkt gesetzt wird und es geht weiter mit einem kleingeschriebenen Wort. Unsere Normen der Zeichensetzung hatten damals noch keine Geltung. Das Komma hatte auch eine andere Funktion als heute – es setzte Pausen. Diese Pausen waren nicht vorgegeben vom Gliederungssystem unserer Syntax, sie ergaben sich aus dem Sinn: was zusammengehört, was in einem Atem genannt, ausgesprochen wird, das wird nicht durch Satzzeichen getrennt. Weil Lesen damals vielfach Vorlesen war (auch bei Briefen!), markierte das Komma auch kurzes Innehalten. Nur wo ein Komma hilft aufzugliedern, was sonst sinnverwirrend ineinander übergeht, habe ich, als Lesehilfe, ein Komma nachgetragen. Und wenn Bettine schon mal partout keinen Punkt finden konnte, habe ich einen Punkt für sie gesucht. Ihre zahlreichen Gedankenstriche wurden weder vermehrt noch vermindert: der Gedankenstrich ist Bettines liebstes Satzzeichen – kurze Flugbahn ihrer Gedankensprünge, Assoziationen. Der Gedankenstrich half auch wörtliche Zitate trennen.

Hier habe ich, hoffentlich in ihrem Sinne, nachgearbeitet.

Das Druckbild dieser Ausgabe unterscheidet sich von philologisch exakter Wiedergabe: es wird aufgelockert durch Einzüge – neue Zeilenansätze. Wieso? Sie schrieb oft Briefe, die heute mehrere Druckseiten lang sind, da mußte Papier ausgenutzt, blockhaft gefüllt werden. Hinzukam: Briefe durften nicht zu schwer, durften im Porto nicht allzu zu teuer werden – ein Punkt, der wiederholt zur Sprache kommt. Viele der Gedankenstriche nun deuteten an: Hier könnte, sollte neu angesetzt werden, im Schriftbild. Es gibt zahlreiche Beispiele in ihren Briefbüchern, die zeigen, daß Bettine mit einem Gedankenstrich am Ende eines Satzes auch einen Einzug markierte. Das läßt sich konsequent weiterführen.

Noch eine Anmerkung zum Apostroph: auch in der Anwendung dieses Zeichens verpflichtete sich Bettine von Arnim keineswegs zur Konsequenz, ja Systematik, sie hielt es mal so, mal so – Druckseiten auf denen mehrere Apostrophe auftauchen, dann wieder Texte, in denen sie (fast) überhaupt nicht in Erscheinung treten, in denen ihre Schreibweise modern erscheint. Stillschweigend wird auch in der Literaturwissenschaft die Apostrophierung zurückgenommen, der erste Buchtitel wird immer seltener in der tradierten Schreibweise zitiert: *Goethe's Briefwechsel mit einem Kinde,* er erscheint immer häufiger in dieser heute angemessenen Form: *Goethes Briefwechsel mit einem Kinde.* Die vielen schon von Bettine unterlassenen Apostroph-Bildungen rechtfertigen meine Entscheidung, dieses Zeichen nur in Ausnahmefällen zu verwenden, sofern hilfreich zum Verständnis.

Anmerkungen

Diverse kritische Anmerkungen in diesem Buch zu Bettines sehr freizügigem Umgang mit Briefen Goethes – »wobei Bettine sich als Geliebte und Muse Goethes fühlte, zwei Rollen, die ihr kaum zustanden«. So lese ich in den Bettine-Spalten von Kindlers Neuem Literaturlexikon. Und hier gleich ein paar weitere Zitate, weniger zur Absicherung als zum Abgleichen. Die Rede ist auch von der »schwärmerischen, impulsiven und später fast zudringlichen Art Bettines, die ihre Briefe gern mit *Dein Kind* unterzeichnete.« Ich muß gestehen, daß ich Bettines Verfahren zuweilen als dreist empfand: uns vorzugaukeln, Goethe hätte sie wiederholt auf den Schoß und in die Arme genommen, hätte sie umarmt und geküßt, hätte sie nachts im Verschwörergestus im Gasthof nebenan aufgesucht, hätte sie aufgemuntert, wiederum bei ihm zu übernachten, wenigstens in Karlsbad – und das alles ohne Bezug zur Realität. Vielleicht gab es Ansätze, aber was da sie erzählte, das war doch wohl weithin Wunschdenken, Wunschtraum.

Das Lexikon zum Textbestand: »Ungefähr ein Drittel der Korrespondenz ist ganz oder in wesentlichen Teilen erdichtet, der Rest wurde einer mehr oder weniger starken Umformung unterzogen.« Vom heutigen Standpunkt aus kann das nicht anders gesehen und beurteilt werden; es muß aber erneut darauf hingewiesen werden, daß freier Umgang mit überlieferten Texten damals keine Ausnahme war, die eine Person charakterisieren könnte. Ich erinnere an den zum Teil sehr freien Umgang des Achim von Arnim und des Clemens Brentano mit Volksliedern für die Publikation in *Des Knaben Wunderhorn*.

Über das Günderrode-Buch enthält das Literaturlexikon (in

der Ausgabe von 1988) keine Eintragung. Also nur noch ein Zitat zum dritten der Briefbücher: »Die im *Frühlingskranz* vereinigten rund 80 Briefe aus den Jahren 1800 bis 1803 stammen zu etwa gleichen Teilen von Clemens und von Bettine; davon ist knapp ein Drittel stark erweitert oder aus verschiedenen Briefen zusammengesetzt, die übrigen sind allenfalls gekürzt und stilistisch überarbeitet. Im Unterschied zu anderen von Bettine veröffentlichten Korrespondenzen (*Die Günderode; Goethes Briefwechsel mit einem Kinde*) fehlen jedoch frei erdichtete Briefe.«

Zuletzt noch, meine kritischen Anmerkungen am Schluß dieses Anhangs begleitend, eine Beurteilung des Spätwerks *Dies Buch gehört dem König*. »Das Buch, das politische Freiheit und Abschaffung von Privilegien aller Art fordert und die Höflinge angreift, denen ihre Pflichten dem Volk gegenüber gleichgültig geworden sind, wendet sich an König Friedrich Wilhelm IV. von Preußen, der ihrer (darin noch immer kindlichen) Meinung nach imstande sein mußte, durch einen Federstrich dem ›Massenelend‹ Einhalt zu gebieten und ein neues Zeitalter allgemeinen Glücks einzuleiten. Die mehr poetischen als politisch-philosophischen Reflexionen verraten den Einfluß Schleiermachers.«

* * *

Die Textauswahl dieses Lesebuchs suggeriert: Bettine von Arnim war primär eine große Erzählerin. Hier muß jedoch betont werden, daß erzählerische Sequenzen wie Rosinen aus einem riesigen Textkuchen herausgesucht werden mußten. Der ›Kuchenteig‹: allgemeine, allgemeinste Ausführungen in überwiegend schwärmerischem Tonfall.

Dies als Stichwort, um drei solcher Sequenzen einzubringen, als kleine, korrigierende Gegenakzente: Bettines Haupt-

Schreibperspektive soll zumindest anskizziert werden. Was für das Goethebuch zutrifft, gilt auch für die folgenden Bücher: ob sie sich im zweiten an ihre vormalige Freundin Caroline von Günderrode wendet, im dritten an ihren Bruder Clemens, im vierten an König Friedrich Wilhelm IV., im fünften an einen idealisierten Jüngling …

Ich lasse den Zufall über die Textprobe entscheiden, schlage das Goethe-Briefbuch blindlings auf. Und lese:

»Ja die Wehmut ist der Spiegel des Glücks; Du fühlst, Du siehst in ihr ausgesprochen ein Glück nach dem sie sich sehnt. Ach und im Glück wieder durch allen Glanz der Freude durchschimmernd diese schmerzliche Wollust. Ja das Glück ist auch der Spiegel dieser aus unergründlichen Tiefen aufsteigenden Wehmut. Und jetzt noch in der Erinnerung wie in den Kindertagen, füllt sich meine Seele mit jener Stimmung, die leise mit der Dämmerung hereinbrach.«

Eine Sequenz aus dem *Tagebuch*. Ich schlage das Buch auf im Briefteil, stoße auf eine Sequenz über den von ihr so bewunderten Roman *Wilhelm Meisters Lehrjahre*.

»Ich bin begierig über Liebe sprechen zu hören, die ganze Welt spricht darüber, und in Romanen ist genug ausgebrütet, aber nichts was ich gern hören will. Als Beweis meiner Aufrichtigkeit bekenne ich Dir: auch im Wilhelm Meister geht mir's so, die meisten Menschen ängstigen mich drin, wie wenn ich ein bös Gewissen hätte, da ist es einem nicht geheuer innerlich und äußerlich, – ich möchte zum Wilhelm Meister sagen: komm, flüchte dich mit mir jenseits der Alpen zu den Tyrolern, dort wollen wir unser Schwert wetzen, und das Lumpenpack von Komödianten vergessen, und alle deine Liebsten müssen denn mit ihren Prätensionen und höheren Gefühlen eine Weile darben; wenn wir wiederkommen, so wird die Schminke auf ihren Wangen erbleicht sein, und die flornen Gewande und die feinen Empfindungen werden vor Deinem sonneverbrannten Marsantlitz erschaudern.«

Drittes Beispiel, wiederum aus dem *Tagebuch*:

»Die Kunst ist auch Magie, sie beschwört auch den Geist in eine erhöhte sichtbare Erscheinung, und der Geist geht auch über die Schmerzensbrücke bis innerhalb des magischen Kreises.

Genie ist der vorgreifende, wollustahnende, durstende Instinkt, sein Trieb überwindet das schmerzliche Zagen und reizt den Geist zu ewig neuer Energie.«

Drei Ausschnitte als Kostproben, stellvertretend für Hunderte von Druckseiten im Gesamtwerk.

* * *

Einige Anmerkungen zum Monolog der *Mutter Goethe*. Der höchst lebendige Text ist auch pädagogisches Instrument: mit dem Vorbild der Frau Rat soll König Friedrich Wilhelm IV. auf den politisch richtigen Weg gewiesen werden.

Dies Buch gehört dem König: es besteht aus zwei Büchern – den monologischen Texten, die Bettine Goethes Mutter in den Mund legt und dem Konvolut von Angaben zur Situation verarmter Familien in einem Stadtviertel von Berlin. Dieses Nebeneinander, Gegeneinander ließe sich höflich interpretieren, unter Hinweis natürlich wieder auf Goethe, der in *Wilhelm Meisters Wanderjahren* Texte verschiedenster »Sorten« eingebracht, einbezogen, eingebaut hat: ältere Novellen, Reflexionen, eine neue Geschichte. Er hat dieses Werk später umgeschrieben, acht Jahre nach der ersten Publikation, blieb jedoch beim Verfahren der Kombination des Disparaten. Er hätte bei der Bearbeitung durchaus Übergänge, Überleitungen schaffen können, doch er wollte Kontraste, Brüche, Sprünge.

Solch ein Hinweis kann Bettines Verfahren nicht nobilitieren: Hier werden nicht disparate Texte komponiert, sondern zwei völlig verschiedene Texte gereiht. Wenn Bettine die Dokumentationen als »Beilage zur Socratie der Frau Rath« bezeichnet, so ist damit noch keine Verbindung geschaffen. Auch spätere, theoretische Verklammerungen halten dem Textbefund nicht stand. Die Klammer könnte so formuliert werden: Dieses Buch war Teil ihrer Strategie der Erziehung eines Königs, dazu dienten versteckte Ausführungen, die sie für Mutter Goethe erfand, dazu gehörte auch die Information über Verarmung in der Hauptstadt Preußens wie in Schlesien. So läßt sich aber nicht überbrücken, was unüberbrückbar bleibt: Im ersten Teil geht es um die Themen Geistesfreiheit, Selbstbewußtsein von Fürsten, Volkssouveränität, im zweiten Teil ein Report über die soziale Lage.

Konsequenz für dieses Lesebuch: ich habe durch diverse Einschübe getrennte Erzählsequenzen der Frau Rat zusammengefügt zu einem Monolog: *Hier spricht Mutter Goethe*.

* * *

Anmerkungen zu *Goethes Briefwechsel mit einem Kinde*: Ihr berühmtestes und weitaus erfolgreichstes Buch.

Als sie ihren Erstling veröffentlichte, war sie fünfzig, war also, nach damaligem demographischem Standard, eine Frau von hohem Alter. Die vollbrachte ein Wunder: stellte nicht nur Briefe zusammen für das Briefbuch, den Briefroman über Goethe und Bettine, sie schrieb hinzu, und das war gleichsam taufrisch, obwohl sie beinah ein Vierteljahrhundert lang als Ehefrau und Mutter nicht mehr zum Schreiben erzählender Texte, literarischer Texte gekommen war. Sie versetzte sich, über den weiten Zeitraum hinweg, wieder in damaliges Gefühlsleben, ließ noch einmal emotionale Zuwendung zu Goethe entstehen, der 1832 gestorben war, also relativ kurz vor Beginn ihrer Arbeit am Buch. Was sie hier ausführte, weiterführte, war derart suggestiv, daß Leserinnen und Leser (bis auf einige skeptische Ausnahmen) in diesem Briefbuch die authentische Darstellung sahen einer intensiven, auch gelegentlich halbwegs intimen Beziehung zwischen dem Herrn Geheimrat von bald sechzig und der jungen Frau von Anfang zwanzig, die sich gern, noch immer, als Kind gebärdete (dem man also auch vieles durchgehen ließ).

Was erst einmal fraglos akzeptiert wurde, erscheint längst fragwürdig. Das hat Einfluß auf die Vermittlung des Briefromans in diesem Lesebuch. Es geht nicht an, daß ich eine repräsentative Zusammenstellung von Bettine- und von Goethe-Briefen einbringe, wie sie im Briefbuch vermittelt wurden, denn: sie hat nicht nur eigene Briefe für dieses Buch umgeschrieben, weitergeschrieben, neu geschrieben, sie hat auch Goethes Briefe weithin umgeschrieben und ungeniert erweitert. Höchst erstaunlich für das Zeitalter der großen Philologen Jacob und Wilhelm Grimm, mit denen Bettine in enger, auch familiärer Verbindung stand – Großmeister Goethe selbst hatte vorgeführt, wie man einen Briefwechsel ediert, 1827; er hat Briefe des verstorbenen Kollegen und Freundes Schiller nicht umformuliert, nicht weitergeschrieben – einem Goethe hätte man sowas eher nachgesehen als der nicht ganz so renommierten Spätstarterin Bettine von Arnim. Bei allem Charme dieser Autorin, bei aller bezaubernden Spontaneität vieler Erzählsequenzen in Briefen – geht sie hier nicht zu weit?

Um das wahre Verhältnis (eher: Nichtverhältnis) angemessen umzusetzen, entwickle ich eine Textform, in der Goethe entschieden mehr zur Sprache und zur Geltung kommt – die Textanteile müssen sich die Waage halten. Bettine wird zitiert in ihrem Überschwang, Goethe wird zitiert in Originalbriefen, von denen sich ablesen läßt, daß ihn sehr vieles, sehr Unterschiedliches beschäftigte, kaum aber Bettine von Arnim. Zwei Personen, von denen die eine die andere unermüdlich anschreibt, während die andere an dieser Person vorbeischreibt.

Bettine liegt Goethe in den Ohren: eine Collage, die näher heranführt an biographische Realität. Es muß ablesbar werden, daß Bettine gegen hartnäckigen Widerstand anschrieb. Damit rücken wir, lesend, näher an die Realität der (fiktiven, der fingierten) Beziehung heran.

* * *

Bettine von Arnim definierte ihr Verfahren der Bearbeitung so: »bereichern für den Druck«. Letztlich aber ging es darum: sich entschieden in den Vordergrund zu rücken. Dem späteren Briefpartner Philipp Nathusius schreibt sie entwaffnend offen: »Ich liebe den eignen Geist. Du bist die Pforte, durch die ich zu ihm eintrete.« Weiterer Beleg: »Die Günderode war mein Spiegel.«

Zitate, die ich im Kommentar der Edition des Deutschen Klassiker Verlags finde. Zusammenfassend lese ich dort: »Letztlich zielte B. mit ihren Editionen auf die Darstellung und Verwirklichung ihrer selbst; ihre Briefpartner dienten ihr schon in den Originalbriefwechseln gewöhnlich als ein Mittel zu diesem Zweck.« Und: »Ihre Biographie ist B.s Hauptwerk.«

Zeitgenosse Wolfgang Müller konnte einen Blick tun in Bettines Schreibkontor. »Ich traf sie oft bei der Arbeit und sie hatte dann wohl die Güte, mir hin und wieder einen Brief mitzuteilen. Meistens empfing sie mich in jenen Tagen mit dem Rufe: ›O, ich habe wieder wunderschöne Sachen gefunden.‹ ... Wenn sie aber ihre Mappen aufschlug, um mir die eine oder andere Probe vorzulesen, so sah ich in derselben lauter funkelnagelneues Papier mit frischglänzender Tinte geschrieben. [...] Von irgend einem vergilbten Briefe aus verschollener Zeit [war] nicht die geringste Spur zu erschauen, sodaß es ganz den Anschein gewann, als ob die kleine bewegliche Pythia erst eben nur auf ihrem Dreifuße gesessen und alle jene reizenden Briefe aus der Erinnerung gedichtet habe.«

Freunde sprachen vom »hineindichten«. Die Malerin und Freundin Wilhelmine Bardua zum Günderrode-Buch: »Ich bin überzeugt, daß die Briefe in der Einsamkeit von Bärwalde gedichtet sind.« Und: »Auf jeden Fall ist in diesem Briefwechsel viel Gemachtes.« Rückblickend notierte sie 1840 im Tagebuch: »Es ist Bettinen lieblich, sich Dinge vorzumalen, von denen sie möchte, sie wären so *wirklich* wie sie dieselben sich denkt und wünscht. Ich habe in meinem ganzen Leben noch niemand so herzensruhig Dinge, die nicht wirklich sind, behaupten hören wie Bettinen. Und doch muß man sie liebhaben.«

* * *

Fürst Pückler hat eine Satire auf Bettine geschrieben, mit der ich sie im Haupttext nicht konfrontieren, die ich aber auch nicht unterschlagen möchte. Aus Bettine macht er eine bottine, einen Halbstiefel, auf Französisch.

»Lachen mußt ich, als ich Bottine erblickte, die Schreibselige, die Redselige; streifend, nein: herumfegend im Park zu Muskau.

Den Besitzer will sie belehren, ermutigen, erheben, umgestalten –

Sie braucht zu dieser geistigen Beförderung, und um eine Puppe ihrer Eitelkeit zu schaffen, alle Mittel, die ihrer vielseitigen und geistigen Natur zu Gebote stehn! Denn Geist ist da, in der Höhe, in der Tiefe, und ungeheure Verwirrung mit Witz, und mit Nonsense. Widerspenstig und sehr selbständig ist leider *der Pückler.* Das Ding geht nicht wie sie wollte! Nun schmeichelt sie, nun lobt sie, schwärmt und phantasiert – schlägt an die erhabenen Saiten, an die pathetischen, an die wunderbaren, droht und kratzt; dann unterwirft sie sich!

Sie führt zu den Symphonien Beethovens, in die Ateliers der Skulptur, reizend sind ihre Nymphen, ihre Bacchantinnen, ihre Tiger, denn wozu hätte Bottine nicht Talent – und hätte sie Maß, was wäre sie nicht für eine Erscheinung!

Aber dieses – stets blieb es ihr fremd. – Und darum rennt sie durch alle Bahnen, oder denen der Ausgezeichneten, nach! So schwingt sie sich jetzt auf die alte Chimäre ihrer alten Affairen mit dem Jupiter des deutschen Olymps und auf den Flügeln dieses respectablen ennuierten [gelangweilten] Tieres trabt, galoppiert und reitet sie auch Paß [im Paßgang] auf und nieder, hin und wieder, die längst vergangne, längst gewesene Geschichte, und soit disant amours [sogenannte Liebesgeschichten] mit dem alten Herrn von sechzig Jahren zu schildern, in tausend eben erfundenen Anekdötchen, in wichtigen Redensarten, etwas casuistischen, auch schlüpfrigen Momenten die Scenerie launig zu bariolieren [kolorieren].

Bei allem ist aber sie, immer sie, die Hauptfigur, und der Fetisch, den sie auf den Altar stellt. Sie sieht sich, sie hört sich. Nur *ein* Sinn fehlt ihr, den eignen Duft wahrzunehmen!

Heute war sie als Tambourmajor im Park und führte 4 Musikanten rund um das Schloß in unaufhörlichen Kreisen! Quer saß ihr die Schlafhaube überm Ohr! Den Fetzen einer Vogelscheuche glich ihr Gewand; sie verneigte sich einmal ums andre und schwang eine Art schwarzer Kappe in die Luft, wenn sie an *des Pückler* Fenster vorüberkam!

4 bis 5 Gassenjungen schlossen den Zug! Und in der milden Luft des heitren Tages schallte ihre heisere Stimme:

Heil Dir Pückler im Siegeskranz
Wenn du tanzen wirst Bottines Tanz!«

* * *

Ein paarmal fällt das Stichwort »Krieg« in Bettines Briefen, doch nur am Rande. Über Jahre hinweg aber war Krieg präsent: zwang zu Ausweichmanövern, brachte Einquartierungen, forderte Kontributionen, war Belastung. Zu Bettines generell verharmlosender Darstellung muß ein Gegenakzent gesetzt werden; in einer Biographie würde ich den folgenden Text direkt kontrastierend einbringen, hier kommt er in den Anhang.

Ein Text zu Nachwirkungen der damals und später umjubelten Völkerschlacht von Leipzig, dem Sieg über Napoleon und seine Armee. Ich fand den eingekürzten Bericht im Stellenkommentar der Ausgabe des Deutschen Klassiker Verlags von Tiecks *Phantasus.* Der Briefschreiber: Christian Reil, Professor der Medizin an der Berliner Universität. Vier Wochen nach seinem Bericht an den Freiherrn von Stein wird Reil selbst zum Opfer der Typhus-Epidemie.

»In Leipzig fand ich ungefähr 20000 verwundete und kranke Krieger von allen Nationen. Sie liegen entweder in dumpfen Spelunken, in welchen selbst das Amphibienleben nicht Sauerstoffgas genug finden würde, oder in scheibenleeren Schulen und wölbischen Kirchen, in welchen die Kälte der Atmosphäre in dem Maße wächst, als ihre Verderbnis abnimmt, bis endlich einzelne Franzosen noch ganz ins Freie hinausgeschoben sind, wo der Himmel ihr Dach macht und Heulen und Zähneklappern herrscht. An einem Pol der Reihe tötet die Stickluft, an dem anderen reibt der Frost die Kranken auf. –

Bei dem Mangel öffentlicher Gebäude hat man dennoch auch nicht ein einziges Bürgerhaus den gemeinen Soldaten zum Spitale eingeräumt. An jenen Orten liegen sie geschichtet wie die Heringe in ihren Tonnen, alle noch in den blutigen Gewändern, in welchen sie aus der heißen Schlacht hereingetragen sind. Unter 20 000 Verwundeten hat auch nicht ein einziger ein Hemd, Bettuch, Strohsack oder Bettstelle erhalten. [...]

Keiner Nation ist ein Vorzug eingeräumt, alle sind gleich elend beraten, und dies ist das einzige, worüber die Soldaten sich nicht zu beklagen haben. Sie haben nicht einmal Lagerstroh, sondern die Stuben sind mit Häckerling [kleingehacktes Viehfutter] aus den Biwaks ausgestreut, das nur für den Schein gelten kann. Alle Kranken mit zerbrochnen Armen und Beinen, und deren sind viele, denen man auf der nackten Erde keine Lage [kein Lager] hat geben können, sind für die verbündeten Armeen verloren. Ein Teil derselben ist schon tot, der andere wird noch sterben. Ihre Glieder sind, wie nach Vergiftungen, furchtbar aufgelaufen, brandig und liegen in allen Richtungen neben den Rümpfen. Daher der Kinnbackenkrampf in allen Ecken und Winkeln, der um so mehr wuchert, als Hunger und Kälte seiner Hauptursache zu Hife kommen. [...]

Viele sind noch gar nicht, andere werden nicht alle Tage verbunden. Die Binden sind zum Teil aus grauer Leinwand, aus Dürneberger Salzsäcken geschnitten, die die Haut mitnehmen, wo sie noch ganz ist. Viele Amputationen sind versäumt, andere werden von unberufenen Menschen gemacht, die kaum das Barbiermesser führen können. Einer Amputation sah ich zu, die mit stumpfen Messern gemacht wurde. Die braunrote Farbe der durchgesägten Muskeln, die schon fast zu atmen aufgehört hatten, des Operierten nachmalige

Lage und Pflege gaben mir wenig Hoffnung auf seine Erhaltung. […]

Verwundete, die nicht aufstehen können, müssen Kot und Urin unter sich gehen lassen und faulen in ihrem eignen Unrat an. Für die gangbaren sind zwar offene Bütten ausgesetzt, die aber nach allen Seiten überströmen, weil sie nicht ausgetragen werden. In der Petrikirche stand eine solche Bütte neben einer andern, ihr gleichen, die eben mit der Mittagssuppe hereingebracht war. Das Scheußlichste dieser Art gab das Gewandhaus. Der Perron war mit einer Reihe solcher überströmenden Bütten besetzt, deren träger Inhalt sich langsam über die Treppen herabwälzte. […]

Auf dem offenen Hofe der Bürgerschule fand ich einen Berg, der aus Kehricht und Leichen meiner Landsleute bestand, die nackend lagen und von Hunden und Raben angefressen wurden.«

* * *

Die folgenden Anmerkungen sind notwendig als Ausgleich zum Lesebuch, das möglicherweise das Bild der Arnim etwas aufschönt – in der Zusammenstellung ihrer eigenen Texte.

Stichwort: Fürstenerziehung. Mit ausführlichen Zitaten der erzieherischen Briefe an junge Herren würde das Lesebuch kaum Sog ausüben, das Lesen würde eher zur Pflichtlektüre. Intensität und Spontaneität ihrer Texte lassen da erheblich nach, ihre oft naiven Laienpredigten können heute nicht mehr überzeugen, haben damals auch schon nicht überzeugen können; erlauchte Empfänger schätzten zwar ihre Person, nicht aber deren ausufernde, vielfach monotonen Botschaften. Der Komplex kann aber nicht ausgespart, ausgeklammert werden, zumindest hier im Anhang soll angedeutet werden, worum es Frau von Arnim ging.

Drei Kandidaten waren von ihr zur Rundumerneuerung, zur Veredelung, zur Läuterung vorgesehen. Einer von ihnen: Erbgroßherzog Carl Alexander von Sachsen-Weimar-Eisenach, Enkel des berühmten Carl August. Die 57jährige Bettine besuchte den 24jährigen Carl, unterstützte ihn verbal in seinem Vorhaben, den Geist von Weimar wieder zu beleben, bereitete ihn zudem in Briefen vor auf sein Amt, forderte da beispielsweise »rückhaltlosen Mut auf sein eigenes Ich« und zugleich die Realisierung des »reinsten fürstlichen Prinzips«; ein Fürst war für sie »nichts anderes als der in den Eingeweiden des Volksgeistes sich bildende Keim der höchsten Menschenwürde.« Eine Reaktion des Eleven läßt sich an einem ihrer Briefe ablesen.

»Eure Hoheit sagten mir einmal was ich von den Fürsten verlange sei gar schwer zu erfüllen, und doch ists nur: die eigne Natur bis zur höchsten Selbständigkeit in naturgemäßem Zustand zu entwickeln. Wie die sinnlichreifende Frucht aller Lebensquellen bedarf, um selbständig Leben zu werden, so bedarf auch die geistige Ausbildung (nehmen wir den Fürsten als der Menschheit höchste geistige Frucht) aller Lebensquellen um zu reifen; und das Volk in seiner Naturkraft geistiger Tendenzen ist ihm auch die naturgemäße Vermittlung die diese Kräfte des Werdens ihm zuströmen, es ist ihm der Mutterschoß. – Wie können die Bande des Blutes zwischen Fürst und Volk innig genug empfunden werden? – Damit der Fürst werde darum ist die Menschheit sein nährendes Prinzip!«

Bei derart abgehobenen Ausführungen dürfte sich der Briefempfänger gefragt haben, wie er das bitteschön umsetzen soll in Programm und Tat.

Als zweiter Adept: Kronprinz Karl von Württemberg, Jahrgang 1823. Der kam auch zu Besuch nach Wiepersdorf, ins »schrumpelige Schlößchen«, wurde vorher und nachher in

Briefen auf den rechten (den künftigen) Weg geleitet, etwa in dieser Tonart:

»Lieber Kronprinz nichts ist gesund als nur reines *Menschlichsein* mit sich und andern. Es umfaßt alles, und erlangt alles, und besteht alles, in ihm liegt die wahre Lösung aller Schicksalskarten; es allein ist der Quell aller höherer Begriffe und aller Offenbarung!«

Oder: »Der Charakter des Volkes und des Fürsten müssen sich in einander spiegeln, das Volk der Schwaben *ist treuherziger Natur*, dieser Nationalzug muß auch die Basis Ihres Charakters sein, und als Herrscher müssen Sie diesen nie compromittieren. Der Volkscharakter muß sich verklärt im Herrscher ausdrücken.«

Und so geht es immer weiter: »Wäre ich Herrscher, ich würde ... Ein Fürst darf in seiner moralischen Kraft ... Es gibt zwei Wege für die Fürsten sich Unsterblichkeit zu erlangen ... harmonisch geniale Kraft ... höheren Menschen in sich ... tiefer blicken ... wärmer fühlen ... Ja Vernunft! ... Und dicht unter diese ausgesprochne Überzeugung schreibe ich zuversichtsvoll: Bettine.«

Bettines kleine Prinzengarde ... Fürstenerziehung in Fortsetzung ... Um das etwas boshaft zu formulieren: Bettine ließ vor den jungen Herren säkularisierte Weihrauchschwaden aufsteigen, die ihre Empfänger umnebelten und ihnen zugleich die Augen öffnen sollten zu klarer Sicht auf künftige Aufgaben. Dabei interessierte sich ein Karl von Württemberg, siebzehnjährig zu Beginn der vergeblichen Formung, eher für die Blumen, die er züchtete, für seinen Kammersekretär und für die Hunde und Hündchen am Stuttgarter Königshof. Er war fehlbesetzt in der Rolle des jungen Mannes, der auf den Rat einer erfahrenen Frau im Alter seiner Mutter hört, der sich Stichworte für künftiges Verhalten soufflieren läßt. Eigentlich, wenn sie es wirklich ernst gemeint hätte, wäre Bettine einer der wiederholten Einladungen nach Stuttgart gefolgt, hätte am Hof predigen sollen, was sie in Briefen schrieb, die höflich beantwortet und auf Seite gelegt wurden. Aber sie hat Einladungen nach Stuttgart ausgeschlagen. Sie dokumentierte in Briefen ihre Einstellung, die ehrenwert war, aber sie setzte nicht alles auf die Königskarte.

Dritter Adept im Rahmen ihrer Maßnahmen zur Veredelung und Läuterung künftiger Herrscher und damit zur Harmonisierung gesellschaftlicher Verhältnisse war Kronprinz Friedrich Wilhelm, später König Friedrich Wilhelm IV.

Auch hier drückte sie sich vor Audienzen, wollte nicht im Gespräch vortragen, was sie in Briefsuaden an den Hof schickte, und hin und wieder erhielt sie eine freundlich ziselierte Antwort, von königlicher Hand geschrieben, von königlicher Hand sogar adressiert. Was sie intendierte: Eine für einen Fürsten oder König angemessene ideale Herrschaftsform, der das einsichtige Volk entgegenarbeitet. Das Volk dem Herrscher entgegenheben, den Herrscher dem Volk näherbringen, beides sollte sich in einer idealen Mitte finden. Von allen Schnörkeln befreit, lautete ihre Message etwa so: Lieber Fürst, lieber König, werdet liberal, sucht Volksnähe und erspart uns damit eine Revolution. Oder: Ihr Fürsten müßt euch ändern, sonst passiert was! Sie änderten sich nicht, und es passierte was, 1848.

Auch Friedrich Wilhelm war fehlbesetzt in der Rolle des jungen Herrschers, der sich von der liebevoll pädagogischen Zuwendung einer älteren Dame formen ließ. Sie aber ging davon aus, daß auch dieser König von Natur aus gut sei, daß es nur die höfische Umgebung sei, die alles verderbe. Dies etwa, indem sie dem König wesentliche Nachrichten vorenthält, indem sie seine Intentionen verfälscht. So mußte jemand von außen kommen, um vorenthaltene Wahrheiten nachzureichen.

Der König indes sah sich anders als sie ihn sah: als Herrscher, der Nützliches vollbrachte und Schönes schuf. Nützliches: er ließ den Landwehrgraben ausheben und als Landwehrkanal fluten, für den Transport von Industriegütern (oder Baumaterialien) auf Schiffen. Ließ den Luisenstädter Kanal anlegen, unterstützte damit die Erweiterung der Stadt. Ließ das große Krankenhaus Bethanien errichten. Und: er versuchte Natur und Kunst zu versöhnen im Potsdamer Ambiente. Gestaltung zum künftigen Wohl der Allgemeinheit – so hätte er seine Baulust legitimieren können.

Im Fall Bettine von Arnim hat sich Interpretation, hat sich Darstellung weithin selbständig gemacht, abgelöst von Dokumenten. Die freigesetzte Interpretation verhindert klaren Blick auf die engagierte Bettine – gerade im Lebenskapitel der Fürstenerziehung. Hier muß Interpretations-Stuck abgeklopft werden, der sich um die Figur verkrustet hat.

Das beliebte Interpretations- und Darstellungsmuster zeigt holzschnittartige Konturen: Schriftstellerin berät König. Wohlmeinende Interpretation und Darstellung versteigt sich zur Behauptung, Bettine hätte Friedrich Wilhelm nach der Krönung ein »Regierungsprogramm« vorgelegt. Das wäre eine totale Mutation der Briefautorin! Ich ziehe die zweibändige Edition des Briefwechsels zwischen Bettine und Friedrich Wilhelm heran, suche das sogenannte Regierungsprogramm. Und finde es nicht. Lese nur Laienpredigten, über viele Druckseiten hinweg.

Eine Leseprobe! Bettine Ende Februar 1843 an den jungen König: ein Zitat aus etwa sechs Druckseiten:

»*Die Welt umwälzen*, denn darauf läufts hinaus, das macht mich gar nicht stutzig, die Typen meines idealen Willens ihr aufprägen, das kommt mir ganz anwendbar vor, und so werd ich davor nicht zagen, wenn aber Euer Majestät zagen, das werd ich dem Gott klagen, der jenen Mann berufen zum Vollführen höherer Dinge, daß Euer Majestät dem entgegen sind.«

Hoher Grad an Selbsteinschätzung! Das Gefühl, sie sei berufen zu höchster Mission: Wahrheit zu vermitteln in einer Welt des Mogelns und Lügens. »Es ist das Gewissen, dem ich alle Macht in Händen gäbe meines höheren Ichs, dieses würde ich zum Herrn in mir setzen, denn es ist das Prinzip der ganzen Menschheit, es ist das verbindende Element, die Gemeinschaft des Heiligen zwischen Fürst und Volk.«

In diesem Stil schreibt sie weiter, Ihrer »Majestät untertänige Bettine Arnim«. Sie fordert den König auf, »Selbstherrscher« zu werden. Damit ist nicht Autokrat gemeint, sondern: Wer herrschen will, muß erst einmal sich selbst beherrschen. Dies unter dem Zeichen »der drei Personen in der Gottheit in der Selbstheit«, nämlich: Gewissen, Geist, Unsterblichkeit. Nur »der reine ideale Wille« kann diese Leitwerte »durchsetzen«, also realisieren. Hingegen würden Philister unter den Staatsmännern diese »Forderung ideal nennen und daher unmöglich«.

Bettine ahnte offenbar, daß dies alles realitätsfern war, abgehoben, abstrakt. Sie wollte in diesem Stil jedoch weiterschreiben, und so mußte sie eine Spaltung vollziehen: in König Friedrich Wilhelm IV. dort und in den »Traumgenossen« hier. Der Traumgenosse als wahrer, weil idealer Ansprechpartner. »Aus all diesem ergibt sich, daß jene Epistel, die ich in Euer Majestät Hände legte, an jenen Traumgenossen gerichtet sei wie auch das beifolgende Blatt, was ich hier als Beweis niederlege, daß der Traumgenosse manche zu verwechselnde Ähnlichkeiten habe mit Euer Majestät. So gehen Doppelgeister über großen Geschicken hin unter Ahnungen und mitfühlendem Sehnen zu ersetzen was ihnen die Lüge der Welt raubte.«

So schwingt sich Bettine immer höher hinauf in Regionen der Abstraktion, der erlesensten Schwärmerei. »Und du, junger Traumgenosse, so herrlich menschenliebend tönte dein hohes Herz mir im Geiste wieder.«

So schwärmerisch vage sie in ihrem Läuterungsprogramm künftiger oder amtierender Herrscher bleibt – sobald sie sich für Personen einsetzt, denen Unrecht geschah, artikuliert sie gezielter. Bettine entfaltet auch Aktivität während einer Cholera-Epidemie: organisiert Geldsammlungen und damit den Ankauf von Wolldecken, Kleidung, Nahrungsmitteln.

Doch auch hier: es bieten sich keine Texte an für das Lesebuch – notwendige Kommentare würden sie überwuchern. Denn: Bettine lebte in einem Polizeistaat, der sich nach der Befreiung von Napoleons flächendeckender Militärherrschaft rasch etablierte. Bettine in ständiger Auseinandersetzung mit der Zensur – in ihr letztes Buch baut sie, wie Heinrich Heine, »Lücken eigener Zäsur« ein - - - - - - - - - - - - - - Bettine im Vormärz, in der Phase der Unruhen, der sich verschärfenden Kritik am restaurativen Staat. Bettine als Zeitgenossin der Revolution von 1848 und der danach rasch wieder einsetzenden Restauration. Bettine im Zeitalter neuen Reichtums und rascher Verarmung, als Folge auch der Entwicklung von Industrie. Stichworte genug für Diskurse und Exkurse, notwendig in einer Biographie, zu weitgehend für ein Lesebuch. Die Textauswahl soll ja nicht Materialien-Begleitband einer Biographie sein (die ich nicht schreiben werde) – ihre Biographie müßte weithin Zeitgeschichte sein. In diesem Lesebuch aber soll die erzählende Bettine von Arnim zu Wort kommen.

Kommentierte Bibliographie

Bettine von Arnim, *Werke und Briefe in vier Bänden*. Hrsg. von Walter Schmitz und Sibylle von Steinsdorff. Frankfurt am Main 1986–2004.

(Fundiert kommentiert, kurios ediert! In zwei Bänden sind die Texte sinnvoll modernisiert, dennoch heißt es schon mal »Mährchen« statt Märchen, und der Schmied ist ein Schmidt am »Ambos«, und Dürer bleibt Dürrer; in einem Band (Politische Schriften): teils heutige, teils damalige Schreibweise; der vierte Band (Briefe): gnadenlos buchstabengetreu.

Kurios auch die Textauswahl! Ihr letztes Werk, Teil zwei des Königsbuchs, *Gespräche mit Dämonen* ist ein sicherlich recht schwaches Spätwerk, wird aber komplett weggelassen. Dabei steht hier, immerhin, die schöne Geschichte von der »Klosterbeere«.

Hingegen breitet sich die Wiedergabe des Armenbuch-Projekts uferlos aus; die detaillierten Angaben zu Einnahmen und Ausgaben Hunderter von Armen sind höchstens noch für soziologisch historische Spezialuntersuchungen relevant. Abgesehen davon stammen sie nicht einmal von Bettine, sie wollte diese Beiträge eines jungen Mitarbeiters nur übernehmen.

Rund 60 Druckseiten lesen sich denn so: »a) 1 b) Krause, Joh. Gottfrd. Spinner c 60 d) eine Frau e) 1 Sgr f)3 1/4 Sgl. g) [-] a 2 b) Paul George Spinner c) 54. d) 2« e) 2 [Sgr] f) 1. g) [-].«

Derartige Auflistungen brachten sicherlich schon dem Adressaten nichts, König Wilhelm wird keinem der Hinweise nachgegangen sein, wird überblättert haben. Da bleibt uns heute erst recht nichts anderes übrig. Schade um die vergeudeten Buchseiten.)

In allem einverstanden mit Dir. Bettine von Arnims Briefwechsel mit ihrem Sohn Friedmund. Hrsg. von Wolfgang Bunzel und Ulrike Landfester. Göttingen 2001. (Hier hätte eine Auswahl der Briefe sicherlich genügt!)

Du bist mir Vater und Bruder und Sohn. Bettine von Arnims Briefwechsel mit ihrem Sohn Freimund. Hrsg. von Wolfgang Bunzel und Ulrike Landfester. Göttingen 1999.

Achim von Arnim und Clemens Brentano, Freundschaftsbriefe. Vollständige kritische Edition von Hartwig Schultz. Frankfurt am Main 1998. (Der Herausgeber wirkte mit an der großen Brentano-Edition und hat eine Biographie über Brentano veröffentlicht.)

Achim und Bettina in ihren Briefen. Hrsg. von Werner Vortriede. Frankfurt am Main 1981. (Zweibändige Ausgabe in modernisierter Textwiedergabe, allerdings mit gelegentlichen Kürzungen.)

Bettina von Arnim, *Ist Dir bange vor meiner Liebe?* Briefwechsel mit Philipp Hössli. Hrsg von Kurt Wanner. Frankfurt am Main u. Leipzig 1996.

Lieber Kronprinz! Liebe Freundin! Briefwechsel zwischen Bettine von Arnim und Karl von Württemberg. Hrsg. von Ulrike Landfester und Friderike Loos. Heidelberg 1998.

»Die Welt umwälzen – denn darauf läufts hinaus«. Der Briefwechsel zwischen Bettina von Arnim und Friedrich Wilhelm IV. 2 Bde. Hrsg. von Ursula Püschel. Bielefeld 2001.

Bettine von Arnim, Hermann von Pückler-Muskau, *»Die Leidenschaft ist der Schlüssel zur Welt«*. Briefwechsel 1832–1844. Hrsg. von Enid und Bernhard Gajek. Stuttgart 2001.

Das unsterbliche Leben. Unbekannte Briefe von Clemens Brentano. Hrsg. von Wilhelm Schellberg und Friedrich Fuchs. Jena 1939.

Maxe von Arnim. Ein Lebens- und Zeitbild aus alten Quellen geschöpft von Johannes Werner. Leipzig 1937. (Mit Vorsicht zu behandeln! Was ist authentisches Zitat, was hat der Zweitautor frei entwickelt?)

Herzhaft in die Dornen der Zeit greifen … Bettine von Arnim 1785–1859. Katalog der Ausstellung. Frankfurt am Main 1985.

Bettina und Gisela von Arnim, *Das Leben der Hochgräfin Gritta von Rattenzuhausbeiuns.* Nachwort von Rolf Vollmann. (Launig, doch ohne nähere Informationen zum »Märchenroman«.) Zürich 2008.

Achim von Arnim 1781–1831. Katalog der Ausstellung. Frankfurt am Main 1981.

Clemens Brentano 1778–1842. Katalog der Ausstellung. Frankfurt am Main 1978.

Geschichte des Fräuleins von Sternheim. »Von einer Freundin derselben aus Original-Papieren und andern zuverläßigen Quellen gezogen. Herausgegeben von C.M. Wieland«. Leipzig 1771. (Originalausgabe in einer privaten Sammlung.)

Armuth Reichthum Schuld und Buße der Gräfin Dolores. »Eine wahre Geschichte zur lehrreichen Unterhaltung armer Fräulein aufgeschrieben von Ludwig Achim von Arnim. Berlin in der Realschul Buchhandlung«. (1809). (Mein kleiner Textausschnitt im Nachruf folgt der Originalausgabe der privaten Sammlung. Anrührendes Detail: das graphisch ansprechend gestaltete »Exlibris S. Fischer«. Ein Exemplar also aus der Sammlung von Samuel Fischer, dem Gründer meines Verlags.)

Fischer Klassik

Mein Klassiker
Autoren erzählen
vom Lesen
Band 90001

Jane Austen
Stolz und Vorurteil
Band 90004

Giovanni Boccaccio
Das Dekameron
Band 90006

Karl Marx
Das große Lesebuch
Herausgegeben von
Iring Fetscher
Band 90002

Phantastisch zwecklos ist mein Lied
Deutsche Gedichte
vom Mittelalter bis zur
Klassischen Moderne
Band 90003

Honoré de Balzac
Die Frau von dreißig Jahren
Band 90005

Miguel de Cervantes Saavedra
Don Quixote von la Mancha
Übersetzt von Ludwig Tieck
Band 90007

Choderlos de Laclos
Schlimme Liebschaften
Übersetzt von Heinrich Mann
Band 90025

Dante Alighieri
Die Göttliche Komödie
Band 90008

Charles Dickens
David Copperfield
Band 90009

Fjodor Dostojewskij
Verbrechen und Strafe
Neu übersetzt von S. Geier
Band 90010

Das ausführliche Programm von Fischer Klassik
finden Sie unter:
www.fischer-klassik.de

Fischer Taschenbuch Verlag

fi 666 040 / 1 / a

Fischer Klassik

Sir Arthur Conan Doyle
Sherlock Holmes – Der Hund von Baskerville
Band 90066

Joseph von Eichendorff
Aus dem Leben eines Taugenichts / Das Marmorbild
Band 90011

Theodor Fontane
Effi Briest
Band 90012

Johann Wolfgang Goethe
Die Leiden des jungen Werthers
In der Fassung von 1774
Band 90013

Gottfried von Straßburg
Tristan und Isolde
Übertragen von Dieter Kühn
Band 90014

Brüder Grimm
Kinder- und Hausmärchen
Band 90015

Wilhelm Hauff
Das kalte Herz und andere Märchen
Band 90016

Heinrich Heine
Buch der Lieder
Band 90017

E.T.A. Hoffmann
Der Sandmann / Das Fräulein von Scuderi
Band 90018

Homer
Die Odyssee
Übertragen von Johann Heinrich Voß
Band 90019

Das ausführliche Programm von Fischer Klassik
finden Sie unter:
www.fischer-klassik.de

Fischer Taschenbuch Verlag

fi 666 040 / 1 / b

Fischer Klassik

Franz Kafka
Das Urteil /
Die Verwandlung
Originalfassung
Band 90020

Immanuel Kant
Zum ewigen Frieden
und andere Schriften
Band 90021

Gottfried Keller
Kleider machen Leute /
Romeo und Julia
auf dem Dorfe
Band 90022

Heinrich von Kleist
Michael Kohlhaas
Band 90023

Adolph Freiherr Knigge
Über den Umgang
mit Menschen
Band 90024

Heinrich Mann
Der Untertan
Band 90026

Thomas Mann
Der Tod in Venedig und
andere Erzählungen
Band 90027

Prosper Mérimée
Carmen und
andere Novellen
Band 90028

Michel de Montaigne
Von der Freundschaft
und andere Essais
Band 90029

Das Nibelungenlied
Mittelhochdeutscher Text
und Übertragung. Band 1
Band 90131

Das ausführliche Programm von Fischer Klassik
finden Sie unter:
www.fischer-klassik.de

Fischer Taschenbuch Verlag

fi 666 040 / 1 / c

Fischer Klassik

Das Nibelungenlied
Mittelhochdeutscher Text
und Übertragung. Band 2
Band 90132

Edgar Allan Poe
Der Untergang des Hauses Usher und andere Erzählungen
Band 90031

Friedrich Schiller
Die Räuber / Kabale und Liebe
Band 90032

Gustav Schwab
Die schönsten Sagen des klassischen Altertums
Band 90033

William Shakespeare
Hamlet
Übertragen von
August Wilhelm Schlegel
Band 90034

Sophokles
Antigone / König Ödipus
Band 90035

Theodor Storm
Der Schimmelreiter / Immensee
Band 90036

Mark Twain
Die Abenteuer von Tom Sawyer
Band 90037

Virginia Woolf
Mrs Dalloway
Übersetzt von
Walter Boehlich
Band 90038

Carl Zuckmayer
Der Hauptmann von Köpenick
Band 90039

Das ausführliche Programm von Fischer Klassik
finden Sie unter:
www.fischer-klassik.de

Fischer Taschenbuch Verlag

fi 666 040 / 1 / d

Karl Marx
Das große Lesebuch
Herausgegeben von Iring Fetscher
Band 90002

Wer die Gegenwart verstehen will, kommt an Karl Marx nicht vorbei. Nach dem Zusammenbruch des real existierenden Sozialismus von vielen für tot erklärt, ist er heute aktueller denn je. Ob Globalisierung, Neoliberalismus oder Herrschaft der Monopole – zu jedem dieser Stichworte unserer Zeit hat Karl Marx bereits im 19. Jahrhundert hellsichtige Analysen vorgelegt. Dieses Lesebuch breitet das gesamte Spektrum seiner bahnbrechenden Kapitalismuskritik aus. Es wirft aber auch immer wieder interessante Seitenblicke auf diesen großen Denker und politischen Publizisten, der von sich selbst sagte, er sei kein Marxist.

Das gesamte Programm von Fischer Klassik finden Sie unter:
www.fischer-klassik.de

Fischer Taschenbuch Verlag

fi 90002 / 1

Joachim Ringelnatz
Das große Lesebuch
Band 90130

»Ich kenne wen, der litt akut
An Fußballwahn und Fußballwut.«

Spielerische Verse haben Joachim Ringelnatz berühmt gemacht. Das große Lesebuch enthält entsprechend eine umfassende Auswahl der witzigsten Gedichte. Darüber hinaus aber kann man auch den politischen Autor und den unverbesserlichen Romantiker entdecken. Seit Ringelnatz jedenfalls ist klar, was man der Liebsten schenkt:

»Ich habe dich so lieb!
Ich würde dir ohne Bedenken
Eine Kachel aus meinem Ofen
Schenken.«

Das gesamte Programm von Fischer Klassik
finden Sie unter:
www.fischer-klassik.de

Fischer Taschenbuch Verlag

fi 90130 / 1

Wilhelm Busch

Das große Lesebuch

Band 90050

»Ach, was muß man oft von bösen
Kindern hören oder lesen!!
Wie zum Beispiel hier von diesen,
Welche Max und Moritz hießen.«

Diese Lausbuben sind in jedem Kinderzimmer zuhause. Wo sie hinkommen, richten sie Unheil an. Witwe Bolte, Lehrer Lämpel, Schneider Böck – »Wieder tönt es:

›Meck, meck, meck!‹
Plums! Da ist der Schneider weg!«

Und niemand kommt ungestraft davon, wenn es heißt:

»Dieses war der erste Streich …«

Das gesamte Programm von Fischer Klassik
finden Sie unter:
www.fischer-klassik.de

Fischer Taschenbuch Verlag

fi 90050 / 1

Annette von Droste-Hülshoff

Die Judenbuche

Ausgewählte Gedichte

Band 90043

»Im Gestern halb und halb im Heute« bewegt sich das literarische Werk Annette von Droste-Hülshoffs. Und genau dieses Halbe, dieses Unentschiedene und Zerrissene, steht für ein Lebensgefühl, das heute genauso präsent ist wie zur Zeit des Biedermeier und Vormärz. Zwar bekennt sich Annette von Droste-Hülshoff bewusst zu Heimat und Tradition, sie erweist sich andererseits aber bereits als mutige Grenzgängerin, die die alten Ordnungen als Zwang erlebt:

»Nun muß ich sitzen so fein und klar,
Gleich einem artigen Kinde,
Und darf nur heimlich lösen mein Haar,
Und lassen es flattern im Winde!«

Das gesamte Programm von Fischer Klassik
finden Sie unter:
www.fischer-klassik.de

Fischer Taschenbuch Verlag

fi 90043 / 1

Wilhelm Hauff

Das kalte Herz und andere Märchen

Band 90016

Wie bei den Märchen der Brüder Grimm geht es auch bei Wilhelm Hauff immer wieder um die »Einmischung eines fabelhaften Zaubers in das gewöhnliche Menschenleben«. Das Besondere an Hauffs Märchen ist jedoch, dass dieser Zauber meist nur Unglück bringt: In ›Zwerg Nase‹ zum Beispiel führt er zu Spott und gesellschaftlicher Ächtung, und in dem berühmten Märchen ›Das kalte Herz‹ haben die durch Zauberhand erfüllten Wünsche so viel Grausamkeit zur Folge, dass sich der Held am Ende – wer kennt das nicht? – einfach nur wieder ein ganz normales Leben wünscht.

Das gesamte Programm von Fischer Klassik finden Sie unter:
www.fischer-klassik.de

Fischer Taschenbuch Verlag

fi 90016 / 1

Eduard Mörike

Mozart auf der Reise nach Prag

Ausgewählte Gedichte

Band 90077

Immer noch kursiert das Klischee vom spießigen Biedermeier. Wie wegweisend modern diese Epoche mit ihren klaren Formen und ihrer politischen Aufwertung des Privaten in Wirklichkeit war, hat sich zumindest in der Kunstszene mittlerweile herumgesprochen. Gleiches gilt aber auch für die Literatur: Eduard Mörikes berühmte Mozart-Novelle, die nicht zufällig der zwei Jahre vor der Französischen Revolution uraufgeführten Oper ›Don Giovanni‹ gewidmet ist, passt so gar nicht ins Bild vom harmlosen Biedermeier, und in Mörikes vielfach vertonten Gedichten wimmelt es nur so von kühnen Dissonanzen.

Das gesamte Programm von Fischer Klassik
finden Sie unter:
www.fischer-klassik.de

Fischer Taschenbuch Verlag

fi 90077 / 1

Sir Walter Scott

Ivanhoe

Band 90049

Der edle Ritter Ivanhoe, Robin Hood, Rächer der Enterbten – sie beflügeln seit jeher die Traumfabrik Hollywood. Lanzen brechen an prunkvollen Schilden: Es gilt, für die Königin der Schönheit und der Liebe das Turnier zu gewinnen. Doch Lady Rowena wird entführt. Die Edelleuten brauchen die Geächteten, um sie aus der Burg des Feindes zu befreien. Walter Scott hat diesen Bildern so nachdrücklich seinen Stempel aufgedrückt, dass sich alle an seinem Vorbild orientieren. ›Ivanhoe‹ ist einer der größten Romane über ritterlichen Edelmut – und die besten Tricks, den Reichen Geld aus der Tasche zu ziehen.

Das gesamte Programm von Fischer Klassik
finden Sie unter:
www.fischer-klassik.de

Fischer Taschenbuch Verlag

fi 90049 / 1

William Shakespeare

Der Kaufmann von Venedig

Ein Sommernachtstraum

Band 90057

Der Wetteinsatz ist ein Pfund menschliches Fleisch, das Spielbrett eine verschwenderische Gesellschaft. Shylock ist Jude und darf Geld verleihen. Man braucht ihn, denn ständig hat einer Ebbe in der Kasse. Aber man verachtet ihn dafür. Als er auf sein Recht pocht, fällt die Maske der Gesellschaft ... Shakespeares Komödie verursacht Gänsehaut. Die Figur des Shylock, gnadenloses Opfer, wirft ihren Schatten weit über das Stück hinaus. Ein Regisseur des Stücks – Peter Zadek hat es erfahren müssen – kommt wegen Shylocks Zwiespältigkeit leicht in Verruf. Der Vorwurf: Antisemitismus.

Das gesamte Programm von Fischer Klassik
finden Sie unter:
www.fischer-klassik.de

Fischer Taschenbuch Verlag

fi 90057 / 1

William Shakespeare

Der Kaufmann von Venedig